SERMÕES

V

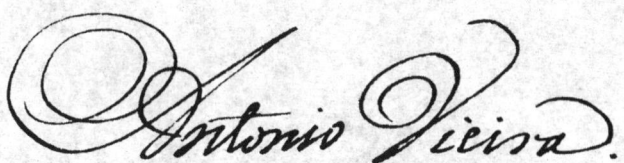

SERMÕES

V

de acordo com as regras do novo *acordo ortográfico*
da língua portuguesa

Edições Loyola

Direção: † Pe. Gabriel C. Galache, SJ
Ryad Adib Bonduki
Editor: Joaquim Pereira
Assistente: Eliane da Costa Nunes Brito
Revisão: Iranildo B. Lopes
Capa e Projeto gráfico: Maurélio Barbosa

Edições Loyola Jesuítas
Rua 1822, 341 – Ipiranga
04216-000 São Paulo, SP
T 55 11 3385 8500
F 55 11 2063 4275
editorial@loyola.com.br
vendas@loyola.com.br
www.loyola.com.br

Todos os direitos reservados. Nenhuma parte desta obra pode ser reproduzida ou transmitida por qualquer forma e/ou quaisquer meios (eletrônico ou mecânico, incluindo fotocópia e gravação) ou arquivada em qualquer sistema ou banco de dados sem permissão escrita da Editora.

ISBN 978-85-15-03672-1
© EDIÇÕES LOYOLA, São Paulo, Brasil, 2012

SUMÁRIO

Apresentação 7
Sermão I 9
Sermão II 29
Sermão III 57
Sermão IV 81
Sermão V 95
Sermão VI 115
Sermão VII 139
Sermão VIII 157
Sermão IX 173
Sermão X 191
Sermão XI 207
Sermão XII 231
Sermão XIII 255
Sermão XIV 271
Sermão de Nossa Senhora do Rosário 291
Notas 309
Privilégio real 321
Censuras 322
Licenças 325

APRESENTAÇÃO

Maria Rosa Mística

*Excelências, poderes e maravilhas
do seu Rosário,
compendiadas em trinta sermões ascéticos
e panegíricos sobre os dois Evangelhos desta solenidade:
Novo e Antigo,
oferecidas
à soberana Majestade da mesma
Senhora
pelo P. Antônio Vieira,
da Companhia de Jesus da Província do Brasil,*
**em cumprimento de um voto feito,
e repetido em grandes perigos da vida,
de que, por sua imensa benignidade
e poderosíssima intercessão,
sempre saiu livre.**

Quanto a este volume, alguns elementos merecem consideração:

1) Os quatro volumes anteriores foram publicados em 1679, 1682, 1683 e 1685. Os dois volumes posteriores sairão em seguida: em 1686, a Primeira Parte (vol. V) e, em 1688, a Segunda Parte (vol. VI).

2) Vieira parece ter pressa em publicá-los porque se trata do cumprimento de um voto a pagar. E naqueles dias de 1686, Salvador vivia um surto de peste: além do Arcebispo, morreram o tenente-general e o desembargador. Em carta de 14 de abril, a Roque da Costa Barreto, Vieira escreve: "Neste colégio, morreram doze religiosos da Companhia; os demais, com o excessivo trabalho de acudir aos doentes de dia e de noite, todos foram feridos; e, porque antes de convalescerem era necessário tornar ao mesmo exercício, raro foi o que não recaísse duas e três vezes. Só dois escaparam até agora, eu e meu companheiro, o que atribuo à especial proteção da Senhora do Rosário, para que pudéssemos acabar o seu

segundo tomo, o qual vai na frota, para que o Senhor Francisco Barreto se não queixe da minha ociosidade".

3) E por quais grandes perigos de vida teria ele passado? Em 1654, no Sermão de Santa Teresa, pregado no Colégio da Companhia de Jesus da Ilha de S. Miguel, diz Vieira: "Havendo escapado o autor de um terrível naufrágio, aportou àquela ilha". Diz João Lúcio de Azevedo: "Na angústia dos terríveis instantes, os padres exortavam ao final arrependimento. Vieira pronunciou as palavras da absolvição geral e, em seguida, uma curta prece: 'Anjos da guarda das almas do Maranhão, lembrai-vos que vai este navio buscar o remédio e salvação delas. Fazei agora o que podeis e deveis, não a nós que o não merecemos, mas àquelas tão desamparadas almas que tendes a vosso cargo. Olhai que aqui se perde também conosco. Assim o disse a vozes altas, que ouviram todos os presentes, e supriu o merecimento da causa a indignidade do orador'" (*História de Antônio Vieira*, tomo I, São Paulo, Alameda Casa Editorial, 2008, p. 300).

Nesse mesmo sermão, Vieira descreve o naufrágio em sua fúria e o desenlace auspicioso.

4) Este volume compreende os sermões enumerados de I a XIV e o de Nossa Senhora do Rosário, sendo este e os sermões I, III, VIII e XI caracterizados como "Com o Santíssimo Sacramento exposto". Apenas três são datados: o XII, na Sé da Bahia, em 1639, depois de a Armada Real ser derrotada; o XIV, na Bahia, à Irmandade dos Pretos de um Engenho, em dia de São João Evangelista, em 1633; e o XV [sem número], o de Nossa Senhora do Rosário, na Igreja do Colégio da Companhia de Jesus do Maranhão, em 1654, bem no centro do sermonário. A maior parte dos sermões (I, II, III, IV, V, VI, VIII, X e XI) tem como fundamento bíblico o capítulo 11 do Evangelho de Lucas. Os demais se fundam em diversos textos do Antigo e do Novo Testamento.

EDIÇÕES LOYOLA

SERMÃO*

I

Com o Santíssimo Sacramento exposto.

"Falando Jesus às turbas, uma mulher, levantando a voz do meio do povo,
lhe disse: 'Bem-aventurado o ventre que te trouxe e os peitos que te amamentaram'.
Mas ele respondeu: 'Antes, bem-aventurados aqueles que
ouvem a palavra de Deus e a põem em prática'."
(Lc 11,27s)

Nos 30 sermões a Nossa Senhora o tema da oração do Rosário será a inspiração e a prática de
Vieira. Ele começa declarando a oração como colóquio e prática com Deus. Fala-se e ouve-se.
Nisso consiste a oração perfeita: fala o homem com Deus e Deus com o homem.
No Rosário, com a oração vocal falamos com Deus e com a oração mental meditamos
os mistérios, Deus fala conosco. Hoje, se deterá na oração vocal, a mais alta e levantada
de todas: — <u>Pelo que se pede</u>: *primeiro, que seja santificado o nome de Deus,
que venha a nós o reino de Deus e que seja feita a vontade de Deus. Segundo, que nos
perdoe como nós perdoamos, que não nos deixe cair em tentação e que nos livre do mal.
E entre a primeira e a segunda, no centro: que nos dê o pão nosso supersubstancial.
Assim devemos orar: em primeiro lugar, as coisas de Deus.* — <u>A quem se pede</u>:
*ao Pai, Pai nosso, que estais nos céus. A voz com que oramos chega ao céu de Deus!
Por isso, oramos a Deus enquanto está por majestade no céu dos céus. Grande ousadia,
se não fora preceito, se não fora a fé. Grande exemplo a oração do publicano.*
— *E* <u>por quem se pede</u>: *pela Mãe de Deus e Mãe nossa, Santa Maria.*

§ I

𝒫regando Cristo Redentor nosso a uma grande multidão de bons e maus ouvintes, depois de ter convencido, com força de evidentes razões, a rebeldia dos maus, levantou a voz uma boa mulher, dizendo: "Bem-aventurado o ventre que trouxe dentro em si tal Filho, e bem-aventurados os peitos a que foi criado" (Lc 11,27). — Não negou o Senhor o que disse a devota mulher, porque eram dignos louvores da bendita entre todas as mulheres; mas, porque no rompimento daquelas vozes mostrava bem o inteiro juízo que fizera do que tinha ouvido, respondeu o Mestre divino: "Antes te digo que bem-aventurados são, como tu fizeste, os que ouvem a palavra de Deus e a guardam". Isto é pontualmente, e letra por letra, tudo o que nos refere o evangelista S. Lucas no texto que propus, largo para tema, mas breve para Evangelho, e mais em dia de tão grande solenidade.

O que nele noto, e me admira muito, é que em tal tempo e em tal concurso esta mulher falasse com Cristo e Cristo lhe respondesse. Não é ponderação minha senão do mesmo evangelista: "Aconteceu que, falando Jesus às turbas, uma mulher, levantando a voz do meio do povo, lhe disse". Aquele termo, "aconteceu que", é uma prefação, em que mostra o evangelista que passa a dizer um caso raro, notável, novo, que de nenhum modo se podia esperar nem presumir. E assim foi. Que no meio da pregação fale uma mulher não é novidade, mas que levante a voz: "levantando a voz" — e que fale, não com outrem, senão com o mesmo pregador: "lhe disse" — caso foi muito notável. Porém que o pregador, sendo Cristo, no meio e no fim da pregação: "dizendo ele estas palavras — não só dê ouvidos à mulher, mas lhe responda, e pelos mesmos termos: "bem-aventurado o ventre, bem-aventurados os que ouvem" — maior caso, e mais notável ainda. Mas assim havia de ser, e assim importava que fosse. Por que, ou para quê? Para que os pregadores, que nos mistérios e solenidades da Virgem, Senhora nossa, temos tanto trabalho em acomodar os Evangelhos, tivéssemos um Evangelho muito próprio, muito proporcionado, muito natural e muito fácil, com que pregar do seu Rosário. E esta é a razão por que a Igreja Católica, alumiada pelo Espírito Santo, instituindo novo Ofício e nova Missa do Rosário, mandou cantar nela, não outro, senão o Evangelho que ouvistes, e eu referi todo. Assim que este Evangelho é o mais próprio e acomodado, e este, na sua mesma brevidade, o mais capaz de se poder pregar nele a devoção santíssima do Rosário, e se declararem por ele a essência e excelências de tão soberana oração.

S. João Crisóstomo e S. Gregório Niceno, dois grandes lumes da Igreja, e seus intérpretes, definiram a perfeita oração desta maneira. S. Crisóstomo, falando da oração em comum no livro primeiro *De Orando Deo* [Sobre como orar a Deus], diz que a perfeita oração é "um colóquio do homem com Deus"[1]. — E S. Gregório Niceno, comentando particularmente a oração do Pai-nosso, que é a primeira e principal do Rosário, diz que a oração perfeita é "uma prática e conversação com Deus"[2]. E que fundamento tiveram estes grandes doutores, a quem seguem Santo Tomás e todos os teólogos, para definir a oração com nome de colóquio, de conversação e prática com Deus? O fundamento que ambos tiveram foi porque o colóquio, a prática e a conversação, não só é falar, senão falar e ouvir; é dizer de uma parte, e responder de outra; e nesta comunicação recíproca consiste a essência e excelência da perfeita oração. Na oração menos perfeita fala o homem com Deus; na perfeita e perfeitíssima fala o homem com Deus e Deus com o homem. E isto é o que reciprocamente exercita o Rosário, como oração perfeitíssima nas duas partes de que é composto. O Rosário compõe-se de oração vocal e mental; vocal nas orações que reza, mental nos mistérios que medita. Enquanto rezamos falamos com Deus: enquanto meditamos fala Deus conosco. O nosso rezar são vozes, o nosso meditar é silêncio; mas neste silêncio ouvimos melhor do que somos ouvidos nas vozes, porque nas vozes ouve-nos Deus a nós, no silêncio ouvimos nós a Deus.

Tal é o colóquio da oração perfeita, tal a prática do Rosário, e tal, com toda a propriedade, o diálogo do nosso Evangelho. A mulher falou com Cristo, e Cristo respondeu à mulher; a mulher disse da sua parte: "lhe disse" — e Cristo também disse da sua: "mas ele respondeu" — ela disse bem, porque disse: "Bem-aventurado o ventre" — o Senhor disse melhor porque disse "Antes, bem-aventurados". E porque na parte vocal ouve Deus, e na mental ouve o homem, ela levantou a voz, para que o Senhor ouvisse as suas palavras: "levantando a voz" — e o Senhor louvou os ouvidos com que ela tinha ouvido as palavras de Deus: "Os que ouvem a palavra de Deus".

Suposto, pois, que no caso do presente Evangelho historiado o Rosário, e resumida, com tanta propriedade, a ideia de sua admirável composição, assim como Deus primeiro formou o corpo de Adão e depois lhe infundiu a alma, o mesmo farei eu. A parte mental, que é a alma do Rosário, ficará para outro discurso; neste tratarei só da vocal, que é o corpo: queira Deus que me caiba nele. O assunto não há de ser meu, senão de quem levantou a voz: "levantando a voz". A mesma que levantou a voz levantou o assunto. Assim que o que determino mostrar e havemos de ver hoje, será: que a oração vocal do Rosário, enquanto vocal, é a mais alta e levantada de todas: "levantando a voz". Para que a Senhora nos assista com sua graça, ofereçamos-lhe agora uma vez o que tantas repetimos no Rosário. *Ave Maria*.

§ II

"Levantando a voz."
Para compreender a excelência e alteza de qualquer oração vocal, nas mesmas vozes ou palavras de que é composta, se devem considerar três respeitos ou três partes essenciais: o que se pede a quem se pede, e por quem se pede; o que, a quem e por quem. Esta mesma distinção observou a mulher do Evangelho. A sua oração foi panegírica e laudatória, e na voz que levantou: "levantando a voz" — tocou os mesmos três pontos e os mais altos a que podia chegar o mais levantado espírito. O que louvou foi o mistério altíssimo da Encarnação; a quem louvou foi a pessoa do mesmo Verbo encarnado; e por quem o louvou foi pela Mãe que o concebeu em suas entranhas e o criou a seus peitos: "Bem-aventurado o ventre que te trouxe". Não pudéramos desejar nem melhor texto para dividir o nosso discurso, nem melhor guia para o seguir. A oração vocal do Rosário só se distingue desta do Evangelho pelo fim, porque o fim, desta oração, como panegírica, foi louvar, e a do Rosário, como deprecatória, é pedir. Aquela voz foi altíssima na consideração do que louvou, a quem louvou, e por quem louvou; e do mesmo modo é altíssima a voz do Rosário na consideração do que pede, a quem pede e por quem pede. E estas serão as três partes

do nosso discurso. Alta e altíssima a oração vocal do Rosário pela alteza das petições que nela fazemos: "levantando a voz"; alta e altíssima pela alteza da Majestade, a quem as presentamos: "levantando a voz"; e alta, finalmente, e altíssima pela alteza da intercessão de que nos valemos: "levantando a voz". Ouçam agora com atenção os devotos do Rosário e com inveja e arrependimento os que o não forem.

§ III

Considerando, pois, em primeiro lugar, a alteza da majestade a que apresentamos nossas petições, e começando — para maior clareza — por onde começa o Rosário, qual é a sua primeira voz? A primeira voz do Rosário é: "Pai nosso, que estais nos céus" (Mt 6,9). — E voz que chega da terra ao céu, e ao céu onde está Deus, vede se é alta e altíssima: "levantando a voz"?

Nós não reparamos nesta que parece vulgaridade; mas o maior mestre de orar, que foi Davi, faz grande reparo nela: "Com a minha voz clamei ao Senhor, e me ouviu desde o seu Santo monte" (Sl 3,5). Davi era grande contemplativo, mas nesta ocasião — que foi quando fugia de seu filho — orou vocalmente. Isso quer dizer "Com a minha voz", oração vocal. E o que muito pondera é que esta voz, saindo do vale do Cedrão por onde caminhava, fosse ouvida no Monte Tabor da glória, onde Deus tem o trono de sua majestade: "Desde o céu e do sublime trono de sua glória"³, comenta Santo Atanásio. O céu, onde Deus tem o trono de sua majestade, não é algum dos céus que vemos, senão outro céu sobre estes, quase infinitamente mais levantado e sublime; por isso não dizemos: "Que estais no céu", senão: "Que estais nos céus". Da mesma frase usou Cristo quando disse que os anjos que assistem na terra em nossa guarda sempre veem a Deus que está não no céu, senão nos céus: "Sempre vem a face do Pai que está nos céus" (M 18,10). E, combinando um texto com outro, é prerrogativa verdadeiramente admirável que onde chegam os anjos com a vista cheguem os homens com a voz. A esfera da voz é, sem comparação, mais limitada que a da vista. Mas isto se entende da voz com que falamos, e não da voz com que oramos. A voz com que falamos mal se estende a toda esta igreja; e a vista tem tanto maior e mais alta esfera que chega ao firmamento, onde vemos as estrelas. Porém, a voz com que oramos não só chega ao firmamento, que vemos, que é o céu das estrelas, mas ao mesmo empíreo, que não vemos, que é o céu de Deus. O céu que vemos é o céu da terra; o céu onde está Deus é o céu do céu: "O céu do céu é para o Senhor" (Sl 113,16). E isto é o que ponderava e admirava Davi na voz da sua oração: "Com a minha voz clamei ao Senhor, e me ouviu desde o seu Santo monte".

Mas daqui mesmo se vê que a alteza desta voz ainda é mais maravilhosa nos que rezam o Rosário. Davi diz que "clamou e bradou com a sua voz"; e no Rosário não é necessário clamar, nem ainda soar. Ana, Mãe de Samuel, foi uma excelente figura dos que rezam o Rosário. Dela diz o texto sagrado que, multiplicando as preces, somente se lhe viam mover os beiços, mas a voz de nenhum modo se ouvia: "Repetindo ela as preces na presença do Senhor, só se moviam os seus lábios e não se lhe percebia palavra alguma" (1Sm 1,12-13). O mesmo passa cá pontualmente. Ana multiplicava as suas preces, e quem reza o Rosário também as multiplica, porque repete muitas vezes a mesma oração. A Ana só se lhe viam os movimentos da boca, porém a voz não se ouvia; e vós rezais o vosso Rosário com uma voz tão interior — e por isso mais devota — que nem os que estão muito perto vos ouvem, nem vós mesmos vos ouvis. E quando vós não ouvis a vossa mesma voz, é ela tão alta, e sobe tão alto: "Levantando a voz" — que chega ao céu dos céus, onde está Deus: "Que estais nos céus".

Não faltará, porém, quem diga que esta circunstância de orarmos a Deus enquanto está no céu parece uma cerimônia supérflua, e não só não necessária, mas nem ainda conveniente. Comentando Santo Agostinho estas palavras, que em seu tempo ainda não eram do Rosário, mas eram as mesmas, diz assim: "Não dizemos Pai nosso que estais em toda a parte, embora isso seja verdade, mas Pai nosso que estais nos céus"[4]. Deus, por sua imensidade, está em toda a parte, e não só conosco, senão em nós, em qualquer lugar onde estivermos. Logo não é necessário invocar a Deus enquanto está no céu, pois também o temos na terra; quanto mais que invocá-lo no céu parece que é afastarmos a Deus de nós e orar de longe, quando fora mais conveniente e mais conforme ao afeto da devoção fazê-lo de perto. Não é mais conveniente falarmos com Deus onde ele está e nós estamos, que onde ele está e nós não? O mesmo Davi, tão grande mestre desta arte, pedia a Deus que a sua oração chegasse muito perto do seu divino acatamento: "Chegue a minha súplica a tua presença" (Sl 118,169). E o Rosário, antes de as Ave-marias convertidas em rosas lhe darem este nome, chamava-se o Saltério da Virgem, porque o de Davi se compõe de cento e cinquenta salmos e o da Senhora de outro tanto número de saudações angélicas. Pois se Davi, no seu Saltério, pede a Deus que a sua oração chegue muito perto dele: "Chegue a minha súplica a tua presença" — como nós, no Saltério da Virgem, nos pomos tão longe de Deus, ou a Deus tão longe de nós, quanto vai da terra ao Céu: "Que estais nos céus?"?

Digo que não é diferente o nosso ditame, senão o mesmo que o de Davi. E por quê? Porque, quanto o que ora se põe mais longe de Deus, tanto a sua oração chega mais perto dele. Põe-se a oração e o que ora diante de Deus como em duas balanças; enquanto o que ora mais se abate e fica mais longe, tanto a oração mais sobe e chega mais perto: ele mais longe por reverência e ela mais perto por aceitação. Foram dois homens ao templo a orar, diz Cristo, um fariseu e o outro publicano. O fariseu, como religioso que era daquele tempo, chegou-se muito perto do altar e do *Sancta Sanctorum* [Santo dos Santos], e ali representava a Deus suas boas obras. O publicano, pelo contrário, "pôs-se lá muito longe" (Lc 18,13) — e sem se atrever a levantar os olhos ao céu, batia nos peitos e pedia perdão dos seus pecados. Esta foi a diferença dos oradores e das orações. E qual foi o sucesso? "Este voltou justificado para sua casa". O que se chegou muito perto do altar e de Deus ficou a sua oração muito longe, porque foi reprovada; e o que "se pôs muito longe" — chegou a sua oração muito perto de Deus, porque foi aceita. Ele longe por respeito, e a sua oração perto por agrado; ele longe por reverência, e ela perto por aceitação: "Não ousava aproximar-se para que Deus se aproximasse dele"[5]. — diz o Venerável Beda. E isto é o que nós fazemos logo no princípio do Rosário. Ainda que Deus está em toda a parte, não o invocamos de perto, enquanto assiste na terra por imensidade, senão de longe, e tão longe, enquanto preside no céu por majestade: "Que estais nos céus" — e quanto nós, como é razão, mais nos abatemos, tanto a voz da nossa oração mais se levanta: "levantando a voz".

É verdade, como ponderava Santo Agostinho, que para a eficácia da nossa oração bastava orar a Deus na terra, mas para a dignidade não. Porque Deus na terra está só por presença como imenso no céu está por majestade, como Altíssimo. Esta foi a diferença que considerou e distinguiu o Pródigo na sua oração: "Pequei contra o céu, e na vossa presença" (Lc 15,18). — E por que fez aquele moço, já bem entendido, esta diferença de lugar a lugar e de Deus a Deus? Porque na terra reconhecia a sua presença e no céu considerava a sua majestade. No "Na vossa presença", confessava a presença ofendida; no "Pequei contra o céu", a majestade lesa. E como Deus na terra está só por presença, como imenso, e no céu por majestade, como Altíssimo: "Tu só és o Altíssimo em toda a terra" (Sl 82,19) — por isso o divino autor desta divina oração, para que conhecêssemos o modo de orar altíssimo que nos ensinava, nos mandou que orássemos a Deus, não enquanto está por presença em todo lugar, mas enquanto está por majestade "no céu dos céus". O publicano que orou bem, mas a modo da lei velha, diz o evangelista que "nem os olhos se atrevia a levantar ao céu" (Lc 18,13) — porém o Mestre divino da lei da graça não só quer que levantemos os olhos e as mãos ao céu, mas que logo no princípio da nossa oração a presentemos no céu dos céus diante do divino acatamento, e que onde Deus assiste por majestade como Altíssimo, lá entre confiadamente a nossa oração, e lá suba e se levante a nossa voz: "Levantando a voz".

§ IV

ℰ se esta voz ou esta oração vocal do Rosário se levanta tanto, e é tão alta quando dizemos: "Que estais no céus", quem poderá bastantemente declarar a alteza, não só inacessível, mas tremenda, aonde se levanta e remonta a mesma voz, quando com ela se atreve a língua mortal a pronunciar "Pai nosso"? O grande S. Pedro Crisólogo, cujas palavras, por antonomásia, foram chamadas de ouro, subindo um dia ao púlpito de Ravena, onde, como arcebispo seu, era visto frequentemente, começou desta maneira: "O que trago hoje para pregar, e o que haveis de ouvir" — diz Crisólogo — "é um caso de que pasmam os anjos, de que se assombra o céu, de que tem medo a terra, de que se estremecem as carnes; é um caso que não cabe nos ouvidos, que não alcançam os entendimentos, que não tem ombros para o suportar toda a máquina das criaturas, e que eu me não atrevo a dizer nem posso calar"[6]. "Eu não me atrevo a dizer, mas calar não posso." — Tende mão, Demóstenes divino. E que exórdio é este tão desusado? Que caso tão novo, tão inaudito, tão tremendo para a terra, tão espantoso para o céu, e para homens e anjos tão estupendo? Ainda é maior do que tenho representado, e maior que quanto se pode encarecer nem imaginar. E qual é? É — conclui o grande teólogo e eloquentíssimo orador — é que se pode atrever a língua humana a dizer a Deus: "Pai nosso". Pois dizer a Deus: Pai nosso, esta voz tão breve, este nome tão amoroso, é aquele trovão que faz estremecer o céu e a terra, o pasmo dos anjos, o assombro dos homens, o horror de todas as criaturas? Sim. E se nós tivéssemos entendimento para compreender o mesmo que dizemos quando olhássemos para as alturas, aonde se levanta a nossa voz: "levantando a voz" — antes havíamos de emudecer que pronunciá-la, e dizer como Crisólogo: "Não me atrevo a dizer".

Ainda depois de Cristo nos mandar orar por estes termos, ainda depois de sua majestade nos dar esta licença e seu amor esta confiança, vede o tento, a submissão, o recato e o sagrado horror com que o faz a Igreja Católica: "Admoestados pelos vossos preceitos salutares e instruídos na forma da vossa instituição, ousamos dizer, Pai nosso". Obrigados, Senhor, do vosso preceito, admoestados da vossa doutrina e instruídos na forma da vossa divina instituição, ousamos a vos dizer: quê? *"Pai nosso"* — De sorte que invocar a Deus com o nome de nosso Pai é uma coisa tão alta, tão sublime, tão superior a toda a capacidade humana que, ainda depois de instruídos, e admoestados e obrigados com preceito a orar por estes termos, e a invocar a Deus com este nome, lhe chama a Igreja ousadia: "Ousamos dizer". Tão grande ousadia, se não fora preceito, era a maior arrogância, e se não fora fé, a maior soberba. Assim o entendeu Santo Agostinho, quando disse: "Portanto não há aqui arrogância, mas fé; não soberba, mas devoção"[7]. Invocarmos a Deus com o nome de Pai nosso é graça e doutrina de seu próprio Filho; logo, não é arrogância, senão fé; logo não é soberba, senão devoção. Mas fé e devoção tão alta que a soberba de Lúcifer se precipitou do céu, só porque entendeu que havia de haver um homem que chamasse a Deus Pai. E esta altura, de que ele caiu, é a mesma a que nós subimos: muito alta quando dizemos: "Que estais nos céus", mas imensa e infinitamente mais alta quando dizemos: "Pai nosso".

E por quê? A diferença é manifesta. Porque quando dizemos: "Que estais nos céus", sobe a nossa oração no céu até o trono de Deus: mas quando dizemos: "Pai nosso", sobe a mesma oração em Deus até o seio do Pai. "O seio do Pai é o lugar de seu Unigênito Filho" (Jo 1,18) — e onde o Filho tem o assento por natureza quis que nós tivéssemos o acesso por graça, e que ao mesmo Pai, de quem ele é Filho, disséssemos nós com verdade: "Pai nosso". Assim o ensina com toda esta especialidade não menos que o apóstolo S. Paulo: "Porque não recebestes o espírito de escravidão, para outra vez estardes com temor, mas recebestes o espírito de adoção de filhos, pelo qual clamamos: Aba, Pai". Exorta-nos o apóstolo a que vivamos conforme a dignidade do nosso estado, não com espírito de temor, e servil, como os da lei velha, mas com espírito de amor, e filial, como nascidos na lei da graça, advertindo — diz — que vos levantou Deus ao lugar de seu próprio Filho, adotando-vos por tais, como bem se mostra na confiança com que as nossas vozes dizem, ou nós dizemos a vozes: Pai nosso: "Pelo qual clamamos: Aba, Pai" — Primeiro que tudo notai o "Pai" e o "clamamos": "o clamamos" que é próprio da oração vocal, e o *Pai* que é a primeira voz do Rosário. Mas se Moisés, Josué, Davi, Elias, Eliseu, e os mais, também oravam, e oravam ao mesmo Deus que nós invocamos, em que consiste esta diferença ou excelência da nossa oração, que S. Paulo tanto encarece em comparação da sua? Consiste, como declara o mesmo apóstolo, em que na nossa oração chamamos a Deus Pai: "Pelo qual clamamos: Aba, Pai". Na lei velha, nem em Deus era conhecido o nome de Pai, nem o Pai tinha comunicado aos homens a adoção de filhos. Uma e outra coisa fez Cristo. Deu a conhecer o nome do Pai: "Pai, eu manifestei o teu nome aos homens" (Jo 17,1.6) — e deu aos homens a graça de poderem ser filhos do mesmo Pai: "Deu-lhes o poder de se fazerem filhos de Deus" (Jo 1,12) — e por isso os da lei velha, como servos, oravam a Deus como Deus, e os da lei da graça, como filhos, oramos a Deus como Pai.

Grande texto na mesma pessoa do Filho, e com inteligência pouco observada e, porventura, não sabida. Quatro vezes orou Cristo na sua Paixão, mas não pelos mesmos termos. Três vezes orou a Deus como Pai e uma vez como Deus. No Horto como Pai: "Pai, se é possível" (Mt 26,39); quando o pregavam na cruz como Pai: "Pai, perdoa-lhes" (Lc 23,34); quando finalmente expirou como Pai: "Pai, nas tuas mãos encomendo meu espírito" (Lc 23,46). Porém, quando se lamentou de se ver desamparado e deixado, não chamou a Deus Pai, senão Deus, e Deus repetidamente: "Deus meu, Deus meu, por que me desamparaste" (Mt 27,46)? Pois, se Cristo, se o Filho do Eterno Pai em tantas outras ocasiões o invocou com o nome de Pai, como agora lhe não chama Pai, senão Deus? Maior dúvida ainda, e mais nova. As outras orações em que Cristo usou do nome de Pai, todas refere o texto sagrado, assim grego como latino, na mesma língua vulgar; e só esta, em que o Senhor usou do nome de Deus, lê o Evangelho na língua hebraica: "Eli, Eli, lamma sabacthani" (Mt 27,46). — Qual é, logo, a razão de uma e outra diferença, ambas tão particulares e tão notáveis? A primeira — torno a dizer — por que só nesta oração chama Cristo ao Pai Deus? A segunda, por que só esta oração se escreve na língua hebraica? Direi. Cristo Redentor nosso na cruz, como quem atualmente estava pagando pelos pecados de todo o gênero humano, representava em sua pessoa os dois povos de que o mesmo gênero humano se compunha: o judaico e o gentílico. E como Deus naquela hora deixava e lançava de si o povo judaico, por isso Cristo, enquanto representava o mesmo povo, se lamentava de se ver deixado: "Por que me desamparaste?" Assim expõe este texto Teofilato, e creio entenderão todos os doutos, que é o sentido mais próprio e mais literal dele: "Por que me desamparaste, isto é, minha família, meu povo, os que me são próximos segundo a carne"[8].

— E daqui ficam finalmente respondidas ambas as nossas questões: A de se referir só este texto na língua hebreia, porque Cristo naquela ocasião representava o povo judaico deixado, e em seu nome se lamentava; e a de orar então a Deus como Deus, e não como Pai, porque os do mesmo povo, por mais santos e favorecidos que fossem, não falavam a Deus como Pai, senão como Deus. É pontualmente tudo o que dizia S. Paulo. Eles, porque viviam à lei de servos: "No espírito de escravidão" — oravam a Deus como Deus; nós, que vivemos em foro de filhos: "No espírito de adoção de filhos" —, oramos a Deus como Pai: "Pelo qual clamamos: Aba, Pai". E notai outra vez a palavra "clamamos", que não só significa voz senão voz muito alta e levantada. Porque aquela grande altura, aonde nunca puderam chegar as orações e vozes dos maiores patriarcas, por essa começamos nós hoje com a primeira oração e a primeira voz do Rosário: "Levantando a voz".

§ V

Passando à segunda parte do nosso discurso, vejamos agora como a mesma voz ou oração vocal do Rosário não é menos alta e altíssima pela alteza das petições que nela fazemos. As do Pai-nosso, antes de chegar a Ave-maria — em que fazemos uma só — são sete, e as três por onde começamos — para que as ponderemos por junto — muito notáveis. A primeira: "Santificado seja o vosso nome — em que pedimos a Deus a santificação de seu nome; a segunda: "Venha a nós o vosso reino" — em que pedimos a propagação universal do seu reino; a terceira: "Seja feita a vossa vontade, assim na terra como no céu" — em que pedimos a execução da sua vontade tão inteiramente na terra como no céu. Mas estas petições, se bem se consideram, parece que o não são. Quem pede a Deus — como bem argui aqui S. Gregório Niceno[9] — ou pede o remédio de suas necessidades, ou o socorro de seus trabalhos, ou o aumento e conservação de seus bens, ou outra coisa sua, e para si. Mas nestas petições nada é nosso, nem nos pertence a nós; tudo é do mesmo Deus a quem pedimos: "o teu nome; "o vosso reino"; "a vossa vontade". Pois se tudo isto é seu, e não nosso, se tudo pertence a Deus, e não a nós, por que lho pedimos a ele? Porque esta é a alteza altíssima da oração vocal do Rosário: "Levantando a voz". O mais alto ponto a que se pode levantar e subir a oração humana não é pedir a Deus para nós, é pedir a Deus para Deus.

Quando Cristo, Senhor nosso, ajuntou ao número dos apóstolos o dos setenta e dois discípulos, disse-lhes assim: "A seara que vos mando cultivar é muita, mas os operários ou lavradores são poucos; portanto rogai ao Senhor da seara que mande mais operários à sua seara, ou à seara sua" (Lc 10,2). "À sua seara, ou à seara sua". — Este sua e aquele *portanto* parece que não fazem boa consequência. Se Cristo é "o Senhor da seara". Se "a seara é sua" — como nos manda a nós que lhe roguemos e peçamos a ele que mande operários? Não é o mesmo Senhor aquele vigilante pai de famílias que madrugou muito cedo, e em todas as horas do dia saiu em pessoa à praça a chamar e alugar operários para a vinha, não por outra razão, senão porque era sua: "Ide vós também à minha vinha" (Mt 20,7)? — Pois se a cultura e a colheita da sua seara está à conta da sua providência e do seu cuidado, por que a encomenda às nossas orações: "Rogai ao Senhor da seara"? — Se a seara fora nossa, então nos incumbia a nós rogar e pedir a Deus nos desse os meios para ela; mas que, sendo a seara de Deus, nós hajamos de rogar ao mesmo Deus que se lembre da cultura da sua seara: "Para que mande operários à sua seara"? — Bem se mostra que o mesmo autor do Pai-nosso é o mestre desta doutrina. Manda que, sendo a seara de Deus, e não nossa, sejamos nós os que roguemos por ela, porque a oração perfeita e perfeitíssima não é pedirmos nós para nós, é pedirmos a Deus para Deus. Pedirmos nós para nós é procurar os nossos interesses; pedirmos a Deus para Deus é solicitar a sua glória. E isto é o que fazemos nas primeiras três petições do Rosário. Se dizemos "Santificado seja" para glória de Deus: "o vosso nome"; se dizemos "venha a nós" para glória de Deus outra vez: "o vosso reino"; se dizemos "seja feita" para glória de Deus do mesmo modo: "a vossa vontade".

Um rei houve no mundo tão soberbo e tão louco, que tudo isto quis para si. Quis a exaltação de seu nome, fazendo-se chamar Deus; quis a dilatação de seu reino, tratando de o estender por todo o mundo; quis a execução universal da sua vontade, mandando que ela só, e nenhuma outra, fosse obedecida. Já sabeis que falo de Nabucodonosor, mais que bruto quando entrou neste pensamento que quando pastava no campo. Tinha cercado a cidade de Betúlia, mais apertada já da sede que do mesmo sítio; orou Judite a Deus; mas como orou? Lástima é que o não fizesse com um Rosário nas mãos. Mas por isso disse S. Paulo que tudo o que se fazia na lei velha era figura da nova: "Todas as coisas lhe aconteciam em figura" (1Cor 10,11). A oração que fez depois de alegar as maravilhas de Deus em favor e defesa do seu povo foi nesta forma: "Levantai, Senhor, vosso onipotente braço como antigamente, quebrantai o poder de nossos inimigos com a força do vosso, e sinta a soberba e violência dos seus exércitos o justo rigor da vossa ira" (Jt 9,11). — Isto é o que pede a oração de Judite; agora se seguem os motivos que alega a Deus: "Porque vêm prometendo e ameaçando que hão de violar o sagrado de vosso santuário, que hão de profanar o tabernáculo de vosso santíssimo nome, e que com o ferro das suas armas hão de destruir e arrasar os vossos altares" (Ibid.). — Pois, Senhora, isto é o que só alegais a Deus? Muito mais é o que promete, muito mais o que ameaça o inimigo de que está cercada e tão apertada Betúlia. Ameaça que há de assaltar a cidade e levá-la à viva força; ameaça que, a quantos a quiserem defender, não há de perdoar a vida, mas serem passados todos ao fio da espada; ameaça que o saco e despojos hão de ser a rica presa de seus soldados, em que a vossa casa terá mais que roubar; ameaça que os poucos que escaparem da primeira fúria, grandes, pequenos, homens, mulheres, meninos, hão de ficar cativos — ou não hão de ficar — porque todos serão levados em cadeias ao desterro remotíssimo da terra dos assírios. Pois se isto, e muito mais, é o que ameaça o exército de Holofernes, e a fama e terror de seu nome, como vós só alegais a Deus os sacrilégios do seu santuário, as injúrias do seu tabernáculo, a desolação de seus altares? Eis aqui por que na oração de Judite, e nestas três alegações que faz a Deus, se representaram as três petições do Rosário. Nada teme e nada pede a Deus para si; tudo teme e tudo pede a Deus para Deus. Assim como nós dizemos: "O vosso nome, o vosso reino, a vossa vontade", assim Judite não diz nem representa outra coisa a Deus, senão: "O vosso santuário, o tabernáculo do vosso nome, a majestade do vosso altar".

E se alguém me disser que somos humanos, e não divinos; de carne, e não espíritos; que padecemos trabalhos, necessidades, misérias; e que, assim como pedimos a Deus para Deus, devemos também pedir a Deus para nós, respondo que assim é verdade, e que nem por isso devemos perder a devoção ao Rosário nem a piedade ao Pai-nosso. Deixada a quarta petição para melhor lugar, assim como nas três primeiras só pedimos para Deus, assim nas três últimas só pedimos para nós. Nas três primeiras tudo para Deus: "O vosso nome, o vosso reino, a vossa vontade"; nas três últimas tudo para nós: "Perdoai-nos, não nos deixeis cair, livrai-nos". Mas, em que se vê a ordem e diferença de umas a outras petições, digníssima da sabedoria do seu divino autor? Vê-se — como bem notaram Santo Tomás e S. Boaventura — vê-se em que as que nos pertencem a nós vão em segundo lugar, e as que pertencem a Deus no primeiro. Oh! se guardássemos esta ordem, como seriam aceitas nossas orações! Mas muitos rezam o Rosário e o Pai-nosso às avessas. E queira Deus que não haja alguns que todo seu emprego ponham na quarta petição mal interpretada, e só tratem do "pão nosso" quando não seja do alheio. Deixados porém estes, os que rezam o Pai-nosso às avessas são os que põem em primeiro lugar o que lhes toca a eles, e no último o que pertence a Deus. Na mesma Betúlia e sem sair das linhas do sítio, temos o exemplo. Já ouvimos a oração de Judite: ouçamos agora a dos outros cercados, e, não só guiados pelo seu ditame, senão pelo dos mesmos sacerdotes, que é o que mais me escandaliza. Cobriram os sacerdotes os altares de luto e de cilício, e fizeram a sua oração desta maneira — vede por onde acabam e por onde começaram —: "Clamaram a Deus" — diz o texto

— "pedindo que seus filhos não ficassem cativos, que suas mulheres não fossem divididas deles e desterradas, que suas cidades e casas não fossem destruídas e que as coisas sagradas não fossem profanadas" (Jt 4,10). — Pois agora? Sim, agora. O sagrado e o de Deus no último lugar; nós e o nosso no primeiro. Oram os homens como vivem. Os interesses e conveniências temporais diante de tudo, como se faz na vida; o de Deus, o da consciência, o da alma lá para o fim, como se faz na morte. E esta ordem, ou desordem, tão encontrada com a disposição das petições de Cristo, não é de quem reza quinze vezes no Rosário a oração do Pai-nosso, nem de quem sabe o que pede, ou como há de pedir.

§ VI

Mas vamos às três últimas petições, também por junto, porque não sofre outra coisa a brevidade, e veremos que, ainda que em todas elas tratamos de nós, nem por isso a voz de cada uma é menos alta e levantada: "Levantando a voz". A primeira é altíssima na confiança, a segunda altíssima na generosidade, a terceira altíssima no juízo, e todas três altíssimas na importância. "Perdoai-nos" — diz a primeira —, assim como nós perdoamos a quem nos tem ofendido". — Quem há de dizer que fala com Deus quem assim fala? Há tal modo de pedir? Há tal resolução? Há tal confiança? Isto é pormo-nos nós a Deus por exemplo, isto é dizermos a Deus que nos imite a nós e que faça o que nós fazemos. Assim o nota em próprios termos S. Gregório Niceno: "Para que Deus nos imite a nós e digamos: eu fiz, Senhor, fazei; eu perdoei, perdoai"[10]. Não se poderá arguir nem encarecer melhor. Mas não diz isto o santo e doutíssimo Padre para estranhar a confiança da petição, senão para declarar a alteza a que Deus nos levanta, mandando-nos orar em tal forma. Quando Cristo nos manda que lhe peçamos perdão, alegando juntamente que nós também temos perdoado, cuidava eu que era o mesmo que fazer a petição com folha corrida. Porém, os Santos, que o entendem melhor, não querem que seja tão pouco.

S. Pedro Crisólogo, escrevendo sobre esta mesma petição, diz que, quando perdoamos as ofensas que nos fazem nossos inimigos, nós mesmos nos damos o perdão das ofensas que temos feito a Deus: "Homem, entende, porque, perdoando aos outros, deste perdão a ti mesmo"[11]. Homem, entende, porque isto parece que se não pode entender. Dar perdão de pecados é jurisdição ou regalia somente de Deus: "Quem pode perdoar pecados, senão só Deus?" (Lc 6,21). Logo, como me posso eu dar a mim mesmo o perdão de meus pecados? "Tu te perdoaste"? Funda-se esta sentença naquela promessa de Cristo: "Perdoai, e sereis perdoados" (Lc 6,37). — E como esta promessa é condicional e a condição depende de mim, quando eu cumpro a condição eu sou o que me perdoo. Deus não me pode perdoar as suas ofensas sem que eu perdoe as minhas; e se eu perdoo as minhas, não pode Deus deixar de me perdoar as suas. Daqui vem que o perdão mais depende de mim que de Deus porque Deus está obrigado à sua promessa e eu não estou obrigado à condição. Deus não pode faltar ao perdão, ainda que quisesse, e eu não posso perdoar, se quiser. Tanto assim que não duvidou Hugo Cardeal de proferir uma proposição que não sei como coube no juízo de um teólogo tão douto e tão insigne.

Diz que ao homem que perdoa o faz Deus seu senhor. As palavras são estas:

"Manda-te Deus perdoar para te purgar a consciência; promete-te o perdão para te confirmar na esperança e te faz Deus seu senhor"[12]. — Mas como se pode entender ou defender que Deus, neste caso, faça ao homem seu senhor? A razão ou sutileza deste pensamento é que, como Deus se pôs a si mesmo aquela lei de perdoar a quem perdoa, o homem fica livre, e Deus obrigado; o homem fica senhor da lei, e Deus sujeito a ela. E quando o homem é senhor da lei, e Deus não, fica o homem por este modo senhor do mesmo Deus: "E te faz seu Senhor". Explica Hugo o seu dito, acrescentando em nome de Deus! "Assim como tu julgares de quem te ofendeu, assim julgarei eu de ti." — Parece-se este privilégio com o das chaves de S. Pedro; mas S. Pedro julgava como vigário, e o que perdoa, como senhor, e como senhor, neste caso, não de outrem, senão do mesmo Deus: "E te faz seu Senhor". — Isto é, em uma palavra, fazê-lo Deus senhor do seu poder, o qual se não distingue dele. E como os que rezam o Rosário dizendo tantas vezes: "Assim como nós perdoamos", demitem de si o senhorio que têm sobre aquela lei e, por este modo sobre o mesmo Deus, vede se é alto e altíssimo o ponto a que sobe e se levanta a voz desta petição: "Levantando a voz".

§ VII

E se esta é altíssima pela confiança do que diz e do que supõe pedindo, a que se segue não é menos alta, pela generosidade do que pede e do que não pede: "E não nos deixeis cair em tentação". — Notai o que pedimos e o que não pedimos. Não pedimos a Deus que nos tire ou nos livre das tentações: pedimos que nos não deixe cair nelas. Nenhuma versão traduziu melhor "Não nos deixeis cair" que a nossa portuguesa. Cair dizemos, e não derrubar, porque derrubar é força e impulso alheio; o cair, fraqueza ou descuido próprio. Quem diz: Não nos deixes cair, de si se teme mais que do inimigo, contra si pede o socorro que pede para si. Mas se na tentação está o perigo, não seria mais conveniente e mais seguro pedirmos a Deus que nos livrasse de ser tentados? Não. O mal não está em ser tentado; está em ser vencido. Se fora melhor não ser tentado, como bem discorre Cassiano[13], não permitira Deus as tentações, mas quer que haja batalhas, porque nos tem aparelhada a coroa. O soldado generoso estima a guerra, porque deseja a vitória, e não recusa o combate, porque aspira ao triunfo. Por isso diz São Tiago — e é a primeira coisa que diz — que não havemos de receber as tentações com horror e tristeza, senão com alvoroço e alegria: "Tende grande gozo quando passais por diversas tentações" (Tg 1,2). O cavalo generoso — como se descreve no livro de Jó, com maior elegância do que o pudera pintar Homero — em ouvindo o sinal da guerra, fita as orelhas, quebra as soltas, bate a terra, enche de relinchos o ar, não lhe cabem os espíritos pelas ventas, treme todo de fogo e de coragem com o alvoroço e brios de sair à batalha. Este é o instinto da generosidade, ainda onde falta a razão; e esta é a razão que nós temos para pedir a Deus, não que nos não deixe tentar, mas que nos não deixe cair.

Se Deus nos deixara tentar mais do que podem as nossas forças, então tínhamos justa causa de recusar as tentações; ouvi, porém, o seguro que nos dá S. Paulo: "Deus é fiel, o qual não consentirá jamais que sejais tentados sobre o que podeis resistir" (1Cor 10,13). — E diz nomeadamente o apóstolo neste caso que "Deus é fiel", porque o contrário seria espécie de engano e meter-nos Deus na cilada para cairmos nela. É verdade, como nota o mesmo S. Paulo, que a nossa luta nas tentações não é de homem, senão de homens de carne e sangue contra o poder e astúcia dos espíritos das trevas: "Nós não temos que lutar contra a carne e o sangue, mas sim contra os princípios e potestades destas trevas do mundo, contra os espíritos de malícia" (Ef 6,12). Mas, para que possamos sair vencedores em uma luta tão desigual, vede como iguala Deus os partidos e lhes modera a eles o excesso das forças, e as mede com as nossas.

Lutou com Jacó aquele anjo, o qual Orígenes e outros querem que fosse anjo mau; mas pelo que toca às tentações, tanto importa ser anjo como demônio porque não são os mais feios os que mais tentam. O que faz ao nosso caso é que sendo Jacó homem, e o anjo, com quem lutava, espírito como pode ser que lhe pudesse resistir e prevalecer contra ele? Muitos mil homens não têm parelha nas forças com um só anjo, como se viu no exército dos assírios, em que um só anjo, em uma noite, matou mais de cento e oitenta mil homens. Pois se as forças de Jacó eram tão inferiores às do anjo, como lutou com ele tão forte e porfiadamente, e o apertou de tal sorte que finalmente o venceu? A razão é porque não permitiu Deus ao anjo que usasse de todas as forças naturais que tinha, mas somente em tal medida e proporção que Jacó, com as suas, lhe pudesse resistir e prevalecer. Isto mesmo é o que diz S. Paulo: "Não permitirá que vós sejais tentados mais do que porém as vossas forças" (1Cor 10,13). E isto, e pelo mesmo modo, é o que Deus faz em todas as tentações, não permitindo jamais que sejam tão fortes e poderosas que as nossas forças, ajudadas da sua graça — com que nunca falta — as não possam resistir e sair com vitória. E como desta parte estamos seguros, não quer Deus que lhe peçamos nos livre das tentações como tímidos e fracos, senão somente que nos não deixe cair nelas, e que, como valentes e generosos soldados, nos ponhamos em campo por seu serviço, em defesa de sua lei e para glória de seu nome. Aos homens, ou os tenta Deus para os provar, ou os tenta o demônio para os perder, ou os tentam os outros homens para os oprimir. Se Deus não tentara a Abraão, como seria a sua obediência tão celebrada? Se o demônio não tentara a Jó, como seria a sua paciência tão gloriosa? Se Saul não tentara a Davi, como seria a sua caridade tão heroica e a sua humildade tão exaltada? Por isso não pedimos a Deus, nem Cristo quer que lhe peçamos que nos livre de tentações, senão somente que nos não deixe cair, reconhecendo, porém, e confessando a nossa fraqueza, para que, sobre o baixo deste fundamento, suba mais seguramente ao alto a voz de nossa oração: "Levantando a voz".

§ VIII

Finalmente, a terceira e última petição é altíssima no juízo. E por quê? Porque entendemos, julgamos e declaramos que todo o mal é o pecado, e que, entre todos os que vulgarmente se chamam males, só o pecado verdadeiramente é mal, e deste mal pedimos a Deus que nos livre quando dizemos: "Mas livrai-nos do mal". Oh! se os homens acabassem de se persuadir, e penetrassem inteiramente ou se deixassem penetrar desta grande verdade! Com quão diferente afeto fariam a Deus esta petição, e desejariam o que nela se pede! Todas as infelicidades do mundo, donde cuidais que têm a sua primeira raiz? Todas nascem da equivocação de dois nomes; todas nascem daquele engano e erro geral com que anda equivocado em todas as línguas o nome do mal e o do bem. Por isso se lamentava e bradava Isaías: "Ai de vós os que chamais bem ao mal e mal ao bem!" (Is 5,20). — Não há outro bem neste mundo que seja verdadeiramente bem senão a graça de Deus nem outro mal que seja verdadeiramente mal, senão o pecado. Por estes dois artigos de fé se ata o fim do Pai-nosso com o princípio da Ave-maria. Como começa a Ave-maria? "Ave, cheia de graça, o Senhor é convosco". Pois, anjo tão bem entendido como bem-aventurado, não tendes outro título mais alto, não tendes outro nome de maior majestade com que saudar a vossa Rainha? — Não. Porque na graça, de que está cheia, se inclui todo o bem, assim como no pecado, a que nunca esteve sujeita, foi livre de todo mal. A graça não pode estar junta com o pecado; e como Maria, desde o instante de sua conceição, sempre foi cheia de graça, nesta graça e nesta isenção de pecado consiste toda a soberania da sua grandeza, ainda maior que a de ser Mãe de Deus, que eu lhe venho anunciar. Tão grande bem é a graça, tão grande mal é o pecado!

E para que ninguém duvide que este mal de que pedimos a Deus nos livre é todo o mal, e não há outro, ouçamos ao mesmo Mestre, que assim nos ensinou a pedir e cerrou todas as outras petições com esta, como a chave e mais importante de todas. Naquela misteriosa oração que Cristo fez a seu Eterno Pai sobre a última Ceia, recomendando muito debaixo de sua divina proteção os discípulos, de quem se apartava, a cláusula com que rematou a recomendação foi esta: "Não vos peço que os tireis do mundo, mas que os livreis do mal" (Jo 17,15). Não vos peço, Pai meu, que os tireis do mundo, para cuja conversão são necessários, mas o que muito vos rogo é que os guardeis e livreis do mal. Esta foi a oração, e parece verdadeiramente que não foi ouvida. Que pobrezas, que fomes, que sedes; que perseguições, que cárceres, que desterros; que afrontas, que desprezos, que ignomínias; que calúnias, que acusações, que injustiças; que açoites, que tormentos, que martírios, não padeceram aqueles mesmos apóstolos em todas as partes do mundo e em todos os dias e horas da vida, até finalmente a perderem cruel e afrontosamente, uns crucificados, como Pedro, outros aspados, como André, outros esfolados, como Bartolomeu, e todos, sem exceção de um só, tão bárbara e desumanamente atormentados quanta era a impiedade e ódio infernal dos tiranos? Pois se todos os trabalhos, misérias, desgraças, aflições, penas, desonras; enfim, se todos os males do mundo se uniram e conjuraram contra estes homens, e se empregaram e apuraram neles, sem que Deus os impedisse nem os livrasse, deixando-os padecer e morrer, como se cumpriu — pois não podia deixar de ser ouvida — a verdade da oração de Cristo: "Que os livreis do mal"? Eles padeceram todos os males e o Pai livrou-os de todo o mal? Sim. Porque, confirmando-os em graça, livrou-os do pecado, e todos os que o mundo chama males não são males; só o pecado é mal: "Não diz que os guardeis das tribulações, dos ódios, das perseguições, mas do mal, isto é, do pecado, que é o único mal"[14] — diz o Cardeal Caetano — e não era necessário que nem ele nem outro algum o dissesse.

Este é o mal de que pedimos a Deus nos livre, e esta a coroa em que Cristo rematou a sua oração, para que dissesse o fim com o princípio. No princípio disse: "Pai nosso"; no fim diz: "Mas livrai-nos do mal"; e este foi unicamente o mal de que o Eterno Pai, como Pai, livrou unicamente a seu Filho. Não o livrou das pobrezas, nem dos trabalhos, nem das perseguições, nem dos desterros, nem dos ódios, nem das injúrias, nem dos açoites, nem da morte, e morte de cruz; o de que só o livrou foi o pecado, dando à humanidade de Cristo a união hipostática, com que a fez impecável. E como o altíssimo juízo desta última petição mete debaixo dos pés todo aquele mundo de horrores a que o mesmo mundo chama males, e dizendo: "Livrai-nos do mal" só reconhece por mal o pecado, por ser ofensa de Deus, nem na terra, nem no céu, nem dentro do mesmo Deus pode haver conceito mais levantado que o deste juízo, nem voz mais alta que a desta petição: "Levantando a voz".

§ IX

Voltando agora atrás, e pondo-nos na quarta petição, que para este lugar reservamos, o que ela diz é o que se não podia entender quando se disse. O que se entendeu então foi que o Senhor falava só do pão ordinário e usual, com que se sustenta o corpo; mas depois que o tomou em suas sagradas mãos, e o consagrou, então se manifestou que falava principalmente de seu próprio corpo, o qual nos deu debaixo das espécies de pão, para sustento da alma. Por isso S. Lucas lhe chamou pão cotidiano com o nome comum, e S. Mateus, com vocábulo novo e próprio daquele mistério, pão supersubstancial: "Dai-nos o pão nosso sobressubstancial" (Mt 6,11). Chama-lhe sobressubstancial e nosso, sendo que não cai nem diz bem o nome de nosso na mesma petição em que o pedimos. Mas por essa mesma razão é nosso, porque é sobressubstancial. É pão sobressubstancial porque os acidentes que vemos são de pão; mas a substância não é de pão, senão do corpo de Cristo, que é substância sobre toda a substância. E porque esse pão é Cristo, por essa mesma razão é pão nosso, porque o mesmo Cristo já era nosso antes que fosse pão. Foi pão depois do Sacramento, e já dantes era nosso desde o nascimento: "Um menino nasceu para nós e o Filho nos foi dado" (Is 9,5).

Mas este mesmo pão sobressubstancial e nosso que pedimos, por que razão o pôs Cristo na quarta petição, ou com que proporção e mistério lhe deu este lugar, quando parece que por todos os títulos lhe era devido o primeiro? Hugo Cardeal, nesta observação mais que nunca eminentíssimo, notou que entre as sete petições do Pai-nosso a quarta é a do meio, e diz, com singular pensamento, que sinalou o Senhor este lugar àquele sagrado pão para que, posto no meio como na raia e horizonte de dois hemisférios, os alumiasse a ambos, e confinando por este modo assim com as petições que vão dirigidas ao céu e a Deus, como com as que pertencem a esta vida e a nós, em umas e outras nos confortasse igualmente com sua divina virtude: "A petição do meio, a saber, dai-nos o nosso pão, é comum, e assim fortalece os limites de uma e outra e orienta o que transita da vida temporal para a eterna"[15]. Nas três primeiras petições só tratamos do céu e de Deus, pedindo a santificação de seu nome, a dilatação de seu reino, a execução de sua vontade; nas três segundas, ou últimas, tratamos desta vida e de nós, pedindo que nos perdoe nossas dívidas, que nos não deixe cair em tentações, e que nos livre do pecado; e para tudo isto nos fortalece, posto em meio, o Diviníssimo Sacramento: "Este pão" — continua o mesmo autor — "dá-se do céu, e come-se na terra".

Enquanto se dá do céu, eleva-nos a Deus; enquanto se come na terra, conforta-nos a nós: a Deus, para que sobretudo procuremos sua glória; a nós, para que contra tudo evitemos suas ofensas. E este é o único e duplicado fim por que pedimos o Santíssimo Sacramento no quarto lugar, e no meio de umas petições e das outras.

Vejamos com os olhos a admirável proporção de ser este lugar entre sete o quarto. Criou Deus o sol, e não o pôs no primeiro, nem no segundo ou terceiro, senão no quarto céu. Pois o sol, rei dos planetas, pai e fonte de toda a luz, no quarto lugar? Sim, diz excelentemente Filo, como quem trouxe a filosofia no nome: "Cada um daqueles planetas que têm maior esplendor envia à terra raios luminosíssimos, mas principalmente o sol que ocupa o meio deles. Não me parece que conjeturam mal aqueles que atribuem ao sol o lugar do meio, situando três acima dele e três abaixo"[16]. Os planetas, como todos sabem são sete; e por isso — diz Filo — pôs o autor da natureza o sol no quarto lugar e no quarto céu, para que, ficando-lhe três planetas acima e três abaixo e ele no meio, dali os alumiasse melhor a todos, e lhes comunicasse igualmente os efeitos e influências da sua luz. — Nem mais nem menos Cristo nas sete petições do Pai-nosso. Pôs no quarto lugar, e no meio delas, a petição do Santíssimo Sacramento: "Dai-nos o nosso pão sobressubstancial"; para que dali alumiasse igualmente a todas e lhes influísse a virtude de sua luz, e tanto "às três de cima como às três de baixo". As três petições de cima são as primeiras que sobem a Deus: "Santificai o vosso nome; venha o vosso reino; faça-se a vossa vontade"; as três de baixo são as últimas que descem a nós: "Perdoai-nos a nossas dívidas"; "Não nos deixeis cair em tentação"; "livrai-nos do mal"; e assim como para as primeiras nos eleva com o pão sobressubstancial, assim para as últimas nos conforta com o pão nosso. Ainda tem mais semelhança com o sol no quarto céu. Porque do mesmo modo que o sol alumia uns e outros planetas, não só de dia, senão de noite, nem só quando está descoberto a nós, senão quando eclipsado e coberto de nuvens, assim Cristo, no Divino Sacramento eclipsado e encoberto debaixo da nuvem dos acidentes e na noite deste mundo e escuridade da fé, tanto nos fortalece os afetos no que pedimos a Deus para Deus, como nos comunica e estabelece os efeitos no que pedimos a Deus para nós.

Esta foi a primeira imagem deste mistério que Deus pintou no céu, que é o seu templo, e esta foi também a segunda, que colocou no desenho da sua Igreja, que é o nosso. No Templo de Salomão, e antes dele, no Tabernáculo de Moisés, mandou fabricar Deus aquele famoso candelabro, que defronte dos Pães da Proposição alumiava o *Sancta Sanctorum* [Santo dos Santos]. A matéria era de ouro puríssimo, a forma como de uma árvore artificial, de cujo tronco, em igual proporção, saíam de uma e outra parte três ramos meio arqueados, no remate dos quais, como também no do tronco, que era direito, ardiam sete lumes. Este candelabro pois, diz S. Próspero[17] que significava o Santíssimo Sacramento, e o mesmo sentido e argumento seguiu e entendeu modernamente, com suma erudição, Teófilo Rainaldo[18]. Nota, porém, este diligentíssimo autor que, sendo miudíssima a Escritura em descrever todo o artifício e partes do candelabro, e ainda os instrumentos exteriores que a ele pertenciam, só da base não faz menção: "A Escritura preteriu a base do candelabro, de modo que, embora descrevesse muito acuradamente as demais partes do candelabro, mesmo dessemelhantes, em lugar algum se lembrou da base". — Pois se esta famosa obra da arquitetura divina, traçada e mandada lavrar pelo mesmo Deus, se descreve parte por parte tão exata e acuradamente, da base por que se não faz menção, sendo muitos os lugares da História Sagrada, e não menos de vinte, os que falam neste candelabro? Tornielo, Saliano, Cornélio e os demais supõem que o candelabro tinha base, cansando-se muito em adivinhar a figura de que era formada. E eu não posso deixar de estranhar, e ainda de me doer, de que Teófilo faça o mesmo, privando-se de uma grande prova, e da mais elegante confirmação do seu argumento.

Digo, pois, que a Escritura não faz menção da base do candelabro porque o candelabro não tinha base; e digo que a não tinha assim como Melquisedec não teve pai nem mãe. De Melquisedec diz S. Paulo que não teve pai nem mãe, não porque os não tivesse, mas porque a Escritura não faz menção deles (Hb 7,3). E por que não faz a Escritura menção do pai e mãe de Melquisedec? Porque Melquisedec era figura de Cristo, o qual no céu não tem mãe e na terra não tem pai. Da mesma maneira no nosso caso. O candelabro tinha base, mas não faz menção dela a Escritura, como se a não tivera. Por que? Porque o candelabro era figura do Sacramento. E como no Sacramento, estarem os acidentes sem sujeito é a mesma maravilha que sustentar-se o candelabro sem base, por isso cala a Escritura e não faz menção da base do candelabro, como se a não tivera, para que a figura se parecesse com o figurado.

Provada, pois, esta excelente figura, e a grande semelhança daquele soberano mistério do altar com o candelabro do Templo, quem não vê nos sete lumes dele o que o divino Sacramento obra nas sete petições do Pai-nosso? Assim como no candelabro os três lumes de uma parte e os três lumes da outra todos saíam do mesmo tronco onde estava o lume do meio, assim as três primeiras petições do Pai-nosso, para serem aceitas a Deus, e as três últimas, para que sejam proveitosas a nós, toda a sua luz e calor, todo o seu valor e eficácia recebem do Pão sobre-substancial que pedimos no meio delas. As primeiras, em que pedimos para Deus, nascem daquele sacrossanto mistério enquanto sacrifício, cujo fim é o culto divino; e as últimas, em que pedimos para nós, nascem do mesmo mistério enquanto sacramento, cujo fim é o nosso remédio.

E para que não faltasse à mesma figura a mais particular e não imaginada propriedade, assim o tronco como os ramos do candelabro, em que se sustentavam os lumes, qual vos parece que seria o lavor de que estavam ornados? Era um lavor torneado "em contas e esculpido em rosas" (Ex 25,31). Em lugar de "lírios", Vilhalpando[19] e Lipomano[20] leem "rosas", e em lugar de "bolinhas" vertem outros, com maior expressão, "globos", que é o próprio nome das contas por onde rezamos. Para que na mesma figura do candelabro nem as contas nem as rosas faltassem à primeira e principal oração do Rosário, como nem o número misterioso de suas petições à proporção e consonância altíssima de suas vozes: "Levantando a voz".

§ X

Resta a terceira e última parte do nosso discurso, a que sinto muito chegar tão tarde, mas a minha brevidade e a vossa devoção farão tolerável este defeito. Prometi provar neste último ponto quão alta e altíssima é a oração vocal do Rosário pela alteza da intercessão de que nos valemos; e esta valia e intercessão é a da Virgem Santíssima, Senhora nossa, cujo poderosíssimo patrocínio tantas vezes imploramos quantas são as Ave-marias no Rosário, repetindo no mesmo dia cento e cinquenta vezes: Santa Maria, Mãe de Deus, rogai por nós, pecadores". O tribunal, diante do qual intercede a Rainha dos Anjos, é o supremo consistório da mesma majestade divina a quem presentamos nossas petições e a quem, na primeira palavra do Rosário, invocamos com o nome de Pai, como próprio da piedade e misericórdia em que, como pecadores, temos posta toda a confiança. Os títulos, finalmente, em que se funda a eficácia da intercessão que pedimos, como se vê da mesma súplica, são três: Santa Maria, Mãe de Deus, roga por nós: que rogue por nós como santa, que rogue por nós como Maria, que rogue por nós como Mãe de Deus. Todos estes títulos declarou o anjo na sua embaixada, com a mesma distinção e pela mesma ordem: primeiro o de santa: "Cheia de graça"; depois o de Maria: "Não temas Maria"; ultimamente o de Mãe de Deus: "Darás à luz um Filho e o Filho será chamado Filho do Altíssimo". E nas mesmas três palavras, se bem notardes, se inclui inteiramente toda a oração da Ave-maria, resumida cada cláusula a uma só palavra, porque ao "Ave, Maria" responde Maria; ao "cheia de graça" responde Santa, e ao "bendita tu entre as mulheres, e bendito o fruto do vosso ventre", responde Mãe de Deus.

Com razão dizemos, logo, que a oração vocal do Rosário, também por esta intercessão, de que nos valemos, é alta e altíssima: "Levantando a voz" — porque, sendo altíssimo na Senhora o título de Santa, altíssimo o de Maria, e altíssimo o de Mãe de Deus, todos juntos, e uns sobre os outros, que altura farão? Agora tomara eu tempo para os combinar e comparar entre si, e excitar sobre eles outras tantas questões: Se é mais forte para interceder o título de santa, ou o de Maria? Se é mais suave para obrigar, o nome de Maria ou o de Mãe de Deus? Se é mais poderoso para conseguir, o respeito de Mãe de Deus ou o de santa? Mas seja resolução o que pudera ser disputa. E digo que cada título, em seu gênero, compreende em grau altíssimo as perfeições de todos. O de santa, porque a santidade de Maria, depois da santidade de Deus, é a maior santidade; o de Maria, porque o nome de Maria, depois do nome de Deus, é o maior nome; o de Mãe de Deus, porque a dignidade de Maria, depois da dignidade de Deus, é a maior dignidade. Intercedendo, pois, por nós, posto que pecadores, a maior santidade, o maior nome e a maior dignidade, como poderá resistir a divina justiça, nem negar-se sua misericórdia a uma tão forte, tão suave e tão poderosa intercessão?

A intercessão, como o significa o mesmo nome, é um meio entre dois extremos; e para ser poderosa e eficaz, há de tocar a ambos: àquele com quem intercede, que neste caso é Deus, e àqueles por quem intercede, que são os pecadores. E a Senhora, posta entre Deus e os pecadores, quão chegada é a um e outro extremo? É tão chegada a Deus, com quem intercede, que só lhe falta o ser Deus; e tão chegada aos pecadores, por quem intercede, que só lhe falta o pecado. S. Mateus, tecendo a genealogia da Virgem Maria, fê-lo com tal artifício, que pôs a Senhora entre Deus e os pecadores, fazendo-a filha de pecadores e Mãe de Deus, como verdadeiramente é. É filha de pecadores por natureza, e Mãe de Deus por graça; mas por tal modo de graça que a mesma natureza que recebeu dos pecadores, para ser sua filha, foi a segunda natureza que deu a Deus, para ser sua Mãe. E sendo intercessora e medianeira entre Deus, de quem é Mãe, e entre os pecadores, de quem é filha, vede que graça se poderá negar a uma intercessão tão estreita por natureza? Essa foi a ventura de um ladrão, e a desgraça do outro no Calvário. Cristo estava no meio de ambos; mas em meio da cruz de Cristo e da cruz do bom ladrão estava a Senhora; em meio da mesma cruz de Cristo e da cruz do mau ladrão, não estava. E onde entre o pecador e Deus mediou a Mãe de Deus, salvou-se o pecador; onde não mediou, não se salvou. E esta é a força da mediação de que nos valemos esta a intercessão altíssima que pedimos quando dizemos: "Santa Maria, Mãe de Deus, rogai por nós, pecadores".

Não posso, porém, deixar de reparar muito que neste caso invoquemos a intercessão e patrocínio da Senhora com nome de Mãe de Deus, e não de Mãe nossa. Assim como já atamos o fim do Pai-nosso com o princípio da Ave-maria, atemos agora o fim da Ave-maria com o princípio do Pai-nosso. Se quando invocamos a Deus dizemos "Pai nosso", quando invocamos a Senhora, por que não dizemos também "Mãe nossa", senão "Mãe de Deus"? Temos ousadia, como dissemos, para chamar a Deus nosso Pai, e não temos confiança para chamar à Senhora nossa Mãe? Sim, temos. Não é falta de confiança; é fineza de saber alegar e pedir. Muito mais adiantamos e encarecemos a intercessão que pedimos invocando a Senhora como Mãe de Deus que como Mãe nossa. Porque se intercedera por nós como Mãe nossa, empenhara-se por nós como por filhos seus: mas, intercedendo por nós como Mãe de Deus, empenha-se por nós como por filhos de seu Filho, que é muito mais. Quando nós dizemos "Pai nosso", quem é nosso Pai, e de quem somos filhos? Somos filho do mesmo Deus, de quem a Senhora é Mãe; logo, muito maior empenho é o do seu amor intercedendo por nós, enquanto filhos de seu Filho, que enquanto filhos seus.

Quando Jacó lançou a bênção a todos seus filhos, aplicou a bênção de cada um à pessoa do mesmo filho: a de Rúben à pessoa de Rúben, a de Simeão à pessoa de Simeão, a de Levi à pessoa de Levi, e assim nos demais; mas quando chegou a José, não lhe aplicou a bênção a ele, senão aos filhos do mesmo José, Manassés e Efraim. Pois, se aos outros os abendiçoou em si mesmos, em José por que mudou de estilo e, em vez de lhe aplicar e dar a bênção a ele, a dá e aplica a seus filhos? Porque a José amava mais que a todos os outros; e maior empenho e demonstração foi do seu amor o dar a bênção a Manassés e Efraim, que eram filhos de seu filho, do que se a dera ao mesmo José, que era filho seu. Dando a bênção a José satisfazia só ao seu amor; mas dando-a aos filhos de José satisfazia ao seu amor e mais ao amor do mesmo José porque não só mostrava amar muito ao filho, senão aos filhos do filho. No nosso caso, ainda é maior a razão, e infinitamente maior. A Senhora, ainda que como Mãe nossa nos ama muito, como Mãe de Deus ama infinitamente muito mais a Deus; logo, muito mais segura fica a sua intercessão, e muito mais poderosa e eficaz intercedendo por nós como filhos de seu Filho que como filhos seus, porque não só intercede por nós com o grande amor com que nos ama a nós, senão com todo o amor com que ama a Deus.

Sendo isto verdadeiramente assim, e da parte da mesma Mãe de Deus e Mãe nossa, com maior certeza e afeto do que se pode encarecer nem imaginar, o que só resta é que todos nos valhamos do altíssimo e poderosíssimo patrocínio de tão soberana intercessora com aquela confiança que nos assegura a grandeza de sua piedade, e com aquela eficácia e instância que requer a grandeza da nossa pretensão. O que em suma pretendemos, em tantas e tão várias petições, é o reino do céu: "Venha o vosso Reino". De conseguir ou não conseguir esta pretensão não é menos o que depende que a felicidade ou infelicidade eterna. Vede se é grande a importância, e qual deve ser o nosso cuidado. E posto que o supremo Senhor, diante de quem requeremos, seja Pai, e invocado como Pai: "Pai nosso, que estais nos céus" — se nos faltar a intercessão da Mãe, muito podemos temer que nos não valhas nem baste o nome de filhos. Dois filhos tinha Davi, pretensores ambos ao mesmo reino, Adonias e Salomão, e qual levou a coroa? Adonias, que tinha de sua parte a prerrogativa de primogênito, perdeu-a, e Salomão foi o herdeiro do reino, não com outra razão de preferência mais que a intercessão de sua mãe. Assim o deixou escrito, para eterna memória do caso, o mesmo Salomão: "Saí, filhas de Jerusalém, e vede a el-rei Salomão triunfante com a coroa com que o coroou sua mãe" (Ct 3,11). — Leia-se a história dos Reis de Israel, e achar-se-á que o mesmo Davi, pai de Salomão, foi o que o nomeou por rei e o mandou coroar. Pois se consta da Escritura que o pai coroou a Salomão, como diz o mesmo Salomão que o coroou a mãe? Porque, se não fora a intercessão da mãe, não havia ele de herdar o reino. E entendeu Salomão, como tão sábio, que mais devia a coroa à intercessão da mãe que à graça e nomeação do pai. E que foi tudo isto senão uma representação, no teatro da terra, do que passa e nos há de acontecer no reino do céu? É verdade, como crê e confessa a nossa fé, que o reino do céu, que pedimos, não se alcança senão por graça de Deus, que é o Pai; mas quer o mesmo Deus que entendamos que só por intercessão de sua Mãe se alcança essa graça nesta vida e a coroa da glória na outra.

SERMÃO

II

"Uma mulher,
levantando a voz…"
(Lc 11,27)

Vieira continua com o mesmo tema: "As primeiras excelências do Rosário
me não haviam de caber em um só discurso. Antes, ponderou o que diz o Rosário;
hoje examinará o modo com que o diz. O modo está no meio: emenda o defeito
para que não diga menos, e modera o excesso para que não diga mais".
— Primeira consideração: o modo com que no Rosário invocamos a Deus,
dizendo somente: "Pai nosso", sem outra prefação nem aparato de exórdio, é o que mais
significa, mais move o coração de Deus. E por que dizemos "Pai nosso" e não "Pai meu"?
Para que nos lembremos sempre que todos somos filhos do mesmo Pai.
— Segunda consideração: "em umas pedimos muito mais
(seja feita a vossa vontade, assim no céu como na terra) e em outras muito menos
(o pão nosso)". A medida está em seguir o modo de Deus.
— Última consideração: "o mais alto modo de pedir é pedir não pedindo".
Assim oraram Marta e Maria. Repetindo a Ave-maria, nenhuma coisa representamos à
Virgem Santíssima. Oramos assim pelo mesmo modo com que devemos orar a Deus.

§ I

Bem temia eu — como logo disse — que as primeiras excelências do Rosário, ou o alto e altíssimo dele, enquanto oração vocal, me não haviam de caber em um só discurso. Mas nem por isso a faz menos nobre a necessidade de outro. O não caber é argumento da grandeza das coisas: assim sucede às notavelmente grandes. Aquela máquina grega, portento da indústria do nosso Ulisses, porque não cabia pelas portas de Troia, foi necessário que se lhe rompessem os muros. O mesmo Cristo, quando entrou pelo céu como homem, coube pelas portas: "Levantai, ó príncipes, as vossas portas" (Sl 23,7), mas quando desceu como Deus, foi necessário que os céus se rompessem: "Oxalá romperás tu os céus e descerás de lá" (Sl 64,1). — Coube pelas portas enquanto homem; enquanto Deus não coube. Não fora a Arca do Testamento figura da Mãe de Deus se coubera no Tabernáculo de Moisés: por isso acrescentou Deus à primeira ideia a segunda, e mandou edificar o Templo de Salomão. Acolá estava estreitada a sua grandeza; aqui dignamente ostentosa a sua majestade.

Mas, se ambas as ideias eram de Deus, por que foi necessário acrescentar a segunda sobre a primeira? Porque até o entendimento e a mão divina o faz assim nas grandes obras suas. Mostrou Deus a José as grandes fortunas para que o tinha destinado, e não em um só desenho, senão em dois: um na eira, outro no firmamento (Gn 37,7.9). A primeira vez adorado nas paveias, que ele atava com os irmãos; a segunda, no sol, na lua e nas estrelas, que igualmente o adoravam. A grandeza do império de seu filho, mostrada já sobre a estátua dos quatro metais, também a tornou a mostrar Deus segunda vez nas quatro feras ou monstros que representavam as quatro monarquias do mundo (Dn 2,29; 7,3). Pois, se o mesmo mundo o criou Deus, e fez de uma vez estoutras obras suas, por que as não mostra em uma só visão ou figura, senão em duas? Porque no fazer, obra Deus segundo as medidas da sua onipotência: no mostrar e dar a conhecer, segundo a capacidade da nossa vista. Porque nós não somos capazes de ver tudo de uma vez, supre Deus na segunda ideia o que faltou na primeira. Na primeira adoração de José mostrou a baixa condição dos adoradores; na segunda, a alteza e lustre do adorado. No primeiro abatimento dos quatro metais da estátua mostrou a riqueza de umas monarquias e a fortaleza das outras; no segundo, dos quatro monstros, não mortos como os metais, senão vivos e feros, na vida mostrou-lhes a duração, e na fereza a tirania.

Parece-me, senhores, que me tenho declarado. Para não caberem as excelências do Rosário vocal em um só discurso bastava a insuficiência do pregador; mas não foi essa a principal causa, senão a eminência da matéria e sua grandeza. Quando o príncipe dos pregadores, S. Paulo, debaixo do nome do Deus desconhecido que os atenienses adoravam, lhes deu a conhecer a divindade e humanidade do Deus verdadeiro, disseram no Areópago aqueles que eram reputados pelos mais sábios homens do mundo: "Outra vez vos ouviremos sobre isto mesmo" (At 17,32). E como as coisas com excesso grandes nem em Atenas se podem ouvir bastantemente de uma só vez, outra vez também me haveis de ouvir sobre o mesmo ponto, que não será em tudo dessemelhante ao de S. Paulo. Aquela devoção dos atenienses era tão comum e tão vulgar que o mesmo apóstolo lhes disse que, passando por uma rua da sua cidade, vira o altar do Deus desconhecido com o título por cima: "Ao Deus desconhecido" (Ibid. 23). Tão comum e tão vulgar é entre nós o Rosário! Mas hoje acabaremos de ver que não está ainda bem conhecido na nossa Atenas, e que lhe quadra em grande parte — posto que seja tão divino — o título de ignoto. *Ave Maria*.

§ II

"*Levantando a voz.*"
 Na oração vocal do Rosário, ou no Rosário enquanto oração vocal, consideramos, se bem nos lembra, a alteza de sua perfeição, já por parte das petições que nela fazemos, já por parte das majestades a que as presentamos, já por parte da intercessão de que nos valemos; e nestas três considerações, em que toda se compreende, a mostramos, não só alta, senão altissimamente levantada: "Levantando a voz". E esta alteza altíssima pode-se ainda altear, e tem mais por onde subir? Sim. Porque no discurso passado ponderamos só o que diz o Rosário; hoje havemos de examinar o modo com que o diz. "A sabedoria perfeita e consumada" — diz Santo Agostinho — "não consiste só nas coisas que se dizem, senão no modo com que se dizem"[1]: não só no "que", senão no "modo". — Este foi um dos maiores privilégios — se não foi o maior — que Cristo concedeu aos seus apóstolos. Quando fordes levados a juízo, diante dos príncipes e tribunais do mundo, em defesa da minha fé e da vossa doutrina, não vos canseis, diz o Senhor, em meditar nem estudar o que haveis de dizer, nem o modo com que o haveis de dizer, porque naquela hora vos será dado: "Não queirais pensar como ou o que falareis, pois vos será dado naquela hora" (Mt 10,19). — Notai

o "que" e o "como", e primeiro o "como" que o "que". Pois, não bastava que Deus infundisse naquela hora aos apóstolos a ciência das coisas que haviam de dizer, senão também o modo com que as haviam de dizer? Não bastava. Porque não só a inteligência, senão a mesma grandeza e energia das coisas que se dizem, depende muito do modo com que se dizem. A razão deu em outro lugar o mesmo Santo Agostinho, tão douta e bem assentada como sua: "O pouco e o demasiado são dois contrários; o pouco é aquilo que é menos do que é necessário; o demasiado é aquilo que é a mais do necessário; no meio deles está o modo"[2]. Quer dizer: o defeito e o excesso no dizer são dois contrários. O defeito diz menos do que convém, o excesso diz mais do que convém; e no meio destes dois extremos está o modo, o qual emenda o defeito para que não diga menos, e modera o excesso para que não diga mais.

 Sendo esta, pois, a inteireza e perfeição do modo, não há duas coisas em que o mesmo modo seja mais dificultoso de se guardar, e em que tenha maior perigo de se perder ou perverter, que no louvar e no pedir. No louvar, por menos, porque de nenhuma coisa são mais avarentos os homens que do louvor; e no pedir, por mais, porque de nenhuma são mais pródigos que do desejo de receber. E como os dois fins e intentos do Rosário vocal são louvar a Deus e à Mãe de Deus, e pedir mercês de ambos, este é o segundo ponto que pede novo discurso e novo exame. No primeiro ponderamos a alteza das vozes do Rosário no que dizem; agora examinaremos o fino ou afinado delas no modo com que o dizem. A muitos parecerá que em parte dizem mais, e em parte menos, que são os dois extremos entre os quais consiste o modo, e a Cila e Caribdes, em que é difícil acertar com o meio; e a todos satisfaremos. Cristo, Senhor nosso, para dizer mais do que disse ou exclamou a oradora do Evangelho, replicou sobre o que ela havia dito, acrescentando ao "Bem-aventurado o ventre" o "antes bem-aventurados", e o mesmo farei eu. Sobre todas as três considerações do discurso passado, arguirei e replicarei o que parece digno de reparo, tanto por parte do defeito como do excesso; e assim como já vimos a alteza da oração vocal do Rosário no que dizem as suas vozes, assim a veremos agora no modo com que o dizem. No que dizem, alta e altíssima sobre todas; no modo com que o dizem, alta e altíssima sobre si mesma. Em suma, que a mesma voz do Evangelho, que já ouvimos, é a que tornaremos hoje a ouvir, mas em diverso tom, porque será um ponto mais levantada: "Levantando a voz".

§ III

Começando, pois, pela majestade a que presentamos nossas petições — que foi a primeira consideração do discurso passado — a primeira coisa também em que se pode reparar é o modo tão nu e seco com que no Rosário invocamos a Deus, dizendo somente: "Pai nosso", sem outra prefação nem aparato de exórdio. No exórdio das outras orações sempre a Igreja costuma alegar a Deus, ou os seus atributos, ou os seus benefícios, ou as nossas necessidades, ou, talvez, o nosso merecimento. Mas orar a Deus e pedir-lhe mercês, sem da sua nem da nossa parte alegar motivo algum com que conciliemos a sua benevolência e façamos propícia a sua graça? Bem mostra nisto a primeira oração do Rosário ser ditada pelo Filho de Deus, e ideia soberana de seu entendimento. Quando nos ensina a invocar a Deus, cala o nome de Deus e o de Senhor — que é o princípio ordinário das outras orações — cala os atributos da misericórdia e da bondade, cala os títulos de Criador, Redentor, Justificador, e tantos outros de que nos pudéramos valer, e só quer que lhe chamemos Pai. Por quê? Porque esta alegação tão breve, tão simples, e ao parecer tão nua e desarmada, é a que mais significa, a que mais move, a que mais enternece o coração de Deus, e a que não pode resistir todo seu poder. Todas as outras alegações juntas não chegam a compreender nem exprimir o que diz esta palavra: "Pai".

Desenganado o Pródigo, e cansado de servir o mundo com o pago que ele costuma dar, o que disse dentro em si, depois que tornou em si, foi: "Levantar-me-ei e irei para o meu pai" (Lc 15,18). Tempo é já de me levantar da miséria em que estou caído; quero-me ir para meu pai. — Para meu pai? — toma-lhe a palavra da boca S. Pedro Crisólogo, e argui contra ele assim: "Para o meu pai? Com que esperança? Com que fé? Com que confiança?"[3]. A teu pai, dizes, filho ingrato, descomedido, perdido? A teu pai, dizes, a quem quiseste herdar antes da morte? A teu pai, a quem deixaste, e de quem fugiste como se fora inimigo? A teu pai, a quem afrontaste com tantas vilezas, tão indignas da nobreza de teu nascimento? "Com que esperança?" Como esperas que te há de reconhecer? "Com que fé?" Como crês que te há de admitir? "Com que confiança?" Como confias que te não há de lançar de si? "Com aquela pela qual é pai" — responde o santo. A esperança com que isto espera, a fé com que isto crê, a confiança com que isto confia, não é outra, senão o ser pai: "Com aquela pela qual é pai". É pai? Pois, ainda que o Pródigo não traga semelhança do que dantes era, há-o de reconhecer. É pai? Pois, ainda que seja indigno de entrar em sua casa, há-o de recolher. É pai? Pois, ainda que tenha faltado às obrigações do nascimento e do sangue, há-o de meter nas entranhas. É pai? Pois, ainda que tenha deixado de ser filho, ele não há de deixar de ser pai: "Perdi o que era do filho, não perdeste o que era do pai". — E uma causa tão contingente, tão improvável, tão desesperada, quem a há de vencer? Um advogado — diz Crisólogo — não estranho, nem de fora, senão tão natural e tão de dentro que o mesmo pai o tem no peito: "A um pai não intercede um estranho; interiormente, o afeto que intervém e intercede está no peito do pai". — É um advogado mudo, mas mais eloquente que Túlio nem Demóstenes; um advogado que, sem falar, ora; que, sem arrazoar, persuade; que, sem alegar, convence; que, sem interceder, consegue; que, sem rogar, manda; que, sem julgar, sentencia, e sempre absolve. E quem é, ou como se chama este advogado? Amor de pai: "Interiormente, o afeto que intervém e intercede está no íntimo do peito do pai".

Mas donde concebeu aquele moço esta fé, e donde fundou em matéria tão duvidosa uma tão firme esperança? Fundou-a nas experiências passadas do mesmo amor, o qual em quem é pai não passa, nem se muda, nem enfraquece, sempre é o mesmo. Pedira ele ao pai que o herdasse em sua vida e lhe desse a parte dos bens que lhe pertencia ou havia de pertencer. E que fez o pai? Deu-lhe o que verdadeiramente não devia, e fez, segundo parece, o que não devera. Porque a um moço tão inimigo da sujeição, tão apetitoso da liberdade, e de tão pouco juízo, e tão verde que, não levando em paciência a larga vida do pai, não soube dissimular a impiedade deste desejo, e porque não lhe podia apressar a morte, quis antecipar a herança, que outra coisa era meter-lhe nas mãos a fazenda, senão armá-lo contra a virtude e contra a honra, dar-lhe poder e matéria para os vícios, e pô-lo na carreira da perdição? Pois, se todas estas razões tinha o pai para lhe negar o que pedia, por que lhe fez a vontade em tudo? Porque era pai, diz o mesmo santo: "É próprio do pai não negar". O amor não sabe negar. — E porque o amor de pai é o maior amor, nem soube, nem pode, nem teve coração para negar ao filho o que lhe pediu. E como ele tinha experimentado no amor do pai que não bastaram tantas razões para lhe negar o que então pedira, por isso também agora teve confiança que não seriam necessárias razões para lhe conceder o que esperava. Quem, tendo razões para negar, não negou, para não negar e conceder, não há mister razões. Como se dissera o moço, já sisudo e entendido: — Muita razão tem meu pai para me não admitir em sua casa; muita razão tem para me não ver nem consentir em sua presença; muita razão tem para me não conhecer, antes para me negar de filho; razão pelas minhas ingratidões, razão pelas minhas loucuras, razão pelas minhas vilezas, razão pelas minhas intemperanças; mas, sobre todas estas razões, está a razão de pai. Contra esta razão não há razão. E esta é a que me anima, esta a que me dá confiança: "Irei, irei para meu pai".

Agora nos digam todos os padres e expositores: este pai e este filho que são? O pai é Deus, o filho somos nós. E, para que nós entendêssemos que a mais alta prefação e o mais sublime exórdio com que podemos invocar a Deus, e o mais eficaz motivo que lhe podemos propor, e a mais poderosa razão que lhe podemos alegar, e o mais amoroso título com que lhe podemos conciliar a graça e render o coração, é o título, o motivo e a razão de pai, por isso na primeira palavra do Rosário o invocamos com o nome de pai, e não como nas outras orações com os soberanos títulos de Deus ou Senhor. Deus, como Deus, é misericordioso e justo: mas, como Pai, é misericordioso sem justiça; Deus, como Senhor, é poderoso para perdoar, e para castigar: mas, como pai, poderoso para o perdão, e não para o castigo; como Deus e como Senhor, enfim, pode negar e pode conceder; mas como pai, só sabe conceder, não sabe negar: "É próprio do pai não negar". Sendo, pois, tantas e tão grandes as petições que no Rosário presentamos ao Consistório divino, acertado e acertadíssimo é o modo com que as fazemos, não debaixo dos títulos da majestade, senão do nome do amor; não como a Deus e Senhor, senão como a Pai: "Pai nosso". E para que saibamos a confiança com que devemos pedir a este soberano Pai, e o desejo que ele tem de lhe pedirmos, ouçamos ao mesmo Pai a maior coisa que se pode imaginar nesta matéria.

Fala Deus com seu próprio Filho, o Verbo Eterno feito homem, e diz assim: "Sois meu Filho, porque vos gerei hoje; pedi-me a vossa herança, que são todas as gentes do mundo, e eu vo-la darei" (Sl 2,7s). — Três coisas quando menos dignas de grande reparo contêm estas profundas palavras. Se Deus gerou seu Filho "Desde toda a eternidade", como diz que o gerou hoje: "Eu hoje vos gerei"? — Se diz que a herança é sua: "a vossa herança", como quer que ele lha peça: "Pedi-me"? — E se diz que lha dará: "E vo-la darei" — por que lha não dá sem a pedir? Tudo são demonstrações de quanto Deus, como Pai, deseja dar. Muito deseja dar quem pede que lhe peçam. Nós somos requerentes de Deus, para que nos dê; e Deus é requerente nosso, para que lhe peçamos. Mas isto só o faz como Pai a filhos. O Filho que o Pai gerou "Desde toda a eternidade" era Filho a quem não podia dar, nem ele podia pedir, porque era Deus. Mas fez que esse Filho se fizesse homem. Para quê? Para ter um Filho que, como homem, lhe pudesse pedir e a quem ele, como Pai, pudesse dar. A ele deu-lhe a herança como a Primogênito, e a nós também no-la quer dar como a filhos segundos, mas com a mesma condição de que a peçamos. E não fora maior liberalidade dar sem esta condição, e sem esperar que pedíssemos primeiro? Não. Porque quer dar de tal modo que não só satisfaça a sua vontade, senão também o nosso desejo. Quem me dá o que não peço, mede a dádiva pela sua vontade; quem me dá o que peço, mede-a pela minha. Mais faz Deus. Mede pela minha vontade a sua, que é medida sem medida, porque quer e se obriga a querer quanto eu pedir. Por isso quis o soberano Pai que pedíssemos, e por isso nos ensinou o Filho este modo de pedir a seu Pai.

El-rei Assuero ofereceu à rainha Ester que pedisse o que quisesse; mas esta largueza, ou de liberalidade, ou de amor, quando cuidou que a estendia, então a limitou, porque dizendo: "O que queres?" — acrescentou: "Ainda que peças a metade do reino, ser-te-á dado" (Est 5,3), que ainda que pedisse ametade do seu reino, lho daria. — Pouco dá, e pouco quer, quem do que tem e do que pode oferece só a metade. Não assim o Pai a quem pedimos, porque uma só partida do que quer que lhe peçamos nesta mesma oração do Pai-nosso não é ametade do seu reino, senão todo: "Venha a nós o vosso reino" (Mt 6,10). Assuero era rei e esposo: enquanto rei, falou nele a liberalidade, e enquanto esposo o amor; e é tanto maior em Deus a liberalidade e amor de Pai que, quando a liberalidade de rei e o amor de esposo não chega mais que a prometer a metade do Reino, a liberalidade e amor deste soberano

Pai não dá menos que todo. E notai que, quando lhe pedimos o reino, não dizemos que nos dê o seu reino, senão que o seu reino venha a nós. Por quê? Porque pedimos como filhos a Pai, e o reino do Pai vem aos filhos. Esta é a razão por que diz o Pai que dará a sua herança ao Filho: "Dar-vos-ei a tua herança". A herança vem aos filhos, não lha dão os pais; pois, por que diz este Pai que dará ao Filho a sua herança? Porque é Pai imortal. Quando os pais são mortais, a herança é pura herança, e vem por morte dos pais aos filhos. Mas quando o Pai é imortal, como Deus, a herança dos filhos é herança com propriedade de doação *inter vivos* [entre vivos], e a doação do Pai é doação com propriedade de herança. Com propriedade de herança, porque de direito vem aos filhos; e com propriedade de doação, porque verdadeiramente a dá o Pai: "Dar-vos-ei a tua herança".

Só resta dentro no mesmo Pai-nosso uma objeção que, parece, desfaz claramente o que até agora dissemos. Dissemos que não alegamos a Deus outro título, nem outro motivo, nem outra razão da sua ou da nossa parte, senão somente o ser Pai; e na mesma oração do Pai-nosso pedimos a Deus que nos perdoe, assim como nós perdoamos; logo, ainda que da parte de Deus só lhe representamos o ser Pai, da nossa parte alegamos o perdão dos inimigos, que não é pequeno nem fácil merecimento. Tão fora está isto de ser objeção, que antes é maior confirmação do que digo. Supor o perdão dos inimigos não é alegação, é justificação. Ora vede. Para pedir aos príncipes da terra, não é necessário justificar primeiro o que na petição se alega? Sim. Pois, do mesmo modo, para pedir a Deus, a quem só alegamos o ser Pai, é necessário justificar também que ele verdadeiramente é Pai nosso, e nós filhos seus. E esta justificação só se prova com o perdão e amor dos inimigos. O mesmo Cristo o disse: "Amai a vossos inimigos, e fazei bem aos que vos querem mal, para que sejais filhos do vosso Pai, que estais nos céus" (Mt 5,44s). — De vosso Pai que está nos céus, diz, assim como nós dizemos: "Pai nosso, que estais nos céus" (Mt 6,9). E esta é a razão por que em toda a oração do Pai-nosso, e em todo o Rosário, nenhuma outra coisa ou ação nossa deduzimos ou supomos, senão o perdão dos inimigos somente: "Assim como nós perdoamos a quem nos tem ofendido" — porque o nosso intento não é alegar algum título de merecimento da nossa parte, senão só justificar que Deus, a quem invocamos como Pai, verdadeiramente é Pai nosso, para que as petições que debaixo deste nome se seguem fiquem correntes e não saiam escusadas. Oh! que boa advertência esta para todos os que rezam o Rosário! Quando começam dizendo "Pai nosso", suponham que o primeiro despacho é: justifique; e se justificarem com o perdão e amor dos inimigos que estão em estado de filhos, então esperem confiadamente, que o Pai do céu que invocam lhes concederá tudo o que pedem.

§ IV

*E*sta é a primeira parte do modo com que presentamos nossas petições à majestade divina, não como a Deus, nem como a Senhor, senão como a Pai. A segunda parte, e não menos excelente, é que lhas não presentamos só como a Pai, senão como Pai nosso: "Pai nosso". O em que aqui reparo é em dizermos nosso, e não meu. Funda-se a dúvida não menos que nas palavras do mesmo Cristo quando ensinou o Pai-nosso, que são estas: "Tu, quando orares, entra no aposento mais secreto da tua casa e, com a porta fechada, ora a teu Pai, e teu Pai, para cuja vista não há lugar oculto nem escondido, te dará o que lhe pedires" (Mt 6,6). — Pois, se o mesmo Cristo uma e outra vez chama ao Pai, não nosso, senão meu: "Meu Pai" e "Teu Pai", por que razão, continuando o mesmo texto, e dando o modo e a forma com que havemos de orar, diz que oremos dizendo: Pai nosso: "Portanto, assim haveis de orar: Pai nosso, que estais nos céus" (Mt 6,9)? Deus é Pai nosso e de todos, porque é Pai de cada um; pois, se é Pai de cada um, por que não dirá cada um quando ora Pai meu, senão Pai nosso? Que digamos Pai nosso quando oramos em comum, assim pede a mesma comunidade que seja; mas quando ora um só em particular, por que não há de dizer Pai meu? Porque Deus, que assim o mandou, quer que oremos deste modo. Quer que em comum e em particular digamos sempre Pai nosso, para que, em comum e em particular, nos lembremos sempre que todos somos filhos de mesmo Pai: "Que ninguém se louve pela nobreza do sangue; pois todos somos filhos de Deus"[4] — comenta Hugo Cardeal. Quer e manda Cristo que nos lembremos, quando oramos, que somos filhos do mesmo Pai Deus, porque não haja algum tão ignorante, ou tão desvanecido, que pela chamada nobreza de sua geração cuide que é melhor ou mais honrado que os outros. Oh! que altíssimo ponto este, e mais para os vossos pontos! Dizei-me, senhores, os que vos tendes por tais: quando tomais o Rosário na mão, e trazeis entre os dedos esta primeira conta, dizendo Pai-nosso fazeis a conta que Deus quer que façais, sem diferença de vós a qualquer outro homem?

Dir-me-eis que Deus não vos manda desconhecer a vossa qualidade, nem negar a vossa nobreza e que, se todos somos iguais em ter a Deus por Pai, vós tendes de mais a nobreza dos pais de que nascestes, e que esta vos distingue e desiguala dos outros homens, e vos faz de melhor e muito superior condição. A resposta é muito própria do vosso entendimento, mas não muito digna da nossa fé. E esses pais, ainda que fossem reis e imperadores, podem entrar em consideração para fazer diferença com quem tem a Deus por Pai? Quisera chamar a isto gentilidade, mas nem a resposta merece tão pequena censura, nem os gentios tamanha afronta. Gentio era Alexandre Magno, e soberbo com os sucessos daquela sua grande fortuna, querendo ser tido e adorado por Deus, que fez? Intitulou-se filho de Júpiter, e mandou que ninguém dali por diante o nomeasse por filho de Filipe. E este Filipe, quem era? Não só era rei de Macedônia, mas o mais insigne rei que os macedônios nunca haviam tido: grande amplificador do seu império, famoso conquistador de muitos reinos e províncias, e tão celebrado por seus heroicos feitos em armas, que o mesmo Alexandre invejava suas vitórias e as festejava com lágrimas. Pois, de um rei tão grande, tão poderoso, tão temido e respeitado na Grécia, tão famoso e celebrado em todo o mundo, se despreza Alexandre de ser filho, e não quer ser conhecido nem nomeado por tal? Sim. E obrara muito contra a razão se assim o não fizera quando se intitulava filho de Júpiter. Quem se chama filho de Júpiter, e tem a Júpiter por pai, todos os outros títulos que por qualquer via lhe compitam, por maiores e mais reais que sejam, mais são para o desprezo que para a estimação, mais para o esquecimento que para a memória, mais para o silêncio que para a jactância. Até entre os gentios, e no gentio mais soberbo, quem tem a Deus por Pai não toma na boca outros pais. E se isto era conforme à razão, onde o Deus Pai era tão falso Pai como falso Deus, que será onde o verdadeiro Deus é o verdadeiro Pai? Não só é falta de fé, senão de entendimento e juízo.

Mas vamos à fé e ouçamos o que ensina sobre este ponto o mesmo Mestre divino, autor do Pai-nosso e comentador dele: "Não queirais" — diz Cristo — "chamar pais aos da terra, porque só tendes um Pai, que está no céu" (Mt 23,9). — Grande e admirável sentença, e que, parece, diz mais do que diz dizendo muito mais do que parece. Cristo, que isto ensina, não é o mesmo Deus que nos manda honrar os pais? Sim. Pois, se os manda honrar, como diz que lhes não chamemos pais? Havemos de lhes dar a honra e tirar-lhes o nome? Assim o mostra a razão que o mesmo Senhor acrescenta: "Porque só tendes um Pai, que está nos céus". Não chameis pais aos da terra, porque só o do céu é vosso Pai. — Logo, se só o do céu é nosso Pai, a ele só devemos dar o nome de Pai, e a nenhum outro. E se não pergunto: Muitos que puderam ser pais, e o desejam ser, por que o não são? Porque Deus, como respondeu Jacó a Raquel, é o que dá os filhos, e também para que esses mesmos que não são pais conheçam que o ser que têm o não devem a seus pais, senão a Deus. Que vêm logo a ser os que chamamos pais, pois não são eles, senão Deus o que nos dá o ser? Vêm a ser uma estrada geral, ordenada pelo mesmo autor da natureza, por onde passa o ser que ele nos dá. Profunda e elegantemente S. João Crisóstomo: "Não temos o princípio da vida de nossos pais, mas recebemos por eles a passagem da vida"[5]. O princípio do ser que temos não sai nem vem dos pais, porque todos o recebemos de Deus, passado somente por eles: "mas recebemos por eles a passagem da vida". — Vem a ser propriamente o nosso ser como as águas que enchem e fazem os rios. O Nilo ou o Tejo não devem as suas correntes às terras por onde passam, senão à fonte donde nasceram. Assim nós entramos neste mundo passados pelos pais da terra, ou pela terra dos pais; a fonte, porém, donde trazemos o ser é só o Pai do céu: "Porque só tendes um Pai, que está nos céus". Oh! que alto nascimento e que grande obrigação, mas que mal guardada! Por isso, em vez de sabermos à fonte, sabemos à terra.

Ainda sondou este pego, e lhe achou maior fundo o profeta Isaías. Fala em nome do povo de Israel, e pede a Deus que use com ele de suas antigas misericórdias, de que, parece, estava esquecido, e alega desta maneira: "Porque vós, Senhor, sois nosso Pai, e Abraão e Jacó não nos conheceram" (Is 63,16). — Todo aquele povo de nenhuma coisa mais se prezava que de serem filhos de Abraão e Jacó; pois, como agora dizem que só Deus é seu Pai, e não Abraão nem Jacó, e a razão com que o provam é que "nem Abraão nem Jacó os conheceram"? Falou Isaías altissimamente, e alegou a maior e mais interior diferença que há entre o Pai Deus e os pais homens. Deus conhece aqueles a quem dá o ser; os homens, ainda que lho dessem, não os conhecem. Conhecem os filhos depois de nascidos, mas antes de gerados não; e quem me faz o benefício sem me conhecer, não mo faz a mim; pouco lhe devo; não foi eleição, foi caso. Tanto assim que por isso nascem a muitos pais tais filhos que antes tomaram que não fossem seus. E como Abraão e Jacó não conheciam os filhos que deles nasceram, e Deus sim, essa é a diferença altíssima por que alega Isaías que só Deus é o seu Pai, e não Abraão nem Jacó. Logo, do mesmo modo, também nós só devemos reconhecer por Pai ao Pai do céu, que nos deu o ser e nos conheceu, e não chamar pais aos da terra, que nem no-lo deram nem nos conheceram; e isto é o que soam as palavras de Cristo: "A ninguém chameis pai vosso sobre a terra, porque um só é vosso Pai, que está nos céus" (Mt 23,9).

Por isso eu disse que esta sentença parecia que diz mais do que diz dizendo mais do que parece, como agora veremos. Não diz Cristo, Senhor nosso, nem quer dizer que neguemos aos que nos geraram o nome de pais; só diz, e só quer dizer, que esses pais não os tragamos sempre na boca, como muitos fazem, prezando-se e jactando-se deles, e cuidando que por este acidente, que não é da natureza senão da fortuna, são melhores e mais honrados que os outros homens. A demonstração com que o Senhor convence a vaidade deste pensamento é manifesta: "Porque um só é vosso Pai, que está nos céus". — Não vos jacteis dos pais da terra, porque o vosso Pai do céu é um só. — São três razões em três palavras: por ser Pai, por ser do céu, por ser um. Se é Pai que verdadeiramente vos deu o ser, por que vos haveis de prezar dos que chamais pais e vo-lo não deram? Se é do céu, e é Deus, por que vos não haveis de gloriar mais de ser seus filhos que dos pais da terra, que são homens? E se é um só pai de todos, por que vos não haveis de estimar e honrar todos com amor e igualdade de irmãos? Esta última é a principal consequência que o Senhor pretendeu persuadir, porque a inferiu tendo dito: "E vós todos sois irmãos" (Mt 23,8). Pois, se todos somos irmãos e filhos do mesmo Pai, e tal Pai, que fundamento tem ou pode ter a soberba, para um cristão desprezar a outro cristão, e se reputar ou inchar de mais bem nascido? Responde a mesma soberba que, se o Pai do céu é um, os pais da terra são muitos e de mui diferentes fortunas, como se Cristo, que disse: "Um só é vosso Pai", não soubera esta distinção. Mas nenhum caso fez dela, porque todas essas fortunas, nem por altas, nem por baixas, podem acrescentar ou diminuir nobreza em quem é filho de Deus. Ponde em uma balança de uma parte a Deus só, e da outra a Deus e todo o mundo, e perguntai a Santo Tomás qual pesa mais? Tanto pesa uma como outra, porque todo o mundo e mil mundos juntos a Deus, em respeito de Deus só, nem acrescentam peso, nem fazem maioria. O mesmo passa no nosso caso. Tanta nobreza é ser filho de Deus somente como ser filho de Deus e do maior monarca do mundo. Tão nobre é João, filho de Deus e de um pescador, como o imperador Arcádio, filho de Deus e de Constantino Magno. Cuidar alguém o contrário, não só é ignorância e loucura, mas falta ou desprezo da fé.

Ouçam a S. Pascásio estes idólatras da vaidade: "Se com verdadeira fé esta Paternidade fosse venerada e amada, nunca a fraternidade da carne valeria mais para alguns, mas prefeririam a nobreza de Deus, e se esforçariam para que não existissem degenerados e indignos de tão grande Pai, em razão do envelhecimento da carne"[6]. Se os cristãos creram com verdadeira fé, e estimaram como devem o que é ter a Deus por Pai, de nenhum modo desprezariam aos que, por este soberano parentesco, são seus irmãos; mas porque muito se prezam mais da geração dos pais da terra, por isso são e se fazem indignos de ser filhos do Pai do céu. De sorte que desses que vós desprezais é Deus Pai, e vós, porque os desprezais, deixais de ser filhos. É Pai seu, mas não é Pai vosso. Então, ouvir a estes rezadores cegos com o Rosário na mão: "Pai nosso, que estais nos céus" — desprezando eles no mesmo tempo aos filhos do mesmo Pai? Isto não é rezar o Pai-nosso, é brasonar os Pais vossos. É ofender, é injuriar, é afrontar o

Pai do céu, pois vos prezais mais dos pais da terra. Se o fim por que Cristo nos ensinou a dizer *"Pai nosso"* foi para todos, como filhos do mesmo Pai, nos estimássemos e honrássemos como irmãos, os que os não tratam nem estimam como tais, como podem dizer Pai nosso? Não podem. E vede se o provo. Morto Jacó, vieram a José seus irmãos, e disseram-lhe desta maneira: "Vosso pai, antes de morrer, nos mandou que vos disséssemos em seu nome que ele vos rogava muito que não vos lembrásseis do mal que vos tinham tratado vossos irmãos, e lhes perdoásseis" (Gn 50,16s). — Reparai, se já não tendes reparado, na palavra *"Vosso pai"*. Jacó igualmente era pai de José, e de todos os outros irmãos que lhe davam o recado em seu nome; pois se era pai de José, e também pai seu deles, por que não dizem nosso pai, senão "vosso pai"? Porque estes mesmos irmãos tinham tratado a José tão indignamente, como sabemos; e irmãos que não estimam nem honram a seus irmãos como devem, ainda que sejam filhos do mesmo pai, não podem chamar a esse pai, pai-nosso. Por isso não disseram "Nosso pai", senão "Vosso pai".

Oh! soberba! Oh! pouca cristandade! Oh! falta grande de fé! Oh! ignorância intolerável da lei e verdade que professamos! Os grandes, que se estimam por mais nobres que os pequenos, os senhores, que se têm por mais honrados que os seus escravos, os mesmos Reis, que cuidam que são melhores que o menor de seus vassalos, guardem-se de dizer a Deus "Pai nosso". Se querem que Deus se não ofenda e os ouça, desçam-se primeiro desse pensamento, que na maior alteza é altivo, reconheçam a todos por irmãos e por seus iguais na nobreza, como filhos do mesmo Pai, porque este é o foro em que Cristo nos igualou a todos, quando a todos, sem diferença, nos mandou dizer: "Pai nosso". E por que não pareça que ao menos os reis, pela soberania do seu estado, podem ser exceção desta regra, ouçam o que pregava S. João Crisóstomo aos imperadores em Constantinopla, explicando-lhes o Pai-nosso, e ensinando-os como o haviam de dizer: "Mostrou uma só igualdade de honra entre o rei e o pobre; pois Deus deu a todos uma única e mesma nobreza, quando se dignou ser chamado Pai de todos"[7]. Quando Deus nos concedeu a todos que igualmente o invocássemos com nome de Pai nosso, juntamente nos deu tal igualdade de honra e de nobreza a todos, sem diferença alguma, que tão nobre e tão honrado é o pobre que pede esmola pelas portas como o rei que está assentado no trono e com a coroa na cabeça: "Mostrou uma só igualdade de honra entre o rei e o pobre; pois Deus deu a todos uma única e mesma nobreza". — Para que, finalmente, se veja se foi altíssimo modo de orar o com que Cristo ajuntou o "nosso" ao "Pai", pois sem abater a alteza dos príncipes soberanos, a que o mundo chama baixeza, levantou e sublimou a mesma baixeza à igualdade dos mesmos príncipes, e tudo isto com uma só palavra: "nosso: Levantando a voz".

§ V

Passando à segunda consideração, que é das petições que fazemos a Deus, nelas mais claramente ainda parece que excedemos o equilíbrio ou meio proporcionado e justo em que consiste o modo, porque em umas pedimos muito mais e em outras muito menos do que devemos pedir.

Quanto às primeiras, seja exemplo aquela que compreende a todas, na qual pedimos a Deus que seja feita a sua vontade assim na terra como no céu; e este modo de pedir, quem não vê que é fora de todo o modo? Se disséramos somente: "Seja feita a vossa vontade", e paráramos ali, entender-se-ia que desejávamos e pedíamos a Deus que se fizesse a sua vontade na terra, segundo a fraqueza da terra de que somos compostos, e segundo o estado da terra em que vivemos ou em que lutamos dentro e fora de nós, com as misérias da mesma vida; porém, dizer e acrescentar que seja feita a vontade de Deus: "assim na terra como no céu" (Mt 6,10), é pedir o que se não pode pedir, nem se pode desejar, nem pode ser. O céu não só é incapaz de pecado, mas nem ainda da menor imperfeição; todos lá fazem a vontade de Deus perfeitissimamente, vendo ao mesmo Deus e revendo-se na mesma vontade, e esta é a melhor parte da sua mesma bem-aventurança. Pelo contrário, na terra, nem ainda os maiores santos e confirmados em graça estão livres de imperfeições e de alguns pecados leves, próprios da fragilidade humana, por onde disse S. João, sendo ele o que mais amou e o mais amado de Cristo: "Se dissermos que não estamos em pecado, nós nos enganamos, e não há verdade em nós" (Sl 134,6). A razão desta diferença é porque Deus no céu é amado por vista, na terra é amado por fé, e a vista necessita a vontade, a fé deixa livre o alvedrio. Logo, se na terra nem se faz, nem se pode fazer a vontade de Deus como no céu, pedir que se faça na terra como no céu é pedir o impossível.

A esta objeção só pode satisfazer o mesmo Mestre divino, que nos ensinou a dizer: "Assim na terra como no céu", e responderá a um "assim" com outro "assim". Exortando-nos Cristo, Senhor nosso, à perfeição que deseja nos observadores da sua lei, diz que "sejamos perfeitos assim como o Pai celestial é perfeito" (Mt 5,38). Já vedes como um "assim" responde ao outro. Mas se a perfeição do Eterno Pai é infinita e imensa, e a nossa, ainda que fôssemos anjos, por mais alta e excelente que seja, sempre é de criaturas, e por isso, finita e limitada, como nos propõe o Senhor por exemplar de nossas ações, não outra perfeição menor, senão a do mesmo Pai, e diz que sejamos perfeitos como ele é perfeito? Porventura houve jamais ou é possível haver criatura que possa chegar, nem de muito longe, não digo à igualdade, mas nem ainda à semelhança de tão inacessível perfeição? Claro está que é impossível; mas propõe-nos Cristo um exemplar impossível, quando nos exorta à imitação dele, para que, aspirando ao impossível, venhamos a conseguir o possível. Bem sabe o soberano Artífice que nos fez o que podemos com sua graça, e por isso nos exorta ao que não podemos, para que cheguemos ao que podemos. E se isto tem lugar na comparação do homem a Deus: "Assim o vosso Pai" — quanto mais na comparação da terra ao céu: "Assim no céu como na terra"? O que importa é que nós digamos deveras: "Seja feita a vossa vontade".

Não falta, porém, quem argua esta petição ao menos de supérflua e ociosa. Deus, assim no céu como na terra, sempre fez, e faz, e há de fazer o que quer: "Quantas coisas quis, todas fez o Senhor, no céu e na terra" (Sl 134,6) — logo, supérflua coisa é, inútil e ociosa, pedir a Deus que faça a sua vontade, pois ele há de fazer sempre, ainda que nós não queiramos nem lhe peçamos que a faça. Muito me admira que tenha grandes autores esta réplica, e tão grandes que por sua autoridade os não nomeio. Nós não pedimos a Deus que faça a sua vontade: pedimos-lhe que seja feita: "Seja feita a vossa vontade". — E que mais tem ser feita a vontade de Deus que fazer Deus a sua vontade? Muito mais. Porque o que não pode fazer a vontade de Deus fazendo, faz sendo feita. É pensamento profundíssimo de S. Bernardo, e o prova com a criação e bem-aventurança dos anjos: "A vontade de Deus, que antes criou os anjos, tendo sido feita neles, depois os fez bem-aventurados"[8]. — De sorte que a vontade de Deus, fazendo, pôde fazer anjos; mas fazê-los bem-aventurados, não o pôde fazer fazendo, senão sendo feita: "Fazendo criou os anjos, tendo sido feita, os fez bem-aventurados". — A razão é porque, para uma criatura racional ser, é necessário que a vontade de Deus a faça; mas para ser bem-aventurada, é necessário que ela faça a vontade de Deus. Criou Deus no céu a Lúcifer e criou a Miguel, que foram as duas obras da mão Divina as mais nobres, as mais excelentes, as mais parecidas com seu próprio artífice, e as mais enriquecidas de todos os dotes e graças da natureza, que no teatro das jerarquias se extremaram sobre todas. Isto fez a vontade de Deus fazendo. E sendo feita, ou não feita, que fez? Não sendo feita, fez que Lúcifer, que havia de ser bem-aventurado, fosse o maior demônio; e sendo feita, fez que Miguel, que também pudera ser demônio, fosse o maior bem-aventurado. Por isso pedimos a Deus, não que faça a sua vontade, senão que seja feita: "Seja feita a vossa vontade".

E em que há de ser feita, ou em que pedimos que seja feita a vontade de Deus? Este é o ponto mais subido desta altíssima petição. Pedimos que seja feita a vontade de Deus em tudo quanto Deus quer ou pode querer, sem exceção, sem limite, sem réplica. No particular e no comum; no próprio e no alheio; no próspero e no adverso; no presente e no futuro; no temporal e no eterno. S. Paulo distingue na vontade de Deus três vontades: uma boa, outra melhor, outra perfeita: "Qual é a vontade de Deus, boa, e agradável, e perfeita" (Rm 12,2). Com a vontade boa quer Deus o que manda; com a vontade melhor quer o que aconselha; com a vontade perfeita quer o que nem aconselha, nem manda, mas ou o executa por si, ou o permite por outros; e a todas estas vontades se sujeita, e com todas se conforma quem diz: "Seja feita a vossa vontade".

Na lei velha só um homem achou Deus que fizesse todas as suas vontades, que foi Davi: "Encontrei um homem segundo o meu coração, que fará todas as minhas vontades" (At 13,22). Na lei da graça quer Deus que todas as suas vontades as façamos todos. Todos e todas por árduas, por dificultosas, por encontradas que sejam. Uma vez quer Deus o gosto, outra o desgosto; uma vez quer a riqueza, outra a pobreza; uma vez a honra, outra a afronta; uma vez o aplauso, outra a perseguição; uma vez a bonança, outra a tempestade; uma vez a fortuna, outra a fome; uma vez a saúde, outra a doença; uma vez a vida, outra a morte. E assim como todos estes encontros se conciliam na vontade de Deus, donde saem, assim quer se recebam sem repugnância na nossa, onde todos se aceitam. Se sois pai, e quer Deus tirar-vos o filho mais amado, como Isac a Abraão: "Seja feita a vossa vontade". — Se sois esposo, e vos quer Deus levar a companhia mais estimada e a prenda mais querida, como Raquel a Jacó: "Seja feita a vossa vontade". — Se sois rei, e vos quer Deus privar da própria coroa, e pelo instrumento mais injusto e mais ingrato, como a Davi por Absalão: "Seja feita a vossa vontade". — Se sois valente e famoso nas armas, antes o milagre da valentia, e vos quer Deus entregar fraco, manietado e afrontado nas mãos de vossos inimigos, como Sansão: "Seja feita a vossa vontade". — Se sois finalmente homem, e muito grande no mundo, e não só vos quer Deus tirar o poder, a grandeza e a majestade, senão a mesma figura humana e uso dela, e que pasteis entre os brutos, como Nabucodonosor: "Seja feita a vossa vontade".

Pode Deus ainda querer mais? Sim, pode. Pode querer que todos esses trabalhos, todas essas penas, todas essas dores que, divididas, atormentariam mortalmente muitos homens, se ajuntem todas em vós; e padecendo essa vida pior que a morte, ou vivendo essa morte bastante a tirar mil vidas, que haveis de fazer ou dizer? "Seja feita a vossa vontade." Outros, creio, se contentariam com isto, e parariam aqui; mas para mim ainda entre as vontades de Deus há uma que mais fere e mais penetra o coração, mais rigorosa e mais áspera de sofrer, e de mais dificultosa conformidade. E qual é? A que Judas Macabeu antepôs à vida, e julgou por mais dura de tolerar que a morte: "Melhor é morrer na guerra que ver as calamidades da nossa nação" (1Mc 3,59). Melhor é — disse aos companheiros — morrer na guerra, que viver e ter vida nem vista para ver os males e calamidades da pátria, e as afrontas e abatimentos da nossa nação. — Oh! ânimo verdadeiramente leal, fiel, generoso, heroico! Mas se suceder, e Deus quiser que a pátria se abrase, como Troia, que se confunda, como Babilônia, que se subverta, como Nínive, que não fique nela pedra sobre pedra, como Jerusalém, e que se sepulte uma, duas e três vezes debaixo de suas ruínas, como Roma, ainda no tal caso, responde o generoso macabeu, não desmaiará nem cairá o meu coração, porque ficará em pé a vontade divina: "Cumpra-se o que for de sua vontade no céu" (1Mc 3,60).

Tanto como isto quer dizer, e tanto como isto dizemos no Pai-nosso quando dizemos: "Seja feita a vossa vontade". Mas ainda não chegamos mais que à metade da petição.

E bastará que todos estes males, todas estas calamidades particulares e públicas, nossas e de todos, as levemos com paciência, as soframos com constância, as aceitemos com conformidade na vontade de Deus? Não basta, porque ainda quer e diz mais o mesmo Deus: "Assim no céu, como na terra": a minha vontade há-se de fazer ou ser feita na terra assim como se faz e é feita no céu. — Como se veem desde o céu, e como se recebem e aceitam lá todas essas calamidades do mundo? Não só com perfeitíssima conformidade, senão com suma alegria. Rebelou-se Lúcifer no céu, e levou consigo ao inferno toda a sua parcialidade dos espíritos apóstatas. E que sentimento causou nos outros anjos a infelicidade de tão estranha e universal ruína? Todas as três hierarquias ficaram desfeitas, e todos os nove coros diminuídos não menos que na terceira parte; mas na glória e alegria dos anjos obedientes à vontade divina, nenhuma diminuição nem mudança houve: tão gloriosos e tão alegres continuaram a cantar os louvores de Deus, como agora o fazem e farão eternamente. Como Eva, pecou Adão, e foram ambos lançados do paraíso da terra, criado para restauração das cadeiras do céu; e os anjos da guarda, particularmente do mesmo Adão e da mesma Eva, que demonstração fizeram por aquela desgraça? Se eles não foram os mesmos querubins, que com montantes de fogo lhes proibiam a entrada do paraíso, tanta foi a alegria em que perseveraram na perda dos seus recomendados como se eles se tiveram conservado na felicidade em que lhes foram entregues. Todos os reinos e impérios, como consta do profeta Daniel, têm seus anjos tutelares, que os assistem, governam e defendem. Passou, pois, o império dos assírios aos persas; e que fez o anjo tutelar dos assírios? Passou o império dos persas aos gregos; e que fez o anjo dos persas? Passou o império dos gregos aos romanos; e que fez o anjo dos gregos? Passa, finalmente, o império dos romanos — que ainda se não sabe para onde — não aparecendo já dele mais que a sombra, nem se ouvindo mais que o nome, e que fez o anjo dos romanos? Todos se alegram igualmente nestas ruínas como se alegravam no maior auge de suas felicidades, porque na vontade de Deus, a quem estão vendo, veem também todo o motivo da sua perpétua alegria. Maior caso ainda. Todas as espécies de criaturas que nascem, ou vivem, ou se movem, ou se não movem na terra, tem seus anjos particulares, a quem incumbe o cuidado de sua conservação. Mandou Deus sobre o mundo o dilúvio universal, em que todos os homens pereceram e todas essas criaturas se destruíram; e quando parece que só os anjos da guarda de Noé e seus filhos haviam de ficar triunfantes e alegres, e todos os mais desconsolados e tristes, tão universal foi a alegria em todos os anjos como o castigo em todos os homens. Não vos parece muito tudo isto, e mais que muito? Pois nada tenho dito até agora. Padece Cristo os maiores tormentos e afrontas, morre, finalmente, pregado em uma cruz, e posto que o céu, por esta parte inferior, se cobriu de luto, eclipsando-se o sol, na parte de cima, que é a do empíreo, que sentimento fizeram os anjos vendo morrer a seu Deus? Oh! assombro! Oh! prodígio nunca imaginado da conformidade com a vontade divina! Morre Deus, e sendo os anjos as criaturas que melhor entendem e mais o amam, nem por um só momento cessaram então as festas e cantares dos mesmos anjos, tão alegres na morte de seu Criador como no seu nascimento, tão alegres no seu enterro, como na sua ressurreição.

Isto é, nem mais nem menos, o que significa no Pai-nosso sobre a primeira parte da petição: "Seja feita a vossa vontade". — A segunda é mais sublime: "Assim na terra como no céu". — Se tudo quanto acontece ou pode acontecer no mundo, por adverso, por terrível, por lastimoso e triste que seja, nenhum abalo faz no céu, e não só se aceita lá sem dor, senão com igual e constante alegria, o mesmo professamos nós, e para o mesmo nos oferecemos a Deus, se com verdade lhe dizemos que seja feita a sua vontade assim na terra como no céu. Tanto assim, diz S. João Crisóstomo, que por força destas palavras nos manda Cristo que antes de irmos ao céu tragamos o céu a nós, e façamos da terra céu: "Antes de chegar ao céu, mandou que a terra se fizesse céu, dizendo: seja feita a vossa vontade, assim no céu como na terra"[9]. — E por que não pareça este pensamento demasiadamente encarecido, ainda tenho em prova dele outro melhor autor e outro melhor João que Crisóstomo. S. João Evangelista, no seu Apocalipse, diz que viu um céu novo e uma terra nova, e que a cidade do céu descia à terra: "Vi um céu novo e uma terra nova, e a cidade Santa, Jerusalém nova, que descia do céu" (Ap 21,1). Mas, como pode isto ser? Há Deus de mudar a arquitetura e fábrica do céu e da terra, e trocar-lhes os lugares? Não, dizem todos os expositores, e o puderam provar do mesmo texto, porque quando S. João viu descer o céu à terra, não lhe chama céu, senão cidade: "Vi a cidade" — para mostrar que havia de descer, não localmente, senão civilmente. Não localmente, porque o céu não havia de mudar de lugar passando à terra; mas civilmente, porque a terra havia de mudar de costumes, vivendo-se na terra como no céu. E esta semelhança civil da terra com o céu em que consiste? O mesmo evangelista o declarou: "E Deus lhes enxugará todas as lágrimas de seus olhos, e não haverá mais morte, nem haverá mais choro, nem mais gritos, nem mais dor" (Ap 21,4). Nesta cidade descida do céu à terra, ainda que haja trabalhos, misérias, enfermidades, mortes, haver-se-ão contudo nela os homens como se nada disto lhes tocara, porque não haverá dor, nem queixa, nem tristeza, nem lágrimas. E terra onde todas as causas de dor se recebem sem dor, e todas as causas de tristeza com alegria, já não é terra como terra, senão terra como céu: "Assim no céu como na terra". — Tanta é a virtude da vontade de Deus, quando a nossa se conforma com a sua: "Seja feita a vossa vontade".

Agora, perguntara eu aos devotos do Rosário, ou aos que cuidam que o são, como rezam o Pai-nosso, e como dizem a Deus: "Seja feita a vossa vontade, assim no céu como na terra"? Primeiramente, se dizem isto os que não fazem a vontade de Deus nem guardam sua lei, é falsidade, é hipocrisia, é mentira. Tão longe estão de fazer a vontade de Deus como se faz no céu, que nem a fazem como se faz no inferno. No inferno também se faz a vontade de Deus, não por vontade, mas por força. E quantos há que nem por vontade nem por força fazem a vontade de Deus na terra? Estes, se falaram verdade, haviam de dizer a Deus: Faça-se a minha vontade, e não a vossa. Mas ainda aos timoratos, e que vivem cristãmente, fizera eu a mesma pergunta. Vós os que fazeis na terra a vontade de Deus, como o fazeis? Como a fazeis, digo, porque o que Cristo principalmente nos ensinou no Pai-nosso não é só fazer a sua vontade, senão o modo de a fazer: "Como". Se a fazeis por temor da pena, e por não ir ao inferno, isso não é fazer a vontade de Deus "Assim no céu como na terra — porque no céu não há temor do inferno. Se a fazeis pela esperança do prêmio, também não é fazer a vontade de Deus — "Assim no céu como na terra" — porque no céu não se espera o prêmio, já se possui. Se a fazeis, finalmente, só por ver a Deus, que parece ato mais puro, nem esse chega a fazer a vontade de Deus como se faz no céu, porque lá todos veem a Deus, e com segurança de o ver eternamente. Pois como havemos de fazer a vontade de Deus, para que seja feita assim na terra como no céu? Havemo-la de fazer assim como diz Davi que a fazem os anjos: "Bendizei ao Senhor todos os seus anjos, poderosos em virtude, executores de sua palavra, para obedecer a voz de suas ordens" (Sl 102,20). Os anjos no céu fazem a vontade de Deus só por fazer a vontade de Deus, sem outro fim, sem outro motivo, sem outro interesse. E porque este modo de fazer a vontade divina não é impossível à vontade humana perfeitamente deliberada, por isso o mesmo Davi pedia a Deus o ensinasse a fazer a sua vontade deste modo: "Ensinai-me, Senhor, a fazer a vossa vontade, só porque vós sois meu Deus" (Sl 142,10) e porque a vossa vontade é vossa. E este é o modo altíssimo com que Cristo nos ensinou a dizer: "Seja feita a vossa vontade, assim no céu como na terra", não pedindo mais do que devemos pedir, mas levantando a voz da nossa oração ao ponto mais subido onde pode chegar: "Levantando a voz".

§ VI

Desta maneira se contêm as pensões que fazemos a Deus no Rosário dentro dos limites do modo, sem o exceder por pedir mais. Agora vejamos como também se não desviam dele em o não igualar por pedir menos. A petição que logo se segue é: "O pão nosso de cada dia nos dá hoje" (Lc 11,3).

— Mas, assim da parte de Deus, a quem pedimos, como da nossa, para quem pedimos, ninguém haverá que não julgue que diz esta petição muito menos do que devera. Pedir a Deus o pão de um só dia, e no mesmo dia, antes parece que é afrontar a sua liberalidade que acudir à nossa necessidade. A um Deus tão grande, tão poderoso, tão magnífico; a um Deus que se chama Deus, porque a sua natureza é dar, não é presumir indignamente de sua liberalidade e grandeza pedir-lhe tão pouco? Assim pede um mendigo às portas de um lavrador; mas tão baixa e tão escassa petição jamais a fez a seu rei o vassalo mais pobre. Se a nossa necessidade, como supomos e dizemos, é de cada dia, e por isso chamamos cotidiano ao pão que pedimos, que remédio ou que socorro é o que lhe procuramos, pedindo só para hoje, e não para mais dias? Anoitecer hoje sem pão, porque se acabou o pedido, e amanhecer amanhã sem pão, porque há de tornar a pedir, mais é viver da necessidade que sustentar a vida. Até à ordem da caridade parece que faltamos nesta e nas outras petições do Pai-nosso. A caridade bem ordenada começa de si mesmo, e em tudo quanto pedimos ninguém pede para si, senão para todos: "O pão nosso, as nossas ofensas, dai-nos, perdoai-nos, não nos deixeis cair, livrai-nos" (Mt 6,11). Isto é enervar a eficácia da oração, porque quem pretende para si, procura com o afeto com que se ama a si, e a ninguém lhe dói tanto a dor de todos como a sua. Finalmente, para ver quanto menos pedimos do que devêramos, consultemos as petições sem-número de que estão importunados os altares, os tribunais, os príncipes, e todos os que podem dar, das quais todas no Pai-nosso não se diz nem se ouve uma só palavra. Logo, é coisa evidente, e sem dúvida, que muito menos pedimos a Deus nesta sua oração do que fora dela havemos mister e solicitamos por outras vias.

Contudo, é sentença comum de todos os doutores e santos Pais que nenhuma coisa há que se possa pedir nem desejar a qual se não contenha nas petições do Pai-nosso: "Muito sabiamente nessa oração está reunido tudo que se deve pedir e desejar"[10] — diz Abulense, aquele doutíssimo e eminentíssimo expositor das Escrituras, em cujos imensos escritos se não acha jamais exageração, senão o sentido próprio e literal dos textos sagrados. O mesmo dizem Santo Tomás e S. Boaventura, laureados ambos com o caráter de doutores da Igreja; e o mesmo disseram muitos séculos antes deles S. Gregório Niceno, S. Cipriano, S. Pedro Crisólogo, Santo Agostinho, e antes do mesmo Agostinho, com toda a severidade do seu juízo, o grande Tertuliano. Mas perguntara eu a estes doutores — que por isso aleguei tantos, e todos da primeira hierarquia — se nas petições do Pai-nosso se contém tudo o que se pode pedir e apetecer, onde estão no mesmo Pai-nosso todas as outras coisas que os homens com tanto ardor apetecem, com tanto desvelo solicitam, e com tanta instância e importunação pedem a Deus e aos homens? Não apetecem honras? Não apetecem riquezas? Não apetecem dignidades seculares e eclesiásticas? Não apetecem a saúde, a vida, a sucessão, a posteridade, e tudo o que faz a vida deleitosa e a morte tolerável? E para alcançarem destas coisas, ou as que só pode dar Deus, ou as que podem dar Deus e os homens, não metem por intercessores os santos, que ajudem as orações com que as pedem, e os mesmos sacrifícios do corpo de Cristo, que a esse fim oferecem? Em que parte, logo, do Pai-nosso se contém as petições destas coisas, que são as que mais oradores e mais devotos têm em todo o mundo?

Quem mais agudamente que todos apertou e resolveu este ponto foi Santo Agostinho, o qual responde que, se oramos ou rezamos como convém, todas estas coisas, que tanto apetecemos e pedimos, pertencem à última petição do Pai-nosso: "Mas livrai-nos do mal". — Onde pedimos a Deus que nos livre de todo o mal, ali oramos a Deus por todas estas coisas. Ouçamos ao lume da Igreja por suas próprias palavras: "Aquele que diz na oração: Senhor, multiplicai as minhas riquezas, ou dai-me tantas quantas destes a este ou aquele, ou aumentai as minhas honras, fazei-me poderoso neste mundo, e ilustre, etc. julgo que não encontrará na Oração do Senhor, onde possa incorporar esses desejos"[11]. Diz Santo Agostinho: aquele que pede na oração riquezas, honras, dignidades, mandos, e outras semelhantes vaidades que o mundo estima e tem por lustrosas, entendo que em toda a oração do Pai-nosso não achará lugar em que possa acomodar e introduzir estes seus desejos e petições. Mas eu lho darei, diz o Santo. E qual é? "Por isso se envergonhem, pelo menos de pedir aquilo de que não se envergonham de desejar; ou se se envergonham disso e são vencidos pela cupidez, é muito melhor pedir isso para que assim aquele a quem dizemos: 'Livrai-nos do mal', nos liberte desse mal da cobiça". A primeira coisa que aconselho — diz Agostinho — aos que tais coisas pedem é que, pois se não envergonham de as desejar, ao menos se envergonhem de as pedir. Mas, se vencidos da cobiça e ambição as querem pedir contudo, apliquem às suas mesmas petições a última do Pai-nosso: "Mas livrai-nos do mal", e peçam a Deus que os livre desse mal.

Oh! que mal conhecem os homens o mal, e quão erradamente o entendem! Pedem honras, e a honra foi a que enganou e destruiu o primeiro homem, e nele a todos:

"O homem, quando estava na honra, não o entendeu. Foi comparado aos brutos irracionais e se fez semelhante a eles" (Sl 48,21). Pedem riquezas, e quem perdeu ao filho pródigo pela prodigalidade, e ao rico avarento pela avareza, e a todos pelo abuso delas? Por isso de todos, sem exceção, disse Cristo: "Ai de vós ricos!" (Lc 6,24): — Pedem dignidades seculares e eclesiásticas, das quais, só pelas pedir, são indignos. E quem foram os que condenaram e crucificaram ao mesmo Cristo, senão os que tinham as duas maiores dignidades eclesiásticas de Jerusalém, Anás e Caifás, e as duas maiores seculares, Herodes e Pilatos? Pedem saúde, sem advertirem que a chamada saúde é a mais perigosa enfermidade; e não sabem que o remédio com que Deus a cura são as doenças, segundo o aforismo do mesmo Médico divino, declarado na receita de Jesabel: "Não quer se arrepender de sua prostituição. Vou jogá-la numa cama" (Ap 2,21). Pedem vida, sem reparar em que a felicidade da vida não está em ser larga, senão em ser boa, e que a vida é, e não a morte, a que leva os homens ao inferno, devendo entender que a morte antecipada é sinal da predestinação, e que costuma Deus encurtar aos que ama a vida temporal, porque lhes quer segurar a eterna: "Foi arrebatado para que a malícia não lhe mudasse o modo de pensar. Porque a sua alma era agradável a Deus, por isso ele se apressou a levá-lo do meio das iniquidades" (Sb 4,11.14). Pedem, finalmente, filhos e sucessão, e não se lembram que o primeiro filho de Adão foi Caim, e o primeiro de Jacó, Rúben, e ambos a primeira causa de seus maiores desgostos. E para que vejam quão mal segura deixam a posteridade nestes reféns, Absalão e Roboão foram os dois maiores inimigos que tiveram seus pais, porque um tirou a coroa a Davi e outro destruiu a casa de Salomão.

Assim que se não devem admirar, os que rezam o Rosário, de que Deus muitas vezes lhes não conceda o que pedem; porque, cuidando que pedem bem, pedem mal. É sentença expressa de fé, ensinada e publicada ao mundo pelo apóstolo Santiago: "Pedistes, e não recebestes, porque pedis mal" (Tg 4,3). Sabeis por que não alcançais o que pedis a Deus? Porque vós pedis mal, e Deus não vos quer dar senão bem. — E esta é a razão por que o mesmo Senhor no Pai-nosso nos não ensinou a pedir nenhuma dessas coisas que vós apeteceis e pedis. Ainda que muitas delas sejam indiferentes, pedidas, porém, com o fim para que ordinariamente se pedem, verdadeiramente são mal; e não era razão que pedíssemos a Deus o mal, e muito menos na mesma oração em que lhe pedimos nos livre do mal. Por isso nos concede o que pedimos na sua oração e nos nega o que pedimos nas nossas. Se no Pai-nosso nosso pedimos que nos livre do mal, e fora do Pai-nosso pedimos o que verdadeiramente é mal, e nos está mal, quem podia duvidar que, como Pai, nos há de conceder o que pedimos por seu conselho e não o que pedimos por nosso apetite? Peçamos, pois, o que ele nos manda pedir somente, e não cuide ninguém que pede menos do que deve pedir, pois pede o que só lhe convém.

§ VII

*E*m pedir o pão de hoje somente, posto que seja ou pareça tão pouco, também não pedimos menos do que requer a necessidade de quem o há mister, nem a grandeza e liberalidade de quem o há de dar. Isto é pedirmos nós como filhos e a Deus como Pai. Ao sustento do filho pertence o presente, à providência do pai o futuro. Mais nos dá Deus no pão de cada dia que se no-lo dera para muitos dias, porque, dando-nos o sustento de hoje, nos livra do cuidado de amanhã. Não é pensamento meu, senão advertência que nos fez o mesmo Cristo: "Não vos inquieteis pelo dia de amanhã" (Mt 6,34). Se vos mando pedir só o pão de hoje, não vos dê cuidado o de amanhã, porque esse corre por minha conta. — O pão e o cuidado são duas coisas muito encontradas. O pão sustenta a vida; os cuidados a afligem, a diminuem, a tiram. E que partido pode estar melhor ao homem, que dar-lhe Deus a ele o pão, e tomar para si o cuidado? "Lança sobre o Senhor o teu cuidado, e ele te sustentará" (Sl 58,23). Quer Deus que o pão nos saiba a pão, porque o que se come com cuidados tem outro sabor e causa muitos diferentes humores. Na parábola do semeador compara Cristo as espinhas aos cuidados, e diz que "as espinhas que nasceram juntamente com o trigo o afogaram" (Lc 8,7) — O que aconteceu aqui ao trigo lhe sucede também depois que é pão, porque a terra e o homem ambos são terra. O pão cria sangue, e as espinhas tiram-no; e o pior é que o não deixam criar. Assim como o pão semeado o afogam as espinhas, assim ao pão comido o não deixam digerir os cuidados. Por isso nos tira Cristo o cuidado quando nos dá o pão, não só para que o comamos, senão também para que nos preste. A causa natural de se nutrirem melhor e terem menos doenças os animais é porque comem sem cuidado. Assim o notou Plínio, o qual diz, no mesmo capítulo, que é coisa ridícula cuidarem os homens que, sendo Deus sumamente superior, tenha cuidado deles: "É ridículo que aquilo que é superior cuide das coisas humanas"[12]. Falou como gentio sem fé. Mas em nós, que a temos e cremos o contrário, quem não terá por verdadeiramente ridículo o cuidado com que fiamos mais do nosso que do de Deus? O sol nasce cada dia, e ninguém desconfiou de que a sua luz se acabe hoje, porque sabe que há de tornar amanhã. Pois, assim como nos deitamos seguros à noite, sem que nos tire o sono este cuidado, assim no-lo não deve tirar o anoitecer sem pão, porque o mesmo Deus, que cada dia nos dá o sol, nos dará o pão cada dia.

Eu não nego que o mesmo nome de cada dia mais parece significar dieta que fartura. Mas quando os sujeitos são tão enfermos como nós, não seria tão divina a Providência que nos dá o pão se no-lo não medira ou receitara com tal regra que juntamente fosse alimento e mais medicamento. Quando choveu o maná do céu, mandou Deus por Moisés a todo o povo que ninguém o recolhesse senão para aquele dia somente, nem o deixasse para outro: "Ninguém deve guardá-lo até a manhã seguinte" (Ex 16,19). — Parece que é propriedade do pão do céu ser pão de hoje. Houve, contudo, alguns desobedientes que o guardaram para o dia seguinte, e diz o texto sagrado que todo o guardado se corrompeu logo, e se converteu em bichos: "Alguns guardaram até a manhã seguinte, mas o maná criou vermes e apodreceu". — O maná de sua natureza não era corruptível, ao menos tão depressa. Prova-se do que guardou o mesmo Moisés na Arca do Testamento, o qual durou muitos séculos, e não se sabe se dura e persevera ainda com a mesma Arca. Pois, por que ordenou Deus que o maná, contra sua própria natureza, se corrompesse milagrosamente e não durasse mais que doze horas, nem se pudesse guardar de um dia para o outro? Porque a gente a quem se dava era incrédula, avarenta e ingrata, e todos estes vícios quis Deus curar nela com lhes dar o pão para um só dia. Se sois incrédulos, crede que quem vos deu o pão hoje também vo-lo dará amanhã. Se sois avarentos, e vos parece pouco, e quereis mais do que podeis comer, contentai-vos com o que basta. E se sois ingratos, e não reconheceis a mão de que recebeis o benefício, a mesma necessidade e dependência vos obrigará a que a beijeis muitas vezes, e por força ou por vontade vos mostreis agradecidos.

Daqui tirou Santo Ambrósio um excelente documento para os príncipes que, prezando-se de liberais, desprezam a sua mesma liberalidade, impossibilitando-se com ela para continuar: "Deve se guardar um modo de prodigalidade de modo que os benefícios que fazes possas fazê-los todos os dias, sem subtrair da necessidade o que dispores para a doação"[13]. Não hão de dar os reis tão prodigamente hoje, que lhes não fique que dar amanhã. Como há de dar todos os dias quem dá tudo em um dia? Cuidam que dando tudo ganham a muitos, e perdem a todos, porque não há fé sem esperança, nem firmeza sem dependência, nem ainda amor tão cego que não abra os olhos para o futuro. Por isso Deus, que é Senhor de tudo, dá com reserva, e para freio da nossa sujeição nos põe a taxa na boca. Dá-nos o necessário, e não o supérfluo, porque nos quer bem mantidos, mas não enfastiados. Até o demônio nunca farta aos que tenta, porque os tem mais seguros na fome que no fastio. A fome é desejo, o fastio desprezo; e isto compra com o supérfluo quem dá mais do necessário. É bem verdade que, não dando Deus no maná mais que o necessário para cada dia, os que o comiam contudo se enfastiaram dele: "Estamos enjoados deste alimento" (Nm 21,5). Mas aquele fastio não foi da natureza, foi da enfermidade. O doente até do necessário se enfastia. E em prova de ser doença, e doença mortal, de três milhões de homens que saíram do Egito e comeram o maná, só dois chegaram vivos à Terra de Promissão.

Oh! se os homens medissem o pão com a vida, como é certo que lhes não pareceria pouco o pão de hoje! Sêneca tem por infelizes os que não medem a sua fome com o seu estômago: "Infelizes aqueles que não entendem que têm uma fome maior do que o ventre"[14]. — E mais infelizes são ainda, e menos entendidos, os que não medem o seu pão com a sua vida. O pão de hoje prometeu Deus a todos os que lho pedirem; a vida de hoje a ninguém a prometeu: "Desde a manhã até a tarde me acabarás" (Is 38,13) — dizia el-rei Ezequias. E se as vidas mais bem guardadas e mais bem mantidas podem acabar antes da noite, também do pão de hoje lhes pode sobejar o da ceia. Esta foi a ignorância daquele néscio que, porque se achava com muitos moios de pão, os media com muitos anos de vida: "Minha alma, tens muitos bens para muitos anos: come, bebe, regala-te" (Lc 12,19). O pão seria para muitos anos, mas a vida era para tão poucos dias que da noite em que isto sonhava não chegou a ver a manhã: "Néscio, esta noite virão tomar a tua alma" (Ibid. 20). Disse S. Gregório Niceno, com tão discreta frase como profundo juízo, que este néscio metera no mesmo celeiro o pão e mais os anos: "A vaidade da esperança fechou simultaneamente nos seleiros as longas pretensões dos anos"[15]. Se os anos, os dias, as horas não estão no palácio do sol[16], senão nos tesouros de Deus, que importa que nos celeiros do homem se guarde mais pão que o de hoje? Não debalde, senão com grande mistério, este mesmo instituto de que falamos se chama Rosário. Toda a vida ou idade da rosa não é mais que um dia: "A idade muito longa das rosas não é mais longa do que a idade de um dia"[17]. A aurora lhe dá o berço, nascida e fresca; a noite a sepultura, murcha e seca. De sorte que quando no Pai-nosso repetidamente, e por partes, pedimos o pão de hoje, todo o Rosário nos está pregando que de hoje a amanhã se pode acabar a vida. Logo, para a vida que é de hoje, e esse hoje ainda incerto, bem lhe basta o pão de hoje.

Altissimamente exortava S. Paulo aos Cristãos primitivos que se aproveitassem da vida enquanto tinham o sobrenome de hoje: "Durante o tempo que se chama hoje para que ninguém entre vós endureça o coração" (Hb 3,13). E por que chamou S. Paulo ao hoje sobrenome do homem: "Durante o tempo que se chama hoje"? — Porque o nome do homem é mortal, e nenhum mortal, quando vivo, pode ter outro sobrenome. O sobrenome de Dias até no Cide foi impróprio, porque contra a morte não há valor. Todos os outros apelidos são falsos, só o de hoje é verdadeiro. Hoje somos, amanhã pode ser que não: "Vive hoje porque o dia de amanhã será demasiado tarde"[18] — disse mais cristãmente do que nós o entendemos, o poeta gentio. Há homens de hoje, homens de amanhã e homens de nunca. E quais são os de nunca? Os de amanhã? É sutilíssima advertência de Santo Agostinho. Porque quando chega o dia de amanhã, já não é amanhã: é hoje. E se os que somos ou nos prezamos de ser homens devemos ser homens de hoje, por que nos não contentaremos com o pão de hoje, e por que cuidaremos que pedimos menos do que devemos pedir, quando dizemos a Deus: "O pão nosso de cada dia dai-nos hoje"?

Mas esta petição — dirão os ricos — é só para os pobres, e não para nós, que temos pão para muitos dias, e para todos, e não só para uma vida, senão para muitas: para a nossa e para as de nossos descendentes. Só lhes falta dizer que Cristo não advertiu nisto quando ensinou a todos o pedir o pão de hoje. Esse mesmo pão que tendes, ou cuidais que tendes, se Deus vo-lo não der hoje, não o tereis. Em um dia perdeu Dario a monarquia dos persas; em uma noite perdeu Baltasar a dos assírios; e em uma hora perdeu Jó os gados, os escravos, as searas, a casa, os filhos; e sendo o mais rico entre todos os do Oriente, ficou tão pobre, não como outro, senão como o mesmo Jó, exemplo não só da maior pobreza, mas da última miséria. E se Deus em cada hora deste mesmo dia vos pode tirar quanto tendes, justiça tem para vos mandar que lhe peçais o pão de hoje. Por isso lhe pedimos que nos dê "*o pão nosso*". Pois se é nosso, e ele no-lo deu já, por que lho havemos de tornar a pedir? Porque não só o pão que não tendes, senão o que tendes, não o tereis nem será vosso se ele vo-lo não der hoje. Assim como Deus em todos os momentos nos está dando o ser, assim em todos nos está dando o comer; e é excesso de favor e liberalidade contentar-se que lhe peçamos para todo o dia o que ele nos está dando e nós lhe devemos pedir todos os momentos. Não pedimos, logo, menos do que devíamos, senão muito mais do que devemos.

Só resta a objeção de pedirmos para todos e não cada um para si. Mas este é o mais sublime modo de pedir e o mais certo de alcançar. Ninguém pede melhor para si que quem pede para todos. Entrou o sacerdote Zacarias no Templo a orar e oferecer o incenso à hora costumada, quando lhe apareceu à mão direita do altar o Anjo Gabriel, e lhe disse da parte de Deus que a sua oração fora ouvida, e lhe nasceria um filho, que foi o Batista. "Foi ouvida a tua prece e Isabel, tua esposa, dar-te-á um filho" (Lc 1,13). — Não há santo antigo nem expositor moderno que não repare na coerência deste texto. A oração que naquela hora fez Zacarias não era particular, senão pública, pelo bem comum de todo o povo, o qual também acompanhava a mesma oração com as suas: "E toda multidão do povo orava da parte de fora" (Ibid. 10). — Pois, se Zacarias nesta oração não orava por si, senão por todos, e não pedia para si filho, senão para todo o povo o bem universal dele, como lhe diz o anjo que fora ouvida a sua petição, prometendo-lhe aquilo que não tinha pedido? Respondem graves autores que, posto que Zacarias, quando agora orou, não pedisse a Deus sucessão — da qual pela sua velhice e pela esterilidade de sua mulher estava tão desesperado, que ainda depois de prometida ficou incrédulo, e em pena da incredulidade mudo — contudo que antigamente, quando ambos estavam em idade de ter filhos, então o pedira a Deus, e esta antiga oração é a que agora foi ouvida. Mas, se esta mesma oração — torna a dúvida com maior força — se esta mesma oração não foi ouvida nem despachada então, por que foi ouvida e outorgada agora? Porque agora orava Zacarias para todos, então orava para si; e o que não conseguiu nem mereceu quando orava para si, agora o mereceu e alcançou, porque pedia para todos. Onde se deve notar e reparar muito que o que agora alcançou não o pediu agora. De sorte que, quando orava para si, não mereceu alcançar o que pedia, e quando orava para todos, mereceu alcançar o que não pedia, porque então pedia filho, e agora não. Tanto melhor e mais eficaz oração é, como Cristo nos ensina, o pedirmos para todos, que cada um para si.

Mais digo. Monta tanto diante de Deus o pedir para todos, que ainda quando Deus nos nega o que pedimos para todos, nos concede o que não pedimos para nós. Pede Abraão a Deus, não com uma nem com duas, senão com muitas e importunas instâncias que perdoe às cinco cidades de Sodoma e Gomorra, mas não o conseguiu. Chove fogo do céu, abrasam-se as cidades; e que fizeram os anjos executores desta justiça? Tomam pela mão a Ló, sobrinho de Abraão, e assim a ele como a toda a sua família o livraram do incêndio. E Abraão, porventura, tinha orado por Ló? Não se lê tal oração na Escritura, referindo-se miudissimamente todas as outras. Pois se Deus não livrou as cidades pelas quais intercedeu e orou Abraão, por que livra o sobrinho de Abraão, pelo qual não orou nem intercedeu? Porque ainda quando Deus nos nega o que pedimos para todos, nos concede, no mesmo caso, o que não pedimos para nós. Advertidamente Oleastro: "Não lemos que Abraão tivesse rezado pelo sobrinho, lemos, no entanto, que Deus, por sua graça, o livrou do incêndio"[19]. Foi tão agradável e tão aceita a Deus a oração que Abraão fez por todos, que ainda quando negou à sua oração o que pediu para todos, lhe concedeu sem oração o que não pediu para si. Altíssimo é, logo, assim nesta petição como nas outras, este modo de pedir, e altíssima em todas as do Rosário a voz com que sempre assim pedimos: "Levantando a voz".

§ VIII

Sempre chego tarde à terceira e última consideração do discurso. Mas como a matéria é tão grande, mais queixosa a imagino do muito que deixei de dizer, e pudera, que da largueza do que disse, poupando sempre palavras quanto me foi possível. Considera esta terceira parte a intercessão de que nos valemos, que é a da Virgem, Senhora nossa, cujo poderosíssimo patrocínio tantas vezes imploramos quantas repetimos no Rosário Ave, Maria. Mas se na oração do Pai-nosso pareceu que excedemos o modo de pedir, ou pedindo mais ou menos do que devíamos, na da Ave-maria, que é tão diversa, quem não dirá que totalmente perdemos ou encontramos o mesmo modo, pois nenhuma coisa pedimos? O que só dizemos na Ave-maria à Mãe de Deus é que rogue por nós: "Santa Maria, Mãe de Deus, rogai por nós". Pedimos-lhe que peça, mas não dizemos o que há de pedir: logo, não pedimos nada.

Primeiramente respondo que não há mais nobre nem mais alto modo de pedir que não pedindo. Marta e Maria amavam muito a Lázaro, e desejavam muito de o tornar a ver vivo, e criam que Cristo o podia ressuscitar; pois, por que não pediram ao Senhor que o ressuscitasse? Porque sabiam, como nobres e ilustres que eram, que o mais cortês modo de pedir é não pedindo. Assim responde por elas S. Bernardo, depois de as arguir: "Se amais a vosso irmão, e não podeis duvidar do poder nem desconfiar do amor de Cristo, por que não invocais a sua misericórdia? Mas a isto respondem que assim pedem melhor orando, como se não orassem"[20]. Diz o santo que assim pedem e pelo melhor modo, porque pedir não pedindo é o melhor modo de pedir. — Assim oraram então as duas mais bem ensinadas discípulas de Cristo, e assim oramos nós também no Rosário, que a escola de sua Mãe é a mesma. Repetindo tantas vezes a Ave-maria, nenhuma coisa representamos à Virgem Santíssima, nem de necessidade, nem de remédio, nem de favor, ou que nós peçamos, ou que a mesma Senhora haja de pedir por nós; mas quando assim oramos sem pedir, então oramos melhor, por que não pedimos. "Assim pedem melhor orando, como se não orassem".

A razão é porque, orando assim, oramos à Mãe de Deus pelo mesmo modo com que devemos orar a Deus. A Deus — dizia o oráculo da filosofia, Sócrates — não se há de pedir coisa alguma determinadamente, porque ele sabe melhor o que há de dar do que nós o que devemos pedir: "Entrega-te totalmente ao arbítrio dos deuses porque eles costumam facilmente conceder coisas boas e também podem escolher as coisas melhores"[21]. — Não só há de ser de Deus o dar, senão também o eleger. Em esperar dele a mercê supomos a sua liberalidade; em a deixar na sua eleição honramos a sua sabedoria. E assim fazemos quando oramos à Mãe de Deus. Pedimos que peça, mas não dizemos o que há de pedir, para que, assim como a intercessão há de ser sua, seja também sua a eleição. Desejava entrar na ordem de S. Domingos Reginaldo, deão da catedral de Orleãs e famoso catedrático da Universidade de Paris, quando caiu mortalmente enfermo. Não cessava, porém, o santo patriarca, e toda a ordem, de rezar o Rosário por esta tenção, quando na última desconfiança da enfermidade apareceu a soberana Rainha dos Anjos no mesmo aposento do enfermo, e disse a Reginaldo que pedisse o que quisesse, porque ali estava em pessoa e tudo lhe seria concedido. Suspenso, tanto da visão como da promessa, ficou atalhado o grande doutor, não se sabendo resolver no que pediria; porém, Santa Cecília e Santa Catarina, que de um e outro lado acompanhavam a Senhora, aconselharam ao enfermo que nenhuma coisa pedisse e que todo se pusesse em suas mãos. Fê-lo assim Reginaldo, dizendo: — Soberana Rainha do céu, o que Vossa Majestade for servida de mim isso é o que só quero, e nas mãos de vossa bondade e clemência, com toda a reverência e humildade me ponho todo. Então as duas virgens, que não só como as prudentes do Evangelho deram o conselho, senão também o óleo, presentaram de joelhos à Senhora duas redomas em que o traziam, e a piedosíssima Mãe de Deus, ungindo o enfermo com as mesmas mãos em que ele se tinha posto, não só o livrou da morte que aguardava por instantes, mas no mesmo momento o restituiu à inteira saúde e forças, que é o que naquele estado pudera desejar e pedir, mas não pedira. Não foi excelente modo este de pedir não pedindo? Pois isto é o que tantas vezes fazemos no Rosário em cada Ave-maria que rezamos.

Pedir por este primoroso modo, não só é pedir sem pedir, mas é pedir e juntamente dar. É pedir, porque pedimos a intercessão, e é dar, porque damos a eleição. Na intercessão que pedimos, reconhecemos na Mãe de Deus a sua dignidade; na eleição que demitimos de nós, renunciamos na mesma Senhora a nossa vontade. No Pai-nosso pedimos a Deus o que ele quer que peçamos; na Ave-maria pedimos à Mãe de Deus o que ela quiser pedir. E este é o maior primor, a maior cortesia e a maior delicadeza e perfeição de orar. E por quê? Ensinou-o maravilhosamente meu santo patriarca Inácio naquela sua famosa Epístola aos Portugueses que, em gênero de espírito, é uma das maiores coisas que se têm escrito na Igreja. A razão é — diz o Santo — porque quem pede o que quer prefere-se por uma parte, ainda que se sujeita por outra. Em pedir, sujeita-se, porque o pedir é ato de sujeição; mas, em declarar o que quer, prefere-se, porque o próprio querer é ato de liberdade e de preferência. — Tanto assim — diz profundamente S. Bernardo, alegado pelo mesmo Santo — que, quando o súdito consegue do prelado o que quer, não é o súdito o que obedece ao prelado, senão o prelado o que obedece ao súdito: "Porque naquilo não obedece ele ao prelado, mas antes o prelado a ele"[22].

— Em pedir, sujeita-se ele ao prelado; mas em pedir o que quer, quer que o prelado se sujeite a ele, e assim o consegue. De sorte que o mesmo pedir por tal modo é pedir e mandar juntamente. Daqui se entenderá a propriedade com que fala a Escritura, quando diz que obedeceu Deus à voz de Josué: "Obedecendo o Senhor à voz de um homem" (Js 10,14). — Obediência supõe mandado de uma parte e sujeição da outra; pois como podia ser que Deus obedecesse a um homem? Porque Josué, como consta do texto, pediu e mandou juntamente: "Falou Josué ao Senhor, e disse: sol, detém-te sobre Gabaon" (Ibid. 12). E como Josué pediu mandando, enquanto pediu, concedeu-lhe Deus o que pedia; enquanto mandou, obedeceu ao que mandava. Isto é o que faz quem não só pede, mas pede o que quer. Logo, para pedir com a maior cortesia, com o maior primor e com a maior perfeição, não se há de declarar em nada a própria vontade, mas sujeitar-se em tudo e por tudo a quem pede, e à sua disposição e arbítrio, como nós fazemos ao da Mãe de Deus.

Excelente lugar de Davi: "Fazei-vos súditos de Deus, e então orai" (Sl 36,7). — Pois, quem ora e pede a Deus, não se sujeita a ele? Distingo. Se pede o que quer, sujeita-se em parte, e no tal caso não é perfeito súdito, porque usa da sua liberdade; porém, se pede, e não diz o que quer, então se sujeita inteiramente, e se faz perfeito súdito de Deus, porque renuncia nele à sua vontade. O mesmo texto o declara, com bem advertido reparo de Hugo Victorino: "Por isso não te disse, pede isso ou aquilo, mas somente pede-lhe"[23]. Notai o que diz e o que não diz o profeta. Não diz que oremos e peçamos a Deus isto ou aquilo, mas só diz que oremos e que peçamos, porque este é só o modo de orar e pedir como súdito: "Fazei-vos súditos de Deus, e então orai". — E que mais? A consequência é digna de tão grande autor, e em próprios termos a nossa: "Portanto, quando oras, seja-te agradável pensar em quem pede antes do que o que pedes". Logo, todo o nosso cuidado quando oramos há de ser pôr os olhos em a quem pedimos, e não no que pedimos: "A quem pede antes do que o que pedes". — E isto é o que faz a nossa oração todas às vezes que repete no Rosário: "Mãe de Deus, rogai por nós". — Olha só para a soberana intercessora, a quem pede, mas não tem olhos para ver o que há de pedir, porque seria grande desprimor nosso, e menos reverência da suprema majestade da Mãe de Deus, não deixar tudo à sua providência, e ao seu arbítrio. Por isso pedimos que peça por nós, e não o que há de pedir.

Mas, em dizermos que peça, parece que também trocamos um modo por outro, e deixamos o de maior dignidade pelo menos digno. A dignidade da Mãe de Deus é tão soberana que, ainda em respeito do mesmo Deus, como Mãe a Filho, não só pode alcançar quanto pedir, senão mandar o que quiser. Assim o pronunciam expressamente muitos dos santos Pais, e é já tão vulgar esta grande suposição entre os doutores que não necessita de autoridades a prova dela. Pois se a soberania da Mãe de Deus é tão poderosa que pode mandar, por que lhe não pedimos que mande, senão que peça e rogue: Roga por nós? Também esta circunstância de orar é novo modo de primor, com que mais nos empenhamos a estimar toda a mercê e favor que por intercessão da mesma Senhora alcançarmos. Toda a mercê pedida por quem a pode dar, ainda que tenha igual preço dada, merece maior estimação por pedida. Já vimos o primeiro primor de Marta e Maria em não quererem pedir a ressurreição de Lázaro. Acrescentou, porém,

Marta que ela sabia muito bem que tudo o que Cristo pedisse a Deus lho havia de conceder: "E agora sei que qualquer coisa que pedires a Deus, Deus te dará" (Jo 11,22). E como o Senhor replicasse que ele era a vida e a ressurreição, e lhe perguntasse se o cria assim: "Crês isso?" — respondeu Marta que tempo havia que tinha crido que o mesmo Cristo era Filho de Deus: Sim, Senhor, acreditei, que tu és o Cristo, Filho de Deus vivo" (Ibid. 27). Pois se Marta sabia que Cristo era Deus, e como Deus podia dar a vida a seu irmão, por que não alega que lha podia dar como Deus, senão que a podia pedir a Deus como homem? Porque era muito maior favor neste caso o pedir que o dar, e ficava muito mais autorizada a mesma ressurreição como pedida que como dada. Assim o fez o Senhor. Primeiro orou publicamente — o que não tinha feito nas outras ressurreições — e depois ressuscitou a Lázaro, porque, como o amava tanto que lhe tinha custado lágrimas, quis que fosse dobradamente autorizada a sua ressurreição, não só como dada por ele, mas como pedida: "Pondo-se na atitude de oração, manifestou com autoridade suas ações"[24] — diz S. Basílio de Selêucia.

Esta é a primeira razão por que no Rosário pedimos à Mãe de Deus, não que dê, senão que peça; e não que mande, senão que rogue, para lhe devermos mais a estimação desta circunstância. A segunda ainda é muito mais alta, e de maior fundo. Pedimos à Senhora que rogue quando lhe chamamos Mãe de Deus: Santa Maria, Mãe de Deus, roga por nós, porque, se Maria, gerando a Cristo, deu a Deus o ser humano, rogando-o, dá-lhe o divino, quanto pode dar a criatura. Ora, notai. Se há coisa que de algum modo possa dar divindade, não é outra senão o rogar. Quis Nabucodonosor ser Deus de todo o mundo, e que não houvesse outro Deus senão ele; e o meio que tomou para estabelecer a sua divindade foi mandar, por um decreto universal, que só a ele pudessem rogar os homens, e a nenhum outro: "Não ordenaste que todo homem que fizesse oração a qualquer dos deuses, ou dos homens, que não fosses tu, fosse lançado no lago dos leões?" (Dn 6,12). Assim o mandou aquele potente rei, e assim lho aconselharam os maiores sábios de sua monarquia, entendendo uns e outros que só o ser rogado lhe podia conciliar o ser Deus. Queria ser Deus e só: para ser Deus, roguem-no todos; para ser só, ninguém rogue a outro: "Que não fizesse oração a qualquer um, a não ser a ti, ó Rei". — Este foi o pensamento — e pode ser que tomado daqui — com que disse discretamente o poeta que os deuses não os faz quem lhes fabrica as imagens ou lhes levanta os altares, senão quem os roga: "Somente faz deuses aquele que ora"[25]. — Os deuses dos gentios eram de pau, ou de pedra, ou de metal, obras das mãos dos homens, como diz o profeta, e quem os fazia deuses? Não os faziam deuses os escultores, senão os rogadores. Quando esculpidos, quando lavrados, quando formados, ainda eram paus e pedras; mas quando rogados, então começavam a ser deuses: "Somente faz deuses aquele que ora".

Grande lugar de Minúcio Feliz, naquela famosa apologia sua em nome de Otávio: "Toma o escultor o metal nas mãos, derrete-o, funde-o, lança-o nos moldes, dá-lhe forma: é já Deus? Ainda não: Ainda não é Deus. — Tira-o fora já formado, compõe-lhe os membros, distingue-lhe as feições com toda a arte, e limado, e polido, e chumbado, para que se tenha em pé, erguido e direito: é já Deus? Nem ainda agora é Deus. — Orna-o, consagra-o, faz-lhe oração: é já Deus? Agora sim. Quando é orado e rogado, então é

Deus"²⁶. Dai-me licença, Virgem Santíssima do Rosário, para que destas estátuas sem ser vos forme e levante uma. Posto que vosso benditíssimo Filho sempre foi Deus verdadeiro, em todos os mistérios do Rosário pode parecer só homem; mas quando vós chegais a lhe rogar por nós, ninguém pode negar que é Deus. Humanado Cristo, nascido, presentado, perdido e achado no Templo, poderá dizer quem o não conhece: "Ainda não é Deus". — Suando sangue, atado à coluna, coroado de espinhos, carregado com a sua cruz e pregado nela, e também ressuscitado e subido ao céu, ainda poderá persistir no mesmo: "Nem ainda agora é Deus". — Porém, vendo que vós, Senhora, sendo quem sois, o rogais, assim como até agora lhe confessava o ser humano, já lhe não pode negar o divino. Fá-lo com toda a corte do céu.

Aclamava a Cristo toda a corte do céu, anjos e santos, em figura de Cordeiro e ouviu S. João no seu Apocalipse que todos a uma voz diziam assim: "Digno é o Cordeiro que se sacrificou pelo gênero humano de receber o poder e a divindade" (Ap 5,12). — Parece que não concorda esta Teologia do céu com a nossa. Cristo, que é o Cordeiro desde o instante de sua Encarnação, recebeu a divindade porque sempre foi Deus; nem então se pode dizer que foi digno de receber a mesma divindade, porque a união da humanidade ao Verbo nem a mereceu, nem a pôde merecer. Pois se já tinha e sempre teve a divindade, e sem merecimento próprio, por que diz agora a uma voz todo o céu que é digno de a receber: "É digno o cordeiro de receber a divindade"? — E se a recebeu outra vez depois de já recebida, que novo modo de receber a divindade foi este? Respondem todos os teólogos e expositores que o modo de a receber outra vez foi o reconhecimento, o conceito e a voz universal de todos os homens e anjos, que com aqueles aplausos o confessavam. Logo, muito mais e muito melhor recebe Cristo a divindade sendo rogado só de sua Mãe que sendo reconhecido e aclamado de toda a corte do céu. É consequência manifesta. Porque a maior majestade e a maior soberania que há no céu e na terra, abaixo de Deus, é a pessoa de Maria. Logo, aquele a quem Maria roga não pode ser senão Deus. E se o ser Cristo reconhecido e aclamado como Deus, pelos obséquios e aplausos de toda a corte do céu, é novo modo "de receber a divindade" — muito mais alta e majestosamente recebe Cristo a mesma divindade quando é rogado por Maria, porque Maria, e a sua autoridade, excede muito a de toda a corte do céu. E daqui se fica concluindo com a mesma evidência o que eu dizia: que se gerado Cristo por Maria recebeu dela, enquanto Mãe sua, a humanidade, também rogado por Maria recebe dela, enquanto intercessora nossa, a divindade. Enquanto Mãe, porque o gerou; enquanto intercessora, porque o roga. Vede agora, e julguem todos, se é alto e mais que altíssimo este modo de pedir, e quanto se levanta neste ponto sobre si mesma a voz altíssima do Rosário: "Levantando a voz".

§ IX

Tenho acabado o meu discurso, e por última recomendação do que fica dito só peço aos devotos da Senhora do Rosário não deixem de advertir nele quão necessária nos é a todos a intercessão da mesma Senhora. Basta que nos seja tão necessário como o pão para a boca? Pois advirtam que ainda é maior a necessidade que dela temos, e nós mesmos o confessamos em uma e outra oração do Rosário, porventura sem o advertir. No Pai-nosso pedimos o pão para cada dia: "O pão nosso de cada dia"; na Ave-Maria pedimos a intercessão da Senhora para cada hora e para cada instante: "Agora e na hora da nossa morte". — O "agora" significa instante; a hora da morte é e pode ser cada hora. E se o pão o pedimos para cada dia, e a intercessão da Senhora para cada hora e para cada instante, não haja hora nem instante no dia em que não digamos de todo o coração à poderosíssima Mãe de Deus e nossa: "Santa Maria, Mãe de Deus, rogai por nós, pecadores, agora e na hora da nossa morte. Amém".

SERMÃO

III

Com o Santíssimo Sacramento exposto.

∾

*"Antes, bem-aventurados
aqueles que ouvem a palavra de Deus."*
(Lc 11,28)

Vieira passa a considerar as vantagens da oração mental sobre a vocal: a vocal é um corpo; a mental, o espírito que lhe dá vida. Antes, quão alta é a oração vocal do Rosário, hoje quão profunda é a mental. A vocal recita preces e a mental contempla mistérios; a vocal fala e a mental medita. Rezar o Rosário pelos ouvidos eis o assunto do Sermão. — A palavra fala obrando. E se essas palavras, alguém as não ouve, é porque lhes não entende a língua. Essas obras e esses mistérios de Cristo, "se se entendem", falam; "se se não entendem", são mudos. Meditai, e logo ouvireis. A mesma Palavra divina o diz assim: "Bem-aventurado o homem que me ouve". — Benefício da meditação: é ouvir, aprender a ouvir. Ouvir perfeitamente é ouvir e efetuar o que se ouve. Os discípulos de Emaús são exemplos. Os simples falam pouco e ouvem muito, por isso Deus gosta da conversação dos simples. — E o que nos impede de meditar? — A ignorância. Como Samuel criança, não reconhecemos a fala de Deus. A vida nos ensina e faz meditar. Assim a oração do Rosário. — Outro impedimento: as ocupações. Abramos os ouvidos.

§ I

Quanta é a diferença que tem — posto que estejam tão juntos — na rosa o cheiro e a virtude; na árvore a folha e o fruto; no mar a concha e a pérola; no céu a aurora e o dia; no homem o corpo e a alma; e, para que o digamos por seus próprios termos quanta é a vantagem que faz o entendimento à voz, tanta é a que tem — posto que irmãs entre si — a oração mental sobre a vocal. A vocal é o exterior da oração, a mental o interior; a vocal é a parte sensível, a mental a que não se sente; a vocal é um corpo formado no ar, a mental o espírito que a informa e lhe dá vida. A vocal recita preces, a mental contempla mistérios; a vocal fala, a mental medita; a vocal lê, a mental imprime; a vocal pede, a mental convence. A vocal pode ser forçada, a mental sempre é voluntária; a vocal pode não sair do coração, a mental entra nele e o penetra; e, se é duro, o abranda. A vocal exercita a memória, a mental discorre com o entendimento e move a vontade; a vocal caminha pela estrada aberta, a mental cava no campo, e não só cultiva a terra, mas descobre tesouros.

No Templo de Salomão havia dois altares, um interior junto ao *Sancta Sanctorum* [Santo dos Santos], em que se queimavam timiamas; outro exterior, no átrio, em que se matavam reses. Os que oram mentalmente, diz Orígenes, sacrificam no altar de dentro; os que oram com vozes, no de fora: "Rezarei com o coração, entrarei no altar de dentro. Quando, porém, alguém com voz clara e palavras pronunciadas com som se vê oferecer a vítima no altar que está fora"[1]. — Apenas há figura no Testamento Velho em que se não veja retratada esta grande diferença. A oração vocal é a voz do precursor no deserto; a mental é o conceito da mesma voz, que reconhece o Messias e lhe manda seguir os passos; a vocal é a boca do leão de Sansão; as mental são as abelhas que nela fabricam os favos, mais doces pelo mistério que pelo mel; a vocal é o estalo da funda de Davi, a mental é a pedra que rompe a testa ao gigante; e porque lhe penetrou o cérebro, o deitou em terra; a vocal são as trombetas de Jericó, que batem os muros, a mental é a espada de Josué, que degola os inimigos e sacrifica os despojos; a vocal é o pregão de Saul, a mental é a guerra apregoada, a que debela os amonitas, que liberta Jabes e descativa os cercados. Enfim, da vocal sobem ao céu vapores, da mental se acendem lá relâmpagos e descem raios que alumiam os olhos, que ferem os peitos, que amortecem as paixões e desfazem em cinza os vícios.

Estes são os efeitos da oração do Rosário, que não só devemos celebrar, mas distinguir enquanto vocal e mental. Enquanto vocal, é maior no número; enquanto mental, no peso; enquanto vocal, reza muitas vezes duas orações; enquanto mental, contempla e medita quinze mistérios; enquanto vocal, fala e solicita o cuidado de Cristo com Marta; enquanto mental, está sem nenhum outro cuidado aos pés de Cristo, e ouve com Maria. Uma orava com a boca, e outra orava com os ouvidos. E isto é o que determino dizer e declarar hoje. Já vimos quão alta é a oração vocal do Rosário; hoje veremos quão profunda é a mental. Marcela disse: "Bem-aventurado o ventre". Cristo respondeu: "Bem-aventurados os que ouvem". Marcela levantou a voz para que Cristo a ouvisse, e o Senhor abriu-lhe os ouvidos para que ela aprendesse. Aquele notável "Antes" bem mostrou que a lição era nova e mais subida; e assim o será também a do nosso discurso. No passado vimos como se reza o Rosário com a boca: "Levantando a voz";

neste veremos como se há de rezar o mesmo Rosário pelos ouvidos: "Bem-aventurados os que ouvem". — Para que nos ouça a Virgem Santíssima — cuja é a obra e o invento — e nos assista com sua graça, digamos: *Ave Maria*.

§ II

"*Bem-aventurados os que ouvem a palavra de Deus.*"

Rezar o Rosário pelos ouvidos, como prometi, é o assunto deste sermão, mais novo pelo desuso ou abuso que pela novidade da matéria. Este foi o fim principal para que se instituiu a devoção do Rosário, de poucos bem rezado e de quase todos mal entendido. Não foi instituído só para nós falarmos com Deus, e Deus nos ouvir a nós, senão para que Deus fale conosco, e nós ouçamos o que nos diz Deus: "*Os que ouvem a palavra de Deus*". — Para restituir, pois, o Rosário à sua primitiva perfeição, ou para persuadir esta novidade aos que a tiverem por tal e para falar em matéria de si não muito clara com toda a clareza, dividirei o discurso em três partes. Na primeira, mostrarei que o Rosário se pode rezar pelos ouvidos; na segunda, que se deve rezar pelos ouvidos; na terceira, como se há de rezar pelos ouvidos: "Bem-aventurados os que ouvem".

Começando pela possibilidade, no primeiro mistério do mesmo Rosário, e na soberana Instituidora dele, temos o maior e mais perfeito exemplar da grande parte que nesta altíssima obra têm os ouvidos. De dois modos concebeu a Virgem Maria o Verbo Divino, que também de dois modos é "palavra de Deus". Concebeu-o no ventre e concebeu-o na mente. Concebeu-o no ventre sacratíssimo, com privilégio singular a nenhuma outra criatura concedido: "Bem-aventurado o ventre que te trouxe" — e concebeu-o na mente, com aquela eminentíssima perfeição a que nenhuma outra alma pode chegar nem aspirar, posto que todas sejam capazes de conceber o mesmo Verbo mentalmente. E para que vejamos quanta parte tiveram os ouvidos em uma e outra conceição, ouçamos a S. Bernardo: "No princípio do mundo foi mandada a serpente pelo demônio, para que, pelos ouvidos da mulher, lhe infundisse na mente o veneno"[2]. — E depois? — Vede a elegância da contraposição. — E depois "foi mandado o anjo Gabriel por Deus para que, pelos ouvidos da Virgem, assim no ventre como na mente se introduzisse o Verbo do Pai". — E a razão, proporção e correspondência por que a divina sabedoria o traçou e dispôs assim foi: "para que pelo mesmo sentido do ouvir, por onde entrara a peçonha, entrasse também a triaga". — Eva ouviu, Maria ouviu: Eva ao demônio, Maria ao anjo; Eva recebeu na mente o engano e no ventre o fruto maldito; Maria concebeu na mente a verdade e no ventre o fruto bendito: "Bendito o fruto do vosso ventre". — E com esta admirável contraposição de demônio a anjo, de mulher a Virgem, de fruto a fruto, de corpo a corpo e de mente a mente, assim como pelos ouvidos da primeira mulher entrou no mundo o veneno e a morte, assim pelos ouvidos da segunda — e sem segunda — veio ao mesmo mundo o remédio e a vida.

E se além da proporção e correspondência quisermos especular e apurar mais com que propriedade e energia ordenou Deus que os ouvidos da Senhora tivessem tanta parte neste primeiro mistério, donde manaram todos os outros do Rosário, da natureza e ofício do mesmo sentido de ouvir tirou a resposta S. Bruno, filosofando excelentemente, e falando com a Virgem desta maneira: "Recebe, ó Virgem, o Verbo no coração e no ventre para que entre pelo ouvido em ti o que nascerá de ti: é Verbo e o caminho da palavra é o ouvido"[3]. Ouvi, ó Virgem, o anjo; recebei o que vos diz e anuncia na mente e nas entranhas; e não duvideis que o Filho que há de nascer de vós haja de entrar pelos ouvidos em vós. — Por quê? Porque esse Filho, que há de ser vosso, é a Palavra do Pai, e a porta e o caminho por onde entra a palavra, são os ouvidos: "É o Verbo e o caminho da palavra é o ouvido".

Deste modo rezam o Rosário pelos ouvidos aqueles que o exercitam todo, e não de meias; isto é, aqueles que não se contentam só com repetir de boca as orações vocais, mas consideram e meditam atentamente os mistérios, e ouvem com a mesma atenção o que neles inspira e fala Deus. A Senhora primeiro considerou o mistério: "Pensava que saudação seria esta" (Lc 1,29) — e depois, pelos ouvidos, concebeu o Verbo: "Seja feita em mim segundo a tua palavra" (Ibid. 38). E nós, da mesma maneira, considerando primeiro mentalmente aquele mistério, e os outros do Rosário, concebemos pelos ouvidos o mesmo, e não outro Verbo, porque ouvimos o que por meio da meditação dos mesmos mistérios fala Deus conosco.

Sucede na nossa meditação, em admirável prova do que dizemos, o mesmo que ao Eterno Pai na produção do Verbo Divino. O Verbo Divino, que é a eterna palavra de Deus, de que modo vos parece que sai da boca do Pai: "Eu saí da boca do Altíssimo"? Não pode haver semelhança nem propriedade mais própria. Contempla o Eterno Pai dentro em si mesmo a essência, os atributos, as perfeições e todos os outros mistérios da divindade, que só ele compreende; e desta contemplação compreensiva, com que Deus cuida em si, e se conhece e vê a si, nasce o Verbo Divino, que é a Palavra de Deus e todo o seu dizer. Para Deus dizer é ver pensando, na medida em que o Verbo de Deus é concebido pelo olhar do pensamento divino"[4] — diz Santo Tomás. Pois, assim como da compreensão, com que Deus contempla intuitivamente os mistérios da divindade se produz e nasce o Verbo, assim da meditação com que nós, na parte mental do Rosário, contemplamos os mistérios da Humanidade, unida à mesma divindade, nasce o Verbo e Palavra de Deus, com que interiormente nos fala, e nós interiormente concebemos e mentalmente ouvimos: "Os que ouvem a palavra de Deus".

Altamente está dito. Mas quem nos confirmará esta tão sublime verdade? Seja o maior e mais experimentado espírito em uma e outra oração: "Fazei, Senhor" — diz Davi — "que eu de manhã ouça a vossa misericórdia" (Sl 142,8). — Dois grandes reparos encerram estas quatro palavras. Todos, quando oram, pedem a Deus que, por sua misericórdia, os ouça; porém, Davi não diz que a misericórdia de Deus o ouça a ele, senão que ele ouça a misericórdia de Deus: "Fazei que a vossa misericórdia seja ouvida de mim". — De sorte que a misericórdia de Deus é a que há de falar, e Davi o que há de ouvir. A razão deste extraordinário modo de pedir, ou dizer, depende do segundo reparo: "Fazei que eu a ouça pela manhã". — E que mais tem para este requerimento a hora da manhã que as outras? Davi orava pela manhã, ao meio-dia e à tarde: "De tarde e de manhã, e ao meio-dia orarei" (Sl 54,18). — Davi orava sete vezes no dia: "Sete vezes no dia te louvei" (Sl 118,164). — Pois, se Davi orava tantas vezes, e em tão diferentes horas do dia, por que não pode nem requer, ou por que não presume nem espera que Deus lhe fale a ele, e ele ouça a Deus, senão na hora de pela manhã: "Fazei que ouça pela manhã a tua misericórdia"? O mesmo Davi o disse, e com tanta razão como nós o temos dito. Este santo rei orava de vários modos, já vocalmente, rezando salmos, já mentalmente, meditando; e a hora que particularmente tinha dedicado à meditação era a hora da manhã: "Nas madrugadas meditarei em ti" (Sl 62,7). E como pela manhã é que meditava, pela manhã é que esperava que Deus lhe havia de falar a ele, e ele havia de ouvir a Deus. Tão certo é que com os que meditam fala Deus, e porque meditam, e quando meditam, o ouvem. "Fazei que ouça pela manhã a tua misericórdia."

§ III

"*B*em-aventurados os que ouvem a palavra de Deus."

Daqui se segue que, quanto forem mais altos os mistérios que meditarem, tanto mais altas serão também as ilustrações com que Deus lhes falará aos ouvidos. Qual era a matéria das meditações de Davi naquele tempo: "Meditei em todas as tuas obras; meditava nas obras das tuas mãos" (Sl 142,5). Meditava nas obras universais da onipotência, com que Deus criara e sustentava o mundo, e nas particulares da providência, com que escolhera, defendia e conservava o seu povo, que era o que Deus até então mais maravilhosamente tinha obrado. E se a meditação destas obras, posto que grandes, tão inferiores, merecia que o mesmo Deus respondesse a ela e fosse ouvido de quem as meditava, que juízo se deve fazer das inspirações, dos impulsos e das falas interiores com que Deus penetrará os corações, e baterá suavemente os ouvidos dos que atentamente meditarem os altíssimos mistérios da Encarnação, do nascimento, da vida, da morte, da ressurreição do Filho de Deus, que são os de que se compõe o Rosário? Se as obras da criação, que só custaram a Deus uma palavra, falavam e eram com tanta admiração ouvidas de quem as meditava, as obras da Redenção, que custaram à mesma Palavra de Deus o sangue, do qual sangue, diz S. Paulo, que "fala melhor que o de Abel" (Hb 12,24) — que vozes serão as suas na atenta e profunda meditação delas, e quanto mais se farão ouvir? O mesmo profeta que antevia os futuros que não chegou a ver o disse: "Mostra-nos, Senhor, a tua misericórdia e dá-nos o teu Salvador. Eu ouvirei o que o Senhor Deus me falar" (Sl 84,8). Acabai, Senhor, de mostrar aos homens até onde chegam os extremos de vossa misericórdia; acabai de nos dar e mandar ao mundo o nosso ou o vosso Salvador, pois é vosso Filho: "Dá-nos o teu Salvador". — E então quando ele vier — se vier, Davi, em vossos dias — e nascer e morrer, e obrar todos os outros mistérios da Redenção, que é o que esperais da sua vinda, e da vista e consideração desses mesmos mistérios? — O que principalmente espero, e sobretudo desejo, é o que hei de ouvir interiormente quando ele dentro em mim me falar: "Ouvirei o que o Senhor Deus falar em mim". — Notai o que diz Davi e o que não diz. Não diz que suspirava com tantas ânsias pela vinda do Messias, para ouvir o que ele havia de pregar exteriormente ouvido, senão para lhe ouvir o que lhe havia de falar interiormente meditado: "Ouvirei o que o Senhor Deus falar em mim". — Como se dissera: não me alvoroça o que há de dizer a todos, senão o que me há de dizer a mim; nem tanto o que me há de dizer a mim, quanto o que me há de dizer "em mim". A Moisés falou-lhe Deus da sarça, a Jó falou-lhe de uma nuvem, ao Sumo Sacerdote falava-lhe do Propiciatório; ao que medita não lhe fala Deus de outra parte, nem de fora, senão dentro nele: "em mim", — porque dentro dele está a meditação, por meio da qual lhe fala. Combinai o "falar em mim" com o "meditarei em ti": eu meditarei nele, e ele falará em mim: eu com o silêncio e ele com a voz; eu calando e ele falando; ele dizendo e eu ouvindo: "Ouvirei o que falar em mim".

Isto é o que considerava aquele tão grande rei como profeta, o qual, porém, não chegou a ter a ventura de ver e ouvir o por que tanto suspirava. Por isso aos apóstolos, que a tiveram, disse o Senhor: Para que conheçais e estimeis o bem de que gozais, "vos digo que muitos profetas e reis desejaram ver o que vós vedes, e não o viram; e ouvir o que vós ouvis, e não o ouviram" (Lc 10,24). — Um destes reis e um destes profetas, e o principal de todos eles, foi Davi, de quem o mesmo Cristo era e se chamou filho; e esta ventura que tanto desejou e não alcançou o rei mais mimoso e o profeta mais alumiado de Deus é a que gozam os professores da devoção do Rosário, se se aplicam a ela tão inteiramente como devem. Davi desejava ver os mistérios de Cristo e ouvir o que interiormente lhe dizia: "Ouvirei o que falar em mim"; e todos os que atentamente meditam os mistérios do Rosário, por meio da mesma meditação veem a Cristo e ouvem a Cristo. — Veem a Cristo porque, meditando seus mistérios, o fazem presente; e ouvem a Cristo porque os mesmos mistérios meditados falam; e se alguém não ouve o que o Senhor lhe diz por eles, é que os não medita.

Dirá, porém, algum dos que se têm por exercitados nesta meditação, que ele medita, mas não ouve. E para escusar este silêncio ou falta de ouvir, dirá também que os mistérios do Rosário todos são obras de Cristo, e não palavras, e que a meditação pode representar e ver o que ele fez, mas não pode representar nem ouvir o que ele não disse. A este argumento, que não parece totalmente sofístico, responde Santo Agostinho, e com tanta agudeza como sua. Quem é Cristo? É o Verbo de Deus e a Palavra do Pai; logo, ninguém pode considerar suas obras nem meditar seus mistérios que o não ouça. E por quê? Porque a palavra não pode obrar senão falando; e como todas as obras da palavra falam, todas se ouvem "Porque Cristo é a Palavra de Deus, assim o que a palavra faz é para nós também palavra"[5].Porque Cristo é palavra de Deus, também as obras dessa palavra são palavras, porque a palavra não pode obrar senão falando. E se essas obras, que são palavras, alguém as não ouve, é porque lhes não entende a língua: "Pois têm a sua língua se se entendem". — Reparai na exceção de Agostinho, com que ficam excluídos os que dizem que meditam e não ouvem. Essas obras e esses mistérios de Cristo, "se se entendem", falam; se se não entendem, são mudos. As palavras que somente são palavras podem-se ouvir, ainda que se não entendam; as obras que são palavras, se não se entendem, não se ouvem. Por isso vós não ouvis porque não entendeis; e a causa por que não entendeis é porque não meditais. Meditai e observai bem o que se vos representa em cada mistério, e logo ouvireis. A mesma Palavra divina o diz assim: "Bem-aventurado o homem que me ouve" (Pr 8,34). — E que há de fazer o homem, Palavra divina, para vos ouvir? — Duas coisas: Vigiar e observar às minhas portas: "O que vigia a entrada da minha casa e o que observa as ombreiras das minhas portas". — A palavra tem duas portas: uma por onde sai e outra por onde entra; a porta por onde sai é a boca, e no nosso caso, o mistério; a porta por onde entra é o ouvido, é, no nosso caso, a meditação. Se vós não meditais, como quereis ouvir? Meditai e observai vigilante e atentamente o mistério, e logo entendereis e ouvireis o que Deus vos diz nele: "O que vigia, o que observa, o que ouve". — E, ouvindo desta maneira, sereis dobradamente bem-aventurados, por testemunho de ambas as Escrituras: "Bem-aventurado o homem que me ouve; bem-aventurados os que ouvem a palavra de Deus".

§ IV

Temos declarado a teórica do Rosário rezado pelos ouvidos. Mas antes que passemos à praxe, para que a recebamos e aceitemos melhor, será bem que vejamos as razões por que deve ser praticado por este modo, não só vocal, senão mentalmente; não só rezando, senão meditando, nem só falando, senão ouvindo. Digo, pois, que se deve rezar o Rosário pelos ouvidos, não só por ser mais conveniente e mais útil, mas por ser totalmente necessário. Mais conveniente da parte de Deus, porque assim lhe é mais agradável; mais útil da parte nossa, porque assim nos é mais proveitoso; e totalmente necessário, da parte do Rosário, porque, falando só, e não ouvindo, não será Rosário.

Prova esta última proposição — pela qual é bem comecemos, como fundamento das demais — aquele antiquíssimo Filósofo Sofar, um dos três amigos de Jó, e distingue e aperta o ponto com tal energia, que ninguém em toda a Escritura o fez melhor: "É possível que tu, que falas muito, não queres ouvir? E cuidas que o teu muito falar te há de fazer justo? Oh! se Deus abrira a boca e falara contigo!" (Jó 11,2-5) — Cada palavra desta sentença é uma declarada censura contra o abuso geral com que se reza o Rosário. O instituto santíssimo e prudentíssimo desta soberana devoção dividiu-a em orações e mistérios, para que nós, como compostos de corpo e alma, ora falássemos vocalmente com Deus, ora o ouvíssemos mentalmente. E seria bem falarmos nós tudo e não ouvirmos nada: É possível que tu, que falas muito, não queres ouvir?" Pois isto é o que fazem ou desfazem os que só falam, e não meditam; os que só rezam com a boca, e não pelos ouvidos. Toda a oração, como já a definimos com S. Gregório Niceno, é um colóquio e conversação do homem com Deus; e a lei da boa e cortês conversação é falar e ouvir. E se a personagem que nos admite à prática for muito superior, que ensina a cortesia e a reverência? Falar pouco e ouvir muito. Notável coisa é que goste Deus de conversar com os simples: "A sua conversação é com o simples" (Pr 3,32)! Não é muito mais aprazível a conversação dos doutos, dos eruditos, dos discretos? Para Deus, não. Esses falam muito e ouvem pouco; os simples falam pouco e ouvem muito. Esses ouvem-se a si, e Deus quer quem o ouça a ele. Por isso gosta da conversação dos simples.

O homem que mais cortesmente soube falar com Deus foi Abraão: "Falarei ao Senhor, embora seja pó e cinza" (Gn 18,27) — e vede como falava e como ouvia. A primeira vez que Deus apareceu a Abraão foi em Harã, e diz o texto: "Disse o Senhor a Abrão" (Gn 12,1). — A segunda vez apareceu-lhe em Siquém, e diz o texto: "Apareceu o Senhor a Abrão, e disse-lhe" (Ibid. 7). — A terceira vez apareceu-lhe em Canaã, e diz o texto: "E disse o Senhor a Abrão" (Gn 13,14). — A quarta vez apareceu-lhe na mesma terra, e diz o texto: "O Senhor dirigiu essas palavras a Abraão. Respondeu Abraão: Javé, meu Senhor" (Gn 15,1s). Disse Deus a Abrão, e Abrão disse a Deus. — Não sei se reparais nestas quatro aparições, e se achais nelas alguma diferença. Eu confesso que tenho lido estes textos algumas vezes, e nunca adverti o que advertiu Caetano e pede a todos que advirtam. "Considere o prudente leitor" — diz Caetano — "que Abraão nas primeiras três aparições de Deus ouviu e não falou palavra, e só nesta quarta ouviu e falou"⁶. — Pois se falou nesta, por que não falou também nas outras? Porque falava com Deus. Quem fala com Deus há de ouvir muito e falar pouco; para falar uma vez há de ouvir quatro. Quem tanto ouve e tão pouco fala merece que Deus lhe apareça muitas vezes. Ide agora, e falai o Rosário inteiro sem pausa, sem aguardar compasso, sem dar lugar a Deus a que também ele nos diga alguma coisa; e se vós falais tudo, e Deus não fala, como o haveis de ouvir?

Vai por diante Sofar: "Porventura cuidais que essa verbosidade e esse muito falar vos há de fazer justo?" — Não. O justo não o faz o muito que fala, senão o falar o muito que medita: "A boca do justo meditará a sabedoria e a sua língua falará prudência" (Sl 36,30). Encontrada coisa parece atribuir a meditação à boca e o juízo à língua: o juízo é o que medita; a boca, e a língua a que fala. Mas o justo de tal maneira ajunta a meditação com a oração e o mental do juízo com o vocal das palavras, que ainda com boca e com a língua medita, e não porque fala muito, senão porque medita muito, é justo. Não justo porque fala muito: "Porventura o homem que muito fala se justificará?" — mas justo porque medita muito: "A boca do justo meditará a sabedoria". — Mas, para que é ir buscar a prova nas Escrituras, se a temos mais perto na experiência? Contai os que rezam o Rosário e contai os justos. São tantos os justos como os que rezam o Rosário? É certo — ainda mal — que por cada cento que rezam o Rosário me não dareis um justo.

E donde vem esta desigualdade tão grande, tão enorme e tão indigna? É porque "O homem que muito fala não se justificará". Rezam e não meditam, e o rezar sem meditar não é orar, é falar; em vez de ser oração é verbosidade. O que se reza sem meditação, sai da boca; o que primeiro se medita, sai do coração; e ainda que seja uma só palavra, é oferta que se pode dedicar a Deus: "O meu coração proferiu uma palavra boa; digo ao rei as minhas obras" (Sl 44,2). Então, cuidam os que isto fazem que a devoção do Rosário está em o rezar ou falar todo inteiro. Os que assim o rezam, sem meditar, falsamente se arrogam o nome de devotos da Senhora e do seu Rosário. O Rosário que a Senhora instituiu não é esse; logo, não são devotos do Rosário. Pois que são? Quando muito são rezadores, e por isso, ou cegos ou merceiros; mas justos não. Lembrem-se daquela sentença: "Quando orais não faleis muito" (Mt 6,7). — E de quem é esta sentença? É do mesmo Cristo que diz: "Importa orar sempre" (Lc 18,1). — E o mesmo Senhor que nos manda orar sempre manda que quando oramos não falemos muito, porque o falar não é orar. Por isso nem ele nos ouve nem nós o ouvimos.

Oh! se ouvíramos alguma vez a Deus! Isto é o que desejava e exclamava Sofar: "Oh! se Deus abrira uma vez a boca e falara contigo!" (Jó 11,5). — E qual era a razão deste seu desejo? Porque falava com os que falam muito e não querem ouvir; e sabia que, tanto que ouvissem a Deus, mais haviam de querer ouvir que falar. Com ser Deus autor da natureza, no falar e no ouvir tem mui diferentes efeitos. Todo o mudo naturalmente é surdo, e todo o que ouve a Deus naturalmente emudece. A natureza aos que privou do falar tira-lhes o ouvir, e Deus aos que concedeu o ouvir tira-lhes o falar. Quando

Deus apareceu a Moisés na sarça, e o mandou com a embaixada a Faraó, escusou-se Moisés com que não sabia falar: "Jamais fui eloquente" (Ex 4,10). Mas contra isto está o que se refere nos Atos dos Apóstolos, que Moisés tinha estudado todas as ciências dos egípcios, e era nelas e na sua língua poderosamente eloquente: "Moisés foi instruído em toda a sabedoria dos egípcios e era poderoso nas palavras" (At 7,22). — Pois, se Moisés era tão sabiamente eloquente e tão eloquentemente sábio, como diz agora que não sabe falar? Ele mesmo deu a razão: "Desde que falaste a teu servo estou tolhido e atado em minha língua" (Ex 4,10). É verdade, Senhor, que eu antes deste dia falava expeditamente; mas depois que vós vos dignastes de me falar, e eu vos ouvi, no mesmo ponto se me tolheu a fala e atou a língua. — E porque Sofar sabia os segredos desta filosofia, por isso desejava que falasse Deus uma vez aos que só falam e não ouvem: "Porventura aquele que muito fala não ouve? Oxalá Deus falasse contigo!". — A Virgem Senhora nossa não instituiu o seu Rosário só para falarmos rezando, senão para ouvirmos meditando; e o Rosário que é só de boca, e não de ouvidos, é tão diminuto e imperfeito que não merece o nome de Rosário porque, não meditando os mistérios, falta a parte principal e essencial dele. Antes quero a terça parte do teu Rosário meditado, disse a Senhora a um seu devoto, e ainda menos da terceira parte, que todo ele inteiro sem meditação. E este conselho não só devem tomar todos, mas é necessário que o tomem, sob pena de o seu Rosário não ser Rosário.

Podem-me dizer, contudo, alguns dos que rezam e não meditam, que rezando o Rosário sem meditar os mistérios sentem, contudo, grandes afetos em seu espírito, assim de compunção para com Deus como de piedade e confiança para com sua Santíssima Mãe. Oh! como vos enganais convosco mesmos, mas venturosamente! Pergunto: E esse cuidar em Deus e na Virgem Maria não é parte de meditação, posto que breve? Assim o prova e convence a Santa Madre Teresa contra os mesmos que em seu tempo rezavam vocalmente e tinham medo da oração mental. Os afetos de devoção e piedade que sentem, quando assim rezam, também são efeitos da meditação, posto que imperfeita, e vozes ou sonidos breves e sutilíssimos com que Deus então lhes fala ou passa pelos ouvidos. Por isso no Livro de Jó se chamam estas falas de Deus, não vozes, senão sussurros, e esses que se ouvem furtivamente: "E os meus ouvidos furtivamente perceberam uma parte do seu ruído" (Jó 4,10). — Assim que, quando sentis esses afetos, já, sem o entender, começais a rezar pelos ouvidos, que por isso diz: "Os meus ouvidos perceberam"; e são uns como furtos que faz a oração vocal à mental, saindo-se da sua esfera, que por isso diz: "Furtivamente"; e são as veias do sonido, que ainda não chegam a ser voz dearticulada, que por isso diz: "Uma parte do seu ruído". Mas daí mesmo se colhe que, se tão doce é o que se chupa nas veias, que será o beber na fonte? E se tanto obram na alma só os sussurros, as vozes declaradas que farão? Necessário é, logo, à essência do Rosário que perfeita e inteiramente se reze pelos ouvidos, para ser verdadeiro Rosário.

§ V

Ese da parte do Rosário é totalmente necessário rezar-se pelos ouvidos, da parte de Deus não é menos conveniente, porque só rezado assim lhe agrada e é aceito. Nenhuma coisa Cristo, Senhor nosso, mais deseja de nós que a justa estimação e ponderação do muito que fez e padeceu por nós: "Oh! quem me dera que as penas que padeço e os pecados por que padeço se pusessem em fiel balança! Mais pesados seriam que a areia do mar" (Jó 6,2s). E se veria claramente que excede tanto o peso das penas ao dos pecados quantas são as areias do mar! — Isto disse Jó em nome de Cristo, ou Cristo por boca de Jó, porque só em Cristo se verifica, e em Jó de nenhum modo. Em Jó não, porque qualquer mal de culpa, ainda que seja venial, excede sem comparação a todo o mal de pena quanto é possível. E em Cristo sim, porque a mínima ação de Cristo, por ser de preço infinito, excede infinitamente a todos os pecados do mundo, pelos quais padeceu e pagou. E como, bastando a mínima ação de Cristo para remir mil mundos, foi tal o seu amor para com os homens que quis nascer, morrer e obrar todos os outros mistérios de humildade, paciência e caridade que no Rosário se representam e consideram, a meditação atenta e a justa ponderação de todos eles é o que mais deseja de nós o soberano Redentor, e para isso nos pede os pesemos em fiel balança: "Oxalá fossem postos na balança!"

Mas que parte tem ou podem ter nesta balança os ouvidos? Muito grande. Assim o declaram as mesmas palavras na língua em que falou Jó, e é uma filosofia tão admirável como natural. Onde a nossa versão lê: *in statera* [na balança], o texto original tem: *in bilancibus* [nos pratos da balança], *in auribus* [nas orelhas]. *Bilances* são os dois escudos [pratos] da balança em que as coisas se pesam; *aures* são as orelhas, instrumentos dos ouvidos[7]. E por que se comparam ou declaram os dois ouvidos pelos dois escudos da balança? Porque este é o ofício que lhes deu a natureza e a forma e o lugar em que os colocou. Como a natureza pôs a razão e o juízo, que é o fiel da balança, na cabeça, pôs-lhe também de uma e da outra parte os ouvidos, como dois escudos da mesma balança e como dois assessores do mesmo juízo. Mas antes que fechemos o passo, ouçamos o grande comentador de Jó, o doutíssimo Pineda: Quando se tem necessidade de uma balança, certamente se tem necessidade de um auditor justo e incorrupto de ouvidos: as orelhas estão postas como dois pratos no meio da balança da razão e do juízo que reside na cabeça. Assim, foram concedidas ao homem duas orelhas para que o que for ouvido seja ponderado diligentemente pela balança da mente[8]. — Quer dizer: deu o autor da natureza ao homem dois ouvidos, e pô-los de uma e outra parte da cabeça porque na cabeça tem seu assento a razão e o juízo; e assim o juízo, posto no meio, e os ouvidos, de uma e outra parte, vem a fazer uma balança natural em que as coisas se pesam fielmente. — Esta é pois a razão por que o benigníssimo Redentor, que tomou sobre si a satisfação de nossos pecados, e pagou tanto mais do que devia, e padeceu tanto mais do que era necessário, e obrou em todos os mistérios de nossa Redenção tantos excessos quantos só podia inventar o seu amor, para mais obrigar o nosso; esta é a razão por que tanto deseja que na atenta meditação os pesemos, e por que, com o nome de balanças nos pede os ouvidos, para que, como em justas balanças, ponderemos os mesmos mistérios, e como por atentos ouvidos ouçamos o que eles nos dizem: "Oxalá fossem postos nas balanças, nas orelhas [pratos]".

E para que vejamos em próprios termos quanto Cristo Senhor nosso, mais deseja e estima no Rosário esta ponderação dos ouvidos que a reza somente vocal do mesmo

Rosário, assim como já ouvimos por boca de Jó o seu desejo, ouçamo-lo agora por boca de Salomão. Trata altamente Salomão esta diferença no primeiro capítulo dos Cantares, e como as suas comparações ali são tão extraordinárias, a que vos parece que compararia uma alma devota do Rosário, das que só o rezam vocalmente? Comparou-a a uma rola com o Rosário ao pescoço: "As tuas faces são como a da rola" (Ct 1,9) — eis aí a rola; "O teu pescoço como colares" (Ct 1,9) — eis aí o Rosário. E por que não pareça que dar nome de Rosário ao que ali se chama colar é interpretação alheia do texto, o original hebreu, em que escreveu Salomão, diz que era feito de pérolas furadas e enfiadas: "Pérolas perfuradas e reunidas por um fio" — treslada Sanctes Pagnino[9], doutíssimo naquela língua. Assim que, nem o Rosário podia ser mais próprio nem mais precioso. Era também rezado com grande piedade e devoção, que por isso quem o trazia ao pescoço é comparado à rola, cujos arrulhos são piedosos, e mais gemidos que vozes: "Como a da rola".

Isto é o que disse o Esposo, que é Cristo, à Esposa, que é a alma; mas o que logo se segue e acrescentou o mesmo Esposo é digno de grande consideração e reparo: "Faremos para ti brincos de ouro, esmaltados de prata" (Ct 1,10). O que agora vos hei de fazer, Esposa minha, são umas arrecadas para as orelhas, e essas hão de ser de ouro, esmaltadas de prata. — Não reparo em Cristo sobrepratear o ouro, como nós sobredouramos a prata, posto que isto tenha o mistério que logo veremos. Mas o que primeiro faz ao nosso caso é a consequência destas palavras sobre as que acabamos de referir. Se o Esposo acaba de louvar as pérolas do colar e os gemidos da rola; se o colar é o Rosário, e os gemidos a oração vocal, piedosa e devota — como explicam S. Gregório, S. Basílio, Teodoreto, e todos os Pais comumente — por que se não dá por satisfeito disto o Esposo, e, querendo ornar e enriquecer a Esposa com novas joias, as que trata de lhe fazer não são outras, senão as arrecadas? Porque as arrecadas, diz S. Bernardo, são joias e ornato dos ouvidos[10]. E como pelos ouvidos entram à alma as falas interiores de Deus na meditação, ainda que o Rosário que a Esposa traz ao pescoço seja de pérolas e a voz com que o reza de rola piedosa e enternecida, não se satisfaz o Senhor inteiramente de que o reze só de boca, senão também pelos ouvidos. De boca sim, repetindo devotamente as orações vocais, em que a alma fala com Deus; mas muito mais pelos ouvidos, meditando atentamente os mistérios, em que Deus fala com a alma e ela ouve o que lhe diz.

E para que se veja que estes mistérios não são outros senão os do Rosário, todos de Deus enquanto homem, por isso as arrecadas eram de ouro sobrepratedo: "Brincos de ouro, esmaltados de prata". — O ouro é a divindade, a prata a humanidade; e está o ouro debaixo da prata porque debaixo da humanidade de Cristo está encoberta a divindade. Mas porque a mesma divindade, enquanto o Senhor viveu neste mundo, de tal maneira andava encoberta debaixo da humanidade que não deixava de reluzir nas obras da onipotência, essa é também a propriedade e elegância com que o prateado não era todo contínuo, senão aberto a partes, a modo só de esmalte ou filigrana, que isto quer dizer *vermiculatas*. Maior advertência ainda, e maior propriedade. Onde a Vulgata lê *vermiculatas*, diz a versão chamada *Quinta Editio*[11]: *cum distinctionibus argenti*: com distinções de prata. De sorte que nas joias, com que de novo se ornaram os ouvidos da Esposa, havia distinções, e essas distinções estavam na prata, e não no ouro. Por quê? Excelentemente. Porque na divindade, que é substância simplicíssima, não há distinção, e na humanidade e seus mistérios sim; e mais nos do Rosário, de que propriamente falava: uns gozosos, outros dolorosos, outros gloriosos, e em cada uma destas distinções, outros cinco mistérios também distintos: "Com distinções de prata". Em suma: que assim como em todos estes mistérios, por meio da meditação, fala Deus distintamente à alma, assim para todos e cada um deles lhes quer ter bem dispostos e preparados os ouvidos, e não só ornados, mas sobreornados: "Faremos para ti brincos de ouro". Até aqui o Esposo.

Agora fala a Esposa, e diga ela também o que o Esposo lhe diz quando lhe fala aos ouvidos: "Eis a voz do meu amado que bate: abre-me, irmã minha, amiga minha, pomba minha, imaculada minha". Fala a voz de Cristo, e bate às portas da alma, que são os ouvidos: "A voz do meu amado que bate"; o que lhe pede é que abra: "Abre-me" — e os motivos ou títulos que lhe alega para a persuadir é chamar-lhe "irmã"; "amiga"; "pomba" e "imaculada". E por que alega Cristo estes títulos, e não outros, quando bate com a voz aos ouvidos da alma? É coisa verdadeiramente maravilhosa. Alega-lhe estes títulos, e não outros, porque neles se contêm distinta e nomeadamente todos os mistérios do Rosário; no primeiro título os gozosos, no segundo os dolorosos, no terceiro os gloriosos. Assim o notou, muito antes de haver Rosário, Justo Orgelitano, e o declarou tão sucinta como elegantemente: "Irmã, porque de seu sangue; amiga, porque reconciliada pela morte dele; pomba, porque imaculada pelo Espírito Santo"[12]. Chama-lhe irmã porque na Encarnação, unindo a si o Verbo a nossa humanidade, se fez irmão nosso: "Irmã, porque do sangue dele". — E estes são os primeiros mistérios do Rosário. Chama-lhe amiga, porque por meio da morte e Paixão de Cristo se reconciliou a natureza humana com Deus: "Amiga, porque reconciliada pela morte dele". — E estes são os segundos mistérios. Chama-lhe, finalmente, pomba e imaculada, porque por meio da vinda e graça do Espírito Santo se lhe tiraram as manchas do pecado: "Pomba, porque imaculada pelo Espírito Santo". — E estes são os terceiros mistérios. Com estes títulos e motivos de seu amor bateu o Esposo às portas da alma para que lhas abrisse, e com estes somente, e nenhuns outros, porque não tem Cristo outra máquina nem outra bataria mais forte para render nossas almas que os mistérios do Rosário. Os nossos ouvidos são os batidos, e a sua voz é a que bate: "A voz do meu amado que bate".

Mas porque a Esposa nesta ocasião se mostrou menos diligente em acudir à voz do Esposo e lhe abrir as portas, que faria o Amante divino para prosseguir e conseguir a empresa em que tão empenhado estava o seu amor? Caso sobre todo o encarecimento notável, e no mesmo Deus estupendo! Torna o Senhor a instar no mesmo requerimento, e os motivos que de novo alega não são outros, senão os mesmos mistérios do Rosário mais vivamente representados: "Tenho a cabeça coberta de orvalho, e os cabelos cheios de gotas da noite" (Ct 5,2). Compadecei-vos de mim — diz — Esposa minha, porque trago a cabeça coberta de orvalho, e me estão correndo pelos cabelos em fio as gotas das noites. — E que orvalho e que gotas, não da noite, senão das noites são estas? O orvalho — diz Filo Carpácio[13] — é o da madrugada gloriosa em que Cristo ressuscitou: "A cabeça de Cristo está cheia de orvalho na ressurreição, porque aconteceu de manhã quando o orvalho cai sobre a terra". As gotas das noites não hão mister comentador, porque bem se está vendo que são as gotas das lágrimas da noite do nascimento e as gotas do sangue na noite do Horto: "E o seu suor tornou-se como gotas de sangue que corriam até o chão" (Lc 22,44). De maneira que nas lágrimas do Presépio, acompanhadas de músicas de anjos, lhe alegou os mistérios gozosos; nas gotas do sangue, espremidas da dor, da aflição e da agonia no Horto, os mistérios dolorosos; e no orvalho da madrugada da Ressurreição alegre e triunfante, os gloriosos. E não alegou nem disse mais o Esposo, porque para penetrar os nossos ouvidos e render os nossos corações, em chegando a nos representar e repetir uma e outra vez os mistérios do Rosário, não tem Cristo mais que alegar nem mais que dizer. Ainda desta segunda vez se escusou contudo a Esposa, e não abriu; mas tanto que considerou e meditou o que tinha ouvido, não só abriu a porta, mas saindo de casa, e como fora de si, pelas ruas, sendo de noite, e pelas portas da cidade, estando cercadas de guardas, roubada e, sobre-roubada, ferida, assim foi buscar o Esposo, até que o achou. E se tanto caso faz Deus, e tanto consegue de nós pelos mistérios do Rosário ouvidos e meditados, que muito é que estime mais e lhe seja mais aceito o Rosário por este modo que rezado só vocalmente.

§ VI

Finalmente, que da nossa parte nos seja mais útil esta mesma meditação dos mistérios e ouvir o que Deus nos diz por ela só o poderá duvidar quem ignore o que todos sabem, que por falta de consideração se perde o mundo. Já dissemos ou já nos disse Davi que na sua meditação lhe falava Deus. E se lhe perguntamos quais eram os efeitos que experimentava neste meditar e neste ouvir, ele mesmo no-lo dirá, e não sem grande confusão dos que rezam o Rosário e o perdem, porque o não meditam: "Meu coração ardeu dentro do peito e o fogo se acendeu quando eu meditava" (Sl 38,4). Meditei — diz Davi — e por meio da meditação se me acendeu no peito tal fogo que o meu coração dentro em mim ardia. — Nota aqui advertidamente o Cardeal Hugo, e repara muito em dizer Davi que o seu coração ardia dentro nele: "O meu coração dentro em mim". — Pois, onde havia de estar o vosso coração, Davi, senão dentro em vós? Podia estar lá por onde ele andou noutro tempo, quando eu não meditava; podia estar lá por onde andam também os corações de muitos que rezam o Rosário sem meditação no mesmo tempo em que o rezam: "Muitos são os que não têm o coração dentro em si, mas fora de si, voltado para as coisas temporais e mundanas e assim não pode se aquecer"[14]. Diz Davi que o seu coração, quando meditava, ardia dentro nele, porque muitos não têm o seu coração dentro em si, senão fora de si, e muito longe. Fora de si, porque não cuidam em si; e muito longe de si, porque todos seus cuidados andam só atentos e aplicados às coisas temporais e mundanas que amam. — Donde vem que, assim divertidos e esquecidos do que só importa, não podem conceber o fogo divino, que de frios os aquente, de duros os abrande e de cegos os alumie, que são os dois efeitos da meditação. O primeiro, tirar e trazer o coração de lá por onde anda distraído e perdido, e metê-lo dentro em nós: "O meu coração dentro em mim". O segundo, de frio, duro e cego, pegar nele o fogo do amor divino, alumiá-lo, acendê-lo e abrasá-lo: "E na minha meditação o fogo inflama-se".

Isto é o que faz a meditação, e nenhuma mais própria e eficazmente que a dos mistérios do Rosário. Nos primeiros, e gozosos, da infância de Cristo, como não se acenderá o fogo nas palhas do presépio? Nos segundos, e dolorosos, da Paixão, como não se ateará com muito mais força nos espinhos e lenhos da cruz? Nos terceiros, e gloriosos, da Ressurreição e Ascensão, como não subirão as chamas até o céu, donde desçam por reflexão, como desceram, em línguas de fogo? Coisa digna de grande reparo é que, descendo o Espírito Santo, viesse em forma de fogo e em figura de línguas. Mas assim havia de ser para obrar o a que vinha. Em fogo, porque vinha acender os nossos corações; e em línguas, porque, para acender os corações, há de entrar pelos ouvidos. Onde, porém, acharei eu algum meio que convença a verdade desta conclusão e a persuada eficazmente a todos os que rezam o Rosário?

Muito há, Senhor, que, parece, me esqueço de que estais presente, pois não recorro aos auxílios de vossa divina sabedoria para dar a maior autoridade a quanto tem dito o meu discurso. Mas advertidamente me fui dilatando até este ponto, que é mais particularmente vosso. Encarnado e sacramentado, sempre sois Verbo, e posto que no silêncio desse *Sancta Sanctorum* [Santo dos Santos] parece que não falais, também aí quereis ser ouvido. E como o intento de vosso amor nessa esfera de fogo, posto que coberta de neve, é acender nossos corações, dai-me licença para que pregue a este auditório que mais quereis ser ouvido que comungado. Se mais vos agrada o Rosário dos ouvidos que o da boca, por que não direi eu o mesmo desse Sacramento? Assim o digo, fiéis, e assim o provo, ou assim vos explico e declaro o que tão provado está em nós quanto não devera: Diz Cristo que "veio lançar fogo à terra, e que nenhuma outra coisa quer senão que se acenda" (Lc 12,49). — Pois, se este fogo divino está todo naquela sarça, e multiplicado em todas as partes da terra, como se não acende a terra? "Porventura" — diz o Espírito Santo — "pode um homem esconder o fogo no seio, sem que se lhe abrasem as vestiduras?" (Pr 6,27). Pois, como recebemos nós tantas vezes, e metemos dentro no peito aquele fogo, sem que o mesmo peito se abrase? A razão deste lastimoso milagre é porque não ouvimos a quem comungamos. Comungamos a Cristo, mas não ouvimos a Cristo; e Cristo, para acender corações, mais eficácia tem ouvido que comungado. Vede-o claramente.

Caminhava Cristo para Emaús, também disfarçado como ali está, até que os dois discípulos fizeram alto para passar a noite. Deixou-se o Senhor convidar, assentou-se à mesa, consagrou o pão, partiu-o entre ambos e, conhecido, desapareceu. Tudo isto encerra grandes mistérios, mas o que eu considero ainda espera pela segunda parte da história. Voltam os dois discípulos para Jerusalém, já não tristes, mas cheios de alegria e alvoroço, já não fracos na esperança, mas confirmados na fé, e, conferindo o que lhes tinha sucedido, diziam entre si: "Não vistes como nos ardia o coração quando nos falava pelo caminho?" (Lc 24,32). Tende mão: aqui reparo e arguo os mesmos discípulos. Duas coisas tinha Cristo feito, uma no caminho, outra na mesa, e esta ainda maior, porque no caminho praticava com eles; na mesa, deu-lhes seu próprio corpo sacramentado. Pois, se dizem que lhes ardia o coração quando o Senhor lhes falava, por que não dizem que lhes ardia quando comungaram seu corpo? Quando comungaram estava Cristo mais perto do seu coração, quando lhes falava estava mais longe; quando comungaram estava dentro neles, quando lhes falava "ia somente com eles" (Lc 24,15). — Pois, se lhes não ardia o coração quando comungaram, por que lhes ardia quando somente o ouviam? Por isso mesmo: porque o ouviam. E para acender e abrasar corações, parece, tem mais eficácia Cristo ouvido que Cristo comungado. Comungado desce ao peito, ouvido acende o coração. E se ouvido em um só mistério do Rosário, que era o da sua Ressurreição, causa tão prodigiosos efeitos, que será em todos os mistérios? Ouçamos a Cristo no Rosário e ouçamo-lo no Sacramento; e para ouvirmos o que nos diz, meditemos aqueles mistérios, e meditemos este, que, ainda que parece mudo, todo é vozes.

Ouvi agora o que muitas vezes ouvistes, e reparai no que nunca reparastes. É o salmo vinte e oito: "Oferecei ao Senhor, filhos de Deus, oferecei ao Senhor cordeiros, oferecei-lhe honra e glória, e adorai-o no seu santo templo" (Sl 28,1). Dizem comumente os expositores que exortava aqui o profeta à frequência dos sacrifícios do seu tempo. Mas eu digo que nem falava com os homens do seu tempo, nem dos sacrifícios do seu tempo, senão do nosso; e provo uma e outra coisa. Não falava com os homens do seu tempo, porque lhes chama filhos de Deus: "Oferecei ao Senhor, filhos de Deus" — e o ser filhos de Deus é próprio dos cristãos e da lei da graça, como diz S. João: "Deu-lhes o poder de se tornarem Filhos de Deus" (Jo 1,12). Nem falava dos sacrifícios da lei velha, porque faz menção de um só sacrifício, e esse de cordeiro, que é o de que também disse o outro S. João: "Eis o Cordeiro de Deus, que tira os pecados do mundo" (Jo 1,29). — E não encontra a propriedade desta significação o falar em plural, porque essa é uma das maravilhas deste sacrifício, e deste Cordeiro: ser um só, e estar multiplicado em toda a parte, como se foram muitos. Isto posto, lede agora o resto de todo o salmo, e vereis que em todo ele não faz outra coisa o mesmo profeta que encarecer-nos a voz e as muitas vozes do Senhor: "A voz do Senhor sobre as águas; a voz do Senhor no poder; a voz do Senhor em magnificência, a voz do Senhor que quebra os cedros; a voz do Senhor que divide a chama do fogo; a voz do Senhor que abala os desertos; a voz do Senhor que prepara os cervos" (Sl 28,3ss.7ss). Pois, se o tema e o assunto do profeta é o sacrifício e Sacramento do altar, como todo o seu discurso nem é da verdade e realidade do mistério, nem do amor, nem da fineza, nem das maravilhas e infinitos milagres que nele se encerram, senão das suas vozes e mais vozes, sete vezes repetidas? Que tem que ver o Sacramento com as vozes, ou as vozes com o Sacramento? Esta mesma admiração mostra bem o mal que entendemos no Diviníssimo Sacramento o que primeiro que tudo e mais que tudo devêramos entender. Cuidamos que Cristo no Sacramento está mudo, e sua presença ali toda é vozes. Cuidamos que satisfazemos à nossa obrigação com sacrificar, com adorar, com comungar, sem tratarmos de ouvir, e isto é o que o Senhor mais deseja e espera de nós. Por isso o profeta, deixando tudo o mais que pudera dizer de suas excelências, só nos prega e apregoa as suas vozes, como eu também faço agora, porque esta é a doutrina e o aviso mais importante à nossa desatenção, e o espertador mais necessário aos nossos ouvidos. Muito estima Cristo no Sacramento o ser adorado, o ser venerado, o ser servido e festejado, e sobretudo o ser comungado: mas o ser ouvido, muito mais.

Mais que isto parece que dizem outras palavras do mesmo Davi; mas não dizem mais que isto, e o provam admiravelmente.

"Vós, Senhor" — diz Davi — "não quisestes oblações nem sacrifícios, mas aperfeiçoastes-me os ouvidos" (Sl 39,7). — Quando Deus, em frase da Escritura, diz que quer uma coisa e não quer outra, não quer dizer que não quer totalmente esta segunda, senão que antes quer e mais quer a primeira. Assim diz: "Misericórdia quero e não sacrifício" (Mt 9,13) — não porque Deus não queira o sacrifício, mas porque quer, mais que o sacrifício, a misericórdia. E do mesmo modo se há de entender a sentença proposta de Davi: "não quisestes oblações nem sacrifícios, mas aperfeiçoastes-me os ouvidos". — Quer dizer: — Vós, Senhor, mais quisestes a perfeição dos meus ouvidos que a oblação dos vossos Sacrifícios. — De sorte que, sendo o Sacrifício e Sacramento do Altar a maior coisa que Deus pode receber de nós enquanto sacrifício, e a maior que nós podemos receber de Deus enquanto Sacramento, diz contudo Deus que mais quer os nossos ouvidos, e que por isso no-los aperfeiçoa: "Mas aperfeiçoastes-me os ouvidos". — Vede se tive eu fundamento para dizer que mais quer Cristo de nós o ser ouvido que o ser comungado. Mas qual é ou pode ser a razão? Comungar a Cristo é receber o que Cristo é; ouvir a Cristo é perceber o que Cristo diz. Como pode logo ser melhor ouvir o que diz que perceber o que é? A instância é forte, mas a solução fácil e verdadeira está nas mesmas palavras: "Mas aperfeiçoastes-me os ouvidos". — Há ouvir com ouvidos perfeitos e ouvir com ouvidos imperfeitos: ouvir com ouvidos imperfeitos é ouvir somente, sem obrar; ouvir com ouvidos perfeitos é ouvir e efetuar o que se ouve. E quando se ouve desta maneira, melhor é ouvir a Cristo que comungar e receber a Cristo. O mesmo Cristo o disse. A mulher do Evangelho louvou a Senhora por trazer dentro em si a Cristo: "Bem-aventurado o ventre que te trouxe"; e o Senhor replicou, dizendo: "Antes, bem-aventurados os que ouvem a palavra de Deus e a guardam": que melhor era ouvir a palavra de Deus e guardá-la. — Logo, melhor é ouvir a Cristo, guardando o que diz, que comungar a Cristo, recebendo em si o que ele é.

E daqui ficam convencidos todos os que rezam o Rosário quanto mais útil e importante lhes é rezá-lo pelos ouvidos. Que comparação tem o Rosário somente rezado com a boca com o mesmo Cristo, e todo Cristo, não só tomado na boca, mas passado ao peito, e recebido e entranhado dentro em nós? Pois, se Cristo no Sacramento antes quer ser ouvido que comungado, como não quererá e estimará mais no Rosário o ser ouvido que ouvi-lo rezar? E se a razão desta diferença é ter mais eficácia Cristo ouvido para penetrar e acender nossos corações, que coração haverá tão frio, tão duro, tão cego, que não queira receber pelos ouvidos este divino incêndio? O que importa logo a todos os que rezam o Rosário é aplicar os ouvidos meditando, e aperfeiçoá-los executando o que ouvirem: "Mas aperfeiçoastes-me os ouvidos" — porque deste modo se farão dignos de ouvir da boca de Cristo: "Bem-aventurados os que ouvem a palavra de Deus".

§ VII

$\mathcal{P}$arece-me que, suposta a evidência destes três motivos: da parte nossa, cujo proveito devemos procurar, tão útil; da parte de Deus, a quem queremos agradar, tão conveniente; e da parte do mesmo Rosário, cuja devoção professamos, tão necessário, nenhum entendimento haverá que se não deixe convencer, e nenhuma vontade que não esteja afeiçoada ao inteiro e perfeito exercício do mesmo Rosário, não só rezando as orações, mas meditando os mistérios; nem só falando vocalmente com Deus, mas ouvindo mentalmente o que ele nos diz.

Vindo, pois, à praxe desta grande obra — grande, mas nem por isso dificultosa — quem melhor e mais claramente a praticou foi o profeta Habacuc, o qual no capítulo segundo, e no texto original, diz desta maneira: "Estarei em meu posto de guarda, e manter-me-ei sobre a fortaleza, e contemplarei para ver o que ele me diz e o que responderei ao que me arguir" (Hb 2,1). Subirei — diz o profeta — à minha atalaia, assim chama ao lugar de oração, porque ela é alta, e esta vida milícia; e como da vigilância da sentinela depende a segurança da cidade, sem oração, e vigilante oração, não está a alma segura: "Estarei em meu posto de guarda". A palavra *speculam* [atalaia ou posto de observação], donde tomou o nome a especulação, declara o gênero da oração de que fala; e que não fala da oração vocal, senão da mental, cujo ofício é especular, considerar, meditar. Supõe que esta atalaia da oração a que sobe, é formada em um círculo — como se tratara propriamente do Rosário — e diz que não há de rodear e correr o círculo, senão parar e fixar o pé nele: "E manter-me-ei sobre a fortaleza" — porque os que rezam só vocalmente vão dando volta ao círculo do Rosário sem parar; porém os que meditam e especulam, param, com a consideração, a cada mistério. Assim parado, pois, diz que há de contemplar: "contemplarei" — e que o fim de toda a sua contemplação será ouvir o que Deus lhe fala: "Para ver o que ele me diz" — e saber o que há de responder quando o mesmo Deus o arguir: "E o que responderei ao que me arguir".

Isto é o que diz e o que fazia o profeta, e isto o que, sem dizer nem falar, há de fazer quem meditar os mistérios do Rosário. Parar a cada um meditando-o, e ouvir o que Deus lhe diz e o que lhe argui: "o que ele me diz", "o que me argui". — Ponhamos o exemplo desta praxe nos primeiros mistérios. No mistério da Encarnação diz-me Deus que se fez homem por amor de mim e para me fazer filho de Deus. E de que me argui? De que, fazendo por mim o que não fez pelos anjos, e devendo eu, como filho de Deus, viver uma vida divina, nem vivo como filho de Deus, nem vivo como anjo, nem vivo como homem, senão talvez como bruto. No mistério da Visitação o que me diz é que no mesmo instante em que se viu feito homem, partiu logo às montanhas a santificar o Batista e livrá-lo do pecado original. E de que me argui? De que indo ele antes de nascer a tirar do pecado um homem que ainda não era nascido, eu tenha tão pouco horror ao pecado, não alheio, senão próprio, não original, senão atual; e, o que é pior ainda, habitual, que me deixe estar e continuar nele, sem temor, sem cuidado, sem pena, antes alegre e contente, como se alegrou o Batista. No mistério do Nascimento o que me diz é que nasceu em um portal por não ter casa, e esteve reclinado em uma manjedoura por não ter berço. E de que me argui? De que eu me não contente com a comodidade natural e com o necessário para a vida, senão com a superfluidade, com o luxo, com os excessos, esquecido de que nasci para a alma morar no céu e o corpo na sepultura, não falando na ambição dos que edificam palácios soberbos, nem na inveja dos que os não podem edificar. No mistério da Presentação no Templo diz-me que obedeceu à lei sem ser obrigado a ela, e que aos quarenta dias de nascido se consagrou todo a Deus. E de que me argui? De que, comparados aqueles quarenta dias com os meus quarenta anos, e com os meus cinquenta, e ainda mais, eu me lembre tão pouco do que prometi quando me disseram: "Entra para a Santa Igreja"[15] — e que, havendo renunciado a Satanás, e a todas suas pompas, essas são as que mais professo, não se sabendo em que lei vivo, ou se tenho alguma lei, e se o templo e altar que adoro é o de Deus ou do ídolo. No mistério, enfim, do Menino bem perdido e melhor achado, o que me diz é que deixou sua própria Mãe — e tal Mãe — por tratar só de Deus e defender sua causa. E de que me argui? De que quem o perdeu sem culpa o buscasse com tanta dor, e que não tenha eu dor de o ter perdido tantas vezes, e por tão graves culpas, e tão repetidas; que o perca por muito meu gosto, e, podendo-o achar tão facilmente, o não busque; e sobretudo, que ame tanto minha própria perdição que, buscando-me ele por tantas vias, eu me não deixe achar.

E se tão sentidamente fala, e tão penetrantemente argui a infância de um Deus Menino, que só nesse último mistério falou, e nos primeiros ainda não tinha língua para falar, que será nos outros mistérios, em que bradam as prisões, os açoites, os espinhos, os cravos, a cruz, o sangue! E que vozes levantarão até o céu as chagas conservadas no corpo glorioso e levadas ao empíreo, para de lá tornarem a aparecer no dia do Juízo? O pasmo que todas estas coisas causam em quem profundamente as medita, e o horror com que estes espantosos brados se sentem tinir nos ouvidos: "Para que retinam ambas as orelhas" (4Rs 21,12). — Só o mesmo profeta o soube declarar dignamente, e o faz no capítulo seguinte.

A este capítulo, que é singularmente notável — e para que todos o notassem — com estilo nunca usado, nem do mesmo, nem de outro profeta, pôs ele por título: "Oração", e diz assim: "Senhor, eu ouvi a vossa audição, e temi; considerei as vossas obras, e fiquei mudo de pavor e de pasmo" (Hab 3,1 LXX): Senhor, eu ouvi a vossa audição — digamo-lo assim, pois a nossa língua não tem outra palavra com que explicar a do profeta — Ele pasmou, e o texto de todo o capítulo é muito para nós pasmarmos. Primeiramente, se o profeta lhe tinha posto por título oração, por que não diz que Deus o ouviu a ele, senão que ele ouviu a Deus? Por que não diz: Senhor, vós ouvistes a minha oração, senão: "Senhor, eu ouvi a vossa audição"? — Aqui vereis como o mesmo profeta, que pouco antes disse que contemplava, o seu modo de orar era pelos ouvidos. Orava sim, mas não falava. Deus era o que falava, e ele somente ouvia; e por isso a sua oração era audição: "Ouvi a vossa audição e temi".

Mas, se o seu temor e o seu horror era causado do que ouvia a Deus; e o que Deus lhe dizia era tirado do que ele meditava; e o que meditava eram as obras de Deus: "Considerei as tuas obras e me apavorei" — que obras eram estas tão temerosas e espantosas, que o assombravam e enchiam de horror? Porventura criar o céu e a terra, e tudo quanto nela vemos, com uma palavra, e lançar do paraíso ao primeiro homem e todos seus descendentes pelo fruto só de uma maçã? Porventura alagar o mesmo mundo com o dilúvio universal, matando tudo quanto nele vivia, e salvá-lo todo dentro em uma arca? Porventura abrir o Mar Vermelho com o golpe de uma vara, para que o seu povo o passasse a pé enxuto, e afogar nele todo o poder dos exércitos de Faraó e seus carros? Nenhuma destas coisas, nem infinitas coisas que Deus obrou do mesmo gênero, eram as que assombravam o profeta. Pois, quais eram? Se ele o não dissera, ninguém o pudera entender nem ainda imaginar. Eram somente as obras de Deus, de que se compõe o Rosário e meditamos nos seus mistérios.

Eram os mistérios da Encarnação, em que Deus, para reparar o homem, não só se fez homem, mas menino e criança, que foi infinitamente mais que criar com uma palavra o mundo: "No meio dos anos tu o farás conhecido; no meio de dois animais sereis reconhecido" (Hab 3,1 LXX). Deus, nascido e reclinado nas palhas em meio de dois animais, e aí reconhecido de anjos, de pastores, de reis. Eram os mistérios da Paixão e da Cruz, em que destruiu o pecado, a morte e o demônio, e salvou o gênero humano, que foi mais que afogar o mundo com o dilúvio e salvá-lo em uma arca: "Nas mãos dele raios, o segredo de sua força. A morte irá diante da sua face e o diabo sairá diante dos seus pés" (Ibid. 4s). Deus, com os braços pregados em um madeiro, mas ali com a morte e o demônio maniatados e prostrados a seus pés. Eram os mistérios da Ressurreição, em que, como Deus, saiu da sepultura vivo, imortal e glorioso, e como triunfador do inferno, rico de despojos que foi muito mais que abrir o Mar Vermelho, sepultar nele os carros de Faraó e levar tantos milhares de cativos libertados no seu triunfo: "Suscitarás infalivelmente o teu arco, cumprirás as promessas que disseste às tribos, e montando sobre os seus cavalos, os teus carros serão a nossa salvação" (Ibid. 3,8). — Deus, ressuscitando a sua humanidade; que foi o arco com que pelejou, e ressuscitando-a, como tinha prometido às mesmas tribos que o crucificaram, e trazendo após si em carroças triunfais os que tinha libertado dos cárceres do limbo.

Estas eram as obras mais maravilhosas de Deus; estes os mistérios do mesmo Deus feito homem, gozosos, dolorosos e gloriosos, que o profeta contemplava e meditava, pasmado e mudo; estas eram as vozes que ouvia, nascidas da consideração dos mesmos mistérios — que são todos os do Rosário — e a este modo de meditar e ouvir chamou ele por excelência "oração" — porque o mais excelente modo de orar não é vocalmente e com a boca, senão mentalmente e pelos ouvidos: "Ouvi a vossa audição".

§ VIII

Agora parece que se seguia exortar a esta mesma praxe de rezar o Rosário, não só rezando, senão meditando e ouvindo. Mas porque eu não quero desacreditar nem a devoção nem o juízo dos que até agora o não exercitaram assim, os quais suponho persuadidos, somente satisfarei a duas dificuldades — quando não sejam tentações do demônio — que são as que só se podem oferecer para impedir tão santo e tão importante exercício. Quem as aponta não é menos que o Espírito Santo, por boca do mesmo profeta que acabamos de alegar, e no mesmo capítulo. Já disse que este capítulo tinha por título "oração". E diz mais alguma coisa? Duas, e ambas notáveis. Uma no texto latino: "oração para as ignorâncias"; e outra do texto hebreu: — "Oração para as ocupações". — Pois esta oração em que se reza o Rosário pelos ouvidos, e este título extraordinário que lhe pôs em cima o profeta, só traz o sobrescrito para as ignorâncias e para as ocupações, e só para elas foi particularmente composto? Sim. Porque estas são as duas escusas por que os mistérios do Rosário se não meditam. Uns dizem que não meditam porque não sabem meditar: "Para as ignorâncias" — outros dizem que não meditam, porque têm muitas ocupações, e não podem: "Para as ocupações" — e eu não quero outra peroração, senão mostrar a estes ignorantes e a estes ocupados, que uns e outros se enganam e se mentem a si mesmos.

Enganam-se os que dizem que não meditam porque não sabem: "Para as ignorâncias" — e é engano ou ilusão manifesta. Meditar não é outra coisa que cuidar um homem no que lhe importa ou deseja, e nenhum há que não medite. O pleiteante medita na sua demanda; o requerente medita no seu despacho; o mercador medita nos seus comércios; o estudante medita nos seus estudos; o pai de famílias medita no sustento de sua casa; o oficial, o marinheiro, o lavrador, o soldado, todos meditam. De sorte que para meditar não é necessário ser anacoreta nem santo. Os muito viciosos também meditam nos seus mesmos vícios: os vãos "meditam na vaidade" (Sl 2,1); os falsos "meditam nos enganos" (Sl 37,13): o inimigo "medita nas discórdias" (Pr 17,19); o ladrão "medita nos roubos" (Pr 24,2); e todo o mau, de qualquer gênero, "medita na maldade no seu leito" (Sl 35,5).
— Tão fácil como isto é meditar os mistérios do Rosário. Cuidai e considerai neles, e meditastes. Nem importa ou faz diferença que aqueles mistérios sejam obras e ações de Cristo, e não vossas; porque todas as fez nossas o seu amor; e quando fossem alheias, nem por isso dificultariam a meditação. Não discorreis vós e ajuizais sobre as ações do rei, do general, do prelado, do ministro, do pregador, e sobre todas quantas vedes no vosso vizinho? Pois, olhai do mesmo modo para as ações de Cristo, considerai com atenção quem é, o que faz, o que diz, o que padece, e por amor de quem; e os sentimentos e afetos que esta mesma consideração vos excitar no entendimento ou na vontade, estas são as vozes interiores com que Deus vos fala, e se vós os ouvis como deveis, fizestes uma perfeita meditação.

Assim que não só é engano dizerdes que não sabeis meditar, mas antes vos digo que muitas vezes meditais sem o saber. Dizei-me: quando pelo Natal visitais um presépio, não vos enternece aquela pobreza, aquela humildade, aquele desamparo? Quando pela quaresma vedes uma procissão dos passos, aquela temerosa e lastimosa figura de Cristo com a cruz às costas não vos move à piedade e compunção? E quando no dia da Ascensão assistis à Hora, a subida daquele Senhor ao céu não vos faz saudades e desejos de outra hora, em que vades também estar com ele? Pois tudo isto é meditar, e em todas as três diferenças dos mistérios do Rosário. Mas sucede-vos o mesmo que a Samuel nos seus princípios. Três vezes falou Deus a Samuel chamando-o por seu nome, e ele cuidou que era Heli, e não Deus, porque ainda lhe não conhecia a fala, diz o texto sagrado: "Samuel ainda não conhecia o Senhor, e não lhe fora ainda revelada a palavra do Senhor" (1Rs 3,7). — Assim vos fala Deus, e o ouvis, e meditando cuidais que não sabeis meditar, porque tendes metido no conceito que a meditação e a oração mental é uma coisa muito dificultosa. Fazei isto mesmo sempre e com mais vagar e maior atenção em todos os mistérios, e quando tomardes o Rosário na mão, dizei somente a Deus o que Heli ensinou a Samuel que dissesse: "Falai, Senhor, porque vosso servo ouve" (1Rs 3,10).

A escusa das ocupações: "Para as ocupações" — ainda tem menos fundamento, e de que se há de dar mais estreita conta a Deus. Lembra-me a este propósito que no dia da famosa batalha de Vitemberga, em que perdeu a liberdade e o vão nome de imperador o eleitor de Saxônia, tendo durado o conflito nove horas, correu fama que o sol estivera parado por algum espaço; e perguntando el-rei de França ao duque de Alba, que fora o general do exército cesáreo, se era verdade o que se dizia do sol, respondeu: — Sir, eu nesse dia tive tanto que fazer na terra que me não ficou lugar de olhar para o céu. — Assim o cuidam — posto que o não digam tão discretamente — os que se escusam de não meditar por muito ocupados. É certo que as ocupações que impedem o olhar para o céu não devem ser muito acomodadas para ir ao céu. A Josué, que governou maiores exércitos que quem isto disse, e que ganhou mais vitórias que seu amo Carlos, e de quem se não duvida que fez parar o sol, o que Deus lhe encomendou, sobretudo, foi que de dia e de noite meditasse na sua lei: "Não se aparte da tua boca o livro desta lei, mas meditarás nele dia e noite" (Js 1,8). — E a razão que o mesmo Deus lhe deu é muito para ser advertida dos que têm grandes ocupações. "Para que entendas tudo o que houveres de fazer" (Js 1,7). — Por isso não é de maravilhar que se vejam tantas coisas feitas sem entendimento e contra todo o entendimento, pois os que se ocupam ou são ocupados nelas não meditam no que devem. E se Josué, que conquistou trinta e três reinos na Terra de Promissão, e a repartiu a seiscentas mil famílias das doze tribos, no meio de tantas e tão graves ocupações militares, políticas e econômicas, tinha tempo de dia e tempo de noite para meditar, bem se deixa ver quão falso e quão afetado é o pretexto dos que se escusam da meditação com a ocupação.

Examinem-se as ocupações dos mais ocupados, e achar-se-á que deixam tempo para o jogo, e tempo para a comédia, e tempo para a conversação, e tempo para outros divertimentos que levam mais o cuidado, e só para a meditação dos mistérios e da vida do Filho de Deus e de sua Mãe, com que reformar a nossa, não deixam tempo. Se no meio das maiores ocupações sobrevém a doença, não se trata da cura? Se no meio das maiores ocupações bate o inimigo às portas, não se tomam as armas? Sendo, pois, a meditação o remédio mais eficaz de todas as enfermidades do espírito, e a arma mais de prova contra todos os combates com que nos faz guerra o demônio, quem será tão inimigo de si mesmo que deixe a meditação pela ocupação? A hora de comer e as horas de dormir nenhuma ocupação as impede; e qual é o sustento e sono da alma, senão a meditação interior e quieta das coisas divinas? Nas mesmas ocupações temporais, se concorrem muitas juntas, não se deixam as que menos importam para acudir à de maior importância? Por que hão logo de impedir as ocupações do mundo a que não importa menos que a própria salvação? Será bem, diz Tertuliano, que viva só para os outros quem há de morrer para si? "Ninguém que há de morrer para si nasce para os outros."[16] A maior ocupação que há nem pode haver no mundo é a do pastor universal de toda a Igreja. E vede o que escreve S. Bernardo ao Papa Eugênio nos livros da consideração: "Se Vossa Santidade continua a se dar todo às ocupações, sem deixar nada de si para si, essas malditas ocupações até onde o levarão?"[17]. — E se este nome merece as ocupações do governo eclesiástico, santo e santíssimo, quando por demasiada aplicação a elas chegam a impedir a meditação e consideração do que toca à alma própria, escusai-vos lá de meditar com as vossas ocupações, em tudo temporais e do mundo!

Suposto, pois, que nem a ocupação nem a ignorância podem servir de escusa para não meditar, importa que todos os devotos do Rosário se ocupem e empreguem na meditação e consideração de seus soberanos mistérios, e que em tudo sigam o exemplo e praxe do profeta, que dizia: "Contemplarei para ver o que me diz" (Hab 2,1). Meditarei e contemplarei para ver e ouvir com evidência o que Deus me diz. — E para que ninguém cuide que só com rezar as orações satisfaz à obrigação do Rosário, ouçam todos os que na mesma Missa, agora instituída para a solenidade própria do Rosário, diz e pede a Deus a Igreja. Na primeira oração pública diz assim: "Assim contemplemos na terra os sagrados mistérios de seu Rosário, para que mereçamos depois desta vida receber os seus frutos". E na última, também pública: "Concedei-nos, por estes sagrados mistérios do Rosário de vossa mãe, que, contemplando-os continuamente, sejam para nós causa de eterna alegria". E na oração secreta: "Santificai, pela invocação do Espírito Santo, os que festejam a solenidade do Rosário de vossa Santíssima Mãe". De sorte que em toda a Missa do Rosário, não fazendo menção alguma a Igreja das orações vocais e exteriores, só pede graça e favor a Deus para a meditação interior e contemplação dos mistérios: "Contemplemos os mistérios; contemplando os mistérios; santificai pela invocação interior do Espírito Santo" — porque na meditação, consideração e contemplação dos mistérios do Rosário consiste a parte principal, substancial e essencial desta soberana devoção; e esta parte mental e interior é a que dá vigor e eficácia à parte exterior e vocal, como a alma ao corpo. A razão é porque Deus não costuma ouvir senão a quem o ouve. Assim o mostrou o milagroso crucifixo que, despregando as mãos, tapou os ouvidos, dizendo ao que lhe pedia perdão e não tinha perdoado: "Não te ouvirei, porque não me ouviste". E como nós na parte mental meditando, ouvimos a Deus, também Deus nos ouve a nós na vocal. Tanto depende a impetração das orações do Rosário da meditação dos mistérios, ou tanto depende o Rosário rezado pela boca do Rosário rezado pelos ouvidos.

§ IX

O que só resta é que abramos os ouvidos, e os apliquemos com grande atenção e devoção ao que Cristo, Senhor nosso, nos diz em todos os quinze mistérios do Rosário, que são os principais passos de sua vida, morte e ressurreição gloriosa. E posto que em alguns deles, assim antes como depois de nascido, parece que o Senhor está mudo e não fala, todos os mesmos passos falam, e todos têm voz e nos dão vozes. Depois de pecarem os primeiros pais, diz o texto sagrado que "ouviram a voz de Deus que passeava pelo paraíso" (Gn 3,8). — Qual fosse esta voz não o declara o texto; mas a exposição mais literal é que era o som dos mesmos passos com que o Senhor, em figura humana, vinha buscar o homem perdido; esta foi a voz que eles ouviram e os obrigou a se esconderem. Em nenhum passo esteve Cristo mais mudo que no do Nascimento, e por isso os anjos disseram aos pastores que achariam no presépio "um menino que não falava" (Lc 2,12). Mas neste mesmo passo ou mistério do Rosário vede como o infante que não falava falou, e de quanta importância foi o que disse.

Ofereceram os reis três diferentes dons, em que eram significados os mistérios do Rosário: no ouro, os gozosos; na mirra, os dolorosos; no incenso, os Gloriosos. E que é o que ouviram, e a quem? "Tendo recebido a resposta em sonhos que não voltassem a Herodes, voltaram por outro caminho para a sua terra" (Mt 2,12). A quem ouviram — como nota S. Jerônimo — foi ao mesmo Cristo que, mudo no exterior, lhes falou interiormente aos ouvidos da alma, e por isso "em sonhos", na maior abstração e silêncio de todos os sentidos do corpo. E o que ouviram foi que não tornassem a Herodes, de cuja tirania se podiam justamente temer, e que por outro caminho voltassem seguros para a sua pátria, como fizeram: "voltaram por outro caminho para a sua terra". — Isto é o que ouviram, na meditação de um só mistério do Rosário, aqueles três reis sábios. E digo na meditação, por que não lemos no Evangelho que falassem ali vocalmente uma só palavra, e só lemos as que ouviram. Ouviram o que lhes importava à vida, e ouviram o que lhes importava à alma. Vieram gentios, adoraram fiéis e tornaram santos. Oh! quantas vezes tem obrado a meditação do Rosário esta mesma maravilha! Quantos que andavam muito desviados do caminho do céu, que é a nossa pátria, depois que meditaram aqueles sagrados mistérios, conheceram a diferença e erro de seus caminhos, e tomaram a verdadeira estrada da salvação! O fim para que o Filho de Deus veio ao mundo foi para nos ensinar o caminho do céu; e isto é o que nos ensinam todos os passos de sua vida. Não ouçamos as vozes destes passos de Deus para fugir e nos esconder, como fez Adão, que por isso perdeu o paraíso. Ouçamo-las para imitar e seguir os mesmos passos e emendar os nossos, como fazia Davi: "Considerei os meus caminhos, e voltei os meus pés para os teus testemunhos" (Sl 118,59) — porque este é só o caminho certo e seguro por onde se consegue a bem-aventurança que o mesmo Senhor só promete aos que ouvem e observam suas palavras: "Bem-aventurados os que ouvem a palavra de Deus e a guardam".

SERMÃO

IV

∽

"Uma mulher, levantando a voz do meio do povo, lhe disse:
'Bem-aventurado o ventre que te trouxe
e os peitos que te amamentaram.'"
(Lc 11,27)

Se as orações do Rosário são grandes, o autor delas também é grande.
Não basta que as coisas que se dizem sejam grandes, se quem as diz não é grande.
Quem é o autor das orações do Rosário? O autor é Deus Trindade: ao Filho coube o Pai-nosso, ao Pai, o início da Ave-maria, pronunciado pelo anjo, e ao Espírito Santo a acabou por Santa Isabel e pela Igreja. As orações inventadas pelos homens, por mais pias e devotas que sejam, não podem ter semelhança com as divinas. Assim, nem os que rezam o Rosário podem errar no que pedem a Deus, nem Deus lhes pode negar o que pedem.
Vejam o exemplo de Marcela, a mulher humilde do Evangelho: quando os escribas e os fariseus caluniavam a santidade e divindade do Senhor, ela levantou a voz em sua defesa.
Façamos nós o mesmo com o Rosário na boca, no coração e nas mãos. E o exemplo da Matrona Romana: se era tão alheia de todas as vaidades do mundo, tão penitente, como no juízo divino é repreendida por não rezar o Rosário? Teria ouvido de Maria que, como ela na glória excede a todos os santos, assim a devoção do seu Rosário excede a todas.

§ I

Não basta que as coisas que se dizem sejam grandes, se quem as diz não é grande. Por isso os ditos que alegamos se chamam autoridades, porque o autor é o que lhes dá o crédito e lhes concilia o respeito. As proposições filosóficas, para serem axiomas, hão de ser de Aristóteles; as médicas, para serem aforismos, hão de ser de Hipócrates; as geométricas, para serem teoremas, hão de ser de Euclides. Tanto depende o que se diz da autoridade de quem o diz. Dizer-se que a pintura é de Apeles, ou a estátua de Fídias, basta para que a estátua seja imortal e a pintura não tenha preço. Mas esse valor e essa imortalidade a quem se deve? Mais ao nome que ao pincel de Apeles; mais à fama que à lima de Fídias. E o mesmo que sucede ao pincel e à lima é o que experimentam igualmente a voz e a pena. Se o que diz é Demóstenes, tudo é eloquência; se o que escreve é Tácito, tudo é política; se o que discorre é Sêneca, tudo é sentença. Talvez acertou a dizer o rústico o que tinha dito Salomão; mas no rústico não merece ouvidos, em Salomão é oráculo. De sorte, como dizia, que não basta que as coisas que se dizem sejam grandes, se quem as diz é pequeno. Elas hão de ser grandes, e o autor também grande. E isto é o que temos no Evangelho, com uma e outra diferença, ambas notáveis.

O mais alto pregão com que se publicaram jamais os louvores de Cristo e sua Mãe, foi aquela animosa sentença: "Bem-aventurado o ventre que te trouxe, e os peitos que te amamentaram". — E é coisa digna de admiração o muito caso e o pouco caso que então e depois se fez destas mesmas palavras. Ouviram-nas os escribas e fariseus, de quem o Senhor estava cercado; e nem como êmulos se indignaram, nem como inimigos as repreenderam, nem como zeladores da lei as castigaram. Pois assim se sofre às portas de Jerusalém, e diante dos mesmos ministros eclesiásticos, que uma mulherzinha canonize publicamente um homem, e um homem, criminado naquela mesma ação de que tinha trato com o demônio? Sim, e por isso mesmo. Por que era uma mulherzinha sem nome a que isto disse: "uma mulher". — Se fora Nicodemos ou Gamaliel o que dissesse o mesmo, ou muito menos, então se puxaria logo pela proposição; mas como a proferente era um sujeito tão humilde, nenhum caso se fez daquela voz. Quanto a voz se levantou no que disse, tanto se abateu na boca de quem o disse. Era muito pequena boca para palavras tão grandes.

Pelo contrário, fez tanto caso delas o evangelista S. Lucas, que não só as notou e escreveu com as mesmas cláusulas, mas, como parte gloriosa do seu Evangelho, as consagrou à eternidade nele. E a Igreja Católica as celebra com tanto aplauso que com elas não uma só vez, senão repetidamente, nas maiores solenidades da Mãe de Deus, nos ensina a levantar do mesmo modo a voz e cantar ao mesmo compasso o inefável de seus louvores. Mais fez a Igreja porque, comentando e declarando o mesmo texto, o torna a cantar e inculcar comentado; e seguindo com o seu contraponto os assentos da mesma voz, entoa em outra mais alta: "Bem-aventurado o ventre da Virgem Maria que trouxe o filho do Pai eterno, e bem-aventurados os peitos que amamentaram Cristo Senhor". Pois, se estas palavras foram ditas por uma mulher sem nome, ou com o nome só de mulher, que ainda é menos — "uma mulher" — se o sujeito que pronunciou tal sentença era tão humilde e rasteiro e de tão pouca ou nenhuma autoridade, como a Igreja, mestra da fé e da doutrina cristã, como os Evangelhos, que são os livros sagrados por onde ela nos ensina a mesma doutrina, como fazem tanto caso e estimação, e veneram e reverenciam tanto este mesmo dito? Porque nem o evangelista nem a Igreja olharam nele para quem pronunciou as palavras, senão para quem as disse. Quem as pronunciou foi uma mulher sem nome; quem as ditou a essa mulher, e as disse por sua boca, foi o Espírito Santo. É o que tinha prometido Cristo aos defensores de sua fé para semelhantes conflitos: "Porque não sois vós que falais, mas o Espírito de Vosso Pai é o que fala em vós" (Mt 2,20). — De maneira que na boca da mesma mulher que levantou aquela voz, a voz era uma e as falas eram duas: uma que falava nela, que era a do Espírito Santo, e outra com que ela falava, que era a sua. A sua, de pouca ou nenhuma autoridade, e por isso desprezada dos ministros da sinagoga; a do Espírito Santo, de suma e infinita autoridade, e por isso tão estimada e venerada dos evangelistas e da Igreja. Assim que a grandeza das coisas que se dizem ou cresce ou diminui segundo a dignidade de quem as diz.

Isto suposto, qual vos parece, senhores, que será a dignidade do Rosário do qual até agora falei sem o nomear? Muitas vezes e por muitos modos tenho mostrado nas orações de que se compõe o Rosário quão grandes são as coisas que nelas se dizem. Hoje veremos que, se são grandes pelo que dizem, ainda são maiores por quem as disse; e não maiores de qualquer modo, senão infinitamente maiores. Tão grande e tão alto como isto é o assunto: "Levantando a voz". Para que a mesma Senhora do Rosário me ajude com sua graça a o saber declarar, digamos: *Ave Maria*.

§ II

Salviano, aquele forte e zelosíssimo espírito, tão grande defensor da cristandade como perseguidor dos abusos introduzidos nela, queixava-se em seu tempo de que tinham chegado a tal corrupção os juízos dos homens, ou que os homens de tal modo tinham perdido o juízo, que na lição dos livros importantes à salvação, em vez de considerarem o que liam, só consideravam cujo era o que liam: "Tão imbecis são os juízos deste tempo, e sem valor, que aqueles que leem já não consideram o que leem, mas de quem leem"[1]. — E sendo a lição e oração duas irmãs e companheiras inseparáveis, a maior queixa, pelo contrário, que eu tenho dos juízos do nosso tempo, é que na eleição das orações com que se encomendam a Deus, não considerem nem atendam a cujas são e, nas que ensinou e ditou o mesmo Deus, não lhes valha o serem suas, para que as não deixem por outras. Este é o abuso ou ignorância que no presente discurso determino convencer. E se Deus me ajudar em um ponto tão importante, espero que do verdadeiro conhecimento dele resulte hoje uma tal mudança nas devoções e orações que cada um costuma rezar — não por obrigação, mas por eleição própria — que todas se troquem e se convertam em Rosários.

§ III

Para inteligência desta verdade e fundamento de tudo o que hei de dizer, se deve supor como certo e de fé que o autor das orações de que se compõe o Rosário é Deus. Deus é o autor do Pai-nosso, e Deus o autor da Ave-maria. E como a obra era tão grande — posto que aos ignorantes o não pareça — de tal maneira se empenhou nela todo Deus, que todas as pessoas da Santíssima Trindade a repartiram entre si. A pessoa do Filho fez inteiramente o Pai-nosso, pronunciado por sua própria boca; a pessoa do Pai começou a Ave-maria, pronunciada por boca do Anjo; e a pessoa do Espírito Santo a continuou por boca de Santa Isabel e a acabou por boca da Igreja. Assim foi, e assim havia de ser, para que não fossem menos privilegiadas nesta parte as orações que se rezam no Rosário que os mistérios que nele se meditam. Os mistérios que se meditam no Rosário, todos pertencem à vida, morte e ressurreição de Cristo; e contudo, os gozosos particularmente se atribuem ao Pai, que pela Encarnação nos deu a seu Filho: "Assim Deus amou o mundo que lhe deu seu Filho Unigênito" (Jo 3,16); os dolorosos particularmente se atribuem ao Filho, que pela Paixão nos deu seu sangue, e com ele nos remiu: "E se entregou a si mesmo por nós" (Ef 5,2); os gloriosos particularmente se atribuem ao Espírito Santo, que para nossa justificação se nos deu a si mesmo, descendo do céu: "Tendo sido enviado do céu o Espírito Santo". E como em todas as obras da providência e sabedoria divina, o que mais resplandece e manifesta a soberania de seu autor é a admirável proporção com que se correspondem, justo era, e não só conveniente mas ainda necessário, que assim como toda a Trindade se tinha empenhado na parte mental do Rosário, assim se empregasse também toda na parte vocal.

Daqui se entenderão duas notáveis revelações ou visões, uma da mesma Santíssima Trindade, outra de Cristo, ambas a Santa Gertrudes. Em dia da Assunção da Virgem, Senhora nossa, foi levada ao céu Santa Gertrudes, para ver como lá se celebrava aquela grande solenidade. E que viu? Viu que toda a corte do céu, os anjos e os santos, prostrados diante do trono da sua Rainha, cantavam aquele responsório tirado das palavras do nosso tema: "Bem-aventurada és, Virgem Maria, que levaste ao criador de todas as coisas" — e logo que toda a Santíssima Trindade, a três vozes unidas em uma, dizia à mesma Senhora: "Ave, Maria, cheia de graça, o Senhor é convosco. Bendita és tu entre as mulheres"[2]. — Pode haver ou imaginar-se coisa mais digna de assombro e pasmo? Não pode. Mas assim se lê no livro quarto das revelações da mesma santa, capítulo quarenta e nove, para que ninguém duvide de tão irrefragável testemunho. De sorte que, assim como a Santíssima Trindade foi a autora das orações do Rosário, assim as repete no céu como obra sua, louvando Deus a sua Mãe uma e muitas vezes com elas. E se me perguntais por que repetiu a Santíssima Trindade estas palavras somente, e não as demais, a razão é muito clara, porque as outras foram feitas somente para nós, e não têm lugar em Deus. Havia de dizer a Santíssima Trindade: "Rogai por nós, pecadores"? Havia de dizer: "Perdoai as nossas ofensas"? Havia de dizer: "O pão nosso de cada dia dai-nos hoje," ou "livrai-nos do mal"? As palavras em que pedimos são só para nós; as que louvam a Virgem, Senhora nossa, são para nós e também para Deus, que como Filho louva a sua Mãe com elas. E por isso deixou também as que pertencem ao mesmo Filho. Vede agora quanto se comprazerá de que nós o acompanhemos nos mesmos louvores, e que responda o coro dos devotos do Rosário ao que canta no céu a mesma Trindade.

A visão de Cristo foi que apareceu de gala com um colar de pedras de inestimável valor, dizendo que nunca jamais o apartaria do peito por ser prenda do amor de Gertrudes: "Em sinal de amor pelo qual honro a minha esposa Gertrudes, continuamente levarei este colar". — E qual era o artifício deste colar? "Era de forma triangular composto de rosas de três folhas". — Não se pudera melhor pintar ou entalhar o Rosário, nem escrever ou esculpir melhor o nome de seu autor. Era composto de rosas de três folhas engrazadas ou encadeadas entre si, porque o Rosário consta de três partes, como de três folhas, cada uma de diferentes pedras e diferentes cores, correspondentes aos três mistérios: os gozosos de esmeraldas, os dolorosos de rubis, os gloriosos de diamantes. E toda a forma era triangular: "O colar tinha a forma triangular" — porque era obra, não de outro artífice, senão da mesma Trindade.

Notam todos os teólogos, com S. Dionísio Areopagita e Santo Agostinho, que assim como os famosos artífices em todas as suas obras escrevem o seu nome, assim Deus em todas as suas imprimiu o caráter da sua Trindade. Da maior obra de Deus, que foi o composto inefável de Cristo, diz S. João que o mesmo Deus o sigilou com o seu caráter: "A este Deus Pai imprimiu o selo" (Jo 6,27). — E este caráter, como altamente notou S. Bernardo, é o corpo, a alma e a divindade do mesmo composto, com que Deus o fez trino e uno: "Aquela excelsa Trindade nos mostrou esta trindade, uma obra singular entre todas e superior a todas as suas obras: porque a palavra, o espírito e a carne se reuniram em uma pessoa e esses três são um e este um são três"[3]. O mesmo caráter da trindade imprimiu Deus nos anjos, distinguindo-os em três jerarquias, e cada Hierarquia em três coros. O mesmo na alma do homem, com as três potências de memória, entendimento e vontade; e, por isso, feito à sua imagem e semelhança. O mesmo em todos os viventes do mundo, uns vegetativos, outros sensitivos, outros racionais. Finalmente, a todas as criaturas, ou a todos os entes — sem exceção de algum — marcou Deus com a mesma divisa nas três propriedades universais de "Um, verdadeiro, bom", que são unidade, verdade e bondade, respondendo, como diz Santo Agostinho, a unidade ao Pai, a verdade ao Filho e a bondade ao Espírito Santo. E até na mesma bondade ou no mesmo bem, que se divide em honesto, útil e deleitável, não faltou a expressão do mesmo caráter. E como a figura da trindade é a firma e selo real com que Deus assinala por suas todas as suas obras, para que ninguém pudesse pôr dúvida a ser obra sua o colar do Rosário, com que Cristo apareceu e prometeu trazer sempre sobre o peito, por isso estava formado em figura triangular: "O colar tinha a forma triangular". — Em suma, que as rosas que o compunham eram "de três folhas" — para denotar o Rosário e seus mistérios, e a forma era "triangular", para declarar que o autor da obra, com o caráter particular de todas as suas, era a mesma Trindade.

§ IV

Tendo, pois, o Rosário por autor a Deus e a todo Deus, em todas as pessoas Divinas que o ditaram, que devoção, que fé ou que entendimento cristão haverá de tão errado juízo, que anteponha quaisquer outras orações às do Rosário, por mais aprovadas e qualificadas que pareçam debaixo de qualquer outro nome? Os autores de essoutras orações, todas e todos — que a nenhuma excetuo — não nego que seriam e foram muito pios e muito santos; mas que comparação tem ou pode ter o que eles ensinaram com o que ensinou o mesmo Deus? Ouvi a mais admirável coisa que disse Cristo: "A minha doutrina não é minha, senão do Eterno Pai que me mandou ao mundo

(Jo 7,16). — Senhor, reparai no que dizeis — e perdoai-me — reparai no que dizeis, e a quem o dizeis. Aos homens, que tanto creem, veneram e adoram a vossa doutrina, dizeis vós que não é vossa? A vossa doutrina não é a mais alta, a mais pura, a mais verdadeira, a mais santa? Não a tendes confirmado e confirmais cada dia com a saúde dos enfermos, com a fala dos mudos, com a vista dos cegos, com a ressurreição dos mortos, com o terror e obediência dos demônios, e infinitos outros milagres? Pois, por que dizeis que essa doutrina tão qualificada não é vossa, senão do Pai: "Mas daquele que me enviou?" — Porque Cristo — responde mais literalmente que todos S. Cirilo — naquele tempo ainda não estava conhecido por Deus, senão por homem santo somente; e por mais santos, por mais milagrosos, por mais canonizados que sejam os homens, vai tanto do que eles ensinam ao que ensina Deus, quanto vai de Deus aos mesmos homens. A autoridade dos homens, por maior que seja, sempre é humana e limitada; a de Deus é divina, e de dignidade infinita, e porque esta, na opinião do mundo, ainda faltava à doutrina de Cristo, por isso o Senhor a nega de sua, e diz que é do Pai: "Não é minha, mas daquele que me enviou". — Coisa maravilhosa é que, para Cristo acreditar a sua doutrina, diga que não é sua, sendo que bastava ser sua, ainda que não fora Deus, para exceder com dignidade incomparável a de todos os homens e de todos os anjos. Mas a diferença de ser ditada e ensinada por Deus levantava a tal excesso de autoridade infinita essa mesma doutrina que, contanto que fosse de Deus, ganhava infinito crédito em não ser sua. Tanto importa à dignidade do que se diz ser Deus o que o diz!

E agora entendereis quanto é mais o que hoje digo de quanto tenho dito até agora. Tenho dito que as orações do Rosário, pelos louvores que nelas damos a Deus e a sua Mãe, são as mais altas; tenho dito que, pela exaltação e glória que nelas desejamos ao mesmo Deus, são as mais santas; tenho dito que, pelos bens, ou temporais ou eternos, que nelas pedimos para nós, são as mais espirituais e mais puras; tenho dito que, pelas extraordinárias e portentosas mercês sobre todas as leis da natureza e da graça que por seu meio alcançamos, são as mais milagrosas. Mas toda esta alteza, toda esta santidade, toda esta pureza e perfeição, e todos estes efeitos tão prodigiosos e estupendos, comparados com o autor das mesmas orações, ou com as mesmas orações enquanto obra sua, são de tão inferior e desigual dignidade quanto vai do ser a não ser, como "a minha doutrina não é minha"; e isto é o que hoje digo. Oh! se os homens nestas mesmas palavras sacrossantas, que tão indignamente trocam por outras, conhecessem o imenso da autoridade e o infinito do valor que lhes acresce só pela divina origem de seu nascimento! Como é certo que não só se arrependeriam da indignidade de tal eleição, mas infinitamente se envergonhariam de ter aparecido diante de Deus com outras petições e lhe ter falado com outra linguagem! Se todos os profetas em seus oráculos, para lhes conciliar autoridade, lhes cortam o fio e os interrompem a cada passo com repetir: "isto diz Deus, isto diz Deus" — e se o mesmo Deus, enquanto homem e não conhecido por Deus, para crédito de sua doutrina, dizia que não era sua, senão do Pai: "Não minha, mas daquele que me enviou" — que orações pode haver ditadas de qualquer outro entendimento, e debaixo de qualquer outro nome, que possam, não digo antepor-se nem comparar-se, mas escrever-se nem ouvir-se onde estão e se pronunciam as do Rosário, feitas em cada uma de suas partes por alguma pessoa Divina, e em todas por toda a Trindade?

§ V

Digo que nem escrever-se nem ouvir-se, e vede se o provo. Conta o evangelista S. Lucas que, saindo Cristo um dia da oração, lhe pediram os discípulos que os ensinasse a orar, dizendo: "Senhor, ensinai-nos a orar, como também o Batista ensinou a orar a seus discípulos". — Satisfez o divino Mestre a este piedoso desejo, posto que parecia mais nascido da emulação das escolas que de verdadeiro espírito de devoção; e a oração que lhes ensinou foi o Pai-nosso, acrescentando que o haviam de rezar, não só uma, senão muitas vezes. Mas o que na relação deste caso fez reparar muito, e com muita razão, a Tertuliano, é que o mesmo S. Lucas, e também S. Mateus, escreveram muito por extenso a oração que ensinou Cristo, e nenhum deles, nem algum outro evangelista ou memória sagrada, dá notícia de qual fosse a oração ou modo de orar que o Batista ensinava. Pois, se a oração do Batista foi a que deu ocasião dos discípulos de Cristo a que a alegassem a seu Mestre, e lhe pedissem outra semelhante postila, e a oração que Cristo ensinou a referem os evangelistas uma e outra vez tão acuradamente e com todas as suas cláusulas, a do Batista, por que a calam e passam totalmente em silêncio? Para se conhecer a diferença de um e outro modo de orar era necessário que se escrevesse uma e outra oração. Pois, por que se escreve só a de Cristo, e a do Batista não? Porque a oração de Cristo era feita e ensinada por Deus, e onde há oração feita por Deus, nenhuma outra é digna de se escrever, ainda que a fizesse um santo tão grande como S. João Batista. Altamente como sempre o mesmo Tertuliano: "Por isso não existem as palavras com as quais João teria ensinado a orar, uma vez que as coisas da terra cedem lugar às do céu"[4].

— Sabeis por que se cala e passa em silêncio a oração que ensinou o Batista a seus discípulos, quando se escreve a que ensinou Cristo aos seus? A razão é porque a oração de Cristo era divina, a do Batista humana; a de Cristo era do céu, a do Batista da terra; e era justo que a oração da terra cedesse e não tivesse lugar onde se escrevia a do céu: "Uma vez que as coisas da terra cedem lugar às do céu".

Isto é o que responde aquele grande autor, e o prova com um texto do mesmo Batista: "O que é da terra, é da terra, e fala da terra. O que vem do céu está sobre todos. E o que viu e ouviu disso dá testemunho" (Jo 3,31). — Sentiam muito os discípulos do Batista que a fama de Cristo crescesse e a de seu mestre diminuísse; e como lhe significassem este seu sentimento, que respondeu o grande Batista? Não fora grande se não respondera ingenuamente o que era. Como mestre que estimava mais a verdade da doutrina que a opinião de quem ensinava, respondeu que ele era da terra, e falava como quem era da terra: "O que é da terra, é da terra, e fala da terra" — porém Cristo, que viera do céu, era sobre todos, e por isso falava do céu como quem de lá viera: "O que veio do céu está sobre todos. "E o que viu e ouviu, disso dá testemunho." — Logo justo é — conclui Tertuliano, com o testemunho da mesma parte — que, quando se escreve a oração de Cristo, que é do céu, se cale e se sepulte em silêncio a oração do Batista, que é da terra: "Por isso não existem as palavras com as quais João teria ensinado a orar, uma vez que as coisas da terra cedem lugar às do céu".

Eis aqui quanto excedem Pai-nossos e Ave-marias, e as orações do Rosário a quaisquer outras orações, e de quem quer que sejam: quanto vai do céu à terra e do celestial ao terreno. Mas por que não cuide alguém que dissimulo a réplica que pode ter esta suposição, eu mesmo quero instar contra ela. A oração do Batista era como de seu autor, e o seu autor era mandado do céu por Deus: "Houve um homem enviado por Deus, que se chamava João" (Jo 1,6) — logo, a oração do Batista também era do céu, e tudo o que nela dizia era celestial? Assim é. Quanto dizia a oração que ensinava o Batista, qualquer que ela fosse, não há dúvida que era celestial e santo. E, contudo, o mesmo Batista não só diz que ele era da terra, senão que também era da terra quanto dizia: "O que é da terra, é da terra, e fala da terra". — Pois, se tudo o que ensinava o Batista era celestial e do céu, como afirma e ensina ele mesmo que tudo era da terra? Porque falava de si em comparação de Cristo; e quanto dizem os filhos de Adão comparado com o que diz o Filho de Deus, por mais santo, e mais alto, e mais celestial que seja, tudo é terra e da terra: "O que é da terra, fala da terra".

Sendo, pois, nesta comparação, o que ensinava a orar o Batista, oração da terra e de terra, bem fizeram os evangelistas em a sepultar e lhe lançar terra em cima, para que não aparecesse nem se lesse quando escreviam a que ensinou Cristo. E se não, levantemos ao mesmo Batista da terra, e ponhamo-lo no céu. Assim como o Batista na terra era o precursor de Cristo, assim no céu era o luzeiro do sol, que sai diante dele. E assim como o luzeiro é maior que todas as estrelas, assim o Batista é maior que todos os nascidos. Mas, assim como a luz do luzeiro, em aparecendo a luz do sol, desaparece e se esconde, assim os evangelistas esconderam a oração do Batista, e não quiseram que aparecesse, porque escreviam e saíam à luz com a oração de Cristo. E se à vista da oração de Cristo não tem lugar a do maior de todos os santos, como o terão as de outros, por pias e devotas que sejam, em comparação das orações do Rosário, ditadas pelo mesmo Filho de Deus, e pelo Pai, e pelo Espírito Santo? Eu não condeno nem posso condenar os que isto fazem, mas não pode deixar de me parecer melhor cristandade a que segue o exemplo dos evangelistas.

§ VI

Os evangelistas julgaram que se não deviam escrever outras orações: vejamos agora — como dizia — os que entenderam que se não devem ouvir. E de silêncio a silêncio, este segundo, por todas suas circunstâncias, é mais admirável. Os serafins, que entre todas as jerarquias e coros dos anjos excedem aos que mais sabem, e são os que mais amam e têm o supremo lugar junto ao trono da Majestade divina, o que fazem continuamente é estar louvando a Deus, cantando e repetindo sem jamais cessar: "Santo, Santo, Santo" (Is 6,3). — Assim os viu e ouviu Isaías, assim Ezequiel e assim S. João no seu Apocalipse, onde conta uma coisa muito particular e de não fácil inteligência. Diz que esta única música dos serafins parou e fez pausa, "ficando todo o céu em silêncio por espaço de meia hora" (Ap 8,1) — e que neste tempo "apareceu um anjo, o qual trazia nas mãos um turíbulo de ouro, e lhe foram dados muitos incensos, para que das orações de todos os santos oferecesse no altar dourado que está diante do trono de Deus, e a fumaça dos incensos subiu etc." (Ap 8,3). — Até aqui a visão, em que há muito que reparar.

Primeiramente, por que cessam as músicas dos serafins quando se oferecem as orações dos homens? Não se podiam ouvir umas enquanto se ofereciam outras, principalmente oferecendo-se em turíbulo e em exalações de fumo e incenso? O que pede a Igreja por grande favor a Deus é que as nossas orações sejam admitidas entre as vozes dos anjos: "Com as quais pedimos que também as nossas vozes sejam admitidas"[5]. — Qual é logo a razão por que cessam as vozes dos anjos quando as nossas orações se oferecem a Deus? Respondem muitos expositores, principalmente modernos[6], que são tão agradáveis a Deus as orações que os homens lhe fazem na terra que, para as ouvir só a elas, manda calar a música do céu. Boa resposta, e de grande consolação para os devotos, mas, por ser muito geral, não satisfaz a todas as circunstâncias do texto. O texto não fala geralmente de todas as orações, senão de algumas; isso quer dizer: "Para que oferecesses das orações". — E se este favor e privilégio se concede, não a todas as orações, senão a algumas somente, que orações são estas? Digo que são as orações do Rosário, e o provo do mesmo texto e de suas circunstâncias. Primeira, porque são orações multiplicadas e da mesma espécie: "Muitos incensos" — o que só nas do Rosário se acha. Segunda, porque o silêncio do céu foi de meia hora: "Silêncio quase de meia hora" — e esse é o tempo que comumente se gasta no Rosário; donde se segue que se não pode entender de outras orações mais dilatadas, nem das mais breves. Terceira, e maior de todas, porque um respeito e reverência tão notável só a podem guardar os serafins às orações do Rosário, por serem feitas pela Santíssima Trindade.

Tudo o que cantam os serafins no céu é em louvor unicamente da Santíssima Trindade, que por isso, sem mudar ou alterar a letra, repetem sempre, e três vezes: "Santo, Santo, Santo". Assim o confessam concordemente ambas as Igrejas, a latina, com Agostinho, e a grega, com Nazianzeno. Mas como as orações do Rosário são obra e composição da mesma Trindade, com muita razão emudecem as vozes dos anjos quando no céu se ouvem as do Rosário, entendendo os espíritos seráficos que muito mais louvam a mesma Trindade emudecendo, que cantando: por quê? Porque o que dizem cantando é seu, e o que ouvem emudecendo é de Deus; e com o mesmo humilde e reverente silêncio, assim como adoram a alteza infinita das palavras divinas, assim reconhecem a desigualdade das suas. E se quando se escrevem ou se ouvem as vozes do Rosário, no céu emudecem as dos serafins e na terra as do Batista, a que outras orações não porão silêncio estes dois tão notáveis silêncios? Se as outras orações, de qualquer espírito e de qualquer santidade que sejam, querem agradar e louvar a Deus, louvem-no emudecendo e convertendo-se em Rosários.

Eu bem sei que os que são afeiçoados a outras orações, ou cuidam que há nelas maior energia de palavras, ou maior expressão de afetos, ou maior empenho de oferecimentos e finezas com Deus. Sendo mais ordinário e mais certo nestas eleições que o apetite da novidade, o fastio de repetir muitas vezes o mesmo, e a imaginação de que falando pouco não podem dizer muito, é o que desafeiçoa do Rosário aos que querem ser ou parecer mais devotos. Mas com que se convence e pode emendar este engano? Com o mesmo que temos dito, e nada mais. Considerem que o autor do Rosário é Deus, e logo conhecerão seu engano. Pergunto: sobre o que disse e ensinou Deus pode alguém acrescentar e dizer melhor? Claro está que não pode. E por que razão? Uma e outra coisa disse Tertuliano, forte e doutamente: "Na verdade não se pode mais encontrar alguma coisa do que o que se aprende de Deus, porque o que se aprende de Deus é tudo"[7]. Onde o que ensina é Deus ninguém pode inventar ou dizer mais, porque quando Deus ensina diz tudo. Notai muito aquele "todo" e aquele "encontrar". Por mais que os homens queiram inventar sobre o que Deus ensinou, não podem; e a razão é porque quando Deus ensina diz tudo, e sobre o tudo não há nada. Depois que Deus inventou o Pai-nosso e a Ave-maria, inventem novas orações os Ambrósios, os Anselmos, os Boa-venturas, as Brígidas, e quaisquer outros santos e santas, que, por mais pias e devotas que sejam, não podem os inventos ou invenções humanas ter semelhança com as divinas. Vede se aconselha Davi o que eu prego: "Louvai a Deus e invocai seu nome na oração, e pregai ao povo as invenções de Deus" (1Cr 16,8). Pois quando Davi exorta a que oremos a Deus manda juntamente que preguemos as suas invenções? Sim, porque há orações que são inventadas pelos homens e orações que são inventadas por Deus, e estas são as que se hão de pregar.

§ VII

E para que a pregação não seja estéril e sem fruto, de tudo o que fica dito tiro duas consequências. Fica dito que as orações do Rosário, por serem inventadas e ensinadas por Deus, têm infinita dignidade sobre todas as dos homens e anjos. E daqui se seguem dois privilégios singulares e próprios das mesmas orações, os quais se não acham nem podem achar em alguma outra. E que privilégios são estes? O primeiro, que nem os que rezam o Rosário podem errar no que pedem a Deus; o segundo, que nem Deus lhes pode negar o que pedem. Ora, reparai bem em uma e outra parte desta conclusão, e se qualquer delas for verdadeira, e muito mais ambas, ninguém haverá, se espera em Deus e espera dele, que se queira privar de uma graça que dois tão grandes bens encerra em si. Mas vamos à prova.

S. Paulo, cujas palavras são de fé, diz absolutamente que nenhum homem quando ora sabe o que lhe convém pedir a Deus: "Não sabemos o que havemos de orar como convém" (Rm 8,26). — É sentença notável; mas como bem advertiu sobre ela Santo Agostinho, o que é útil ao doente melhor o sabe o médico que o enfermo: "O que é útil para o enfermo, conhece-o mais o médico do que o doente"[8]. — E como os homens não sabem o que lhes convém pedir quando oram, daqui vem que oram e erram. Assim erraram os filhos de Israel no deserto quando pediram carne e no povoado quando pediram rei, e Deus os castigou com lhes dar o que pediam. A razão fundamental deste erro é a essência da mesma oração, a qual define S. João Damasceno: que "é petição feita a Deus de coisas decentes"[9]. — Oh! se ouvíssemos as orações que assim homens como mulheres fazem a Deus em secreto, quantas indecências ouviríamos? Discorrei por todos os estados e por todos os desejos, e não é necessário que eu o diga, porque também seria indecência. Até os gentios, sendo tão falsas as suas orações como os seus deuses, conheceram este erro. Atenodoro dizia: "Então entendei que tendes compostos e bem ordenados vossos desejos, quando chegardes a não pedir a Deus em secreto senão o que podereis pedir em público"[10]. — Na mesma seita de Epicuro, que era o menos espiritual ou o mais carnal de todos os filósofos, havia preceito que ninguém pudesse orar a Deus senão em voz alta. E por que, ou para quê? Para que os professores dela, como refere Clemente Alexandrino, pedissem a Deus tais coisas que nenhum se envergonhasse de se saber o que pedia. E daqui tirou Sêneca aquela sua famosa sentença: "De tal maneira vivei com os homens como se vos vira Deus, e de tal maneira falai com Deus, como se vos ouviram os homens"[11]. — Tão certo é, ainda sem lume da fé, e só por razão natural, que a oração que se faz a Deus só deve ser de coisas decentes: "pedido de coisas decentes".

Mas porque esta decência ou se pode considerar da parte de Deus ou da nossa, digo que há de ser de ambas. Assim o resolve o doutíssimo Salmeirão, comentando a mesma definição de Damasceno: "Orar é pedir tais coisas a Deus, que a ele seja decente o dá-las e a nós o recebê-las"[12]. — Ouvi um exemplo que excelentemente declara estas duas decências. A el-rei Antígono pediu um filósofo cínico que lhe fizesse mercê de lhe mandar dar um talento, que da nossa moeda são dois mil cruzados; respondeu o rei que a um filósofo que professava pobreza não era decente ter tanto. — Pois, senhor, replicou o filósofo, mande-me Vossa Majestade dar um dinheiro — que são dois reales de prata. — E respondeu outra vez Antígono: A um rei não é decente dar tão pouco. — Assim refere todo o caso, ainda com mais breves palavras, Sêneca: "O Cínico pede uma moeda a Antígono. Responde esse que é mais do que o Cínico deveria pedir. Repelido, pede um denário. Responde aquele que é menos do que conviria a um rei dar"[13]. — De maneira que o filósofo uma vez pediu muito, e outra vez pediu pouco, e nem o muito nem o pouco alcançou do rei, porque nem ao filósofo era decente receber tanto, nem ao rei dar tão pouco. Uma vez perdeu o que pedia, porque pediu mais; outra vez porque pediu menos, e ambas indecentemente. O mesmo nos sucede com Deus no que lhe pedimos, e ainda mais na indecência das matérias que das quantidades. Erramos no que devemos pedir, e por isso não alcançamos o que pedimos.

Pediram os filhos de Zebedeu as duas cadeiras do reino a Cristo; e por que lhas não concedeu o Senhor, sendo os mais parentes e os mais validos? Porque de uma e de outra parte, assim da sua como da de Cristo, era a petição indecente. Que maior indecência da parte deles, que pedirem dois pescadores as primeiras cadeiras do reino? E que maior indecência da parte de Cristo, que haver de dar cadeiras temporais a dois apóstolos, a quem tinha prometido as do reino eterno? Nem a Cristo era decente o dar, nem a eles era decente o receber o que pediam; e por isso a negativa da petição a fundou o Senhor neles e mais em si: neles: "Não sabeis o que pedis" (Mt 20,22) — em si: "Não me pertence dar-vos". — E por que erraram tanto estes dois discípulos no que pediram, sendo eles, de três que eram os mais sábios, os dois? Porque não pediram o que o Mestre divino lhes tinha ensinado a pedir. Quando toda a escola de Cristo lhe pediu que os ensinasse a orar, respondeu o Senhor: O modo com que haveis de orar é dizer a Deus: Pai-nosso, que estais no céu etc." (Mt 6,9). — E nas sete petições do Pai-nosso há alguma em que se peçam cadeiras, em que se peçam dignidades e mandos, em que se peçam pompas, grandezas e ambições do mundo, ou alguma temporalidade mais que o sustento necessário à vida? Não. Pois, porque eles pediram fora do Pai-nosso erraram como néscios, e por isso nem souberam pedir nem alcançaram o que pediram. A prova que agora darei desta verdade nem pode ser mais natural nem mais fina, mas o pensamento não é meu, senão de Santo Agostinho.

Repara o doutíssimo e agudíssimo Pai em dizer S. Paulo, como já referimos, que nenhum homem quando ora a Deus sabe pedir o que lhe convém, metendo-se o mesmo apóstolo nesta conta: "Não sabemos o que havemos de orar como convém" (Rm 8,26) — e argui assim Agostinho: "Se perguntas porque o Apóstolo disse: não sabemos o que havemos de orar como convém, não se deve crer de maneira alguma ou que ele ou aqueles a quem ele falava desconhecessem a oração do Senhor"[14]. Nem de S. Paulo, nem daqueles a quem ele escrevia, que eram os cristãos de Roma, se pode crer ou imaginar que não soubessem a oração do Pai-nosso — pois, se na oração do Pai-nosso nos ensina o mesmo Deus o que nos convém e lhe devemos pedir, como diz S. Paulo que nem ele nem nós sabemos o que nos convém pedir a Deus? Responde o grande Pai que falou S. Paulo de todos como de si, e que se meteu na conta dos que ignoram o que hão de pedir a Deus como convém, porque ele também caiu nesta ignorância: "Desta ignorância nem mesmo o Apóstolo se mostrou alheio". — E quando caiu nesta ignorância o apóstolo, ou donde consta? Consta das três vezes que pediu a Cristo que o livrasse das moléstias do demônio, o que o Senhor lhe não quis conceder, porque era mais conveniente à sua perfeição que as padecesse, como ele mesmo lhe revelou (2Cor 12,7). E porque então pediu o apóstolo o que cuidava que lhe convinha, sendo verdadeiramente o contrário, este foi o caso — conclui Agostinho — em que a sua oração errou, e ele não soube o que pedia: "Pediu o que lhe convinha, não sabendo o que pedia". — É verdade que por outra via bem sabia S. Paulo na oração do Pai-nosso o que lhe convinha pedir; mas como esta vez orou fora dela, e pediu por seu parecer outra coisa; por isso, sendo S. Paulo, errou no que pediu, e sendo a S. Paulo, lhe negou Deus o que pedia.

E poderá suceder o mesmo aos que rezam o Rosário? De nenhum modo. Porque estes são os dois privilégios singulares concedidos unicamente às suas orações, e a nenhuma outra. Nem podem errar no que pedem, porque pedem o que lhes ensinou Deus, nem Deus lhes pode negar o que pedirem, porque pedem o que o mesmo Deus lhes prometeu. Pedi e recebereis, diz Cristo, empenhando nesta promessa não só sua palavra, mas sua palavra e mais sua pessoa: "E eu vos digo: pedi e recebereis" (Jo 16,24; Lc 11,9). — E, estendendo a mesma promessa universalmente a todos, acrescenta o mesmo Senhor: "Porque todos os que pedem recebem". — Mas com muita razão parece se pode aqui instar e dizer que as palavras são mais largas e a promessa mais clara que a experiência, porque muitos pedem a Deus muitas coisas e muitas vezes, e experimentam que não recebem o que pediram. Pois, se pedem, e não recebem, como promete Cristo que, se pedirem, receberão: "Pedi e recebereis"? — E como afirma — o que é mais — que "todos os que pedem recebem"? — O reparo desta que parece contradição não é totalmente novo; mas o que muito me admira é que ninguém a desfizesse até agora, com a limitação literal que traz consigo a universalidade do mesmo texto. Leia-se todo o texto — que é o capítulo onze de S. Lucas — e ver-se-á claramente que Cristo, Senhor nosso, não fez esta promessa a toda a oração e petições que se lhe fizessem, senão àquela oração e àquelas petições de que atualmente falava. E quais eram estas? Tinha acabado o Senhor de ensinar a oração do Pai-nosso, e de exortar a frequência dela com vários exemplos e aos que pedissem o que se pede na oração do Pai-nosso, e o pedissem não só uma vez, senão muitas, e como importunando a Deus, que é o que se faz no Rosário, a esse prometeu somente que receberiam o que pedissem. Tinha dito com particular advertência: "Orareis assim" — e aos que oram assim, e não de outra maneira, a esses prometeu somente que alcançariam sem dúvida o que pedissem, e não a outros. Que muito logo que o que se pede em outras orações se não alcance, se a do Pai-nosso somente foi concedido este privilégio? Logo, assim como não pode errar quem pede, porque pede o que Deus ensinou, assim Deus lhe não pode negar o que pedir, porque pede o que Deus lhe prometeu. É consequência do mesmo Santo Agostinho em outro lugar: Quem pede o que Deus manda e o que Deus promete, impossível é que não alcance o que pede"[15].

§ VIII

Mas, quando Deus não tivera empenhado sua palavra, e não se tivera obrigado a nos conceder o que lhe pedíssemos, nós o obrigaríamos a isso infalivelmente, só com lhe fazermos as nossas petições pelas mesmas palavras que ele nos ditou por sua própria boca, e com que ele nos fez o memorial. Pergunto: se requerendo diante de um rei, e pedindo-lhe mercês, ele mesmo nos ditasse e fizesse a petição, com tudo o que havíamos de alegar e pedir, podia deixar o rei de nos despachar? Claro está que de nenhum modo. Pois isso é o que fez o Filho de Deus quando nos ensinou a oração do Pai-nosso, e isso é o que fez o Pai e o Espírito Santo quando nos ensinaram a da Ave-maria. Pelo contrário — voltai agora — e se esse que pede mercês ao rei fosse tão ignorante e descomedido que, lendo a petição que o mesmo rei lhe tinha ditado, se não contentasse dela, e se fosse ter com um letrado para que lhe fizesse outra mais larga, e ao seu parecer mais elegante com outras alegações e outro *pede*, quando o rei a lesse e visse que não era a sua, parece-vos que a despacharia bem? Vós o julgai. Pois isso é o que sucede e sucederá aos que deixam de fazer a Deus as orações que ele mesmo nos fez, e lhe falam e o querem persuadir com outras que fizeram os homens, por mais sábios, por mais pios e por mais santos que sejam.

E se esta razão tão natural e tão evidente não basta para que todas as outras orações e devoções se convertam em Rosários, como eu prometi, porque assim o esperava, ouçamos a resolução da mesma Senhora do Rosário sobre esta mesma questão e neste mesmo caso. Pregava em Roma o grande Patriarca S. Domingos, sendo o principal assunto dos seus sermões, em qualquer dia que fosse — que assim pregam os santos — a devoção do Rosário. E posto que não só no povo e nobreza, mas também nos príncipes eclesiásticos e seculares fosse recebida com igual piedade e aplauso, houve contudo uma matrona romana de vida exemplar, tão empenhada em outras, que nunca o santo a pôde persuadir a que se afeiçoasse a esta. Até nas matérias da virtude há espíritos teimosos, que não querem ir ao céu senão pelo seu caminho, nem fazer a vontade de Deus, senão pelos ditames ou apetites da sua. E como esta senhora era de tanta autoridade que podia fazer opinião entre as da sua esfera, desconsolado o santo de a não poder reduzir ao seu partido, a quem se iria queixar? Prostrou-se por terra diante de uma imagem da Virgem, e banhado em lágrimas lhe disse desta maneira: — Enfim, Virgem Santíssima, que já o vosso Rosário é tido em pouca conta. A culpa é toda minha, pois não tenho talento nem eficácia para o saber persuadir; nem podia suceder menos, pois escolhestes por ministro e pregador dele um sujeito de tão pouco espírito. Pesa-me muito de vos servir tão mal e tão inutilmente no que me mandastes; vós Senhora, o remediai, que só podeis. — Assim orou Domingos desconsolado, mas não tardou muito a consolação e o remédio. Saiu a dizer missa o santo, depois de ter pregado, e no mesmo tempo a matrona romana, que se achava presente, arrebatada e fora de si, foi levada a juízo ante o tribunal Divino. Viu a Deus com aspecto irado e tremendo; repreendeu-a severamente da sua indevoção e contumácia, e mandou aos demônios que logo a castigassem como merecia.

Verdadeiramente, que se não pudera recear tão rigorosa sentença a uma mulher, não só de boa vida, mas tão exemplar como já disse, e agora veremos. As razões ou pretextos com que ela se escusava de rezar o Rosário, era dizer que jejuava muitos dias; que vestia lã à raiz da carne, e andava cingida de cadeias de ferro, que visitava frequentemente as sete igrejas, e corria as estações para ganhar as indulgências; e que as orações muitas e largas que rezava, posto que fossem outras, também eram pias, devotas e santas, com que lhe parecia que não agradava menos a Deus. Vejam agora lá os que não rezam o Rosário se terão semelhantes escusas com que se desculpar. Mas se esta matrona sendo grande senhora, era tão alheia de todas as vaidades e regalos do mundo, tão penitente, tão austera e tão dada a todas as obras de piedade e devoção, como no juízo divino é repreendida tão asperamente, e entregue aos mesmos demônios para que a castiguem? Porque o demônio, não só tenta com os vícios, senão também com as virtudes; e talvez não é menor tentação deixar o bem pelo mal que, por não deixar o bom, desprezar o melhor. Por isso dizia S. Paulo: "Aspirai os melhores dons" (1Cor 12,31). — Boas eram todas aquelas penitências e todas aquelas devoções, mas era contumácia digna de grave repreensão e de grave castigo antepô-las ao Rosário e deixá-lo por elas.

Vendo-se em tão grande aperto a pobre mulher, e não menos que entregue aos demônios para a castigarem, desenganada já e reconhecida de seu erro, deu um grande grito, dizendo: — Valei-me, Virgem do Rosário! — Suspenderam-se os demônios ouvindo o soberano nome, e a Senhora, como Mãe de misericórdia, que faria? Posto que tão ofendida, apareceu logo no mesmo juízo, com rosto, não de rigor, mas de benignidade e agrado, e não só lhe alcançou perdão do castigo, mas, para que acabasse de conhecer a diferença que faz o Rosário meditado e rezado como convém a todas as outras devoções, passando-a daquele lugar temeroso a outro cheio de luz, de alegria e de glória, que era o Paraíso, ali lhe mostrou dois coros de almas bem-aventuradas, que coroadas de rosas, com alegres e suavíssimas vozes estavam cantando o Rosário. Pasmada, pois, a boa mulher do que via e nunca imaginara, e muito mais mudada e arrependida que dantes, então lhe disse a Senhora estas palavras: — Vês, filha, todos estes que com coroas de tanta formosura e glória estão cantando louvores à Santíssima Trindade, a meu Filho e a mim? Pois estes são os que na vida foram devotos do meu Rosário. E para que acabes de entender o merecimento que tiveram na terra e o lugar que têm no céu, sabe que assim como eu na glória excedo a todos os santos, assim a devoção do meu Rosário excede a todas. — Disse a Senhora e eu também tenho dito. Levai nos ouvidos e no coração estas palavras da Rainha dos Anjos, pois nenhumas pode haver, nem de mais consolação para os devotos do Rosário, nem de melhor exortação para os que o não forem.

SERMÃO

V

∽

"Bem-aventurados aqueles que
ouvem a palavra de Deus e a guardam."
(Lc 11,28)

Vieira retoma mais amplamente os temas dos sermões anteriores: se temos dificuldades com os preceitos divinos, temos no Rosário, na oração vocal e mental, o meio eficaz para os observarmos. Quem sabe bem orar sabe bem viver, porque a oração é a respiração do bem viver. Deus, nos preceitos, não manda coisas impossíveis; mas, quando manda as que são ou parecem dificultosas, também ensina os meios com que as havemos de guardar.
— E quais são: "fazer o que podeis e pedir o que não podeis"; fazer o que podeis, obrando com as forças naturais, que são as do alvedrio; e pedindo o que não podeis, solicitando as forças sobrenaturais, que são as da graça. E estes são os dois meios eficacíssimos que a Senhora nossa uniu no seu Rosário, ajuntando às preces da oração vocal as meditações da mental. E o vigor da oração está na perseverança: pedir e tornar a pedir uma vez e muitas chama-se entre nós importunação; mas é próprio da liberalidade de Deus querer-se importunado. Mas rezar o Rosário não é só passar contas.

§ I

Aquele supremo Senhor que, quando pôs o homem no Paraíso, pôs ao homem o preceito, esse mesmo nos diz hoje que, se guardarmos seus preceitos, nos dará a bem-aventurança do Paraíso. O fim para que Deus pôs a Adão no Paraíso foi para que o guardasse: "Para que o trabalhasse e o guardasse" (Gn 2,15). — E por que o não guardou Adão? Não guardou o Paraíso porque não guardou o preceito. Essa foi a astúcia da serpente: "Por que vos mandou Deus?" (Gn 3,1).

Fez o tiro ao preceito para abrir a brecha no Paraíso. Se o preceito, que era o muro do Paraíso, se não rompera, nem o demônio entrara, nem Adão saíra. Mas porque ele não guardou o preceito nem se guardou de o quebrar, o mesmo foi quebrar o preceito que perder o Paraíso. Grande e lastimosa desgraça em um homem tão venturoso, e não sei se maior ainda em tantos homens que, antes de ter ser, tiveram parte na mesma desgraça e nela continuaram quatro mil anos. Hoje, porém, depois que a segunda Eva, com o bendito fruto de seu ventre, desfez a maldição daquele primeiro fruto: "Bem-aventurado o ventre que te trouxe" (Lc 11,27), as mesmas portas do Paraíso, que fechou a justiça à culpa abriu a misericórdia à graça, mas debaixo das mesmas condições e da mesma lei. Se Adão perdeu o Paraíso da terra porque ouviu a serpente e não guardou o preceito de Deus, Eu, diz Cristo, vos prometo o Paraíso e bem-aventurança do céu, se ouvirdes as palavras de Deus e guardardes seus preceitos: "Bem-aventurado os que ouvem a palavra de Deus e a guardam".

Esta foi a segunda lei, e lei de graça, com que a benignidade e misericórdia divina reparou as desgraças daquela primeira e as quebras dela. Mas não sei se é menos perigosa e dificultosa hoje, e tanto mais arriscada a se quebrar muitas vezes quantos mais são os preceitos e mais os homens. Se o primeiro homem criado em justiça original, e com os apetites sujeitos ao império da razão, não guardou um só preceito, como guardaremos nós tantos e tão repugnantes à natureza corrupta que dele herdamos tão viciada? Se Adão caiu no Paraíso, em um mundo tão cheio de laços, de ocasiões, de tropeços, quem se sustentará em pé? Se ele não resistiu a uma tentação tão leve, como resistiremos nós a tantas e tão pesadas? Se o demônio, ainda bisonho, o venceu no primeiro combate, depois de tão exercitado na guerra, quem escapará de suas astúcias? Se na maior abundância de tudo não pôde sofrer um homem que lhe fosse vedada uma fruta, quem haverá que respeite a proibição das leis na falta de tudo, contra a duríssima lei da necessidade? Se onde não havia meu e teu, e ambos eram meeiros nos mesmos bens, sem pleito, sem emulação, sem discórdia, ambos se privaram deles, quem se poderá conservar na sua fortuna contra a inveja, contra o poder, contra a injustiça? E se de todos estes males foi causa o amor, e amor lícito, que fará o ilícito, o profano, o cego; ou o ódio, a ira, a impaciência, a vingança? Se a companheira que Deus deu ao homem para o ajudar o ajudou a perder, das que são maior incentivo da perdição, quem viverá seguro? Se ela o ensinou a quebrar o preceito, e não obedecer a Deus a quem viam e com quem falavam, nós, que não vemos a Deus, e só temos diante dos olhos os exemplos dos homens tão perniciosos como infinitos, qual se não deixará levar do ímpeto da multidão, correndo com as demais ao precipício? Finalmente, no estado da natureza corrupta, de que nos não isentou a lei da graça, sendo fracos, miseráveis, inconstantes, e combatidos de dentro com a rebeldia das próprias paixões, como poderemos guardar tantos preceitos, e em toda a vida, quando Adão em tão poucas horas não teve forças nem valor para guardar um só?

Tais são as dificuldades muitas e grandes que poderosamente encontram em nós a observância dos preceitos divinos. E posto que outros pregadores trabalham em vão, ou pelas dissimular, sendo tão manifestas, ou pelas enfraquecer, sendo tão fortes; eu porém as suponho, confesso e concedo facilmente, porque vos venho inculcar o pronto remédio delas. Tudo o que fez ou desfez Eva, restituiu e refez a sempre Virgem Maria, Mãe de Deus e Senhora Nossa. — Diz Santo Agostinho: "A mãe do gênero humano trouxe ao mundo a pena; a Mãe do Nosso Senhor trouxe a salvação. Eva, autora do pecado; Maria, autora do merecimento; Eva foi causa da morte, Maria, da vida; Eva feriu, Maria curou; a desobediência muda-se em obediência"[1]. — Quer dizer: A mãe do gênero humano meteu no mundo a pena e o pecado; a Mãe do Redentor do mundo trouxe a ele o merecimento e a graça. Eva feriu, Maria sarou; Eva foi causa da enfermidade, Maria da saúde; Eva da morte, Maria da vida. E a razão total desta diferença é — diz Agostinho — porque Eva inventou a desobediência dos preceitos divinos e Maria ensinou a obediência: "A desobediência muda-se em obediência". — Que fez Eva pela desobediência? Fez que a terra maldita produzisse espinhas. E que fez Maria pela obediência? Fez que dessas mesmas espinhas nascessem rosas. Tais são, e provados com muitos exemplos, os mistérios da Vida, Morte e Ressurreição do Filho de Deus que, se essas espinhas não foram, não seria Filho de Maria. Destas rosas, pois, como flor sempre medicinal, inventou a Senhora uma composição de tal virtude para fortalecer a nossa que, assim como Adão sem este remédio, ou não pôde ou não soube guardar um só preceito de Deus, assim os filhos de Adão, por meio dele, cobram tais forças, que podem sustentar todo o peso de sua lei e guardar todos seus preceitos.

Este é — devotos e não devotos desta solenidade — o novo argumento que pretendo provar hoje, e não só um dos mais ilustres efeitos do Rosário, senão o mais importante de todos. Cristo, Senhor nosso, diz: — Será bem-aventurado quem guardar os preceitos de Deus. — E a Mãe do mesmo Cristo acrescenta: Guardará os preceitos de Deus quem rezar o meu Rosário. — De sorte que a devoção do Rosário é o meio mais eficaz para guardarmos os preceitos de Deus e para conseguirmos a bem-aventurança prometida aos que os guardam: "Bem-aventurados os que ouvem a palavra de Deus e a guardam". — Só quem não desejar ser bem-aventurado não ouvirá com grande alvoroço e atenção os fundamentos desta proposta. A mesma Senhora, cuja é, peçamos a graça: *Ave Maria*.

§ II

"Aprende a viver bem quem aprende a orar bem."[2] — É provérbio nascido na língua de S. Crisóstomo e confirmado na pena de Santo Agostinho, a língua e a pena ambas de ouro. Quer dizer: Quem sabe bem orar, sabe bem viver. Nem poderá viver bem quem não orar bem. E qual é a razão de uma sentença tão universal e tão absoluta? A razão, e a razão da razão, tudo deu Davi, a quem com maior propriedade podemos chamar o profeta orador que o profeta rei. Fala, pois, Davi da oração, como comumente o entendem os santos Pais, e diz assim:

"Abri a minha boca e respirei, porque desejei os teus mandamentos" (Sl 118,131). Abri a boca para tomar respiração, porque desejei guardar os mandamentos de Deus. — Notável consequência! Primeiramente compara a oração à respiração. E por quê? Porque assim como ninguém pode viver sem respirar, assim não pode viver bem sem orar. A vida e a boa vida ambas dependem do espírito que se atrai pela boca: a vida, respirando; a boa vida, orando. Esta é a razão. E a razão da razão, qual é? "Porque desejei guardar os mandamentos de Deus." — Pois, por que Davi deseja guardar os mandamentos de Deus, por isso julga que lhe é tão necessária a oração como a respiração? Sim. Porque o viver bem consiste em guardar os mandamentos de Deus; logo, se para viver bem é tão necessário o orar como para viver o respirar, ninguém pode guardar os mandamentos de Deus, em que consiste o viver bem, senão por meio da oração. A oração é a respiração do viver bem; logo, tão impossível será guardar os mandamentos de Deus sem orar como viver sem respirar. E esta é a consequência formalíssima com que Davi dá por causa da sua frequente oração o desejo que tinha de guardar os mandamentos de Deus: "Abri a minha boca e respirei, porque desejei os teus mandamentos".

A fonte donde Davi bebeu profeticamente esta doutrina foi a divindade de Cristo, como o mesmo Senhor declarou depois, por boca de sua sagrada humanidade: "É necessário orar sempre, e não faltar" (Lc 18,1). — Sempre, e não faltar? Parece apertado preceito. Mas não é muito que pareça apertado um preceito do qual depende a observância de todos. "É necessário orar sempre": — porque assim como para viver sempre é necessário respirar sempre, assim para viver bem sempre é necessário orar sempre. E é necessário "não faltar" — porque, assim como, faltando a respiração, não pode continuar a vida, assim, faltando a oração, não pode perseverar a boa vida. Não quero o comento de S. Crisóstomo nem de Santo Agostinho, porque tenho o de S. Paulo: "Orai sem intermissão" (1Ts 5,17). — Declara o apóstolo, e chama ao orar sempre orar sem intermissão, porque o orar com intermissão ou a oração intermitente é como a respiração intermitente. Vede-o em Lázaro. Enquanto Lázaro respirava, vivia; quando tornou a respirar, tornou a viver, porque ressuscitou. E enquanto a respiração esteve intermitente, como esteve Lázaro? Esteve morto. Pois assim como a vida não admite intermissão no respirar, assim a boa vida não consente intermissão no orar. E este é o porquê da doutrina de Cristo em nos mandar que oremos sempre. E o porquê deste porquê, qual é? É porque a boa vida, ou o viver bem, como dizíamos, consiste em guardar os mandamentos de Deus, e como os mandamentos de Deus obrigam sempre, para guardar os mandamentos de Deus sempre "é necessário orar sempre". Tanta é a conexão que têm entre si a oração e os mandamentos, e tanta é a dependência que tem a guarda dos mandamentos do exercício da oração.

E se quem houver de guardar os mandamentos de Deus há de orar e orar sempre, quem não orar sempre, ou nunca orar, que lhe acontecerá com os mandamentos? O que lhe aconteceu a Adão, para que o vejamos, não em outro, senão no mesmo exemplo. Estupendo caso é que um homem, criado no Paraíso, tão entendido, tão sábio e tão obrigado não guardasse um só preceito que Deus lhe pôs! E qual foi naquele entendimento e naquela vontade o defeito original de uma desgraça tão cega? Não sei se o tendes já advertido; mas verdadeiramente é notável, e tão digno de admiração como de temor. Nenhum homem houve que mais ocasiões tivesse, nem mais apertadas e urgentes de orar a Deus que Adão. E, contudo, em toda a sua história, em tantos casos tão notáveis dela, nem uma só vez se lê que fizesse algum modo de oração. Criou-o Deus e formou-o com suas próprias mãos; deu-lhe o domínio dos animais e o império do mundo; deu-lhe a companhia de Eva, que era o que só lhe faltava e o que ele estimou sobretudo; mas por tantos, e tão repetidos, e tão portentosos benefícios, nunca lhe ocorreu a Adão dar graças a Deus. Pecou, e não se compungiu nem bateu nos peitos; estranhou-lhe Deus pessoalmente o pecado, e não se lançou a seus pés nem lhe pediu perdão; sentenciou-o, executou-o, lançou-o do Paraíso, e em tantos atos lastimosos, em que se pudera valer como réu e como infeliz, da sua própria miséria não soube interpor uma súplica nem apelar da divina justiça para sua misericórdia. E homem tão alheio de todos os modos de orar a Deus, como havia de guardar o preceito de Deus? Em o não guardar fez como quem era, e em não orar, nem antes, nem depois, nem em um, nem em outro estado, mostrou o que era. Era um homem totalmente sem oração, e por isso já então semelhante aos brutos, sem uso de razão nem entendimento: "O homem, quando estava na honra" — eis aqui o já então — "não entendeu. Foi comparado aos irracionais e se fez semelhante a eles" (Sl 48,21). — E um bruto que não sabia orar, como havia de saber viver? Por isso ouviu a palavra de Deus e não a guardou; e porque a ouviu e a não guardou, por isso perdeu a felicidade de que só gozam os que a ouvem e a guardam: "Bem-aventurados os que ouvem a palavra de Deus e a guardam".

§ III

Esta foi sempre a virtude universal da oração, provada com todas as Escrituras, inculcada por todos os santos e confirmada com infinitos exemplos. Porém, depois que a Virgem Santíssima, no instituto e forma do seu Rosário, lhe ajuntou todas as outras propriedades especiais de que se compõe a oração perfeitíssima, então foi muito maior a eficácia, energia e proporção conatural que tem a mesma oração para influir e conservar nos corações e ações humanas o respeito, o temor, a obediência e a perfeita e inviolável guarda dos preceitos divinos. Este é o nosso ponto, e esta a mais gloriosa excelência do Rosário. Para inteiro e radical entendimento dela, havemos de supor não só como teologia certa, mas como princípio de fé, definido em muitos concílios que, para guardar qualquer preceito divino grave — e muito mais todos — são necessários dois concursos, um da parte de Deus, outro da parte do homem: da parte de Deus, o concurso e influxo da sua graça; e da parte do homem o concurso e consenso do nosso livre alvedrio. De sorte que nem a graça de Deus em nós sem o nosso alvedrio, nem o nosso alvedrio sem a graça de Deus é poderoso, ainda que quiséssemos, para guardar os seus preceitos. Ouvi o que dizia Davi, falando com Deus: "Observarei os teus estatutos; não me desampares totalmente" (Sl 118,8). Eu, Senhor, quero guardar os vossos mandamentos, e o que vos peço para o poder fazer é que vós me não deixeis por nenhum modo. — Falou como mestre de Santo Agostinho e de Santo Tomás. Porque se Deus de qualquer modo nos deixar e nos não assistir com sua graça, ainda que nós quiséssemos guardar seus mandamentos, de nenhum modo os poderemos guardar. E a razão é porque a guarda dos mandamentos de Deus, e meritória da vida eterna, é obra sobrenatural. E ainda que o alvedrio concorra com todas as forças da natureza, é necessário que a sobrenaturalidade venha de cima e lha dê a graça.

Agora entendereis a propriedade com que Cristo, Senhor nosso, chamou à sua lei jugo: "O meu jugo é suave" (Mt 11,30) — diz que é suave, mas jugo. Porém, se esta lei a há de tomar cada um de nós sobre si, e cada um há de guardar os preceitos e mandamentos dela, como pode ser jugo? O jugo chama-se assim porque o levam dois juntamente; pois se eu só levo a lei, como pode ser jugo para comigo? Porque ajunta Deus em mim a sua graça com o meu alvedrio, e o alvedrio e a graça juntos são os que levam o jugo da lei. O melhor exemplo que nenhum teólogo jamais achou para declarar esta teologia, foi uma famosa representação com que a Virgem, Senhora nossa, não só a ensinou mas a fez visível. Cantava-se em Roma aquela epístola, em que se contém a história do apóstolo S. Filipe quando converteu o eunuco da rainha Candaces, e assistia à missa outro Filipe, que depois foi também apostólico, e hoje se chama S. Filipe Benisi. Chegando, pois, a história àquelas palavras que o anjo disse ao apóstolo: "Filipe, chega e ajunta-te a esta carroça" (At 8,29) — que era a em que caminhava o eunuco — arrebatado em espírito o segundo Filipe, "viu a Virgem, Senhora nossa, como triunfante, em uma carroça dourada, pela qual tiravam uma ovelha e um leão". — O intento e significado da visão era que Filipe se fizesse servo da Senhora na religião daquela mesma Igreja, que se intitula dos Servos da Virgem Maria.

Mas a circunstância que faz mais admirável e misterioso o aparato da representação são os tiradores da carroça triunfante da Mãe de Deus. Admirável por serem só dois, admirável por serem de diferente espécie, e mais admirável por ser "uma ovelha e um leão". — Ao menos não seria a ovelha cordeiro, ou o leão leoa, para que a semelhança do sexo os sujeitasse mais facilmente e os unisse ao jugo? Não. A carroça em que Deus e a Mãe de Deus triunfam dos homens, e os sujeitam a ser servos seus — como naquele caso — é a obediência de seus preceitos, e os que tiram por esta carroça e a levam não são mais que dois, e esses de diferente espécie: a ovelha, que é a graça, e o leão, que é o alvedrio humano. O leão mais soberbo, mais fero, mais indômito e mais imperioso, criado e coroado entre os monstros da Líbia, é o alvedrio do homem: tão soberbo e tão senhor, que até ao mesmo Deus, como Faraó, pôde dizer não quero; mas esta soberba, quem a humilha; esta fereza, quem a domestica; este senhorio, quem o sujeita? A companhia da graça. A graça, como ovelha mansa, lhe tempera a fúria; a graça, como ovelha humilde, lhe modera os brios; a graça, como ovelha sujeita, lhe abate os espíritos; a graça, como ovelha obediente, o faz obedecer e tomar o jugo. Que era Saulo, senão um leão desatado, colérico, furioso, que só com o seu bramido metia terror a todo o rebanho de Cristo: "Saulo, respirando ainda ameaças contra os discípulos do Senhor" (At 9,1)? E este soberbíssimo leão, quem o rendeu, quem o sujeitou, quem lhe quebrantou a fúria, quem o trocou e fez tão outro e o atou ao jugo, quando tanto resistia e recalcitrava? Ele mesmo o diz: "Não eu só, senão a graça de Deus comigo" (1Cor 15,10). — E, tanto que a eficácia da graça se ajuntou com a liberdade do alvedrio, logo se domou o indômito, logo se sujeitou o rebelde, e da ovelha e do leão se fez uma parelha tão igual, qual a podia escolher a Mãe de Deus, para ela e seu Filho triunfarem dos homens.

Tomai agora o Rosário na mão, ou olhai para ele, e dizei-me a que se vos afigura? Davi dizia a Deus: "Aqueles que não se chegam a ti, aperta-lhes a boca com o cabresto e com os freios" (Sl 31,9). Aqueles, Senhor, que se afastam de vós, e não querem tomar o jugo de vossa lei, metei-lhes um freio na boca e apertai-lhes as rédeas que, por mais que sejam rebeldes e de dura cerviz, logo a dobrarão. — E quem faz este efeito, senão o Rosário? O mesmo Deus o diz por boca de Isaías: "Freiar-te-ei com meu louvor para que não pereças" (Is 48,9). Vejo que o teu alvedrio livre, rebelde e furioso, mais como leão que como cavalo desbocado, te vai precipitando à perdição; mas eu te meterei um freio na boca, para que te não despenhes nem pereças, e este não será outro, senão o de meus louvores: "Freiar-te-ei com o meu louvor". — Verás o que fiz por ti, conhecerás as obrigações que me deves, louvar-me-ás uma e muitas vezes por tão soberanos e divinos benefícios, e como trouxeres na boca estes meus louvores — que é o que fazemos no Rosário — eles te refrearão, para que me não ofendas, e para que encaminhes todos teus passos pela carreira de meus mandamentos: "Dar-te-ei o freio da lei e da minha religião, levar-te-ei ao meu culto para que me louves como de costume"[3] — comenta Santo Tomás. Assim que os louvores divinos entoados no Rosário são os que suave e fortemente dominam a liberdade e domam a fereza do alvedrio, e a sujeitam à Lei de Deus.

E a graça, sem a qual ele não pode caminhar direito nem sofrer o jugo, donde lhe há de vir? Do mesmo Rosário. Chama-se a Virgem, Senhora nossa, nos Cantares: "Poço das águas vivas" (Ct 4,15) — que são as da graça. Mas este poço é muito alto e muito profundo, e nós — dirá alguém — que não temos com que tirar a água, como dizia a Samaritana a Cristo: "Não tens com que a tirar, e o poço é profundo" (Jo 4,11). Assim disse ela enquanto não conhecia com quem falava, e em parte disse bem, porque o Rosário até então ainda era curto e não tinha mais que o primeiro terço; porém, depois que o mesmo Cristo obrou todos os outros mistérios, e a Senhora compôs e aperfeiçoou de todos o seu Rosário — vede se é muito própria a figura — o mesmo Rosário, assim como ides dando volta às contas, e dizendo "Ave cheia de graça", elas são os alcatruzes com que do poço altíssimo se vai tirando acima a água da graça. No Egito se conserva ainda hoje uma fonte a qual se chama a fonte de Jesus, porque dela bebiam, quando lá estiveram desterrados, o Menino Jesus, a Senhora e S. José; e diz Andricômio, com outros autores desta tradição, que por estar a água muito funda, se tira com uma roda: "Extraem a água com um roda"[4]. — O mesmo fazemos nós por meio do Rosário, com que ele vem a ser um instrumento artificiosíssimo de dois usos os mais importantes: para domar o alvedrio, freio; e para atrair a graça, roda.

§ IV

Tornando, pois, ao fundamento do que significam ou declaram estas duas semelhanças exteriores, como para os homens se sujeitarem a Deus, e a seu serviço, e à observância de seus mandamentos são precisamente necessários aqueles dois concursos que dizíamos — da parte de Deus, o da graça Divina, e da parte do homem, o do alvedrio humano — este foi o altíssimo e sapientíssimo conselho com que a Virgem, Senhora nossa, ordenou que a oração do seu Rosário fosse vocal e mental, e não só oração de qualquer modo, senão oração e meditação juntamente, para que, orando e pedindo, impetrássemos de Deus a graça e, meditando e considerando, nos persuadíssemos e convencêssemos a nós, e conseguíssemos de nós mesmos a sujeição do nosso próprio alvedrio. Os hereges, como em nossos tempos o ímpio Calvino, porque não querem guardar os mandamentos de Deus dizem que são impossíveis. Mas já antigamente os convenceu Santo Agostinho[5], com as mesmas palavras com que depois os anatematizou o Concílio Tridentino: "Deus não manda coisas impossíveis, e quando as manda ensina fazer o que podes e pedir o que não podes"[6]. Deus, em seus preceitos, não manda coisas impossíveis; mas, quando manda as que são ou parecem dificultosas, também nos ensina os meios com que as havemos de facilitar e guardar. — E quais são: "Fazer o que podeis e pedir o que não podeis". — Fazer o que podeis, obrando com as forças naturais, que são as do alvedrio; e pedindo o que não podeis, solicitando as forças sobrenaturais, que são as da graça. E estes são os dois meios eficacíssimos que a Virgem, Senhora nossa, uniu no seu Rosário, ajuntando às preces da oração vocal as meditações da mental.

A matéria das meditações do Rosário compõe-se de quinze mistérios. E por que razão de quinze, nem mais nem menos? Porque os mediu a Senhora pelo número dos mandamentos a cuja observância se ordenam. Davi, falando com os justos, que são os que guardam os mandamentos, exorta-os a que louvem a Deus, e que o modo de o louvar seja cantando seus louvores ao som do saltério de dez cordas: "Exultai, justos, no Senhor; aos retos convém que o louvem. Cantai-lhe hinos com o saltério de dez cordas" (Sl 32,1). — Já dissemos que o Rosário, chamado desde seu princípio Saltério da Virgem, foi composto à semelhança do Saltério de Davi. Pois, se Davi fez o seu saltério de dez cordas, a Senhora por que acrescentou ao seu mais cinco, e fez o seu saltério de quinze? Porque assim o de Davi como o da Senhora foram ordenados à guarda dos mandamentos e os mandamentos no tempo de Davi eram só dez, no tempo em que a Virgem instituiu o Rosário já eram quinze. Eram dez do Decálogo, que são os dez mandamentos da lei de Deus, e eram cinco do Quincálogo, que são os cinco mandamentos da Santa Madre Igreja. E como os mandamentos hoje são quinze, por isso a Senhora, proporcionando o número com o número e os mistérios com os mandamentos, compôs o seu Rosário em tal forma que a cada mandamento correspondesse um mistério. E para quê? Para que em cada um dos mesmos mistérios, como em um espelho claríssimo, se visse o homem a si, e visse as suas obrigações, e nenhum houvesse tão cego, tão ingrato, tão atrevido, que ousasse quebrantar os mandamentos contrários.

Não é o pensamento meu, senão do mesmo Davi, falando do seu tempo como santo, e do futuro como profeta: "Mandaste que os teus mandamentos sejam guardados diligentemente" (Sl 118,4). Vós, Senhor, mandastes que os vossos mandamentos sejam guardados com grande pontualidade, e tão grande e tão exata, que pareça nímia: "Oxalá os meus caminhos se dirijam para guardar os teus mandamentos!" (Ibid. 5). — Oh! que ditoso seria eu, e quão singular mercê receberia de vossa divina mão, se todas as minhas intenções e ações fossem dirigidas à perfeita guarda de todos vossos mandamentos. — Porém, o meio eficaz com que isto se há de conseguir não é para agora: está reservado para outro tempo: "Então não serei confundido, quando atender a todos os teus mandamentos" (Ibid. 6). Eu agora — diz Davi — desejo guardar vossos mandamentos, mas muitas vezes tenho ocasião de me confundir, porque os não guardo. Porém quando vier aquele ditoso tempo — "então" — em que todos os vossos mandamentos tenham diante e defronte de si outros tantos espelhos em que se veja quem os houver de guardar: "Quando atender a todos os teus mandamentos" — então cessará essa confusão: "Então não serei confundido" — porque ninguém haverá tão descomedido, tão precipitado, tão cego, que, olhando para aqueles espelhos, vendo-se em cada um a si, e em todos a todos os vossos mandamentos, se atreva a quebrar o menor deles. E em que fundou Davi a esperança desta grande promessa, não menos dificultosa de executar que de entender? Fundou-a na eficácia de uma proposta que ele mesmo tinha feito a Deus, não sei se bem advertida, mas muito digna de se notar: "Levantai-vos, Senhor, pelo preceito que ordenaste, e a reunião dos povos te circundará" (Sl 7,8). Levantai-vos, Senhor, do trono de vossa majestade, onde estais assentado desde o princípio do mundo, e resolvei-vos a fazer e executar por vossa própria pessoa os preceitos que impondes aos homens: "Levantai-vos, Senhor, pelo preceito que ordenaste" — e logo os mesmos homens, à vista deste exemplo, não terão que replicar à pronta obediência de todos vossos mandamentos; antes, todos de tropel, e à porfia vos seguirão e acompanharão neles: "E a reunião dos povos te circundará".

Isto é o que Davi, profetizando, representava a Deus; isto é o que Deus executou fazendo-se homem e obedecendo a todos os preceitos divinos; e isto é o que a Mãe do mesmo Deus reduziu à prática na forma e disposição com que ordenou o seu Rosário.

Antes de Deus se fazer homem, mandando somente e não obedecendo, quase dava ocasião aos homens de murmurarem dentro em si e dizerem: Deus manda tudo o que lhe parece, e, posto que tudo seja justo e muito bem mandado, mandar lá do céu, onde ele está, é muito fácil. Ele está em perpétuo descanso, e manda que nós trabalhemos; ele é impassível, e quer que nós padeçamos; ele sobeja-lhe tudo, e quer que nos abstenhamos na falta do que havemos mister; ele está ouvindo músicas de anjos, e quer que nós soframos as injúrias que nos dizem e fazem os homens; ele, enfim, escreve preceitos com o dedo, e quer que nós os executemos com todo o corpo e com toda a alma. E porque isto é tão dificultoso quanto vai de mandar a ser mandado e de não fazer a fazer, por isso tem tão poucos que guardem seus mandamentos. Assim diziam ou podiam dizer os homens antigamente; porém, depois que Deus se fez homem e se sujeitou a padecer trabalhos, pobrezas, injúrias, e nenhuma coisa das que tinha mandado antes ou das que mandou depois deixou ele de obedecer e executar por sua própria pessoa, nem a razão, nem a sem-razão humana tem pretexto algum de se não sujeitar a todos os mandamentos de Deus. E isto é o que a Mãe do mesmo Deus nos põe diante dos olhos em tantos mistérios quantos são os mandamentos, e em tantos espelhos quantos são os mistérios: "Quando atender a todos os teus mandamentos" (Sl 118,6).

No Monte Sinai escreveu Deus as taboas da lei, e no mesmo monte delineou o modelo e exemplar do tabernáculo: "Faze conforme o modelo que te foi mostrado no monte" (Ex 25,40). — Mas que sucesso teve uma e outra obra? O exemplar delineado na mente executou-se; as leis escritas no monte quebraram-se. Para lavrar e acomodar madeiros, que não têm sentimento nem alvedrio, bastam exemplares mortos pintados no monte; mas para amoldar e compor homens que têm entendimento e liberdade, não basta que as leis se pintem e se escrevam no monte: é necessário que o legislador desça do monte, e que os exemplares do que manda fazer sejam vivos e animados com as suas próprias ações. Assim o fez Deus. E porque experimentou que têm pouca força as leis para a obediência onde faltam os exemplos para a imitação, por isso desceu do monte onde tinha dado as leis; por isso desceu do céu à terra, como em socorro dos seus mandamentos, para que, obrando o mesmo que tinha mandado, assim como nos exemplos fosse imitado, fosse também nos mandamentos obedecido. Pondo, pois, o Rosário os exemplos de Deus à vista dos mandamentos do mesmo Deus, não já como Senhor que os manda, senão como súdito e companheiro que os obedece, que alvedrio haverá tão livre, tão irracional e tão rebelde que, meditando neles, em Deus e em si, se não sujeite voluntário e agradecido à obediência dos mesmos mandamentos?

§ V

Mas porque não basta que o alvedrio, convencido pela meditação, esteja rendido, se a graça sobrenaturalmente o não elevar aonde ele com as forças naturais não pode subir, aqui entra o "Pedir o que não podeis". — E para pedir e impetrar de Deus a mesma graça se ordenam as orações tão repetidas e multiplicadas, de que igualmente se compõe o Rosário. Digo tão repetidas e multiplicadas porque, assim como a Senhora a cada mandamento contrapôs um mistério, assim parece que bastava ajuntar a cada mistério uma oração. Mas a cada mistério e a cada mandamento um Pai-nosso, e sobre ele uma década ou um decálogo de Ave-marias? Reparo é este em que já no tempo de Lactâncio, há mais de mil e quatrocentos anos, toparam os gentios, chamando-lhe superstição dos cristãos, porque ou o seu Deus os ouve ou não: se os ouve, basta que digam uma vez o que pedem; e se os não ouve, supérflua e ociosa coisa é repetirem tantas vezes o mesmo. Quem isto cuida não sabe que o vigor da oração é a perseverança, e que gosta Deus de que lhe peçam muitas vezes, porque quer dar muito. Pedir e tornar a pedir uma vez e muitas chama-se entre os homens importunação; mas é próprio da liberalidade de Deus, sendo liberalíssimo, querer-se importunado.

Pediram os discípulos a Cristo que os ensinasse a orar, e fê-lo o Senhor com uma notável parábola. Veio, diz, um homem à meia-noite bater à porta de um seu amigo, e pediu-lhe que lhe emprestasse três pães, porque àquela hora lhe tinha chegado a casa um hóspede, e não tinha com que o agasalhar. O amigo parece que era mais amigo do seu descanso e da sua comodidade, e respondeu que estava já recolhido com toda sua família, que não eram aquilo horas de a inquietar, que se fosse embora. Bastante ocasião era esta para que o que pedia os pães desconfiasse e se fosse, e se acabasse também a amizade; mas não o fez assim, sinal de que eram verdadeiramente amigos. Tornou a bater e instar uma e outra vez, até que o de dentro, diz Cristo, não tanto por amigo, quanto por importunado, lhe deu o que pedia; e assim haveis de fazer vós quando orardes e pedirdes o que vos for necessário a Deus: "E eu vos digo: pedi e vos será dado; buscai e encontrareis; batei e vos será aberto" (Lc 11,9). — Se esta parábola não fora da

Sabedoria divina, havíamos de dizer que não era acomodada. Para Deus não há noite: "Como as suas trevas assim também a sua luz" (Sl 138,12). Deus não dorme: "O que guarda Israel não adormecerá nem dormirá" (Sl 120,4); as portas de Deus sempre estão abertas: "Abrir-se-ão as tuas portas juntamente; de dia e de noite não se fecharão"; na casa de Deus não pode haver inquietação: "O seu lugar e a sua habitação foram feitos em paz" (Sl 75,3)[7]. — Pois, se todas as dificuldades que se supõem nesta parábola não têm lugar em Deus, e Deus é o amigo que nela se introduz a quem se pediu o socorro, como diz o mesmo Cristo que, finalmente, o veio a dar depois de tanto bater, depois de tanto pedir, depois de tanto instar, e que ainda então o não fez tanto por amigo quanto por importunado: "Se não acontecer que ele se levante porque é seu amigo, entretanto por sua importunação ele se levantará e lhe dará" (Lc 11,8). — Aqui vereis como Deus gosta de ser importunado, e quão bem lhe sabia a condição quem instituiu o Rosário como quem o tinha criado a seus peitos. Pode haver maior importunação que pedir a mesma coisa e pelas mesmas palavras todos os dias, e cento e cinquenta vezes no dia? Pois isso é o que fazemos no Rosário, isso é o que nos mandou fazer a Mãe de Deus, e isso é o de que sobretudo gosta seu Filho, não por pouco liberal, senão por muito desejoso de não dar pouco.

Este é o sentido literal da parábola como a entendem todos os Pais. Fale por todos S. Jerônimo: "Devemos bater à porta deste amigo e inquietá-lo nas horas noturnas e ser-lhe molestos de tal modo que padeçamos importunos"[8]. A este amigo que é Deus devemos lhe bater às portas sem cessar, e inquietá-lo a todas as horas, não de dia só, senão também de noite, e ser-lhe por este modo tão molestos que cheguemos a ser julgados por importunos. "Não temamos ofendê-lo com esta importunação porque esta importunação é para Deus oportuna". Não receemos, porém, que nesta nossa importunação Deus se haja de ofender, porque o que entre os homens se chama importunação, para com Deus é oportunidade. — Oportunidade de pedir, oportunidade de alcançar, oportunidade de ser melhor e mais gratamente ouvido. E a razão por que Deus se agrada tanto de ser assim importunado é porque a importunação no pedir é perseverança no orar; e na oração, como em todas as outras virtudes, nenhuma coisa mais agrada a Deus que a perseverança. E se não vede-o — diz Jerônimo — nesta mesma parábola, em que a perseverança foi mais amiga que o amigo, porque o que a amizade não alcançou a perseverança o conseguiu, e o que o amigo não deu por amigo, deu por importunado: "Uma grande perseverança por mais inoportuna que seja é mais amiga do que o amigo. Pois o que se nega ao amigo é prometido pela perseverança". — E daqui se segue — infere o santo — que se deve continuar e repetir muitas vezes a mesma oração, como nós fazemos no Rosário. Por quê? Porque a oração que vai diante tem a sua perseverança na oração que se segue atrás; e se esta se não seguir nem se fizer, perde todo o seu preço e valor a que já está feita: "Deve-se pois sempre pedir para que o pedido antes feito não perca o seu valor se não chegar ao mesmo fim com o qual se começou".

Altíssimo pensamento! De maneira que a segunda Ave-maria é a que dá o valor à primeira, e a terceira à segunda, e assim as demais sucessivamente, porque ainda que qualquer delas por si mesma seja oração, não por si só, senão pela que se segue depois, é oração perseverante. São as contas do Rosário como as cifras, que as que vão adiante acrescentam o valor das que ficam atrás; ou são as Ave-marias que por elas se rezam como as ondas do mar, que o peso das que vêm atrás acrescenta maior impulso às que vão adiante. E este foi o divino conselho com que a Senhora ordenou que as mesmas orações se repetissem tantas vezes no seu Rosário e que, sendo quinze os mistérios, o número das orações fosse dez e onze vezes quinze. Para que na multiplicação das mesmas orações umas sobre outras se segurasse a perseverança delas, e Deus, tantas vezes importunado, nos não pudesse negar o concurso e assistência de sua graça, tão necessária à guarda dos seus mandamentos.

Também isto disse Davi, e o comentou com os mesmos termos S. Gregório Papa: "Eu, Senhor, clamei a vós" — diz Davi — "e pedi-vos que me deis vossa graça para guardar vossos mandamentos" (Sl 118,146). — "Notai" — diz S. Gregório — "que não diz o profeta eu clamo, senão eu clamei"; nem diz eu peço, senão eu pedi[9]. — Pois se Davi atualmente estava clamando e pedindo, por que não alega o clamor e oração presente, senão os clamores e orações passadas? Porque sabia que a oração para ser eficaz há de ser perseverante, e que Deus para conceder o que se lhe pede, quer ser importunado; e como a perseverança e a importunação não consiste em um só clamor e uma só oração, senão em muitas, umas sobre outras, por isso quando pede alega que tem pedido, e quando clama alega que tem clamado: "Clamei a ti". — Em próprios termos o grande pontífice: "Tendes aí o documento da perseverança para que não faltes a oração, mas para que insistas nas preces e no clamor. Porque Deus quer que se ore, que seja vencido por alguma importunação". — Consistindo, pois, a perseverança da oração em se repetirem muitas vezes as mesmas preces, e consistindo o importunar a Deus em se lhe tornar a pedir muitas vezes o que já se lhe tem pedido, bem se segue que, sendo as orações que fazemos no Rosário tão perseverantes por multiplicadas, e tão importunas por repetidas, não poderá Deus negar aos que o rezam o que Davi lhe pedia e eles lhe pedem, que é a graça necessária para guardar seus mandamentos: "Clamei a ti, para guardar os teus mandamentos. Bem-aventurados os que ouvem a palavra de Deus e a guardam".

§ VI

*P*arece-me que tenho mostrado, com o testemunho das Escrituras, com a doutrina dos santos e com a evidência das razões, quão própria e singular virtude é a da devoção do Rosário para conseguirmos nesta vida a guarda e observância dos preceitos divinos, da qual precisamente depende a bem-aventurança da outra, para que fomos criados todos, e tantos perdem por sua culpa. Mas a prova mais legal e demonstrativa deste glorioso argumento não quis a Virgem Santíssima que ficasse ao discurso dos pregadores, nem à piedade dos seus devotos, nem à cortesia ou fé dos que o não fossem, senão que a mesma Senhora, como autora e fundadora de um instituto tão propriamente seu, a tomou por sua conta. E em quem mostrou a providência soberana da Mãe de Deus a verdade e eficácia destes poderosos efeitos do seu Rosário? É a prova tão universal e tão particular, que só poderá ser sua. Mostrou esta virtude do seu Rosário nas pessoas que o rezam, mostrou-a nas famílias, mostrou-a nas comunidades e mostrou-a, finalmente, no mundo todo reformado, emendado e sujeito à obediência e observância das leis divinas por esta milagrosíssima devoção. Comecemos pelo mundo, para que acabemos por nós[10].

Fazendo oração S. Domingos na igreja de S. Pedro em Roma, viu a Cristo em trono de estranha e temerosa majestade, que com semblante severo e irado, e com três lanças de fogo, que tinha na mão direita, queria fulminar o mundo e abrasá-lo. Também entendeu o santo quais eram as causas, e claro está que haviam de ser aqueles três vícios entre os capitais capitalíssimos, soberba, cobiça, sensualidade: "Para que destruísse com a primeira lança os soberbos, com a segunda os avarentos, com a terceira os libidinosos". — Já antigamente parece que tinha Deus ensaiado este castigo em Absalão, tão soberbo que tirou a coroa da cabeça a seu pai, tão cobiçoso que lhe roubou o reino e tão sensual que lhe não perdoou ao tálamo, e por isso morto por mão de Joab, e traspassado pelo coração com três lanças. Mas quem acudiria e intercederia pelo mundo, e quem poria embargos a uma tão terrível sentença, senão aquela poderosíssima Senhora, por cujo respeito o mesmo mundo foi criado, e por cujas orações se conserva e se sustenta? Não quero alegar para isto santos ou autores católicos, que assim o dizem, senão a tradição dos rabinos, antes do Messias vir ao mundo. Ouvi a rabi Onkelos: "O mundo não só foi criado por amor da Virgem, como se sustenta por esse amor. Pois, pelos inúmeros crimes cometidos pelos homens, de nenhum modo poderia continuar essa situação, se a Virgem gloriosa não o sustentasse, rogando por nós, com sua misericórdia e clemência"[11].

Prostrada, pois, a Mãe de misericórdia diante da majestade justissimamente irada de seu bendito Filho, para que revogasse a sentença, lhe representou somente dois motivos. O primeiro, e mais enternecido, foi o do sangue que de suas entranhas tinha recebido, como se dissera: "Fora os dardos [ar]remessa, ó tu meu sangue!"[12]. — O segundo que, se as causas de tão merecido castigo eram os pecados e maldades do mundo e a ofensa e desprezo das leis divinas, que a mesma Senhora tomava por sua conta a reforma e emenda do mesmo mundo, porque tinha um servo fidelíssimo — apontando para S. Domingos — o qual com uma nova devoção que lhe ensinaria do seu Rosário, de tão vicioso e depravado como estava o mundo o faria cristão e religioso, de soberbo humilde, de cobiçoso esmoler, de libidinoso casto, e de rebelde e desobediente aos preceitos e mandamentos de Deus temeroso, sujeito e muito observante de todos. Acabou a Senhora de dizer. E não é necessário que nós digamos qual foi a resposta do benigníssimo Filho, sendo aquele bom Senhor que, ainda quando mais irado e ofendido, "Não quer a morte de pecador, mas que se converta e viva". — Diz S. Paulo que Cristo Senhor nosso assentado à destra do Pai, está purgando o mundo de seus pecados: "Purgados os pecados assenta-se nos céus à direita da majestade" (Hb 1,3). — Quando, pois, Cristo purga o mundo com castigos, purga-o como a prata com fogo: "Prata purificada ao fogo, refinada sete vezes" (Sl 11,7) — e assim o queria agora purgar com os raios daquelas três lanças. Mas como a sua inclinação é de perdoar, quando ele queria purgar o mundo com fogo, vede se gostaria muito de que sua Mãe o purgasse com rosas? Aceitou de muito boa vontade o partido, e o efeito foi tão conforme e tão igual à promessa, como a mesma Virgem Maria o referiu.

Foi descaindo com o tempo, como acontece a todas as coisas boas, a devoção do Rosário, e tomando a Senhora por restaurador e reformador dela ao santo frei Alano de Rupe, depois de lhe lançar ao pescoço um Rosário de pedras preciosas, e lhe fazer outros maiores favores, disse-lhe desta maneira: — Quando meu servo Domingos começou a pregar o meu Rosário em Itália, França, Espanha, e outras partes, foi tal a mudança do mundo que parecia haverem-se trocado os homens de carne em espíritos angélicos, ou que os anjos tinham descido do céu a morar na terra. Os hereges se convertiam a milhares; os católicos desejavam ardentissimamente o martírio em defesa da fé; os grandes pecadores confessavam com pública detestação suas culpas, e com entranhável dor e infinitas lágrimas se reduziam à vida reformada e santa; até os meninos e donzelas de tenra idade faziam rigorosíssimas penitências. Desprezava-se a riqueza, o regalo, a liberdade e povoavam-se as religiões; faziam-se muitas esmolas, levantavam-se templos, edificavam-se hospitais. A guarda da lei de Deus, a autoridade do pontífice, a justiça dos príncipes, a paz dos povos, o honesto trato das famílias, tudo florescia com tais exemplos de virtude e cristandade, que se não pode encarecer o ponto em que esteve, não se tendo por cristão quem, em reverência minha e culto de meu sagrado Filho, não rezasse devotamente o Rosário, nem havendo lavrador que pegasse no arado, nem oficial que pusesse a mão no trabalho, de que sustentavam a vida, antes de me oferecer este tributo e a Deus este sacrifício, à sua divina majestade tão agradável.

Isto, e muito mais, é o que referiu a mesma Virgem Maria ao novo e grande restaurador de seu Rosário, Alano, como o mesmo santo deixou escrito e firmado de sua mão. Mas ainda o mesmo autor e outros muitos contam outra maravilha, que eu reputo por maior, e creio que também a terão por tal todos os que souberem o que são comunidades. Uma comunidade de religiosas — das quais só se diz que eram claustrais, sem se nomear a religião — estava tão relaxada e esquecida de seus institutos, que por nenhum meio, nem suave, nem violento puderam acabar os prelados que admitissem reformação. Viu, porém, um deles que de uma das celas do mesmo convento saíam grandes resplendores, dos quais fugiam muitos demônios, e sem resistência entravam pelas outras. Morava nesta cela uma freira de poucos anos, a quem as demais chamavam hipócrita, e como tal a desprezavam e perseguiam; e as suas hipocrisias eram rezar todos os dias o Rosário da Virgem Santíssima com muita devoção, e conservar, quanto lhe era possível, a observância do instituto. Informado, pois, o prelado da causa dos resplendores que vira, mandou vir grande quantidade de Rosários curiosamente guarnecidos, meteu-os na manga, e estando junta a comunidade, disse a todas as religiosas que ele, com consulta e conselho dos Pais da província, tinha resoluto de não tratar mais da reforma daquele convento, pois elas tanto a repugnavam; e que somente em lugar dos antigos institutos da ordem, a que se não queriam sujeitar, lhes rogava quisessem aceitar, como por concerto, uma pensão tão leve como rezar todos os dias o Rosário da Senhora. Aceitaram elas facilmente a condição, muito satisfeitas de se verem aliviadas para sempre das instâncias ou perseguição da reforma; e então tirou o prelado os Rosários que, pela curiosidade do asseio, mais que pela devoção, foram muito bem vistos, e repartidos entre todas se despediu. Mas, ó potência, ó virtude, ó graça do santíssimo Rosário, mais admirável no que aqui sucedeu que na conversão de todo o mundo! Poucos meses havia que se rezava o Rosário no convento, quando todas as freiras, já verdadeiramente religiosas, de comum consentimento, sem haver alguma que discrepasse, com grande submissão e humildade mandaram pedir ao prelado que logo quisesse vir fazer a reforma, porque todas estavam, não só dispostas, senão muito desejosas de se conformar com o primitivo espírito da ordem, e observar pontualmente todas suas regras e institutos.

Assim se fez, com grande edificação e aplauso. E eu torno a dizer que foi maior maravilha do Rosário a reforma desta comunidade que a do mundo tão perdido, porque da perdição à conversão, como afirma S. Gregório, não é muito dificultosa a passagem; porém, da relaxação à perfeição é totalmente desesperada, e quase impossível: "O frio antes do calor está sob a esperança; o calor porém depois do frio está no desespero"[13].

— Alude o grande pontífice ao recado que Cristo, Senhor nosso, no Apocalipse, mandou ao bispo de Laodiceia, dizendo-lhe que, porque não era frio nem quente, senão tíbio, o lançaria ou vomitaria de si: "Oxalá que tu fosses ou frio ou quente: mas porque és morno, começar-te-ei a vomitar" (Ap 3,15s).

— Nesta sentença da suma verdade é mais fácil topar com a experiência que achar a razão. Porque, estando o tíbio mais perto do quente, e o frio mais longe, parece que passar do tíbio ao quente há de ser mais fácil que o frio. E contudo na virtude mostra a experiência o contrário, porque mais facilmente se passa de um extremo ao outro que do meio ao extremo. É o meio nas matérias da perfeição, como nas da política, em que as resoluções meias são as piores, porque não atam nem desatam. Também a neutralidade é meio; e pior é a profissão de neutral que a de inimigo declarado, como disse o mesmo Cristo: "O que não está comigo, está contra mim". Tal vem a ser o estado da religião relaxada, que nem totalmente é mundo nem totalmente religião, e professando o serviço de Deus e o desprezo do mundo, mais é do mundo que de Deus. Ouçamos a Cassiano, o maior e mais experimentado mestre dos bens e males das religiões: "Frequentemente vemos que homens seculares, e ainda gentios, passam a ser perfeitos religiosos; mas que religiosos tíbios e imperfeitos passem a ser perfeitos, nunca tal vimos"[14]. Logo, maior milagre foi do Rosário reformar uma comunidade relaxada que converter e emendar o mundo quando estava tão perdido.

Na reformação das famílias, reduzindo a economia delas à observância da lei de Deus, não mostra menos nos seus grandes poderes a devoção do Rosário. Em França, onde os ânimos são tão orgulhosos e bravos — e por isso parece que quis a Senhora que nascesse o seu Rosário naquela terra — havia duas famílias das mais principais cujas cabeças se perseguiam e infestavam com imortais ódios, sendo gravíssimos os danos que se tinham feito, e maior ainda o perigo dos que se temiam. Por esta causa trabalhou muito a caridade de S. Domingos por reconciliar estes dois inimigos; mas como eram ilustres, poderosos e ofendidos, nunca houve remédio. Finalmente, determinou-se o santo a os render por força, recorrendo às suas armas, e sem falar a um no outro, nem trazer à memória a questão, afeiçoou e persuadiu a cada um em particular que fossem devotos do Rosário.

Nos ódios de Esaú com Jacó, como Esaú era mais poderoso, diz o texto sagrado que Jacó dividiu o seu poder e a sua gente em três terços. Porém, S. Domingos, como os dois inimigos que queria sujeitar com as suas armas eram igualmente fortes, e ambos resistiam tão obstinadamente que nenhum se queria render, contra ambos ordenou também e dispôs os seus terços, que eram os do Rosário, e não pouco parecidos aos de Jacó. No primeiro ia Bala e Zelfa, uma e outra escrava, e representava o primeiro terço do Rosário, que é o dos mistérios da Encarnação, em que a Senhora concebeu o Verbo Eterno, dizendo: "Eis a escrava do Senhor" (Lc 1,38). — No segundo seguia-se Lia, singular na fecundidade, e representava o segundo terço do Rosário, que é o dos mistérios da Paixão, em que a Senhora ao pé da cruz, debaixo do nome de João, foi constituída Mãe de todo o gênero humano: "Mulher, eis o teu filho" (Jo 19,26). — O terceiro, por fim, rematava-se na formosa e sobre todas amada Raquel, e representava o terceiro terço do Rosário, que é o dos mistérios da Ressurreição e da glória, em que a Senhora foi preferida na graça e no amor com excesso infinito a todas as criaturas, e como tal colocada junto à pessoa do mesmo Cristo, como Raquel à de Jacó: "A rainha apresentou-se à tua destra" (Sl 44,10). — Estes eram os terços com que de uma e outra parte invisivelmente, e sem entender o que faziam nem o pretender fazer, se combatiam com armas iguais os dois inimigos, observando o fim da batalha só quem os tinha metido em tão nova e oculta guerra. E qual foi o sucesso? A batalha era oculta, mas o sucesso foi muito público, e caso verdadeiramente prodigioso.

Depois que um e outro inimigo continuaram em rezar o Rosário, sucedeu que, vindo de partes opostas, se encontraram ambos em uma rua, e quando os que os viram e conheceram tiveram por certo que naquele encontro se acabavam de destruir e matar, eis que ambos, levados do mesmo impulso interior, não com as espadas nas mãos, senão com os braços abertos, se foram um para o outro, e se abraçaram estreitissimamente, mais como irmãos que como amigos, e se deram e imprimiram no rosto os mais amorosos sinais da paz, bem assim como Esaú a Jacó, de quem diz a Escritura: "Portanto, correndo Esaú ao encontro de seu irmão, o abraçou e, apertando-o pelo pescoço e beijando-o, chorou" (Gn 33,4). — As palavras formais com que S. Domingos os tinha exortado a rezar o Rosário foram que aquela tão fácil devoção, e que tão pouco tempo ocupava, lhes aproveitaria grandemente para cumprir com as leis de Deus e de cavaleiros cristãos. E esta foi a razão que eles mesmos se deram, dizendo que era bem se acabassem entre ambos os ódios, pois a lei de Cristo mandava que se amassem os inimigos. Logo, não só se perdoaram de parte a parte os agravos, mas sem pleito nem controvérsia se restituíram os danos de uma e outra família, nas quais se perpetuou igualmente a amizade e a devoção a que a deviam.

Nas pessoas particulares, assim como são mais frequentes as quebras dos preceitos divinos, assim o são também os efeitos maravilhosos do Rosário na emenda e mudança das vidas. Um só exemplo referirei, sucedido não muito longe da nossa terra. Havia na cidade de Saragoça um fidalgo poderoso, chamado Dom Pedro, de costumes tão escandalosamente depravados, como o costumam ser aqueles em que o vício se ajunta com o poder. Ainda não tinha perdido a fé, porque cria que havia inferno; nem tinha perdido o entendimento, porque conhecia o estado de sua vida; mas totalmente tinha perdido a esperança, porque estava resoluto e tinha assentado consigo que sem dúvida se havia de condenar, e por isso, enquanto não vinha a morte, era daqueles que dizem a seus apetites: "Coroemo-nos de rosas antes que murchem" (Sb 2,8). — Mas contra estas rosas, que verdadeiramente são espinhas, tem Deus outras espinhas que produzem rosas. Entrou Dom Pedro em uma igreja, levado, não da devoção, mas da curiosidade, pela fama com que ali pregava S. Domingos. Tratava o santo atualmente e ponderava com grande energia e força de espírito aquele texto do Evangelho: "Quem comete o pecado é escravo do pecado" (Jo 8,34) — e como eram tantos os pecados deste novo ouvinte, outras tantas foram as cadeias com que o santo em feíssima figura o viu atado, tiradas todas por demônios, que em grande multidão o cercavam. Sucedeu isto duas vezes; e para que o miserável homem se conhecesse, e os demais cobrassem horror ao pecado, pediu o zelosíssimo pregador a Deus que vissem todos o que ele via.

Oh! se sucedesse o mesmo neste auditório, quantos escravos e escravas do pecado, quantas cadeias forjadas no inferno e quantos demônios se veriam? Foi tal o assombro, a confusão, o tumulto, com a vista daquele horrendo espetáculo, que todos, não cabendo pelas portas, fugiam da igreja dando gritos. Fugiam do miserável os estranhos, fugiam os amigos, fugiam os criados, e até a triste mulher, que também se achava presente, fugiu. Só ele, que não se via, atônito e pasmado, quisera também fugir de si mesmo, mas queria Deus que entrasse em si, e para isso lhe mandou S. Domingos, por seu companheiro, um Rosário, com o qual lançado ao pescoço se foi lançar aos pés do santo, chorando e confessando seus pecados com a dor, contrição e lágrimas que pedia o caso. Consultada a Virgem, Senhora nossa, sobre a penitência que se lhe havia de dar, ordenou que rezasse o Rosário por toda a sua vida, e que para satisfazer ao escândalo público, fizesse na mesma igreja outras penitências também públicas, as quais ele aceitou e executou com grande submissão e humildade, pedindo perdão a toda a cidade do mau exemplo que lhe tinha dado. Continuou a rezar e meditar todos os dias o Rosário, com grande atenção e devoção, e foi tal a mudança de sua vida com esta nova cadeia a que se atou, e tal o fervor de espírito e perfeição de santidade que a Senhora lhe comunicou por meio dela, que aquele mesmo Dom Pedro, que tão grande pecador tinha sido, obrava depois coisas milagrosas. E em testemunho da graça a que Deus o tinha sublimado naquela mesma igreja em que o tinham visto preso pelos demônios, estando em oração um dia solene, viu todo o mesmo povo que desciam anjos do céu, e lhe punham uma coroa de rosas sobre a cabeça. Tais são, Virgem Santíssima, as mudanças que faz, ainda nos maiores desprezadores das leis divinas, a devoção e virtude do vosso santíssimo Rosário.

§ VII

A mesma mudança, cristãos — se queremos acabar de o ser — obrará em nós este soberano remédio, tão poderoso e tão provado. Prometeu o profeta Samuel a Saul que o espírito de Deus entraria nele, e ele seria mudado em outro homem: "Entrará em ti o espírito do Senhor e serás mudado em outra pessoa" (1Rs 10,6). — Não pode haver maior mudança que aquela em que o mesmo homem é mudado e trocado em outro. E quando ou por que meios havia de suceder a Saul e em Saul esta tão prodigiosa mudança? O mesmo profeta o diz, e não são menos prodigiosas para o nosso caso as circunstâncias com que ele o refere e os sinais que lhe dá para isso: "Ireis ao monte de Deus, encontrareis os profetas que vêm de fazer oração no mesmo monte, cantando ao som do saltério, que trarão diante de si, acompanhado de uma cítara, de um tambor e de uma flauta, e então entrará em vós o espírito do Senhor, e sereis trocado em outro homem" (1Rs 10,5). — Que monte de Deus, que oração, que profetas, que saltério e que três instrumentos são estes de que se compõe a sua harmonia, e com que se há de seguir em Saul uma tão notável mudança? Caso raro! O monte de Deus, como declara o caldeu, era naquele tempo o lugar onde estava e era venerada a Arca do Testamento, bem conhecida imagem da Virgem, Senhora nossa: "Na colina, na qual estava a Arca do Senhor". — Os profetas eram os religiosos do mesmo tempo, em que foram significados os da lei da graça, e particularmente os do espírito dominicano, que este é o que se prometeu a Saul: "Entrará em ti o espírito do Senhor". — A oração que tinham feito, e vinham continuando, bem se segue que era o Rosário da Senhora, que desde o seu princípio se chamou saltério da Virgem: "E diante deles o saltério". — Os três instrumentos que acompanhavam e compunham a harmonia, eram as três diferenças dos mistérios do Rosário: os Gozosos significados na suavidade da cítara; os Dolorosos nos golpes e bater do tímpano; os Gloriosos na tíbia, que é uma trombeta flautada, dizendo Davi: "Subiu Deus com júbilo e o Senhor com voz de trombeta" (Sl 46,6). — E, finalmente, a razão por que se seguiu em Saul uma tão notável mudança, o mesmo texto o diz expressamente, e não foi outra a razão ou a causa, senão porque Saul se ajuntou a rezar ou cantar com os demais a mesma devoção e orações que eles vinham cantando: "E o espírito do Senhor se apoderou de Saul e ele profetizou no meio deles" (1RS 10,10).

Sabeis, Senhores, por que se experimenta tão pouca mudança nas vidas, e se vê entre os católicos tão pouca observância da lei e mandamentos de Deus? É porque falta a devoção do Rosário. A mesma Senhora — para que ninguém duvide desta conclusão — se dignou de o manifestar assim, acudindo pelo crédito de um instituto tão propriamente seu. Quando o Rosário se começou a propagar pelo mundo, com tanta fama e honra de seus milagrosos efeitos, como vimos, houve, contudo, uma mulher — que sempre as Evas foram instrumentos do demônio — a qual, sendo afeiçoada a outras devoções, não só não recebia nem estimava esta, antes lhe fazia pública guerra, persuadindo, como dogmatista, o mesmo erro a outras de tão leve juízo como o seu. Castigou-a a Virgem Santíssima com uma larga e perigosa enfermidade; mas como este açoite não bastasse para desistir ou sarar de tamanha loucura, a Senhora, como Mãe de misericórdia, depois de lhe mostrar em uma visão a glória que gozam no céu os devotos do Rosário, e os males que incorrem nesta vida os que o não são, para mais a desenganar e confundir com a própria experiência, discorrendo pelos mandamentos, lhe foi mostrando particularmente todos os pecados que tinha cometido por não rezar o Rosário. Tão certa é a virtude desta soberana devoção, e tão própria a eficácia que Deus lhe deu para a guarda de sua divina lei e observância de seus mandamentos?

Quando Moisés recebeu a lei de Deus no Monte Sinai, deteve-se ali quarenta dias. E por que razão tão largo tempo, sendo a lei tão breve? S. Metódio[15] supõe como coisa certa, recebida ou por tradição ou por revelação, que a causa de tão larga detença foi porque naqueles dias esteve Deus declarando a Moisés as figuras dificultosas de entender, que pertenciam à Virgem Maria: "Porventura Moisés, o grande, demorou-se mais tempo no monte, por causa das figuras difíceis de entender, que diziam respeito a ti, ó Virgem?". — A principal figura, pois, que consta da Escritura foi revelada a Moisés naquele monte, é a Arca do Testamento, chamada assim porque nela se guardavam as tábuas da lei. E como nesta Arca se encerravam todos os mistérios, e nesta figura todas as figuras da vida da Mãe de Deus e de seu Filho feito homem, por isso Deus se deteve tantos dias em declarar as mesmas figuras a Moisés. E chamam-se estas figuras que pertenciam à Virgem "dificultosas de entender"; porque tais eram em comum e em particular. Em comum, porque aquelas figuras representavam os mistérios da Encarnação, Vida, Morte, Ressurreição e Ascensão do Filho de Deus que, feito homem, havia de vir remir o mundo, e de uma Virgem, que havia de ser sua Mãe — que são os mesmos mistérios do Rosário — todos altíssimos, profundíssimos e nunca até aquele tempo imaginados dos homens. E em particular, porque o que Deus particularmente fazia no Monte Sinai era dar leis aos homens e desenhar a traça da Arca, em que as mesmas leis se haviam de guardar com suma veneração. E posto que facilmente se entendia como as leis materiais se podiam guardar em uma Arca, era, porém, muito dificultoso de entender que as figuras dos mistérios representados na mesma Arca houvessem de ter virtude para que moralmente se guardassem as mesmas leis. Isto foi, pois, o que Deus declarou a Moisés no monte, e não só com palavras, senão com a experiência e com o sucesso das mesmas leis e da mesma Arca. As leis fê-las Deus e escreveu-as duas vezes por sua própria mão naquele mesmo lugar; e que sucesso tiveram umas e outras também em figura? As primeiras quebrou-as Moisés, as segundas conservou-as a Arca. E então se acabou de entender a virtude que tinha a Arca e os mistérios nela figurados, para por meio dela e deles se guardarem as leis de Deus e seus mandamentos.

Só resta contra tudo o que fica dito uma dúvida, e não pequena. A experiência mostra que muitos rezam o Rosário, e nem por isso guardam as leis de Deus; antes, vemos que assim como todos os dias o rezam, assim todos os dias as quebram, e muito gravemente; logo, não tem o Rosário a virtude que dele pregamos? Sim, tem. E quem nos há de responder a este argumento não é menos autor que a mesma Virgem Santíssima, que melhor que todos conhece a virtude do seu Rosário e os defeitos dos que o rezam. Quando a Senhora referiu ao santo frei Alano a grande reformação que tinha feito no mundo a devoção do Rosário, acrescentou que eram tão reformados na vida e costumes todos os que o rezavam que, se acaso se via algum católico menos observante das obrigações de cristão, e distraído em vícios, logo se dizia como em provérbio: aquele ou não reza o Rosário, ou o não reza com a atenção que deve. Rezar o Rosário não é passar contas: é orar com atenção aos mistérios que nele se consideram, e com advertência ao que se diz, e com afeto ao que se pede a Deus e à sua Mãe. Um religioso cartuxo rezava o Rosário muito apressadamente e muito divertido, porque tinha um ofício de grande ocupação; e ouviu uma voz do céu que dizia: — Essas rosas são muito secas e murchas; não se aceitam cá. — E se a pouca advertência de um monge, ocupado por obediência, impedia o fruto do Rosário, que serão os divertimentos vãos, os pensamentos ociosos e os cuidados, afetos e intenções, não só diferentes e alheios da graça de Deus, que se pede, senão totalmente contrários?

Não mostramos no primeiro fundamento deste discurso que os mistérios do Rosário foram instituídos para nos vermos neles como em espelhos, e com a consideração de tão altos e poderosos exemplos, moderarmos nossas paixões e refrearmos a rebeldia do alvedrio livre e depravado? Não mostramos que as orações vocais, com que se acompanha a meditação dos mistérios, tão multiplicadas e repetidas, são para pedir, rogar e importunar a Deus, que por intercessão de sua Santíssima Mãe nos conceda a graça, sem a qual não podemos guardar seus mandamentos? Pois se os mistérios se não meditam, e nas orações não oramos, nem ainda falamos, porque o pensamento e o afeto está noutra parte; se a chamada devoção da Senhora não é devoção, nem o Rosário Rosário; e se os mandamentos de Deus, que por meio dele havemos de guardar, nós mesmos — e muitas vezes no mesmo tempo em que passamos as contas — estamos cuidando o modo com que os havemos de quebrar, como queremos que faça o Rosário em nós os efeitos que nós mesmos estamos encontrando e não querendo? Reze-se o Rosário como a Virgem Santíssima ordenou que se rezasse, e se somos pecadores, seja com desejo de o não ser, pedindo com verdadeira confusão de nossa miséria e detestação dos mesmos pecados, que Deus nos livre deles como de todo o mal, e nos dê forças e espírito para resistir às tentações; e deste modo, sendo o Rosário Rosário, os seus efeitos serão também os seus, e se verá em nós tal mudança de vida que, por meio da observância dos preceitos de Deus, gozemos a bem-aventurança prometida aos que os guardam: "Bem-aventurados os que ouvem a palavra de Deus e a guardam".

SERMÃO

VI

∾

"Bem-aventurado o ventre que te trouxe...
'Antes, bem-aventurados aqueles que
ouvem a palavra de Deus e a guardam.'"
(Lc 11,27s)

Este sermão da misericórdia quer ser uma retratação, de acordo com Davi: "Acrescentarei sobre todo teu louvor" (Sl 70,14). No sermão passado, pregava a maior de todas as excelências da devoção do Rosário. Encontrou, no entanto, outra maior. E esta é a matéria de hoje. Quando a misericórdia tem menos notícia, então é mais misericórdia. A maior ação da misericórdia divina — e que ainda depois de obrada só a pode crer a fé, e a razão não pode provar que era possível — foi a da redenção do gênero humano por meio da Encarnação e Morte de seu próprio Filho. Com exemplos, lembra São Tiago: a misericórdia exalta e levanta a justiça. O que fez o pai de família? Excedeu o justo. E o que fez a mãe de misericórdia? Excedeu o injusto. Assim, o que faz injusta a misericórdia: 1) a lei, porque a misericórdia paga a quem não serviu? 2) o réu, porque a misericórdia olha o interior e o exterior? 3) o juiz, porque a misericórdia tem como promotora a Virgem Maria. Fala também sobre a autoridade de Maria e a figura de Ester. E conclui referindo-se aos reis, que, embora seculares, são mais aptos instrumentos que os eclesiásticos para promover o serviço de Deus e aos devotos que se confirmem na sua devoção.

§ I

Uma das coisas mais notáveis, antes a mais notável de quantas disse Davi, são aquelas palavras do salmo setenta: "Acrescentarei sobre todo teu louvor" (Sl 70,14). Quer dizer: — Eu, Senhor, vos louvarei de tal maneira, que sobre todo o vosso louvor ainda hei de acrescentar mais. — Chamei a esta proposição notável, e devera-lhe chamar contraditória e impossível. Deus é todo-poderoso e perguntam os filósofos se pode Deus fazer tudo quanto pode. Uns negam, outros afirmam, e uns e outros se implicam. Porque depois de Deus fazer tudo o que pode, ou pode fazer mais alguma coisa ou não? Se não pode, deixou de ser Deus, porque não há Deus sem onipotência; e se pode, segue-se que aquilo que fez não era tudo. O mesmo se infere desta proposição de Davi, em que diz que há de acrescentar sobre todo o louvor de Deus. Porque, ou Davi há de acrescentar, ou não. Se não acrescenta, é falsa a sua proposição; e se acrescenta, segue-se que o louvor de Deus, sobre o qual acrescentou, não era todo, porque sobre o que é tudo não pode haver mais.

Assim é com evidência. E se me perguntais a que fim começo hoje com um tal exórdio, digo, senhores, que para me retratar do que disse no sermão passado e para confessar que o que lhe aconteceu a Davi com os louvores de Deus, me sucedeu também a mim com os do Rosário. No sermão passado cuidei que tinha pregado a maior de todas as excelências desta soberana devoção da Virgem, Senhora nossa. Porém, estudando mais em seus milagres e examinando melhor as maravilhas sobre todo o excesso grandes e estupendas que por meio do seu Rosário tem obrado a mesma Senhora, por cima da que julguei que era a maior das maiores achei ainda outra maior. E esta é a que hei de pregar hoje. Aos que louvam o Santíssimo Sacramento diz Santo Tomás que não tenham medo de dizer muito, e que se atrevam quanto puderem, porque aquele Senhor Sacramentado é maior que todo o louvor: "Porque é maior do que todo louvor, mas não é suficiente para louvar"[1]. — E quem prega de um assunto que é maior que todo o louvor, quando cuida que tem dito tudo, ainda acha, como Davi, que pode dizer mais: "Acrescentarei sobre todo teu louvor".

O que disse e provei ultimamente, se bem vos lembra, foi que o meio mais eficaz para guardar os mandamentos de Deus é a devoção do Rosário. E como a guarda dos mandamentos de Deus é o meio necessário e único para alcançar a bem-aventurança, e não há nem pode haver maior bem que a mesma bem-aventurança, pareceu-me que esta excelência do Rosário era também a maior que dele se pode dizer. Mas se o não é, como supõe a minha retratação, que excelência pode haver, nem imaginar-se, que seja maior que esta? Se vos ocorre alguma, folgaria eu muito de a ouvir. Mas porque vos não quero cansar o discurso, nem suspender a admiração, pergunto: se ser o Rosário o meio mais eficaz para guardar os mandamentos de Deus é fazer bem-aventurados os que os guardam, não seria maior a sua eficácia e mais admirável a sua virtude se não só fizesse bem-aventurados os que guardam os mandamentos, senão também os que os não guardam? Claro está que sim. Pois isto é o que de novo digo, e o que, se Deus me ajuda, hei de provar. A regra geral de Cristo é que os que guardarem os mandamentos de Deus alcançarão a bem-aventurança; porém, esta regra geral têm uma exceção que diz: se a Virgem do Rosário não ordenar o contrário, porque no tal caso até os que não guardaram os mandamentos serão bem-aventurados. Isto posto, com licença do benditíssimo Filho da mesma Virgem, assim como o Senhor replicou ao "Bem-aventurado o ventre" dizendo: "Antes, bem-aventurados", assim eu me atreverei a replicar também por parte da Senhora, e a trocar o lugar ao mesmo "Antes". Cristo disse com regra geral por parte de Deus: "Bem-aventurados os que ouvem a palavra de Deus e a guardam". E eu digo com exceção particular por parte da Mãe de Deus: "Antes, bem-aventurado o ventre que te trouxe". Para declarar este altíssimo privilégio, que todo é graça, peçamos a da mesma Senhora. *Ave Maria*.

§ II

"Bem-aventurados os que ouvem a palavra de Deus e a guardam. Antes, bem-aventurado o ventre que te trouxe."

Então é maior a misericórdia, quando? Quando as ações da misericórdia se parecem com as da injustiça. A misericórdia e a justiça não são virtudes encontradas. Deus, infinitamente justo e infinitamente misericordioso, tão misericordioso é como justo. Mas quanto a misericórdia tem menos de justiça, e quanto se parece mais com a injustiça, tanto tem mais de misericórdia.

Quando Cristo, Senhor e legislador supremo, promulgou a sua lei — que foi em outro monte, como Moisés — a todas as virtudes prometeu por prêmio a bem-aventurança, como aquele que só a podia dar e fazer bem-aventurados: "Bem-aventurados os pobres, bem-aventurados os mansos, bem-aventurados os que choram" (Mt 5,3ss) — e assim das demais. É, porém, muito digno de reparo que só aos misericordiosos e esmoleres prometeu a bem-aventurança com nome de misericórdia. Aos pobres de espírito prometeu a bem-aventurança com nome de reino; aos que choram seus pecados, com nome de consolação; aos que têm fome e sede, com nome de fartura; aos limpos de coração, com nome de vista de Deus; e só aos misericordiosos com nome de misericórdia: "Bem-aventurados os misericordiosos, porque conseguirão misericórdia" (Mt 5,7). — Pois, se a bem-aventurança, que a nenhum homem é devida, em todos é misericórdia, por que só se chama misericórdia quando se dá aos misericordiosos e esmoleres? Porque só neles é misericórdia de tal gênero que totalmente parece injustiça. Ouçamos a sentença do dia do Juízo: "Vinde, benditos de meu Pai, para o reino do céu, porque tive fome, e me destes de comer; tive sede, e me destes de beber" (Mt 25,34s). — Assim há de dizer o supremo Juiz aos da mão direita; e, voltando-se para os da esquerda, dirá também do mesmo modo: "Ide, malditos, para o fogo do inferno, porque tive fome e não me destes de comer, tive sede e não me destes de beber" (Mt 25,41s). — De sorte que toda a sentença do dia do Juízo, assim de uma como de outra parte, se vem a resolver em "me destes" ou "não me destes". Se destes, absoltos; se não destes, condenados. E não é isto o que costumam fazer juízes injustos e subornados? Assim é, e tanto assim que não duvidou dizer S. João Crisóstomo: "O nosso juiz se deixa corromper pelos pobres"[2]: que o nosso juiz, Cristo, se deixa subornar e corromper, e que os canos por onde recebe os subornos são os pobres a quem se dá a esmola. — E porque a misericórdia com que Deus dá a bem-aventurança aos esmoleres se parece tanto com a injustiça, por isso esta misericórdia, como singular, e não só grande mas superior a todas, se chama por excelência misericórdia: "Bem-aventurados os misericordiosos, porque conseguirão misericórdia".

Mas ainda este exemplo, sendo tão grande e tão universal, é curto. Vamos ao maior de todos, e que só podia caber na imensidade do coração de Deus. A maior ação da misericórdia Divina — e que ainda depois de obrada só a pode crer a fé, e a razão não pode provar que era possível — foi a da redenção do gênero humano por meio da Encarnação e Morte de seu próprio Filho. E que circunstâncias concorreram nesta prodigiosa resolução da misericórdia que não pareçam manifestas injustiças? Vender o Filho, para resgatar o escravo? Condenar o inocente, para absolver o culpado? Matar o justo, para que vivesse o pecador? Se esta ação não fora de Deus, e a fizera o pai ou o rei mais santo, quem haveria que a não julgasse por injustíssima? Sem sair do mesmo caso: por que foi injusto Caifás? Por que foi injusto Herodes? Por que foi injusto mais que todos Pilatos, senão porque executou como sua esta mesma sentença? Se Pilatos em condenar a Cristo e absolver a Barrabás, cometeu a maior injustiça, que menos fez o Eterno Pai, condenando a seu Filho, para libertar os filhos de Adão do pecado de seu pai e dos seus? Mais digo. Pilatos lavou as mãos, mas o Eterno Pai não as pode lavar. Porque Pilatos obrou forçado, e o Eterno Pai muito por sua vontade. Pilatos confessou a inocência de Cristo: "Eu sou inocente do sangue desse justo" (Mt 27,24) — e o Eterno Pai pôs em Cristo e sobre Cristo os pecados e maldades de todos os homens: "Pôs sobre ele a iniquidade de todos nós" (Is 53,6). — Pois isto quer, isto resolve, isto manda, isto executa um Deus que é a mesma justiça, com tantas circunstâncias ou aparências de injustiças? Sim, porque assim era necessário para sublimar e exaltar Deus a soberania da sua misericórdia sobre a mesma justiça. A misericórdia que não excede e encontra as leis da justiça, é misericórdia vulgar e quase indigna da piedade infinita de Deus. Qual é, logo, a misericórdia digna do seu coração, ou, como lhe chama Zacarias, das suas entranhas: "Pelas entranhas de misericórdia do nosso Deus" (Lc 1,78)? — É uma misericórdia que verdadeiramente pareça injustiça, e quanto mais semelhança tiver de injusta, tanto mais terá de divina.

Assim o entendeu altamente Drogo Hostiense, e o declarou por boca do Bom Ladrão, como testemunha de vista. Em que fundou o Bom Ladrão a esperança de que, sendo ladrão e malfeitor, havia de ser Cristo tão misericordioso com ele que lhe desse o seu reino? Fundou-a não só na misericórdia de Cristo, mas no gênero de injustiça com que considerou que a sua mesma misericórdia o condenara: "Vejo em vós uma misericórdia tão grande e tão apropriada a ti que me fez meu companheiro na mesma miséria. Eu recebo o que é justo por meus feitos, vós porém o que fizestes? Vejo-vos igual a mim na pena e tão dessemelhante na realidade"[3]. Vejo em vós, Senhor — diz o ladrão —, vejo em vós, a quem já reconheço por Deus, uma misericórdia tão grande, tão divina, tão vossa, que só ela pode ser digna de quem vós sois, pois vos fez meu companheiro na mesma miséria. A mim pôs-me a justiça em uma cruz, e justamente, porque sou culpado; a vós pôs-vos a misericórdia em outra cruz, mas injustamente, porque sois a mesma inocência; e quando eu vejo que a vossa misericórdia foi tão injusta convosco que, sendo inocente, vos fez semelhante a mim na pena, por isso espero também que será tão injusta comigo que, sendo eu culpado, me faça semelhante a vós na glória. Assim o considerou sutilmente o ladrão e assim lhe sucedeu. De maneira que a semelhança de injustiça que o ladrão considerou na misericórdia que condenou a Cristo, essa foi a que lhe deu esperança de que a mesma misericórdia o salvaria a ele: "Vejo-vos igual a mim na pena e tão dessemelhante na realidade". — E esta misericórdia que tantas circunstâncias teve, ou tantas aparências de injusta, esta mesma, e por isso mesmo foi a maior misericórdia, a mais alta, a mais divina e a mais digna de quem Deus é, que todas as suas: "Vejo em vós uma misericórdia tão grande e tão apropriada a ti". — E se aquela misericórdia, que tanto se parece com a injustiça, é a misericórdia própria das entranhas de Deus: "Pelas entranhas de misericórdia de nosso Deus" — não será muito que pareça também hoje injusta a misericórdia da que trouxe a Deus em suas entranhas: "Bem-aventurado o ventre que te trouxe".

§ III

Para que vejamos estas que parecem injustiças da Virgem, Senhora nossa, nas misericórdias do seu Rosário, infinitos são os exemplos que me oferecem as histórias eclesiásticas, assim nas crônicas gerais e particulares da sagrada religião de S. Domingos, como em muitos outros autores, de que só os da nossa são mais de vinte. Deixados, pois, outros casos do mesmo gênero, só referirei um que, por real, deve preferir aos demais. Houve um grande rei, diz o Beato Alano, e cala o nome da pessoa e do reino por reverência da dignidade a que o mesmo que se coroava com ela nenhum respeito nem decoro guardava[4]. — Era mau e vicioso de todos os quatro costados, que são as quatro obrigações de que se compõe a dignidade real ou o rei digno. A primeira para com Deus, a segunda para com os estranhos, a terceira para com os vassalos, a quarta para consigo. Mas todos estes quatro elementos estavam corruptos naquele indigno príncipe, com que vinha a ser a peste da sua república. Para com Deus era ímpio e blasfemo; para com os estranhos ambicioso e soberbo; para com os vassalos avarento e cruel; e para consigo todo entregue às demasias da gula e às outras intemperanças que desta se seguem. Assim viveu este monstro coroado alguns anos, e assim — que assim havia de ser — veio a morrer sem emenda. Enquanto se celebravam as exéquias do corpo presente, foi presentada a infeliz alma ante o tribunal divino, chorando os dois anjos de sua guarda, e triunfando com tão grande presa a caterva dos demônios que a cercavam. Assistia ao pé do trono S. Miguel com a balança, e foi coisa maravilhosa, ou lastimosa, que pondo-se de uma parte infinitas más obras, da outra não houve uma só boa com que se contrapesassem. Condenado, pois, o miserável rei pelos pecados de rei, que eram os maiores, e pelos de homem, que eram gravíssimos, quando já os ministros infernais lhe iam arrebatando a alma para a levar e sepultar no inferno, eis que aparece cercada de resplendores a gloriosíssima Mãe de Deus com um Rosário na mão. E que Rosário era este? Coisa estranha, e não imaginada, e de que no juízo se não tinha feito caso. Se algum sinal de cristandade havia dado o rei em sua vida, era trazer sempre pendente ao cinto um Rosário de contas grossas, as quais, porém, nunca rezava. Assim o nota e pondera o santo historiador, advertindo juntamente que, à imitação do rei, todos usavam também publicamente o Rosário, e não só por gala ou cerimônia, como ele, porque todos o rezavam e ofereciam à Senhora. Este Rosário, pois, não rezado, mas ocasião somente de que outros o rezassem, pôs a Mãe de misericórdia por sua própria mão na outra parte da balança, e foi tal o peso que da mesma mão soberana tinha recebido, que logo a inclinou e levou abaixo, subindo a das más obras, como se foram mui leves. Aqui se acabou de entender então a verdade e propriedade com que tinha dito o apóstolo S. Tiago: "A misericórdia triunfa sobre o juízo" (Tg 2,13).

O sentido deste texto todos os Pais e expositores entenderam sempre que queria dizer que a misericórdia prevalece e é superior à justiça; mas as palavras do mesmo texto parece que se não acomodam a este sentido, porque elas dizem que a misericórdia exalta e levanta a justiça: "A misericórdia triunfa sobre o juízo". — Logo, se a justiça é a exaltada e levantada, ela é a que fica superior, e não a misericórdia. Por esta dificuldade são infinitas as disposições e ainda versões que se têm inventado para declarar o mesmo texto, mas todas violentas e impróprias. A própria e verdadeira é a que se mostra na balança, porque na balança a parte que sobe é a vencida e que fica debaixo, e a que desce a que prevalece e fica de cima. E este é o modo com que a misericórdia levanta a justiça: "A misericórdia triunfa sobre o juízo. Assim como na balança o peso de um prato eleva o outro, assim a misericórdia eleva o juízo"[5] — diz o Cardeal Caetano. E não é maravilha que entre os expositores ele desse unicamente neste pensamento, como doutor da família do Rosário, o qual Rosário no nosso caso o mostrou e confirmou com tão milagrosa experiência.

Mas que fariam os demônios à vista desta súbita mudança, tão contrária à vitória e ao despojo com que já triunfavam? Duas coisas refere a história, ambas notáveis: uma é que furiosos arremeteram à balança que tinham carregado com as más obras do rei, trabalhando com toda a força pela fazer descer, e que pesasse mais que o Rosário; a outra que, não aproveitando nada com todas as suas forças, atrevidos e blasfemos, clamaram contra a Senhora, dizendo a grandes vozes: "Maria, agistes injustamente, causastes a desigualdade". — Maria, fizestes uma grande injustiça; isto não é razão nem igualdade. — Mas assim como Deus permite aos demônios que o blasfemem, sem por isso lhes dar novo castigo, assim a Mãe de Deus, não fazendo caso daquelas blasfêmias, e voltando-se para a alma do rei já livre da condenação, lhe disse que se tornasse a unir ao corpo, e que a vida que dali por diante se lhe concedia a empregasse em tais obras que satisfizessem a culpa e escândalo das primeiras. Assim se fez, e com assombro de toda a nobreza do reino, que assistia aos ofícios funerais, se levantou do túmulo o rei defunto vivo, dizendo em alta voz, e com as mãos levantadas ao céu: "O bendito seja o Rosário da Virgem, pelo qual fui livrado da condenação do inferno!"

Este foi o prodigioso caso, de cujas circunstâncias só pede o nosso assunto que examinemos e ponderemos a alegação dos demônios, a qual, posto que atrevida e blasfema, parece que foi posta em razão e justificada. E a justiça e a razão nem ao demônio se há de negar. Em outro caso semelhante de um eclesiástico, por nome Baslo, cuja alma patrocinava a Virgem depois de morto, alegaram os demônios à mesma Senhora que, sendo Mãe da verdade e da eterna justiça, lhes não podia tirar das mãos aquele homem, que era seu. E como em prova de que era seu, o acusassem de um pecado grave que nunca tinha confessado, diz S. Pedro Damião — que é o autor da história — que, reconhecendo a Senhora ser assim, parara um pouco, e não replicara, como em reverência da verdade, posto que afirmada pelos pais da mentira: "Quando a Virgem Maria reconheceu os autores do pecado da mentira, parou um pouco e prestou assim reverência à verdade"[6]. — Assim que, sem ofensa da Mãe de Deus, posto que os demônios foram os que disseram: "Maria agistes injustamente" — nem por isso havemos de deixar sem exame as aparências da razão que tiveram; antes, será não só lícito, mas conveniente argumentar e instar pela mesma parte, para que as misericórdias da Senhora e do seu Rosário, quanto mais parecer que envolvem de injustiça, tanto mais gloriosamente nos manifestem quanto têm de excelente misericórdia.

§ IV

Consideradas, pois, todas as circunstâncias da misericordiosa salvação, que referimos, do rei morto, condenado, absolto, ressuscitado e finalmente salvo, por todas elas parece que foi a sentença injusta. Injusta por parte das leis, injusta por parte do réu, injusta por parte do Juiz, e mais injusta por parte da Advogada e do motivo, que foi a Senhora e o seu Rosário.

Começando pelas leis, basta por todas as do nosso Evangelho: "Bem-aventurados os que ouvem a palavra de Deus e a guardam". — A lei universal de Cristo é que se salvem só os que guardarem os mandamentos de Deus, e que sejam condenados para sempre, e vão penar eternamente no inferno os que os não guardarem. Isto mesmo repetem a cada regra todas as Escrituras, e é artigo de fé. Pois, se aquele rei em toda a vida não guardou as leis de Deus, desprezando tão ímpia, tão insolente e tão escandalosamente, não só uma — que bastava — senão todas, e assim perseverou obstinado até a hora da morte, sem emenda nem arrependimento, como se não executou nele a pena das mesmas leis? Isto é que os demônios chamaram injustiça: "Maria agistes injustamente!" — e o mesmo parece que tinham razão de dizer e clamar todos os condenados do inferno. Que Deus nos condenasse porque vivemos e morremos desobedientes a seus mandamentos, é muito justo: "Vós sois justo, Senhor, e é reto o vosso juízo" (Sl 118,137) — porém, que não haja de padecer a mesma pena quem cometeu as mesmas e maiores culpas, que justiça é esta? Até os bem-aventurados do céu podem fazer a mesma queixa. Naqueles operários da parábola de Cristo, chamados à vinha a diferentes horas, são significados todos os que se salvam e hão de salvar, porque todos receberam o Denário, o qual se chama assim porque é a satisfação e prêmio com que Deus paga a observância dos dez mandamentos. E contudo diz o texto que depois de receberem esta paga alguns deles murmuravam contra o pai de famílias, que é Deus: "Os que receberam murmuravam contra o pai de família" (Mt 20,11). — Mas se estes, que já tinham recebido a paga — como replica S. João Crisóstomo — se estes, que já tinham recebido a paga, já estavam no céu e já eram bem-aventurados, e o pai de famílias é Deus, como murmuraram contra o pai de famílias? No céu há murmuração, ou podem os bem-aventurados murmurar contra Deus? É certo que nem murmuram nem podem; mas declara a parábola com a sem-razão deste nome a razão verdadeiramente aparente com que parece se podiam queixar da diferença e desigualdade que Deus usou entre uns e outros: "Estes últimos trabalharam uma hora, e fizestes iguais a nós que levamos o peso do dia e do calor?" (Mt 20,12). — Estes vieram na última hora: nós suportamos todo o peso do dia e da calma, e no cabo fazeis-los iguais conosco? — Que diriam se falassem do nosso caso estes mesmos bem-aventurados? Se chamam desigualdade a levarem o mesmo prêmio os que trabalharam todo o dia na vinha e os que vieram a ela na última hora, que haviam de dizer comparados com o mau rei, que nem na última hora veio, antes todos os dias da sua vida tinha empregado todo o seu poder em arrancar, decepar e destruir a vinha? Vede se tinham aparente e mais que aparente ocasião para se queixar e murmurar da Mãe como do pai, e dizer pelos mesmos termos à Senhora: "Causastes desigualdade".

Mas tais como estas são as que parecem injustiças da misericórdia de Deus e da Virgem do Rosário. O que respondeu o pai de famílias a um dos murmuradores em nome de todos foi: "Amigo, não te faço injúria: porventura não trataste comigo o pagamento de um denário? Leva o que é teu e vai. Quero dar a este último igual a ti. Não me será permitido fazer o que eu quero?" (Mt 20,13ss). Amigo, eu não te faço injúria, pois te paguei o que prometi e ajustei contigo. E se pago igualmente a este que não trabalhou tanto, o que lhe dou demais a ele não o tiro a ti. Contenta-te com o que é teu, e do meu deixa-me fazer o que quero, pois me é lícito. — Esta foi a resposta do Senhor da vinha, tão senhoril como justificada, e vem a dizer, em suma, que a liberalidade não é dívida, e que quando Deus usa de maior graça e de maior misericórdia com uns, nem por isso faz agravo ou injúria aos outros, porque a graça não é injúria nem a misericórdia injustiça. Mas, se assim é, como é, por que razão Cristo, Senhor Nosso — que foi o sapientíssimo artífice da parábola, e a podia formar como quisesse — por que razão onde não havia injúria introduziu a queixa, e onde não havia

injustiça, a murmuração? Por isso mesmo, dizem S. Jerônimo e S. Gregório. Porque queria o Senhor encarecer a mesma graça e a mesma misericórdia sua, que era o fim de toda a parábola, e a graça que pode parecer injúria é maior graça; a misericórdia que pode parecer injustiça é maior misericórdia. Tais são, como dizia, as graças e misericórdias de Deus, e principalmente quando o Senhor as concede por mão de sua Santíssima Mãe, e procuradas — como no nosso caso — pela mesma Senhora. É novo e não menor reparo na mesma parábola.

Quem saiu a chamar e conduzir os operários para a vinha e quem fez o concerto com eles foi o mesmo pai de família: "Quem ao romper da manhã saiu a assalariar trabalhadores para sua vinha" (Mt 20,1) — porém, as pagas que ocasionaram a murmuração mandou-as fazer pelo seu procurador: "Disse ao seu procurador" (Mt 20,8). — Pois, se o pai de famílias fez os pactos por sua própria pessoa, as pagas por que as não fez também ele por sua mão? Porque eram pagas desiguais, umas de justiça, outras de graça, e de tão excessiva graça, que deram ocasião à queixa. E posto que o fazer os pactos e as leis pertença primitivamente a Deus, que é o pai de famílias, quando essas leis se hão de exceder em parte ou dispensar em todo, estas dispensações e graças extraordinárias não as costuma Deus fazer imediatamente por si mesmo, senão por mão do seu procurador ou da nossa Procuradora, que é a Virgem Santíssima. Assim o dizem e apregoam expressa e encarecidamente S. Bernardo, S. Anselmo, S. Epifânio S. Boaventura e todos os santos em todos seus escritos. Bastem pelo testemunho de todas as palavras de S. Germano, Arcebispo de Constantinopla, que verdadeiramente são germaníssimas, falando com a mesma Senhora:

"Quem depois do teu Filho cuidou tanto do gênero humano, como tu? Ninguém há que esteja salvo, ó Santíssima, a não ser por ti; ninguém há que esteja livre dos pecados a não ser por ti; ninguém há que mereça a graça a não ser por ti"[7]. Quem há depois de vosso Filho, ó Virgem Santíssima, que assim procure o bem do gênero humano como vós? Porque ninguém se salva senão por vós, ninguém se livra dos males senão por vós, ninguém alcança misericórdia ou graça, senão por vós. De sorte que todas as graças e misericórdias que excedem as leis da justiça, e ainda parece que a encontram, não as faz Deus imediatamente por si mesmo, senão por mão de sua Santíssima Mãe, Mãe também e Procuradora nossa, como o fez o pai de famílias por mão do seu procurador: "Disse ao seu procurador".

Isto quer dizer e encarecer aquele "A não ser por ti, a não ser por ti, a não ser por ti", tantas vezes repetido. Mas, porque neste curar de nós e procurar de nós dá o santo o segundo lugar à Senhora e o primeiro a seu Filho: "Quem depois do teu Filho cuidou tanto do gênero humano como tu" parecia-me a mim que no nosso caso se devem trocar estes lugares. No caso da parábola, o procurador só fez o que lhe mandou o Senhor da vinha; porém, no nosso caso a nossa soberana Procuradora não só excedeu o que o mesmo Senhor manda, mas procurou que se fizesse e conseguisse tudo o contrário. Comparemos em um e outro caso o que fez o pai das misericórdias, que é o pai das famílias, com o que fez a Mãe de misericórdia, que é a Mãe do mesmo pai. O pai de famílias, no caso da parábola, excedeu o justo; a Virgem Maria, no nosso caso, excedeu o injusto. Ora, notai. O pai de famílias aos que chamou em segundo lugar, e daí por diante, não lhes prometeu o jornal de todo o dia por inteiro, senão o que fosse justo: "Dar-vos-ei o que for justo" (Mt 20,4). — E como aos que só serviram poucas horas ou uma só hora deu inteiramente o jornal de todo o dia, bem se vê que excedeu o justo. Porém a Senhora, no nosso caso, indo por fora de todos os exemplos da parábola, e fazendo que o mesmo jornal e a mesma paga — que é o denário da bem-aventurança — se desse, não só a quem não tinha servido, mas a quem tanto tinha desservido e ofendido a Deus, como aquele mau rei, manifestamente excedeu o injusto. O dar a quem não serviu é liberalidade, mas o pagar a quem não serviu é injustiça, porque a paga supõe serviço, assim como o prêmio supõe merecimento. E se pagar a quem não serviu é uma injustiça, pagar a quem desserviu e ofendeu são duas, e não só é fazer, senão exceder o injusto. Isto, pois, que não mandou o pai de famílias nem fez o seu procurador, procurou a Senhora do Rosário, e fez que se executasse contra todas as leis gerais do que Deus manda. E quem haverá à vista deste excesso de misericórdia que, trocando a blasfêmia dos demônios em louvor digno de o cantarem os anjos, se não atreva a dizer confiadamente à sua Rainha e nossa: "Maria agistes injustamente".

§ V

O que só se pode responder é que a Senhora mandou ao rei que depois de ressuscitado emendasse na segunda vida os erros da primeira. Mas isto mesmo foi quebrar outra lei. A lei universal de Deus é que os homens não tenham mais que uma vida e uma morte: "Está estabelecido que os homens morrem uma só vez" (Hb 9,27). — Tanto assim que até o mesmo Rosário se não atreve a pedir à mesma Mãe de Deus outra coisa: "Santa Maria, Mãe de Deus, rogai por nós, pecadores, agora e na hora de nossa morte". — Pedimos à Mãe de Deus que rogue por nós pecadores agora, que é esta vida, e mais na hora da morte; porém, depois da morte não pede tal coisa o Rosário. Mas não fora a Senhora do mesmo Rosário tão misericordiosa e tão poderosa como é, se nos não concedera o que pedimos e o que não pedimos também. Porventura Marta e Maria pediram a Cristo que ressuscitasse seu irmão? Nem tal pediram nem tal lhes passou pelo pensamento. O que só desejaram — e não pediram — foi que o Senhor lhe acudisse antes de morrer, e o sarasse da enfermidade. Assim o significava o recado: "Eis que está enfermo aquele que amas" (Jo 11,3) — e assim o disseram depois uma e outra: "Senhor, se tu estivesses aqui, não teria morrido meu irmão" (Ibid. 21). Contudo, sem as irmãs se atreverem a pedir nem ainda a esperar a ressurreição de seu irmão, o Senhor, movido de sua própria misericórdia, o ressuscitou. Por quê? Bem creio que nem a vós vos vem ao pensamento a razão. Mas a razão foi porque nesta ressurreição quis fazer um ensaio particular, e dar um testemunho público das que depois havia de obrar em graça de sua Santíssima Mãe.

Antes de Cristo nesta hora entrar em Betânia, parou e mandou por Marta, que ali o foi receber, que fosse chamar sua irmã Maria: "O mestre está aí e ele te chama" (Jo 11,28). — Mas, se as duas irmãs tinham repartido entre si as duas cerimônias daquele ato, Marta, a da cortesia, saindo a receber o Senhor, e Maria, a do nojo e sentimento, ficando encerrada em casa, por que mandou o Senhor chamar, e quis que viesse primeiro? Excelentemente S. Pedro Crisólogo: "Marta é mandada a Maria, porque sem Maria não se podia lançar fora a morte, nem restaurar a vida. Venha, Maria, venha a mensageira do nome materno, para que o homem veja que Cristo habitou o íntimo do útero virginal de modo que os mortos subam do inferno, e os mortos saiam dos sepulcros"[8]. — Excelentemente outra vez. — Mandou o Senhor chamar a Maria porque, como Lázaro estava morto, e se lhe havia de restituir a vida, "nem sem Maria se podia lançar fora a morte, nem a vida se podia restaurar sem Maria". — Notai muito aquele "Não se podia" duas vezes repetido. Não porque Cristo, soberano senhor da morte e da vida, não pudesse absolutamente dar agora a vida a este morto, como no fim do mundo a há de dar a todos, mas porque estes mesmos poderes os tem comunicado a sua Mãe com tão irrevogável delegação que, assim como a Senhora não pode dispor da morte e da vida sem o concurso superior de seu Filho, assim o Senhor o não faz jamais sem companhia de sua Mãe. De sorte que esta ressurreição — diz Crisólogo — não se fez em graça de Maria, irmã de Lázaro, senão por graça e privilégio de Maria, Mãe de Deus: "Venha, Maria, venha a mensageira do nome materno". E para quê? Que o porquê já está dito: "para que o homem veja que Cristo habitou o íntimo do útero virginal de modo que os mortos subam do inferno, e os mortos saiam dos sepulcros". — Agora acabou de dizer o Santo o que só faltava para a inteira propriedade do nosso caso: Para que entendam os homens que o fim por que Deus se fez homem no sacrário virginal do ventre de Maria foi para que as almas dos mortos subam do inferno e os corpos saiam vivos das sepulturas: "De modo que os mortos subam do inferno, e os mortos saiam dos sepulcros".

Isto é o que a Senhora do Rosário obrou no nosso caso, com maior privilégio e maior milagre que o da ressurreição de Lázaro. Porque, sendo Lázaro morto e o rei, também morto, iguais na ressurreição, o inferno de que o Senhor livrou a alma de Lázaro era o limbo, porém o de que a Senhora livrou a alma do rei era propriamente o inferno dos condenados, a que já estava também condenado por sentença do supremo Juiz: "De modo que os mortos subam do inferno". — Duas vidas deveu Lázaro a Cristo: a primeira de que morreu enfermo; a segunda de que morreu mártir, em ambas santo. Mas as duas vidas que o rei deveu à Senhora têm muito mais de misericórdia, porque não tiveram nada de justiça. A um homem que viveu e morreu justo, justamente se lhe torna a dar vida; mas a um rei, o qual tem maiores obrigações que as de homem, depois de viver e morrer em tantas e tão enormes maldades sem nenhum arrependimento delas, com que justiça se lhe pode perdoar uma vida e conceder outra? Mas estes são os excessos de misericórdia com que a Senhora qualifica as do seu Rosário. Vede com quanta razão podia dizer este rei com o rei Davi: "A tua misericórdia é melhor que todas as vidas; os meus lábios te louvarão" (Sl 62,4). — Eu, Virgem do Rosário ainda que o trazia comigo, a minha boca não o rezava; mas ela daqui por diante o fará: "Os meus lábios te louvarão" — confessando que à vossa misericórdia não só devo a vida, senão as vidas: "A tua misericórdia é melhor que todas as vidas". — As vidas que deveu Lázaro a vosso Filho foram grande misericórdia; mas as vidas que eu vos devo, uma tão boa sobre outra tão má, uma tão pouco merecida sobre outra de tanto desmerecimento, ainda são maior misericórdia em vós, como melhor em mim: "A tua misericórdia é melhor que todas as vidas". — Assim o conta e canta el-rei Davi, como se falara literalmente do nosso; e por isso conclui milagrosamente o mesmo salmo com a alegria e triunfo do rei, e com a tristeza e confusão dos demônios, que lhe queriam levar a alma, e tornaram sem ela para o inferno: "Mas eles em vão procuraram tirar-me a vida. Entrarão nas profundidades da terra e serão presas das raposas. O rei porém se alegrará em Deus" (Ibid. 10).

§ VI

A segunda circunstância que, parece, faz injusta esta misericórdia é a consideração do réu. Já vimos quão escandalosa era a vida daquele mau rei e quão estragada em todo o gênero de vícios, sem outra aparência de piedade Cristã mais que trazer o Rosário no cinto. Mas esta mesma aparência de piedade o fazia mais ímpio e mais réu: "A aparência de piedade é imputação de impiedade"[9] — disse sentenciosamente S. Salviano. E dá a razão muito própria do nosso caso: "Mais condenável é a maldade que o título de bondade acusa". — Os pecados que cometia o rei não se acusavam uns aos outros, mas aquela espécie de bondade estava sempre acusando as suas maldades; e as mesmas contas do Rosário, com que as queria dissimular, eram cento e cinquenta testemunhas contestes que o condenavam. Pois, se por isto mesmo era mais digno de condenação — "Mais condenável" — como foi essa mesma a causa de não ser condenado? Absolver pela mesma razão de condenar, como pode ser justiça? Apertemos bem este ponto, e passemos-lhe o Rosário do cinto ao pescoço, que o cinto e o Rosário ambos podem ser laço.

O Rosário trazido e rezado é devoção, mas não rezado e trazido é hipocrisia. "O hipócrita" — diz S. Bernardo — "traz a santidade no vestido, porque não a tem no espírito."¹⁰ — E tal era a hipocrisia deste rei. Vestia o Rosário, mas não o rezava. Que importa trazer os mistérios nas contas, se as contas não se rezam nem os mistérios se meditam? Eram os quinze mistérios deste Rosário como o mistério que trazia escrito na testa aquela má mulher do Apocalipse, vestida de púrpura, chamada por S. João a mãe de todas as torpezas e maldades, com quem pudera ser bem casado este rei. E se ela foi condenada justissimamente, como pode ele ser absolto com justiça? Chamou um anjo a S. João para que fosse ver a condenação daquela má mulher: "Vem, e eu te mostrarei a condenação da grande meretriz" (Ap 17,1). — E do mesmo modo nos chama a nós a Rainha dos anjos, para que venhamos ver a absolvição deste mau homem. Posto, pois, o absolto à vista da condenada, e sendo as culpas de ambos tão semelhantes, que juízo se pode fazer de uma e outra sentença? Se a condenação executada em um dos réus foi tão justificada, a absolvição concedida a outro, como pode ser justa, não havendo de diferença mais que um Rosário não rezado?

Acrescento que, ainda que fora rezado, e bem rezado, sendo o rei tão mau como era, aquele ato de religião somente exterior não podia ser grato a Deus. A história só diz que o Rosário era grande, mas não diz de que matéria fosse: "Ele o levava e na verdade grande, na sua região, entretanto não o recitava" — e eu digo que, ainda que o rezasse, e o Rosário fosse de calambuco ou de âmbar, não podia cheirar bem a Deus. Do sacrifício que ofereceu Noé depois do dilúvio diz a Escritura que subiu a Deus um cheiro muito suave: "O olfato do Senhor percebeu um suave odor" (Gn 8,21). — E, pelo contrário, dos sacrifícios que se ofereciam a Deus no Templo em tempo de Isaías diz o mesmo Isaías que o incenso era abominável a Deus: "Não ofereçais mais sacrifícios em vão, o incenso é para mim abominação" (Is 1,3). — Os sacrifícios antigos, ou na lei da natureza, como o de Noé, ou na lei escrita, como os do Templo, não eram outra coisa que umas reses lançadas no fogo e queimadas. Pois, o cheiro das reses queimadas era suave a Deus, e o cheiro do incenso abominável? Sim. Porque o olfato de Deus é muito diverso do nosso¹¹. Noé era santo, os sacerdotes do Templo eram sacrílegos, e tudo o que oferecem os bons, ainda que seja carne queimada, cheira bem a Deus; pelo contrário, tudo o que oferecem os maus, ainda que sejam incensos e timiamas, cheira-lhe muito mal. O mesmo passa no Rosário. Ainda que as contas sejam calambuco, e o que se reza por elas sejam rosas, se o que o reza é mau, não podem cheirar bem nem ser gratas a Deus.

A razão não é outra senão a que dizíamos. Bons exteriores com mau interior são hipocrisias; e este é o pecado que Deus mais aborrece, mais abomina, menos perdoa e mais condena. Seis vezes repete Cristo no Evangelho: "Ai de vós, hipócritas, ai de vós, hipócritas" (Mt 23,15) — o que não diz de algum outro vício nem de todos juntos. E por que razão? Porque aquele "ai" na boca do supremo Juiz é sentença de condenação abreviada em um ai, que depois será estendido por toda a eternidade, e os hipócritas, como os que não têm fé, antes da condenação já estão condenados: "O que não crê, já está julgado" (Jo 3,18). — Tanto assim que no foro judicial do tribunal divino hipócrita quer dizer condenado, e condenado quer dizer hipócrita. Segundo este formulário falou Isaías, que é o mais curial de todos os profetas: "O medo se apoderou dos hipócritas. Quem de vós poderá habitar com o fogo devorador? Quem de vós habitará com os ardores eternos?" (Is 33,14). — E o que mais é, o mesmo juiz, Cristo, falando da condenação do mau servo: "Separá-lo-á, e destinará a sua parte com os hipócritas. Ali haverá pranto e ranger de dentes" (Mt 24,51). — Pois, se esta é a justiça do Filho, por tantos e tão temerosos modos ratificada, como pode fazer o contrário justamente a misericórdia da Mãe? Aquele Rosário, que foi todo o fundamento ou motivo da absolvição do réu, não só era hipocrisia, senão dobrada hipocrisia. Uma vez hipócrita dos outros vícios porque, sendo o rei ímpio e blasfemo, o ostentava devoto; e hipócrita de si mesmo porque, sendo somente ostentado, e não rezado, fingia-se Rosário sem ser Rosário. E sendo aquela falsa ostentação dobrada hipocrisia, e por isso dobrada causa de justa condenação, com que justiça podia ser absolto o réu, e absolto depois de já condenado? Assim o diz declaradamente a história: "Quando se daria a sentença de condenação contra ele". — Eu não nego que a Virgem, Senhora nossa, é a única esperança de todos os pecadores, mas também é certo que se tira por exceção a esperança dos hipócritas, como está escrito no livro de Jó: "A esperança do hipócrita perecerá" (Jó 8,13).

§ VII

Todas estas aparências de injusta teve no nosso caso a misericórdia da Senhora do Rosário, considerada da parte do réu. E se por isso foi maior misericórdia, sendo o réu tão digno de condenação, nem por isso foi menos justificada. Por quê? Por que, ainda que era réu, era rei. Bem vejo que vos admira a resposta; mas a razão dela é porque têm grande peso diante de Deus os bens exteriores dos reis, ainda quando lhes falta o interior da virtude. Mandou Deus pelo profeta Elias notificar a el-rei Acab a pena de talião em castigo da injusta morte que tinha dado ao inocente Nabot, com tantas circunstâncias de tirania; e como Acab rasgasse a púrpura, e se vestisse de saco, e cobrisse a cabeça de cinza, bastou esta demonstração para Deus suspender a sentença. Agora pergunto: esta demonstração de penitência em Acab foi verdadeira penitência? Não, que assim o mostraram logo os efeitos. E a verdadeira penitência não consiste em rasgar e mudar os vestidos, senão em mudar e rasgar o coração: "Rasgai os vossos corações e não os vossos vestidos" (Jl 2,13). — Pois, se não foi verdadeira penitência, por que suspendeu Deus o castigo? Porque Acab era rei, e ainda que no interior não estava penitente, os exteriores eram de penitência. Assim o disse Deus ao mesmo Elias: "Não viste humilhado a Acab?" (3Rs 21,29). — Humilhado disse, e não humilde, porque a humildade é o interior da humilhação, assim como a humilhação é o exterior da humildade. E bastou que o rei se mostrasse penitente neste exterior, ainda que o interior lhe faltasse, para que Deus suspendesse a sentença.

E, se nos é lícito entrar nos arcanos dos conselhos divinos, e inquirir que motivos tenha Deus para usar desta razão de estado com os reis, o mesmo Deus a declarou naquela palavra "viste": "Não viste humilhado a Acab?". — Do que os súditos veem no rei tira Deus grandes consequências e tem grandes utilidades. E tais foram as que a Senhora considerou e estimou no Rosário do nosso rei. Porque, ainda que não era Rosário rezado, era Rosário visto. Tão poderosos são os bons exteriores dos Reis, e tão eficaz é nos vassalos a vista só dos mesmos exteriores! São os reis como a serpente de Moisés levantada no meio do povo, que bastava porem os olhos nela, e ser vista, para dar saúde a quantos a viam: "Põe-na por sinal: o que estiver ferido olhará para ela" (Nm 21,8). — São os reis como os protótipos e exemplares, que somente vistos, e sem obrar, dirigem as ações do artífice e aperfeiçoam as obras: "Examina, e faze conforme o modelo que te foi mostrado no monte" (Ex 25,40). — Por isso os hebreus, sendo governados por Deus, "Pediram rei que fosse diante deles" (1Rs 8,6.20) — porque Deus era rei invisível, e queriam rei que pudessem ver. E por isso el-rei Davi, pedindo a Deus mercês extraordinárias, o que alegava era que o veriam: "Ver-me-ão e se alegrarão porque pus toda a minha esperança nas tuas palavras" (Sl 118,74). — Donde infere elegantemente Santo Ambrósio: "Portanto, que coisa bela é fazer bem aos outros por sua aparência?"[12]. — Porque não pode haver coisa mais gloriosa que aproveitar a muitos só com ser visto. Isto era o que fazia aquele rei com o Rosário que trazia publicamente à vista de todos, bastando só que fosse visto, posto que não rezado, para que os demais o rezassem, como não só refere mas pondera o mesmo historiador: "Vendo todos que o seu rei levava o Rosário, fizeram eles também o mesmo, e, o que é mais importante, rezavam-no".

Notai muito estas últimas palavras. Porque o rei trazia o Rosário, todos o traziam; e posto que ele o não rezava, todos o rezavam. Quando Moisés viu o fogo na sarça, e que a sarça não se queimava, disse: "Quero ir ver esta grande visão" (Ex 3,3). — Ide embora, Moisés, e vede bem que essa visão ainda tem mais que ver. Dizeis que é grande visão, mas ainda é maior. E por que era aquela visão maior que grande? Era grande, porque estando o fogo na sarça não queimava a sarça; e era maior, porque onde estava não queimava, e onde não estava santificava. Não queimava a sarça e santificava a terra: "O lugar em que estás é uma terra santa" (Ex 3,5). — Tal era o Rosário que o rei trazia no cinto: a ele que o não rezava, não fazia devoto, mas fazia devotos aos vassalos que o viam e o rezavam; a ele não fazia santo, porque continuava nos vícios, e à sua terra e ao seu reino santificava, porque, rezando o Rosário, viviam cristãmente: "O lugar em que estás é uma terra santa". — Vede o que faz um Rosário trazido no cinto do rei e visto nele, posto que não rezado.

Falando o profeta Rei com outro Rei maior que ele, disse-lhe que cingisse a espada, porque só a vista de lha verem cingida seria tão poderosa que renderia tudo: "Cinge a tua espada ao teu lado, ó poderosíssimo. Com a tua beleza e com a tua formosura entesa o arco, vai adiante felizmente, e reina" (Sl 44,4). — Porém, S. João, no seu Apocalipse, vendo este mesmo rei — que era o Rei dos reis — viu que trazia "a espada na boca, e que era espada de dois fios" (Ap 1,16). — E que espada é esta, que não se traz na mão senão na boca ou na cinta? Outros lhe dão vários sentidos, todos alegóricos, mas nas circunstâncias do nosso discurso nenhum lhe quadra melhor que ser o Rosário. É o Rosário espada de dois fios porque, como muitas vezes dissemos, por uma parte é oração vocal e por outra oração mental; e porque por ambas as partes é oração, por ambas é espada. Se esta espada se traz na boca, é o Rosário rezado; se se traz cingida, é o Rosário no cinto, como o trazia este rei. Mas basta que se traga no cinto para ser, não só poderoso, mas poderosíssimo: "Cinge a tua espada ao teu lado, ó poderosíssimo" — basta que se traga no cinto, para que só com a sua vista consiga o rei felizmente todos seus intentos: "Com a tua beleza e com a tua formosura entesa o arco, vai adiante felizmente, e reina".

Os intentos, pois, do nosso rei, em tudo o mais nada pio, eram, como diz a sua lenda, de promover e cultivar a devoção do Rosário: "Querendo induzir a sua família à oração do Rosário da Santíssima Virgem Maria". — O meio que tomou para esta pia cultura e lavoura do céu na terra foi semear o mesmo Rosário nos olhos dos seus vassalos. Lá diz a Escritura que o semear nas lágrimas tem muito certa e abundante a colheita: "Os que semeiam em lágrimas ceifarão com alegria" (Sl 125,5). — Mas o rei, com invento novo, semeava o Rosário nos olhos, que por isso o trazia sempre à vista, e de contas muito grandes, para que todos as vissem. E com esta vista só — "com a tua beleza" — conseguiu tão felizmente o seu intento — "vai adiante felizmente" — que primeiro no seu mesmo palácio — que é a terra mais estéril — e depois em toda a corte, e ultimamente em todo o reino, nasceu, cresceu e se dilatou a devoção do Rosário, não só visto, mas rezado, porém, rezado nos vassalos porque visto no rei.

Mas, como podia ser que um Rosário não rezado produzisse Rosários rezados? A dúvida é vossa e minha; a resposta é de Cristo. Ponderou Cristo, Senhor nosso, que o grão de trigo morto dá muito fruto: "se ele morrer produz muito fruto" (Jo 12,25) — e neste caso imitou a graça a natureza. O Rosário que trazia o rei era morto, porque o não rezava; semeado, porém, nos olhos dos vassalos, produziu frutos vivos e muitos. Nem podia deixar de ser, sendo o lavrador soberano. Quando os antigos cônsules de Roma, depois de levarem diante de si as varas e as segures, tornavam a cultivar o seu campo, diz Plínio que, vendo-se a terra lavrar com arados laureados, respondia com mais copiosas novidades. O mesmo acontecia ao nosso lavrador coroado na cultura das suas terras. Com cada conta — que na língua latina se chama *grana* — ia semeando Rosários; e assim como no ano de mil e quinhentos e setenta e cinco nasceu em Hibérnia uma árvore que dava Rosários inteiros e enfiados por fruto, assim foram infinitos os que daquele Rosário do rei nasceram e se multiplicaram em todo o seu reino. De cada conta nascia uma árvore, de cada Rosário Rosários sem conto.

E daqui se fica bem entendendo a razão de justiça e igualdade, ou quando menos de equidade, que teve da parte da Senhora aquele excesso de misericórdia que os demônios acusavam de injusta e iníqua: "Agiste injustamente, causaste desigualdade". — Verdadeiramente parecia grande desigualdade que, posto um só Rosário na balança, e esse não rezado, pesasse tanto como todas as maldades do rei. Mas não era assim, porque aquele Rosário não era um só Rosário, senão um número grandíssimo de Rosários, quantos eram os vassalos do rei que à sua imitação o traziam. E não era um só Rosário não rezado, senão muitos, e rezados, porque todos supondo, pelo que viam no exterior, que o rei o rezava, eles também o rezavam. E finalmente não era um só Rosário junto com más obras, senão uma grande multidão de Rosários juntos nos que devotamente o rezavam, com muito boas obras a que a virtude do mesmo Rosário os excitava. E como estes efeitos de piedade e religião eram consequências do Rosário que o rei trazia publicamente a fim de promover em todo o seu reino a devoção da Senhora, sendo o mesmo exemplo do rei um pregão mais poderoso que qualquer outro preceito ou lei com que eficazmente obrigava os vassalos, e o mesmo Rosário um pregador mudo, mais eficaz que toda a eloquência, com que todos os dias os excitava, ensinava e persuadia a ser o que ele não era, não há dúvida que esta demonstração tão continuada em um rei, posto que não chegasse a ser merecimento, era contudo uma disposição muito relevante diante de Deus e de sua Mãe, para vir a conseguir ultimamente a grande misericórdia que alcançou.

Não rezava o Rosário, é verdade, mas considero eu que por este modo rezava o *Miserere* [Tem piedade], se bem com a ordem trocada. Para Davi alcançar perdão de seus pecados, não só pedia a Deus a sua misericórdia grande, senão a multidão de suas misericórdias: "Tem piedade de mim, ó Deus, segundo a tua grande misericórdia e segundo a multidão de tuas clemências, apaga a minha maldade" (Sl 50,3). — E que é o que oferecia e prometia a Deus este rei pecador quando tanto lhe pedia? Oferecia e prometia a Deus que, em agradecimento ou recompensa de tamanhas misericórdias, ensinaria os maus a ser bons e os ímpios a ser pios: "Ensinarei aos iníquos os teus caminhos e os ímpios se converterão a ti". — Por aqui acabou Davi aquela sua petição e por aqui começou o nosso rei a sua. Com o exemplo do seu Rosário pregava todos os dias a devoção do Rosário a seus vassalos, e por meio do mesmo Rosário ensinava-os a conhecer os erros dos caminhos de suas vidas: "Ensinarei aos iníquos os teus caminhos" — e que, tendo sido ímpios, se convertessem a Deus: "E os ímpios se converterão a ti". — E como este rei fazia o que o rei Davi prometia a Deus, injustamente é acusada a Senhora de que por aquele grande Rosário lhe alcançasse a misericórdia grande: "Tem piedade de mim, ó Deus, segundo a tua grande misericórdia" — e que por aquela multidão de Rosários lhe alcançasse a multidão de misericórdias: "E segundo a multidão de tuas clemências, apaga a minha maldade".

§ VIII

A terceira circunstância, que será também a última — porque as outras duas que propus vão insertas nestas três — é da parte do juiz. E nesta parte tanto mais aparências tem de injustiça a sentença e absolvição do rei quanto o juiz que primeiro o condenou, e depois o absolveu, não só é justo, senão a mesma justiça. Ameaçando Davi aos reis, e avisando-os que vejam como vivem e como satisfazem as suas obrigações: "E agora, Reis, entendei: instruí-vos os que julgais a terra" (Sl 2,10) — o que principalmente lhes põe diante dos olhos é que a vara do juiz que os há de julgar é de ferro: "Tu os julgarás com uma vara de ferro". — De ferro, porque é vara que se não dobra; e de ferro porque eles são vasos de barro e os pode quebrar facilmente: "E os quebrarás como um vaso de oleiro". — Pois, se a vara do supremo Juiz é tão reta que se não dobra e tão forte que ninguém a pode dobrar, como se dobrou tão de repente no nosso caso? E se os reis, como mais poderosos, são aqueles a quem principalmente ameaça a justiça desta vara, como essa mesma justiça se trocou de tal sorte em tudo que, tendo condenado um rei morto segundo o merecimento de seus delitos, condenado, o absolveu do inferno, e morto, o restituiu à vida. A primeira sentença não há dúvida que foi justa e justíssima. E se foi justa e justíssima a primeira, como pode não ser injusta a segunda? Perdoar-lhe depois de condenado não foi absolver o réu, foi condenar a condenação; e já não cai a segunda condenação sobre o julgado, senão sobre o juiz e sobre a sentença.

O tempo e lugar em que foi revogada ainda se opõe mais às leis da justiça, porque foi em tempo em que já não tem lugar a misericórdia. Pede misericórdia a Igreja ao justo Juiz, mas quando ou para quando lha pede? "O juiz justo da punição, antes do dia da conta, concede o dom do perdão." Antes do dia da conta se pode alcançar perdão do justo Juiz; mas depois de tomada a conta, examinada a causa e pronunciada a sentença em juízo, donde não há apelação, instando e clamando a parte, e pedindo justiça, como se lhe pode negar justamente? O Rosário, que apareceu depois, nenhum merecimento acrescentou à causa, nem fez variedade nela, porque ainda que foi novo para os acusadores, não foi novo para o juiz, de quem nada se esconde. Pois, se o processo e os autos na primeira e na segunda sentença eram os mesmos, como podiam ser ambas justas, sendo tão contrárias?

E se não, consideremos ao mesmo juiz como juiz e como julgado. Assim o considera Santo Agostinho elegantemente: "Estará assentado como juiz o que já esteve em pé diante do juiz, e condenará os réus o que injustamente foi condenado por réu[13]. No juízo universal, em que Cristo há de julgar a todos, e no particular, em que julga a cada um, estará assentado como juiz o que já esteve em pé diante do juiz, e condenará justamente os réus o que injustamente foi condenado por réu. — Mas em que consistiu esta injustiça que Pilatos usou com Cristo? Todos dizem que em condenar o inocente conhecido por tal; e assim foi na execução. Porém, no ditame do juízo, em que propriamente consiste a justiça ou injustiça, ainda foi mais injusto juiz Pilatos. E por quê? Porque julgou que pelos mesmos autos podia condenar ou absolver a Cristo: "Não sabes" — lhe disse — "que tenho poder para te crucificar, e que tenho poder para te absolver?" (Jo 19,10). — Não, Pilatos: não sabe isso Cristo, ainda que sabe tanto como Deus. O juiz só pode condenar o culpado sendo culpado, e absolver o inocente sendo inocente; mas condenar ou absolver o mesmo homem pelos mesmos autos, isso não pode ser em nenhum juízo. E isto que não pode ser é que o temos no nosso caso. O mesmo rei, e pelos mesmos autos condenado, e o mesmo rei e pelos mesmos autos absolto? E que isto fizesse, não outro, senão aquele mesmo juiz de quem cantam as Escrituras: "Serás Santo com o Santo, e serás inocente com o inocente; e com o escolhido serás escolhido e serás perverso com o perverso!" (Sl 17,26). — Se cada um na sua boa ou má vida leva consigo a sua boa ou má sentença ao juízo de Deus, como no mesmo juízo de Deus um rei de tão má vida levou primeiro a má sentença, e logo a boa?

§ IX

Tudo o que até aqui arguimos contra a justiça do Filho foram encarecimentos da misericórdia da Mãe e dos poderes do seu Rosário. E tudo no mesmo Rosário, na mesma Mãe, e no mesmo Filho tão justificado, como agora veremos, por mais que as vozes do inferno clamem blasfemamente: "Agiste injustamente". — Respondendo, pois, e começando pelo último texto, que ainda nos atroa aos ouvidos como tão famoso, confesso que, no sentido em que o aleguei, tem por si todos os doutores. Mas para que eu o interprete diferentemente, basta-me o mesmo exemplo em que estamos, como ação do próprio legislador, que é o melhor intérprete das suas leis. Que quer dizer: "Tu serás Santo com o Santo etc. e com o perverso serás perverso"? Quer dizer — dizem todos — que como cada um se houver com Deus assim o experimentará consigo:

se for bom, será Deus para com ele bom: "Tu serás Santo com o Santo" — e se for mau, será Deus para com ele mau, isto é, rigoroso: "Com os perversos serás perverso". — Eu não digo assim. Digo que quer dizer o profeta que é Deus tão justo e tão misericordioso com todos que, para os bons, será bom, que isso é ser justo, e para os maus também será bom, que isso é ser misericordioso. Não diz Cristo, alegando-nos o exemplo de seu Pai: "Quem faz nascer o seu sol sobre os bons e os maus" (Mt 5,45)? — Pois o mesmo digo eu no nosso exemplo, e o provo com as mesmas palavras do texto: "Com os perversos serás perverso" — diz que Deus no juízo com o perverso perverterá; e quando perverte o juiz no juízo? Quando julga conforme a lei? Não. Quando julga contra ela então é que perverte, porque perverte a lei, perverte a ordem, perverte a regra com que se devera conformar. Isto é, pois, o que diz o texto, e isto é o que fez Cristo no nosso caso, dispensando como juiz e legislador supremo na sua mesma lei. O rei era mau, e Cristo foi para com ele bom; o rei era perverso, e Cristo também perverteu: "Com os perversos serás perverso".

Mas notai que o texto não diz somente que perverterá, senão própria e nomeadamente que será pervertido. Isso é "serás perverso". E assim sucedeu no nosso caso. Porque, se Cristo perverteu a lei, sua Mãe o perverteu a ele, ou o obrigou a que a pervertesse. Mas nem por isso injustamente. Antes, daqui se segue que, entrando nesta mudança a autoridade e patrocínio da Mãe de Deus, o que parece perversão não foi perversão, mas razão: "O que julgas perversão é razão" — disse em outro pleito Tertuliano. E a razão de ser razão uma e outra sentença, sendo tão diversas, qual é? Porque na primeira julgou Cristo como justo; na segunda, como misericordioso. Chama-se Deus nas Escrituras "Deus dos castigos e pai das misericórdias" (Sl 93,1; 2Cor 1,3). — E por que dos castigos Deus, e das misericórdias pai? Porque as misericórdias nascem dele; os castigos não nascem dele, nascem de nós. É o que também disse o mesmo Tertuliano profundamente: "O ser bom e o fazer bem tem-no Deus de si; o ser justo ou o fazer justiça vem-lhe de nós"[14]. E essas foram as duas razões, ambas justificadas, de uma e de outra sentença. Na primeira, condenou o rei, como Deus justo, por suas culpas; na segunda, absolveu-o sem merecimentos seus, como pai das misericórdias. Mas de tal modo como pai que a misericórdia neste caso foi filha de pai e Mãe: de Mãe, porque a Mãe das misericórdias a pediu; de pai, porque o pai das misericórdias a concedeu.

Contudo, parece que ainda está em pé aquele primeiro texto da vara de ferro: "Governá-los-ás com vara de ferro" (Sl 2,9). — Se a vara de Cristo juiz se chama de ferro porque se não dobra nem há quem a possa dobrar, como se dobrou tão facilmente? Não dobrou. A misericórdia não é contrária à justiça, nem a justiça à misericórdia. Foram dois golpes da mesma vara, mas ambos retos. "Moisés com a sua vara bateu duas vezes a pederneira, e do segundo golpe saíram fontes" (Nm 20,11). — Se do segundo golpe, que foi o milagroso, saíram fontes, do primeiro, que foi natural, sendo pederneira, por que não saíram faíscas? Porque a vara de Moisés não era de ferro. Porém, a de Cristo, que era de ferro: "Com vara de ferro" — obrou conforme a natureza da vara e conforme a da mão que a movia. No primeiro golpe, que foi natural, tirou faíscas, e condenou o rei ao fogo do inferno; e no segundo, que foi o milagroso, tirou fontes com que apagou o mesmo fogo, de que o absolveu e livrou. Nem faz em contrário o que acrescenta o mesmo texto: "E os quebrarás como um vaso de oleiro" (Sl 2,9) — antes acrescenta maior primor e nova propriedade à comparação. Diz que desfará com a vara de ferro os maus reis, não como quaisquer vasos de barro, senão como aqueles que ainda estão nas mãos ou na oficina do oleiro: "Como um vaso de oleiro". — E que diferença há de um barro a outro barro e de uns vasos a outros? Muito grande. O barro que está na mão do oficial, ou na oficina, e ainda não foi ao fogo, pode-se reformar; porém, depois que foi ao fogo, já não tem remédio. Não é a semelhança e a diferença menos que do mesmo Deus.

Mandou Deus ao profeta Jeremias que fosse à oficina de um oleiro, porque ali lhe queria falar. Foi o profeta, e como visse que um vaso que o oleiro estava lavrando se lhe descompôs e quebrou entre as mãos, e ele, amassando outra vez o barro, o tornara a reformar, então lhe falou Deus, e lhe disse desta maneira: Assim como viste o barro nas mãos daquele oficial, assim está o povo e reino de Judá nas minhas: já descomposto, já quebrado, e sem a forma que eu lhe dei, mas capaz ainda de emenda e reforma, se a quiser aceitar; e assim lhe pregarás de minha parte. Porém, se ele perseverar na obstinação com que me ofende, para isso pedirás aos sacerdotes "outro vaso de barro já cozido" (Sl 19,1) — e, quebrando-o às portas de Jerusalém, dirás em alta voz a todos, também em meu nome: — Assim como este vaso, depois de endurecido no fogo e quebrado, se não pode restaurar nem tem remédio, assim o não terá este povo: "Assim quebrarei este povo, como se quebra um vaso de oleiro, que não pode mais se refazer" (Jr 19,11). — Se o rei condenado por suas culpas estivera já no fogo do inferno, nenhum remédio tinha, porque "No inferno não há redenção";

mas por isso a Senhora do Rosário chegou ao mesmo ponto em que os demônios lhe queriam arrebatar a alma, para que, tornando à vida, a reformasse e emendasse como emendou; e por este modo, de vaso que era de ira, se trocasse, como trocou, em vaso de misericórdia. Falo por boca de S. Paulo, o qual diz que do mesmo barro de Adão fez Deus uns homens para vasos de ira, que são os que se condenam: "Nos vasos da ira, preparados para a morte" (Rm 9,22) — e outros para vasos de misericórdia, que são os que se salvam: "Em vasos de misericórdia que preparou para a glória" (Rm 9,28). — E com que poder e com que justiça faz isto Deus? Com aquele poder e com aquela justiça — responde o mesmo S. Paulo — com que o oficial que tem o barro nas mãos pode fazer dele uns vasos para o fogo e outros para o altar! "Um vaso para a honra e outro para a ignomínia" (Rm 9,21). — Oh! força da previsão e predestinação divina! Oh! poderes da Mãe de Deus e do seu Rosário! O rei, cometendo tantas maldades, se descompôs e dispôs para o fogo como vaso de ira; e a Mãe de Deus, pondo nele as rosas do seu Rosário, o compôs e dispôs para o altar como vaso de misericórdia! Por isso ressuscitou exclamando: "O bendito Rosário da Virgem Maria, pelo qual me vi livre da condenação do inferno!".

§ X

Temos respondido e justificado a causa com a declaração dos textos. Resta por fim satisfazer às razões ou aparências em contrário, que se o juízo não fora de tal juiz, puderam ser mais que aparências. Era a primeira que, depois de dada a sentença, condenado o réu e decretado o castigo, já não havia tempo nem lugar para ser revogado.

Mas quem isto diz, nem conhece a soberana autoridade da Virgem Maria, nem quão superiores são a toda a outra razão as que Deus tem de não negar coisa alguma à sua intercessão e aos merecimentos do seu Rosário. Tinha el-rei Assuero sentenciado à morte todos os hebreus de seus reinos, estavam já passados os decretos, e firmados com o anel ou selo real, e publicado o dia da execução de que aos mesmos condenados não era lícito apelar — como também não apelou o nosso réu — mas aparecendo a rainha Ester diante do rei, só com a declaração da sua vontade se revogaram os decretos, e ficaram absoltos os condenados. Isto é o que refere a história sagrada; mas não é esta mudança, com ser tão notável, o que mais se deve notar e ponderar nela. Era lei inviolável dos persas e medos que, depois de o rei passar algum decreto, nem ele mesmo o podia revogar. Assim se lê no livro de Daniel, e essa foi a causa por que o mesmo rei o não pôde livrar do lago dos leões: "Sabe, Rei, que é uma lei dos medos e dos persas que todo o decreto que o rei passar nada é permitido mudar nele" (Dn 6,15). — Pois se os decretos do rei, uma vez passados e firmados por ele, eram tão severamente irrevogáveis naquele império, como os fez revogar Ester, e tão facilmente?

Razão que justifique a Assuero e o livre de pouco observante das leis que tinha jurado, ninguém há que a dê cabal na história; mas na alegoria, e no que a mesma história representava, todos. Santo Tomás, S. Gregório Nicomediense, S. João Damasceno, Santo Anselmo, S. Bernardino, e todos comumente dizem que Assuero, o maior monarca do mundo naquele tempo, representava a Deus, e a rainha Ester a Rainha dos anjos, não por uma, senão por muitas prerrogativas. Ester quer dizer: "Bela como a lua" (Ct 6,9) — e esse é o título de Maria, só inferior ao sol. De Ester diz o texto: "Encontrou graça em seus olhos" (Est 2,9); a Maria disse o Anjo: "Encontraste graça diante de Deus" (Lc 1,30). De Ester o texto: "O rei a amou mais do que todas as outras mulheres"; a Maria o Anjo: "Bendita és tu entre as mulheres" (Lc 1,28). — Ester coroada por rainha dos persas e medos, Maria com a coroa do universo; Ester, redentora do seu povo, Maria, corredentora do gênero humano; enfim, a Ester disse o rei que aquela lei, feita para todos, não se entendia nela: "Não para ti, mas para todos esta lei foi feita" (Est 15,13) — e sendo Maria a exceção sobre-humana das leis gerais de Deus, não é muito que o mesmo Deus quebre decretos, revogue sentenças e absolva condenados por sua intercessão e a seu respeito. Só se podia desejar que entrassem nos motivos de tão extraordinária dispensação os merecimentos do seu Rosário; mas também nesta circunstância não faltou à história. Nota o mesmo texto que Ester, para mais agradar ao rei em negócio tão dificultoso, entrou à sua presença com a formosura, de que tão singularmente era dotada, revestida de cor de rosas: "E ela, com o rosto corado de rosa e com os olhos graciosos e brilhantes" (Est 15,8). — E a que fim faz este reparo o texto, sendo que em toda a Escritura só esta única vez se acha tal palavra? Sem dúvida para que a propriedade da história não faltasse nesta parte a uma tão particular circunstância da alegoria. E para que entendêssemos que aquela cor de rosas, em tão manifesta significação do Rosário, fora um novo e não coroado título, senão legítimo, de se revogar o decreto e absolver o condenado, e com que mais agradou e obrigou ao soberano Juiz a soberana intercessora: "E ela, com o rosto corado de rosa e com os olhos graciosos c brilhantes". — Assim que aquela tão extraordinária graça não só a alcançou a Virgem Maria como Rainha, como Esposa e como Mãe, senão como Senhora do Rosário: "Corado de rosa".

Mas que diremos àquela fortíssima instância da condenação e absolvição pelos mesmos autos? Digo que não é novo em Deus dos mesmos motivos tirar contrárias resoluções, primeiro enquanto justo, para castigar, depois enquanto misericordioso, para absolver. Mas no tal caso — de que só temos um nas Escrituras — também tem a sua parte a Virgem do Rosário. O maior castigo que Deus executou neste mundo foi aquele em que afogou o mesmo mundo na inundação universal do dilúvio. E que motivo teve Deus para um tão notável castigo? O mesmo Deus o disse, e mandou escrever por Moisés: "Vendo Deus que todos os pensamentos do coração humano eram inclinados e aplicados ao mal, resolveu de acabar com o homem e tirá-lo da face da terra" (Gn 6,5.7). — Esta foi a primeira resolução de Deus. E depois dela executada, resolveu mais alguma coisa? Resolveu, mas tudo contrário, porque decretou que não houvesse mais outro dilúvio. E por que motivos? Aqui está o ponto da admiração. Pelos mesmos motivos, sem diferença alguma, por que tinha resoluto o primeiro dilúvio. Ouvi as palavras, que totalmente são as mesmas: "Nunca mais amaldiçoarei a terra por causa dos homens; pois os sentidos e os pensamentos do coração humano são inclinados ao mal" (Gn 8,21). Não quero — diz Deus — que haja outro dilúvio que inunde a terra e afogue os homens, porque todos os pensamentos do coração humano são inclinados e aplicados ao mal. — Pois, se este foi o motivo por que Deus destruiu o mundo com o dilúvio, como toma agora o mesmo motivo para resolver firmemente que não haverá outro dilúvio? Se o motivo fora outro para uma resolução tão encontrada, isso pode fazer a razão e a conveniência; mas duas resoluções totalmente opostas, ambas pelo mesmo motivo? Sim, porque as mesmas causas, que são justo motivo à justiça de Deus para castigar, podem ser motivo também justo à sua misericórdia para absolver. No tempo de Noé, condenados os homens ao dilúvio, porque os seus corações eram inclinados ao mal: "Porque todos os pensamentos do coração tendem para o mal" — e depois, livres para sempre os mesmos homens do dilúvio, porque os seus corações são inclinados ao mal: "Porque os sentidos e o pensamento do coração são inclinados ao mal".

Deste modo, persistindo os mesmos motivos, assim naquele caso como no nosso usou Deus primeiro de sua justiça, e depois de sua misericórdia. E para que vejamos a parte que nela teve a Senhora do Rosário, ouçamos ao mesmo Deus "Porei" — diz Deus — "o meu arco nas nuvens, e este será o sinal, entre mim e o mundo" (Gn 9,13), da promessa e mercê que lhe fiz de o livrar para sempre de outro dilúvio. — E que arco é este de que Deus fala e chama seu? Historicamente é o Íris de três cores que por reflexão dos raios do sol aparece nas nuvens. Alegoricamente é a Virgem Maria que concebeu em si o sol Divino, e de quem recebeu toda a graça. Assim o dizem S. Efrém, Santo Antonino, S. Bernardino de Sena. E mais especialmente é a mesma Virgem enquanto Senhora do Rosário, cujos mistérios se representam nas três cores da íris: na verde os gozosos, na vermelha os dolorosos, na azul os gloriosos. Esta imagem, pois, da Senhora do Rosário pinta Deus nas nuvens todas as vezes que elas se orvalham para começar a chover, em sinal daquela grande misericórdia que usou com o mundo, quando, tendo somente motivos para o castigar, e os mesmos motivos por que já uma vez o tinha castigado, lhe perdoou contudo o mesmo castigo e mudou a sua sentença. Quando os homens vissem toldar o céu de nuvens, podiam temer que, perseverando neles os mesmos motivos por que Deus tinha alagado o mundo, assim como se tinha arrependido da primeira execução, assim se arrependesse outra vez de não executar a segunda. E para os livrar deste justo temor, deu-lhes por fiadora a Virgem do Rosário, dizendo que no tal caso poria os olhos nela, com que estariam seguros: "E quando eu cobrir o céu de nuvens, aparecerá o meu arco nas nuvens, e quando o vir lembrar-me-ei do meu pacto convosco" (Gn 9,14). — Tais são os poderes da Virgem Maria, e tal a valia para com Deus do seu Rosário, que neles se podem segurar os homens de que as mesmas más obras, por que uma vez foram condenados, não sejam outra vez impedimento para serem absoltos. Assim sucedeu no caso do dilúvio, e assim no nosso. A primeira vez condenado o réu, e excluído da bem-aventurança por não guardar os preceitos divinos, conforme a lei universal de Cristo: "Bem-aventurados os que ouvem a palavra de Deus e a guardam" — a segunda vez absolto, e admitido à mesma bem-aventurança, conforme o privilégio particular da Mãe do mesmo Cristo: "Antes, bem-aventurado o ventre que te trouxe".

§ XI

*P*arece-me que tenho provado o que prometi; mas com que utilidade? Que se pode colher de tal vida, de tal morte e de tal salvação? Nem a vida é boa para o exemplo, nem a morte para o desengano, nem a salvação para a esperança. Que utilidade podem logo tirar de um caso tão estupendo os devotos da Virgem Santíssima? Porventura, que se descuidem de a imitar em ser santos, e se deixem viver, e ainda morrer em pecado, fiados na virtude do seu Rosário? Nem da fé, nem do entendimento dos que me ouviram, nem ainda da má consciência de algum presumo tal erro. Semelhantes prodígios da misericórdia mais são para a admiração, e ainda para o temor, que para a imitação e confiança. São para dar o parabém à Mãe de Deus de tão soberano poder, e para dar as graças a seu bendito Filho de tão imensa bondade. Mas por que não fique este panegírico de ambos sem alguma doutrina própria do mesmo discurso, havendo sido o venturoso sujeito de todo ele um rei devoto do Rosário, e nem bem devoto nem bom rei, concluamos com dois documentos, uns para os reis, outro para os devotos.

O que considero por parte dos reis, e se não pode considerar sem grande dor, é muito que perde Deus e o mundo por falta de bons intentos nos que tudo podem. Se não sabem ser bons reis, saibam ao menos ser bons vassalos. Santifiquem as vontades e vidas alheias, se não se atrevem nem têm valor para mortificar os apetites próprios. É circunstância digna de toda admiração e reparo que, querendo a Senhora introduzir e estender em todo aquele reino a devoção do seu Rosário, não escolhesse por instrumento para esta obra nem algum santo que fizesse milagres, nem algum bispo ou prelado de grande zelo, nem algum pregador famoso de grande eloquência e espírito, senão um rei, e de não boa vida. Mas a razão conhecida e experimentada, e digna de tão soberana Rainha, foi porque para promover o serviço de Deus e culto divino, posto que os reis sejam seculares, são mais aptos e mais proporcionados instrumentos que os eclesiásticos. A fábrica do tabernáculo não a encomendou Deus a Aarão, que era o sumo sacerdote, senão a Moisés, que era o supremo governador do povo. O templo não o edificou o sumo sacerdote Sadoc, senão el-rei Salomão. Os ofícios divinos, o canto eclesiástico, o ministério levítico, pertencente ao altar e aos sacrifícios, não o ordenou o sumo sacerdote Abiatar, senão el-rei Davi. E não obram isto melhor e mais eficazmente os reis por mais zelosos ou mais pios, senão por mais poderosos, por mais obedecidos, e também por mais adulados, que tanto importam até a Deus as dependências humanas. Esta foi, pois, a razão divinamente política por que a Senhora quis fundar e propagar naquele reino o seu Rosário por meio do rei, sem fazer caso de que nele não concorressem outros exemplos de piedade, fiando que bastaria só o respeito e agrado real para plantar em todos a devoção a que ele se mostrava tão inclinado. Oh! como é certo com experiências lastimosas de cada dia que, por falta de semelhantes demonstrações, se perdem infinitos aumentos da religião e cristandade, os quais puderam conseguir e promover os príncipes, com mais leves diligências ainda que a de trazer um Rosário pendente do cinto.

E para que os devotos do Rosário se confirmem mais na sua devoção, e os que o não forem, de hoje por diante a anteponham a todas as outras, considerem que, se por um Rosário público, somente exterior e não rezado, a piedosíssima Virgem ressuscita mortos, revoga sentenças, absolve condenados, confunde o inferno, e reduziu ao caminho certo da salvação uma alma tão desesperada dela, e lhe alcançou o perdão de tantos e tão enormes delitos diante do tribunal severíssimo da divina justiça, que fará a mesma Senhora por qualquer outro pecador que, rezando e meditando o mesmo Rosário com dor e detestação de ter ofendido a Deus, invocar seu poderosíssimo patrocínio? Diz S. Boaventura que no patrocínio das causas "se vê a excelência do advogado, em três circunstâncias: se o juiz é justo e sábio, o adversário sagaz e astuto, e a causa desesperada"[15]. — E todas estas circunstâncias foram as mesmas do nosso caso. O juiz, tão justo e sábio como o mesmo Cristo; o adversário tão sagaz e astuto como o demônio; e a causa tão desesperada como aquela que já estava sentenciada a final castigo: "Mas Maria" — continua o mesmo santo, como se concluíra comigo este sermão — "obteve junto a Deus, juiz justo e sapientíssimo, contra o diabo, adversário astutíssimo numa causa desesperadíssima entre Deus e o homem". — E se a sabedoria, a eloquência e o poder da soberana Advogada dos devotos do Rosário, com o Rosário refuta o demônio, com o Rosário convence a Deus e com o Rosário, na causa mais desesperada, a pecadores já sentenciados e condenados livra do inferno, nenhum haja tão desconfiado de sua salvação que a não espere firmemente do patrocínio e intercessão da mesma Senhora e dos poderes do seu Rosário, porque na falta da observância dos divinos preceitos, a que o Filho promete a bem-aventurança: "Bem-aventurados os que ouvem a palavra de Deus e a guardam" — suprirá, com a dor de os não termos guardado, o merecimento e graça da Mãe, até nos levar, como tantas vezes lhe pedimos, onde com as vozes de todos os bem-aventurados lhe cantemos eternamente: "Bem-aventurado o ventre que te trouxe".

SERMÃO

VII

"E Salmon gerou Booz de Raab."
(Mt 1,5)

Perigoso é o ofício dos pregadores [são as sentinelas de Josué],
e igualmente o ofício dos ouvintes [a casa de Raab].
Por que as mulheres da genealogia de Cristo e de Maria
são todas pecadoras? Maria, como sol, escurece as estrelas e, como lua, ilumina as trevas.
O que dizem os doutores? Se Jesus se dignou nascer de pecadoras, veio para salvá-las
da desonestidade [da sensualidade] que ou compreende todos os pecados, ou todos se
contêm nela. E por que não os homens? Vejam a história de Raab e o cordão vermelho.
A primeira parte da história de Raab representa a Encarnação e Morte de Cristo,
e a Redenção do gênero humano. E esta é a matéria de que a Virgem, Senhora nossa,
formou o seu Rosário, não mudando nem acrescentando nada ao mesmo cordão,
mas dispondo-o somente de tal modo que, assim como ele tinha sido o instrumento
universal da redenção do mundo, assim o fosse particular da salvação dos pecadores.
Em seguida, São Domingos e a conversão de Catarina, a Raab de Roma.

§ I

Salvarem-se os pregadores e perderem-se os ouvintes ou salvarem-se os ouvintes e perderem-se os pregadores, casos são e desigualdades que podem ter acontecido muitas vezes no mundo. Mas assim como perderem-se os pregadores e os ouvintes seria a maior desgraça, salvarem-se uns e outros não será a maior felicidade que se pode desejar? Claro está que sim. Pois tal é a que por meio do seu Rosário nos promete neste sermão a Virgem Senhora nossa. Queira a misericórdia e bondade de seu bendito Filho que não falte por parte do pregador. Mandando Deus ao profeta Ezequiel que fosse pregar ao seu povo, disse-lhe, com eleição e nome notável, que o tinha feito sentinela da república de Israel: "Filho do homem, eu te fiz sentinela para a casa de Israel" (Ez 3,17). — E por que são ou devem ser sentinelas os pregadores? Porque têm as mesmas obrigações e os mesmos encargos. A sentinela está vigiando do alto para toda a parte, e se vê vir os inimigos, dá rebate, toca a arma e avisa a cidade a grandes brados. Esta é a sua obrigação. E os encargos quais são? Os que logo declarou o mesmo Deus ao profeta. Se vires o perigo, e o não avisares à cidade, perecerá a cidade, e tu também perecerás, porque te hei de pedir conta dela e de todos seus moradores. Porém, se tu avisares como deves, e a cidade se não armar nem defender, ela se perderá por sua culpa, e tu, porque a não tiveste, ficarás livre. Tão perigoso como isto é o ofício de pregador, e tanto igualmente o perigo dos ouvintes, senão se aproveitarem do que ele lhes pregar. E pode haver, além destes, outro terceiro caso? Sim, pode, e felicíssimo, o qual também apontou o mesmo Deus. Mas se tu, diz o Senhor, fizeres tua obrigação bradando, e a cidade e seus moradores fizerem a sua crendo o que lhe disseres, armando-se, resistindo e vencendo, neste caso tu e mais eles todos sereis salvos. Isto é o que Deus principalmente pretende, e este o fim e ofício dos pregadores. Os pregadores são as sentinelas da Igreja, os templos as suas fortalezas, as guaritas destas fortalezas os púlpitos, e as pregações de verdadeira, zelosa e importante doutrina os rebates com que avisam e admoestam aos ouvintes do estado perigoso de sua salvação. Assim o determino fazer hoje, com tanta esperança de se aproveitarem muitas almas, como no princípio disse, e não sem novo e grande exemplo, no mesmo tema que propus. Chegado Josué à vista da Terra de Promissão, mandou duas sentinelas que ocultamente fossem explorar a cidade de Jericó, que era a primeira que havia de ser conquistada. Entraram na casa de Raab, que estava pregada aos muros, avisaram-na do seu perigo e de toda a cidade, e foi com tão feliz sucesso de ambas as partes, que as sentinelas, sendo vistas e buscadas, escaparam das mãos dos inimigos, e Raab, sendo destruída e abrasada a cidade, só ela, com toda a sua família, se livrou do incêndio. Dizem agora os expositores que as sentinelas de Josué são os pregadores de Jesus, e Raab e sua família os ouvintes que fazem o que eles dizem. Mas o que faz mais admirável o caso é que, assim os pregadores como os ouvintes, todos foram salvos pelo mesmo instrumento. Este nos dirá o discurso, que foi o Rosário. *Ave Maria*.

§ II

"*Salmon gerou Booz de Raab*". Estamos com o Evangelho em Jericó, remota mas original pátria da Virgem Maria, e na qual profetizou a mesma Senhora as exaltações do seu Rosário: "Cresci como a plantação de rosas de Jericó" (Eclo 24,18). — E por que razão mais em Jericó, que em outra terra fértil também de Rosas? Porque entre todas as rosas do mundo só as de Jericó — de que já outra vez citei os autores — nascem vestidas de cento e cinquenta folhas. Assim que a terra de Jericó, onde estamos, nas rosas nos dá o nome do Rosário, e nas folhas o número ou as contas dele. Os efeitos maravilhosos veremos agora.

"*E Salmon gerou Booz de Raab*". — Esta Raab, de quem diz o evangelista que Salmon, príncipe da tribo real de Judá, gerou a Booz, não só era gentia de nação cananeia, mas publicamente de ruim vida. E assim este exemplo, como outros três que se leem no mesmo Evangelho, o de Tamar, o de Rute e o de Bersabé, deram justo motivo aos santos Pais para inquirir a causa por que na genealogia de Cristo e de sua Santíssima Mãe se nomeiem declaradamente estas quatro mulheres, todas notadas de ações culpáveis e afrontosas, calando-se muitas outras conhecidamente santas, e de vida louvável. Se se nomeia Raab, mãe de Booz, por que se não nomeia Sara, Mãe de Isac? Se se nomeia Rute, mãe de Obed, por que se não nomeia Rebeca, mãe de Jacó? Se se nomeia Tamar, mãe de Farés e Zarão, por que se não nomeiam Lia e Raquel, mães das cabeças mais nobres das doze tribos? E se também de Bersabé se faz menção, por que se não faria de outras mulheres mais leais e seus maridos do que ela foi a Urias? Pode-se responder, e com razão, que onde na árvore da geração de Cristo, e no cume mais alto dela, se vê com o Filho de Deus nos braços Maria "Da qual nasceu Jesus" (Mt 1,16) — toda a outra santidade, por grande que seja, desaparece e se oculta, e tudo o que aparece e se descobre mais é vício que virtude. À vista da bondade de Deus ninguém é bom: "Ninguém é bom a não ser somente Deus" (Lc 18,19) — à vista de sua infinita pureza até a dos anjos parece culpa: "Entre os seus anjos encontrou depravação" (Jó 4,18) — e o mesmo que se diz de Deus absolutamente, com a devida proporção se pode também dizer de sua Mãe. O que eu digo confiadamente é que, à vista da mesma Senhora, todas as mulheres santas se ocultam, porque a santidade de Maria as escurece; e só aparecem, e são vistas as pecadoras, porque o seu resplendor as alumia. Quando a primeira vez foi vista no mundo a Virgem Maria, o que disseram admirados, e lhe cantaram a dois coros o céu e a terra, foi que era "formosa como a lua e escolhida como o sol" (Ct 6,10). — E por que é comparada a mesma Senhora a tão diferentes planetas, um que preside ao dia e outro que preside à noite? Porque o sol escurece as estrelas, a lua alumia as trevas. E isto é o que faz neste formoso anfiteatro, ou neste hemisfério do Evangelho, quando se pronuncia no fim dele o nome de Maria. Não aparece Sara, Rebeca, Raquel nem Lia, que eram as estrelas da virtude, porque Maria como sol as escurece; e só aparecem e são vistas Raab, Tamar, Rute e Bersabé, que foram as trevas dos vícios, porque Maria como lua as alumia. As escurecidas pelo que são, as alumiadas pelo que foram, e todas melhoradas e honradas pelo resplendor de Maria.

§ III

Isto é o que eu dissera. Porém a razão ou resposta comum dos doutores, com S. Jerônimo, Santo Ambrósio, S. João Crisóstomo e outros Pais, é que se não contam na genealogia de Cristo algumas mulheres santas, senão somente as de vida em outro tempo culpável, para que no seu mesmo nascimento mostrasse o Filho de Deus que, pois se dignava nascer de pecadores, vinha livrar a todos de seus pecados. As palavras de S. Jerônimo são estas: "Deve-se notar na genealogia do Salvador que nenhuma das santas mulheres foi assumida, mas aquelas que a Escritura repreende a fim de que aquele que vinha por causa dos pecadores, nascendo de pecadoras, apagasse os pecados de todos"[1]. Aceitada, pois, e reverenciada, como devo, esta razão, não posso deixar de admirar e ponderar nela duas coisas em que muito reparo. Os defeitos de que foram notadas ou infamadas estas quatro mulheres, todos pertencem à honestidade. Rute, que foi a menos murmurada, é certo que solicitou o tálamo de Booz; a culpa de Bersabé notoriamente foi adultério, a de Tamar incesto e o da nossa Raab comércio de si mesma, público e vago, como declara o nome de Raab meretriz. Pois, se em muitos dos outros ascendentes desta larga genealogia se acham outros pecados de todo o gênero, e não poucos ainda mais graves, por que se faz somente memória e se trazem só por exemplo os que encontram e ofendem a honestidade? Não foi a redenção de Cristo tão copiosa, como lhe chama o profeta, que nos remiu e livrou de todos os pecados, e se foram mais e maiores também nos livraria deles? Sim, e as mesmas palavras o dizem: "A fim de que, nascendo de pecadoras, apagasse os pecados de todos" — por que se faz menção logo deste só pecado, quando se diz que nasce Cristo de pecadores, porque vem a salvar de todos os pecados?

Porque é tal o pecado da desonestidade que, ou ele só compreende todos os pecados, ou todos se contêm nele. Não foi este o pecado da Madalena? Este foi, como todos sabem. E contudo o evangelista S. Lucas, sem reparo nem escrúpulo, lhe chama absolutamente a pecadora: "Uma mulher pecadora que havia na cidade" (Lc 7,37). — Pois um pecado particular em certa espécie merece o nome e censura universal de todo o pecado? Nesta espécie sim, e assim o qualificou o evangelista, porque o pecado de sensualidade é um compêndio universal de todos os pecados e uma suposição certa de todos. Por isso se refere no mesmo Evangelho, que Cristo "lançara do corpo da Madalena sete demônios" (Mc 16,9; Lc 8,2). — E que sete demônios eram estes? Eram, diz S. Gregório[2], os sete demônios que presidem aos sete pecados capitais, ou os mesmos sete pecados capitais, piores que os mesmos demônios, os quais são companheiros inseparáveis do vício da torpeza. Os outros vícios podem andar separados uns dos outros, e ainda encontrados; porém o vício da torpeza, ou juntos em si, ou encadeados após si, sempre os traz todos consigo. É doutrina e conclusão esta de todos os Pais, sem faltar um só. Ouçamos por todos a Santo Agostinho: "Nenhuma virtude, nenhuma bondade, nenhuma sabedoria pode coexistir com a luxúria, mas com ela reina toda perversidade"[3]. — Ninguém cuide — diz Agostinho — que a torpeza é um só vício, uma só maldade, um só erro e uma só ignorância. Por quê? Porque é um vício que se opõe a toda a virtude: "Nenhuma virtude"; é uma maldade que destrói toda a bondade: "Nenhuma bondade"; é um erro e ignorância que cega e escurece toda a sabedoria: "Nenhuma sabedoria"; enfim, é um pecado em que dominam e reinam todos os pecados: "Com ela reina toda perversidade".

E para que fique mais clara esta tão importante verdade, vejamo-la, com S. João, admiravelmente retratada no seu Apocalipse. Diz S. João que "viu uma mulher assentada sobre um monstro encobertado de púrpura, o qual tinha sete cabeças e dez pontas" (Ap 17,3). — As galas de que vinha vestida a mulher eram tão ricas, como o costumam ser as que se compram para o corpo vendendo a alma: "Cercada de púrpura e de ouro, e de pedras preciosas" (Ap 17,4). — "Trazia na mão uma taça de ouro cheia de todas as abominações e delícias torpes" (Ap 17,4). — E o que fazia com esta taça era brindar a todos os reis do mundo, os quais, e quantos dela bebiam, todos perdiam o juízo: "Com a qual fornicaram os reis da terra e se embebedaram os habitantes da terra com vinho da sua prostituição" (Ap 17,2). — Quem fosse ou representasse esta mulher, ninguém haverá que o não tenha entendido. S. João lhe chama a "grande meretriz" — e ela mesma, publicamente e sem nenhum pejo, trazia escrito na testa um letreiro que dizia: — "Eu sou a grande Babilônia, mãe de todas as torpezas". — Nota particularmente o evangelista que todos aqueles a quem ela brindava, em vez de lhe fazerem a razão, a perdiam: "E se embebedaram com o vinho da sua prostituição" — porque o primeiro e mais pernicioso efeito da torpeza é entorpecer e tirar o juízo a todos os que se lhe entregam: "Quando a luxúria invade o espírito uma só vez, já não permite pensar em nenhum bem"[4] — diz S. Gregório Papa. — E este é o mistério por que a sensualidade vinha assentada sobre um bruto, que é o apetite bruto e irracional, que se não distingue dela: "Assentada sobre um animal irracional".

Mas esse mesmo bruto, a cujos passos ela caminhava para a condenação, como diz o texto, por que o pintou Deus ao evangelista com sete cabeças e dez pontas: "Tendo sete cabeças e dez pontas"? — Parece que o número das pontas havia de responder ao das cabeças, e serem somente sete pontas, ou o número das cabeças havia de responder ao das pontas, e serem também dez cabeças. Pois, se as cabeças eram sete, por que eram as pontas dez? Bem se mostra ser Deus o pintor de uma figura tão natural. Nas cabeças eram significados os poderes com que a sensualidade domina, e nas pontas as armas com que peleja e os estragos que executa. A sensualidade, entre os sete pecados capitais, tem um só lugar, que é o terceiro, e contra os dez mandamentos tem também um só, que é o sexto; mas porque, sendo um só pecado capital, domina em todos sete, por isso tem "sete cabeças" — e por que, opondo-se a um só mandamento, destrói e desbarata todos dez, por isso tem "dez pontas". De sorte que, sendo um só pecado e encontrando um só mandamento, assim entre os pecados como contra os mandamentos é um que pode tanto como todos. E como o pecado da desonestidade é um pecado em que se contêm e resumem todos, por isso com grande propriedade faz só menção o evangelista dos pecadores deste gênero, quando diz que nasce Cristo "para salvador de todos os pecados".

§ IV

Aqui, porém, entra agora o meu segundo reparo, que não é menos bem fundado que o primeiro. Que se faça somente menção do pecado da desonestidade, porque nele vão compendiados e resumidos todos os outros, bem está. Mas nesta mesma genealogia temos Judas, Booz, Davi, Salomão, e a outros muitos homens, que também delinquiram no mesmo pecado. Pois por que se não introduzem e alegam os exemplos ou escândalos dos homens, senão os das mulheres? Porque nas mulheres, assim como é mais afrontoso este pecado, assim é mais perigoso e mais pernicioso. Considerai todos os estragos que tem feito no mundo o pecado da desonestidade, e achareis que as mulheres foram a origem, e as mulheres a causa. Descreve S. Bernardo o vício da sensualidade assentado em uma carroça, e diz que esta carroça se move sobre quatro rodas, que tiram por ela dois cavalos e que os governa ou desencaminha um cocheiro. Eu, na aplicação destas partes, me desvio alguma coisa da ideia do artífice, mas creio que ele o haverá por bem. As quatro rodas sobre que se move a carroça da sensualidade são a abundância, a gula, a ociosidade, e a delícia. Os dois cavalos fortes e bem pensados que tiram por ela, um é o gosto do presente, outro o esquecimento do futuro. O cocheiro que os governa é o apetite, não só cego de seu nascimento, mas sobre isso com os olhos vendados. Não leva as rédeas na mão, porque aqueles cavalos não sofrem rédeas, e só se serve do açoite incessantemente, com que os esperta e incita a que corram a toda a fúria, a que se precipitem, a que se despenhem. Nesta carroça, pois, tão mal guiada, peleja e, por isso mesmo, vence a sensualidade, e porque raramente é vencida, como diz Santo Agostinho, nela triunfa e triunfou sempre do mundo desde seu princípio.

A primeira figura que aparece neste lastimoso triunfo é Adão vestido de peles, lançado do paraíso e despojado do império do mundo por uma mulher, e essa não alheia, mas própria. Oh! quantos filhos o seguem sem cabeça, porque a não tiveram! Mas as mesmas que lhas fizeram perder, para maior ostentação e publicidade as levam nas mãos. Dina leva na mão a cabeça de Siquém; Jael a cabeça de Sísara; Dalila a de Sansão; Judite a de Holofernes; Bersabé a de Urias; Tamar a de Amon, filhos ambos de Davi; e Herodias a maior cabeça que nasceu entre os nascidos, a do grande Batista. Mas que muito que cada mulher destas em diferentes idades, ou desse ou ocasionasse a morte de cada um destes homens tão notáveis no mundo, se a quantos hoje são, a quantos foram e a quantos hão de ser, uma só mulher os matou a todos, Eva! Admiramo-nos de que uma só Helena, com dez anos de cruelíssima guerra, abrasasse finalmente a Troia, e não advertimos que em todas as partes do mundo houve Troias e Helenas. Helena foi da Ásia, Semíramis em Babilônia; Helena da África, Cleópatra no Egito; Helena da Europa, Lucrécia em Roma; e Helena de Espanha, não Florinda, mas Cava. Aquela com o cetro de Rômulo acabou de uma vez todos os reis Romanos, e esta com o de Rodrigo cativou por oitocentos anos o florentíssimo dos godos. E se a intemperança de uma só mulher, ou voluntária, ou rendida, faz tamanhos estragos, que fará a de muitas juntas? Não falo nos poderosíssimos exércitos, nem de Moisés em Moab, nem de Aníbal em Cápua, nem de Antíoco nas suas bodas, feridos e desbaratados desta peste, porque tudo desaparece à vista do que agora vejo. Vejo flutuar todo o mundo dentro em uma Arca, e todo o gênero humano, não nadando, mas afogado debaixo do dilúvio. E de um castigo tão universal, tão estranho, tão horrendo, tão novo e nunca repetido, qual seria a causa? A causa, diz o texto sagrado, que foi a universal corrupção, que se podia curar com a universal sepultura: "Porque toda a carne corrompera o seu caminho" (Gn 6,12) — e se perguntarmos à mesma Escritura qual foi a causa dessa corrupção, com a mesma clareza responde que não foi outra senão a descompostura das filhas dos homens, que corromperam a virtude dos filhos de Deus: "Vendo os filhos de Deus que as filhas dos homens eram formosas" (Gn 6,2).

Já não tem mais mundo para onde correr a sensualidade, pois já o assolou e destruiu todo, e já aqui pudera parar o seu infame e portentoso triunfo, mas quer levar atada às rodas da sua carroça, como o maior troféu de todo ele, a sabedoria de Salomão em estátua, com a sua mesma sentença: "As mulheres fazem apostatar os próprios sábios" (Ecl 19,2). — Quem cuidará, diz o nosso português Santo Antônio, que aquele mesmo homem, a quem Deus tinha escolhido para lhe edificar o templo de Jerusalém, na mesma Jerusalém havia de edificar outros templos e levantar outros altares aos ídolos de suas concubinas, e não na mocidade, senão na velhice? Oh! quão perigosa está a fé onde tanto reina e domina este maldito contágio! Por isso os hereges antigos — e o mesmo fazem os modernos — vendo que não podiam impugnar a fé católica com força de verdadeiras razões por traça e conselho verdadeiramente saído do inferno, trocaram as armas e lhe fizeram a guerra por meio de mulheres. Assim o fez Simão Magno por meio de Silene, assim Montano por meio de Maximila, assim Apeles por meio de Filomena, assim os Origenistas por meio de Melânia, assim os arianos por meio de Constança, assim os priscilianistas por meio de Ágape e Gala, e assim Marcião e Nicolau Antioqueno por meio, não de uma mulher ou duas, senão de muitas, como escreve S. Jerônimo[5]. Desta maneira os hereges — assim como a serpente não acometeu por si mesma a Adão, senão por meio de Eva — assim eles, passando os seus mesmos argumentos das suas línguas às das mulheres, ervaram astutamente as setas, e lhes deram com o doce veneno a força de matar, que por si mesmas não tinham.

Note, porém, o sexo feminino — para que se conheça — que aquelas enganadoras também eram enganadas, e que, antes de brindarem a taça de Babilônia, primeiro a bebiam. As abelhas picando morrem, e maior é o dano que recebem que o que causam. O que fazem padecer é de fora; o que padecem, de dentro. Que importa que atirem setas de fogo, se lhes fica o inferno no coração? O carvão que não arde não queima. Por isso Salomão comparou este gênero de gente às brasas: "Porventura pode o homem andar por cima das brasas sem que se queime a planta de seus pés? Assim aquele que se chega à mulher" (Pr 6,27). — É sem dúvida que quanto Virgílio escreveu da rainha Dido foi falso testemunho e fíbula[6]. Mas o que disse do fogo, dos incêndios, da inquietação, do desassossego, da perpétua imaginação e cuidados, com descuido e esquecimento de tudo o mais, eram efeitos verdadeiros e próprios da paixão que supunha e descrevia. E se não, dispamo-los da majestade e vejamo-los em sujeito menos indecente. Tanto que a Samaritana conheceu a Cristo por quem era, foi logo levar a nova aos da sua cidade, e as palavras que lhes disse foram estas: "Vinde ver um homem, o qual me disse tudo quanto [*quaecumque*] fiz em minha vida" (Jo 4,29). — O que Cristo tinha dito a esta mulher foram somente as amizades passadas, em que tinha vivido torpemente, e a última e presente em que agora continuava; e não lhe disse mais. Pois isto é tudo o que esta mulher tinha feito em sua vida? A palavra *quaecumque* [quaisquer coisas] ainda aperta mais a dúvida que se dissera *omnia* [todas as coisas] porque *omnia* quer dizer tudo em geral, e *quaecumque* não só significa tudo geralmente, senão todas as coisas, e cada uma delas em particular. Pois, se Cristo não lhe falou mais que nas suas ruins amizades, como diz que lhe dissera quanto tinha feito? Não tinha feito outra coisa em toda sua vida esta mulher?

Não. Porque as mulheres de semelhante vida tudo o que fazem é isto. Tanto que o apetite mulheril se entrega a semelhantes divertimentos, ou se diverte e empenha o amor em semelhantes cegueiras, isto é o que faz enquanto faz, e isto só, e nenhuma outra coisa. Aqui emprega toda a vida e toda a alma; aqui todas as potências e todos os sentidos; aqui todos os pensamentos, todas as palavras e todas as obras. Se obra com a memória, disto só se lembra; se com o entendimento, nisto só cuida; se com a vontade, isto só ama. Se vê, para isto só olha; se ouve, isto só escuta; se conversa, nisto só fala; se dorme, isto só imagina e com isto sonha. E como não há alegria sem tristeza, nem desejo sem temor, nem esperança sem dúvida: se está alegre, estes são os seus gostos; se triste, estas são as suas lágrimas; e se prevalece no coração qualquer outro afeto — sempre vário e sempre o mesmo — estes são os seus cuidados, estes os seus desvelos, estas as suas ânsias, sem descanso, sem quietação, sem sossego, ardendo, enfim, e penando perpetuamente naquele fogo infernal, cego e furioso, o qual no coração feminil, como mais brando, prende com maior facilidade; como mais estreito, queima com maior violência; como mais frio, dura com maior contumácia. Na mesma Samaritana se viu esta diferença. O fogo que pegou aos homens apagou-se, que por isso foram cinco os amigos que já não eram; e o seu, em que ela dentro em si mesma ardia, como fogo do inferno, não se extinguiu, e ainda durava: "E aquele que agora tens não é teu marido" (Jo 4,18).

Sendo, pois, o vício e pecado da sensualidade em todo o gênero humano o mais universal, e no gênero feminino mais pernicioso, com razão, deixados todos os outros vícios e pecados, nos representa o evangelista particularmente só este, e debaixo destas mesmas circunstâncias, quando nos diz que nasce Cristo de pecadores, para os remir e salvar de todos seus pecados: "Para que apagasse os pecados de todos".

§ V

*M*as por que não basta ter Cristo remido o gênero humano de todos os pecados, se nós tornamos a cair neles, que importará ter mostrado tão largamente o perigo, se não houver quem nos descubra e nos ensine o remédio? Isto é o que agora havemos de ver, desenrolando a história de Raab, a que o mesmo evangelista sucintamente se refere nas poucas palavras que propus: "E Salmon gerou a Booz de Raab". — Era Raab uma mulher, não só de vida pouco honesta, mas publicamente pecadora, como já dissemos; estava condenada por sentença, não menos que do mesmo Deus, para arder com todos os mais da cidade de Jericó; escapou, contudo, ela só da morte e do incêndio, por meio de um cordão vermelho, que distinguiu a sua casa de todas as outras. E que cordão vermelho foi este? Assim como o incêndio de Jericó, toda abrasada em chamas vivas, foi figura do inferno, e assim como Raab, condenada a arder nas mesmas chamas, foi figura dos que se condenam pelo pecado da sensualidade, assim digo que aquele cordão vermelho foi figura do Rosário da Virgem, Senhora nossa, por meio do qual os que dele se valem, se livram do fogo eterno. Peço atenção a todos, e muito particularmente ma devem dar os que têm fundamento para se temer deste vício.

Fala Davi da Virgem, Senhora nossa, debaixo do nome e metáfora de Jerusalém — porque Jerusalém e Maria ambos foram morada de Deus — e depois de tomar por assunto quão gloriosas são as maravilhas que da mesma Senhora se têm dito: "Coisas gloriosas foram ditas de ti, cidade de Deus!" (Sl 86,3) — aquela que põe em primeiro lugar é prometer a Mãe de Deus que até de Raab e de Babilônia se lembrará, se elas a conhecerem: "Lembrar-me-ei de Raab e de Babilônia, que me conhecem" (Sl 86,4). — E em que desmereceram Raab e Babilônia a lembrança da Virgem Maria, para ser tão glorioso encarecimento de piedade na sua memória o lembrar-se delas? Não serão necessárias muitas palavras para o declarar, pois já temos dito quem é Raab e quem foi Babilônia. Babilônia foi a grande meretriz que viu S. João; Raab também foi meretriz, e não pequena; Babilônia foi aquela que trazia escrito na testa: "Grande Babilônia, mãe das fornicações"; Raab foi aquela cuja casa na primeira entrada na cidade de Jericó tinha por insígnia: "Raab, a meretriz". E que até destas duas mulheres tão dissolutas e depravadas, uma mãe e outra filha da torpeza, prometa a Santíssima e Puríssima Virgem ter de memória, se elas a conhecerem: "Lembrar-me-ei de Raab e de Babilônia, que me conhecem" — não há dúvida, Mãe da divina graça, que entre todas as glórias de vossa benignidade e grandeza, justamente a conta Davi — que também teve necessidade dela — como a primeira: "Coisas gloriosas foram ditas de ti; lembrar-me-ei de Raab e de Babilônia".

Onde se deve advertir e ponderar muito aquela palavra "Foram ditas", na qual nota Davi, e quer que nós notemos, que esta ação gloriosa da Senhora não é coisa nova que ele agora diga ou haja de dizer, senão antiga e que já estava dita: "Foram ditas de ti". — Mas quando estava dita, e por quem? Estava dita por Josué, que floresceu mais de quatrocentos anos antes de Davi, quando o mesmo Josué escreveu a história de Raab, que é a do texto do nosso Evangelho, na qual foram representadas estas glórias da Virgem, Senhora nossa, e do seu Rosário, como agora veremos.

§ VI

Chegaram, pois, as duas sentinelas dos hebreus, e entraram em casa de Raab como casa pública; disseram-lhe que eram exploradores do conquistador daquelas terras, a quem o verdadeiro Deus, criador do céu e da terra, as tinha dado; e debaixo desta fé — que logo recebeu — concertaram com pacto de que depois lhe dariam a vida, se ela os encobrisse às rondas dos cananeus, que já lhes andavam nos alcances, e os pusesse em salvo. Fê-lo assim Raab escolhidamente. E diz o texto sagrado que, lançando da muralha — para onde tinha janela — "um cordão vermelho" (Js 2,18) — por ele se desceram segura e ocultamente os dois aventureiros e se salvaram. Esta foi até aqui a história: vamos agora à significação, que já imos enfiando o Rosário, ainda que não se veja.

Perguntam os santos Pais primeiramente: este cordão, e vermelho — o que facilmente não podia ser acaso — que é o que significava? E respondem S. Jerônimo, Santo Ambrósio, Santo Agostinho, e os demais, que o cordão significava a Cristo, e o vermelho o sangue da Redenção. Bastem por todas as palavras elegantes de Santo Ambrósio: "Viu isso a meretriz que na queda da cidade perdera a esperança dos remédios da salvação, porque a fé vencera os sinais da fé, e trazendo as bandeiras do domingo da paixão colocou na janela o cordão para que florescesse como sinal do sangue místico que haveria de remir o mundo"[7]. Foi significado Cristo, Senhor nosso, e compara-se com grande propriedade ao cordão, porque o cordão forte e bem formado compõe-se de três ramais, e tal é o composto inefável de Cristo. Os outros homens compõem-se só de duas partes, como de dois fios, que são corpo e alma; Cristo, porém, que não só é homem, senão homem e Deus juntamente, compõe-se de três, que são corpo, alma e divindade. Assim como Deus enquanto Deus — diz S. Bernardo — é um em substância e trino em pessoas, assim o mesmo Deus feito homem é um em pessoa e trino em substâncias; e assim como em Deus nem a trindade divide a unidade, nem a unidade diminui a trindade, assim em Cristo nem a pessoa confunde as substâncias, nem as substâncias dividem a pessoa. Finalmente, conclui o Santo: "O Verbo, o espírito e a carne reuniram-se numa só pessoa e estes três são um, e este um são três"[8]. Não pudera dizer mais nem menos, se definira um cordão de três ramais. Assim como no cordão de três ramais um são três e três são um, assim no composto divino e humano de Cristo, unido o corpo à alma, e o corpo e alma à divindade, "estes três são um, e este um são três" — Nem esta comparação ou este nome é novo, porque do mesmo Cristo, como entendem graves autores[9], falava Salomão quando disse que "o cordão de três fios dificultosamente se rompe" (Ecl 4,12). — Mas, se a união da divindade e humanidade em Cristo de sua natureza é indissolúvel, e nunca se rompeu nem há de romper, como podia Salomão falar de Cristo, quando admite no cordão rutura, posto que dificultosa? Essa mesma é a energia e a maior graça da comparação. Porque no composto de Cristo há duas uniões, uma entre a divindade e humanidade, que nunca se rompeu, e outra entre o corpo e alma, que se rompeu na morte; e como a maior dificuldade daquele tremendo mistério era poder se romper esta união e haver de morrer Deus, por isso Salomão admiravelmente, admitindo a rutura do cordão, lhe chamou dificultosa: "Dificilmente se rompe".

Rompeu-se o cordão na morte, mas logo se soldou na ressurreição. Foi, porém, necessário que Cristo morresse e derramasse o sangue, para que o corpo se tingisse e, tinto de vermelho, fosse o remédio da redenção: "Para que florescesse como sinal do sangue que haveria de remir o mundo". — Verdadeiramente que na circunstância desta cor bem se vê que era pincel divino o que, no remédio e salvação daqueles dois homens, pintava já então a de todos. Para os dois exploradores salvarem as vidas não importava a cor do cordão pelo qual desceram e se salvaram; mas para a significação do mistério, que neles se representava, foi tão necessária a cor vermelha como foi necessário o sangue de Cristo para a salvação do gênero humano. Sendo, porém, Adão e o gênero humano um, parece que também havia de ser um e não dois os que aqui se salvaram por este meio. Ora, vede como serem os exploradores dois foi nova valentia da pintura e maior propriedade do mistério. O gênero humano dividiu-se em dois povos, os quais naquele mesmo caso concorriam: o povo judaico, que eram os hebreus, e o povo gentílico, que eram os cananeus. E porque o Messias não só havia de remir o povo judaico, como eles cuidavam, senão também o gentílico, por isso na liberdade dos dois exploradores se representou a salvação dos dois povos.

Os dois primeiros exploradores da Terra de Promissão, a quem estes segundos sucederam na mesma conquista, foram os dois valentes soldados Josué e Caleb, os quais, para demonstração da fertilidade do terreno, trouxeram o grande cacho de uvas aos ombros, atravessado em uma lança. E que significava esta nova pintura? O fruto prodigioso pendente da lança significava a Cristo pendente da cruz; os dois que o levavam aos ombros significavam os dois povos: o de diante o judaico, que foi o primeiro, o de trás o gentílico, que veio depois. E diz mais alguma coisa a figura? Ainda fala admiravelmente. O povo gentílico, que ia detrás, levava o fruto diante dos olhos, porque estimou e recebeu a Cristo; e o judaico, que ia diante, levava-o detrás das costas, porque o desprezou e lhe voltou o rosto, e não o quis receber: "Dois mensageiros são os dois testamentos, precedem os judeus, os cristãos vem depois. Estes levam diante de si salvação, aqueles a trazem nas costas. Este prefere a complacência, aquele o desprezo"[10] — disse com tanto aplauso Santo Agostinho, que lhe tresladaram o pensamento Santo Ambrósio, S. Cipriano, S. Jerônimo, S. Próspero, S. Bernardo, Ruperto. Estes são, pois, os dois povos em que se divide o gênero humano; e se o quisermos, não dividido, senão unido em um só, também o temos no mesmo texto. Quando Raab os escondeu para que os não descobrissem as rondas, diz assim o original hebreu ao pé da letra: "A mulher levou aqueles dois homens, e o escondeu" (Js 2,4). — Se eram dois, havia de dizer escondeu-os, e não escondeu-o. Pois, por que diz "escondeu-o" a ele, e não a eles? Porque aqueles dois homens significavam os dois povos em que se divide o gênero humano, e o mesmo gênero humano, enquanto dividido, são dois, enquanto unido, é um; enquanto dividido, é eles, enquanto unido, é ele; "Escondeu-o".

§ VII

Esta foi a propriedade com que na primeira parte da história de Raab se representou a Encarnação e Morte de Cristo, e a Redenção do gênero humano. E esta é a matéria de que a Virgem, Senhora nossa, formou o seu Rosário, não mudando nem acrescentando nada ao mesmo cordão, mas dispondo-o somente de tal modo que, assim como ele tinha sido o instrumento universal da redenção do mundo, assim o fosse particular da salvação dos pecadores. E esta é a segunda parte da mesma história. Tinha Raab assentado com os exploradores que na destruição de toda a cidade de Jericó seria excetuada a sua casa, e que, para ser conhecida entre as demais, tivesse por sinal na janela o mesmo cordão vermelho por onde os tinha descido. Fez-se assim com a pontualidade e vigilância de uma e outra parte, que o caso e o perigo pedia; e, arrasados os muros só com o som das trombetas de Josué, entram os soldados vitoriosos levando tudo a ferro e fogo, e no meio de tão grande tumulto o que se ouvia somente era uma voz que dizia: "Morram todos, e só viva Raab" (Js 6,17). — Assim o dizia a voz, assim o tinha jurado a promessa, e assim se cumpriu à risca, porque, não ficando da cidade mais que as cinzas, só Raab escapou e viveu, e com a sua família foi recebida em triunfo nos arraiais vencedores.

Quando Deus mandou ao anjo que degolasse todos os primogênitos do Egito, havia um grande perigo e dificuldade nesta execução, porque, como os hebreus moravam juntamente com os egípcios, à volta dos egípcios podia a espada do anjo levar também os hebreus. E de que modo facilitou Deus esta dificuldade e os livrou deste perigo? Era o mesmo dia, ou a mesma noite em que, conforme a lei, em todas as famílias dos hebreus se comia a primeira vez o cordeiro pascoal; e como uma das cerimônias da mesma ceia era que todos rubricassem as suas portas com o sangue do mesmo cordeiro, observando o anjo este sinal e divisa, matou todos os primogênitos egípcios, e ficaram livres todos os hebreus. O mesmo sucedeu em Jericó daí a quarenta anos, não só pelo mesmo modo, mas também com a mesma significação. Porque, assim como o sangue do cordeiro que tingiu de vermelho as portas dos hebreus significava o sangue de Cristo, assim o cordão vermelho que pendia da janela de Raab significava o mesmo sangue. E assim como ela se salvou do incêndio universal, em que pereceram todos, em virtude daquele misterioso cordão, assim digo que se salvarão todos os que rezarem o Rosário em virtude do mesmo Rosário, que no mesmo cordão era significado.

Esta última palavra, que no mesmo cordão era significado, parece dificultosa de provar, mas a prova é tão autêntica que ninguém lhe porá dúvida. Fala Cristo com sua Santíssima Mãe no capítulo quarto dos Cânticos, e diz assim, conforme o texto dos setenta intérpretes, que é o de que o mesmo Cristo usou sempre no Evangelho: "Os teus lábios como um cordão escarlate, e o teu falar é um decoro" (Ct 4,3). — As vossas palavras, Mãe e Esposa minha, são para mim de grande decoro e respeito, porque na boca de quem as pronuncia são como o cordão vermelho na janela de Raab. — Assim comenta este lugar, falando com a mesma Senhora, o mais insigne doutor de seu tempo, Ruperto Abade: "Eis que Raab, a meretriz de doce falar, colocou o cordão escarlate na sua janela, quando a Igreja, outrora pecadora e manchada pelo meretrício da idolatria, faz ressoar continuamente o teu doce falar, penhor de salvação"[11]. Quando Raab, a pública pecadora, atou da sua janela o cordão vermelho, o mesmo cordão, Virgem Santíssima, era composto das vossas doces palavras, e por isso a Igreja, convertida da gentilidade — que é a Católica — em prenda de sua salvação, continuamente as reza. — Não pudera falar mais claro se nomeara o Rosário — que é a mais própria oração da Senhora, e que mais continuamente se reza todos os dias — mas no tempo de Ruperto ainda não tinha este nome. E para que a sua exposição não pareça singular, a mesma têm Teodoreto, Justo Orgelitano, Filo Carpácio e Rabi Salomão, os quais todos afirmam que o cordão vermelho, de que neste lugar fala o Espírito Santo, é o "Cordão escarlate" de Raab.

E que semelhança tem o Rosário com o cordão vermelho na janela de Raab, para ser significado nele como em sua própria figura? Não só uma semelhança, senão todas. Lembremo-nos do que fica dito. Aquele cordão — como vimos com todos os Pais — significava a Cristo e os mistérios da Redenção do gênero humano, e desses mesmos mistérios se compõe o Rosário. Aquele cordão era composto de "três ramais" — e esta mesma composição é a do Rosário repartido em três terços: gozosos, dolorosos, gloriosos. Aquele cordão era "vermelho", não só pela cor, senão pela substância do sangue de Cristo, — e com o mesmo sangue está rubricado o Rosário em todas as três diferenças dos mesmos mistérios: na primeira, com o sangue que Cristo tomou nas entranhas da Virgem; na segunda, com o que derramou na cruz; na terceira, com o que tornou a tomar na ressurreição. Aquele cordão estava "na janela" de Raab — e que outra coisa é o cordão na janela, senão o Rosário e a oração na boca, diz Teodoreto? "Este sinal, os teus lábios como um cordão escarlate, o esposo vê na boca da esposa como que colocado na janela"[12]. — Finalmente — e esta é a maior e principal semelhança — aquele cordão era uma divisa que distinguia a casa de Raab de todas as outras, para que no incêndio geral da cidade, em que todos morreram, pereceram e se abrasaram, só ela se salvasse; e o Rosário é um dos mais certos sinais da predestinação, por meio do qual se livram dos incêndios eternos os pecadores, e muito particularmente os do pecado da sensualidade — como Raab — que é o que mais povoa e enche o inferno. Quando S. João viu aquela infame mulher em que era representada a sensualidade, disse um anjo que viesse ver a condenação da grande meretriz: "Vem, e eu te mostrarei a condenação da grande meretriz" (Ap 17,1) — porque todas as filhas daquela mãe, e que seguem seus passos, pelos mesmos passos caminham à condenação eterna. E sendo Raab uma destas pública e conhecida por tal — "Raab, a meretriz" — porque estava patrocinada e defendida da divisa do Rosário: "Cordão escarlate", ela só escapou e se salvou da condenação universal de todos os mais, e com exceção e declaração expressa do nome e vida de meretriz: "Viva somente a meretriz Raab".

Um dos mais notáveis portentos que se leem nas Escrituras é mandar Deus ao profeta Oseias que se casasse com uma meretriz, e, sobre meretriz, adúltera: "Vai, toma por tua mulher a uma pública meretriz" (Os 1,2) — e depois, falando da mesma: "Vai ainda, e ama a mulher amada de seu amigo, e adúltera". — Obedeceu o profeta, assombrados todos, tanto do preceito como da obediência. Porém, a maior razão do assombro — a qual no exterior se não entendia — era que Oseias neste caso significava e representava a Deus, como o mesmo Deus logo declara: "Ama a mulher amada de seu amigo, e adúltera, assim como o Senhor ama os filhos de Israel, ainda quando eles põem olhos nos deuses estrangeiros". — Recebeu, enfim, o profeta por mulher a meretriz e adúltera, e porque naquele tempo e naquela nação costumavam os maridos comprar as mulheres, como Jacó a Raquel e Davi a Micol, diz Oseias que "comprou esta sua por quinze dinheiros". — Aqui está o grande reparo. Não em Deus se desposar com uma tal pecadora — que esse é o seu amor e a sua bondade — mas em que a compre e faça sua, e não com maior ou menor preço, nem com maior ou menor número, senão com "quinze dinheiros"? — O preço da graça com que Deus chama, converte e une a si as almas alongadas de seu serviço, e de escravas dos vícios feios e torpes, as faz amadas esposas suas, todos cremos e sabemos que são os merecimentos infinitos da vida, morte e sangue de Cristo. Pois, se este preço é infinito, por que se reduz a número, e não a outro número, senão o certo e determinado de quinze? Porque quinze são determinadamente os mistérios em que esse mesmo preço da vida, morte e sangue de Cristo está multiplicado no Rosário e repartido nele. E é virtude própria e particular do mesmo Rosário, de almas meretrizes e adúlteras, como a que comprou para si e recebeu por sua Oseias, fazer esposas muito prezadas e amadas de Deus. Assim explica e aplica este lugar um autor não muito antigo, mas muito douto e pio. "Bom Deus" — exclama ele —, "todas as vezes que Cristo Senhor é significado em Oseias, ele une a si as almas mais perdidas com um vínculo estreitíssimo de amor por meio das quinze dezenas do santíssimo Rosário."¹³ — Quer dizer que por meio do Santíssimo Rosário, composto de quinze décadas e quinze mistérios, traz Cristo a si muitas almas, não só perdidas, mas perdidíssimas, e como esposas muito queridas as une e ata consigo com um estreitíssimo vínculo. E este vínculo é o cordão misterioso de Raab, tão perdida na vida como no nome, por meio do qual não só a livrou e salvou Cristo, mas verdadeira e realmente aparentou com ela, desposando-a com Salmon, da tribo real de Judá, de que o mesmo Cristo nasceu: "E Salmon gerou a Booz de Raab".

§ VIII

E para que vejais com os olhos o cumprimento destas antigas figuras, não em outra pessoa ou em outro vício, senão na de uma famosíssima meretriz, passemos de Jericó a outra maior e melhor cidade, não gentílica, nem só cristã, mas cabeça da Cristandade. Depois do grande fruto que o grande pregador da Virgem Senhora Nossa tinha feito em França com o seu Rosário, passou S. Domingos à Itália, e fazendo os mesmos sermões em Roma, como em cidade santa e corte eclesiástica, foi ainda maior o fruto e maior a brevidade com que o colheu. Os monsenhores, os bispos, os cardeais, e até o mesmo Sumo Pontífice, todos se fizeram, não só devotos, mas servos do Rosário. Havia neste tempo na mesma Roma uma mulher moça, das que lá se chamam cortesãs, a mais famosa e celebrada de todas as daquela infeliz profissão, dotada por extremo de todos os ornatos da natureza com que mais se costuma enlouquecer o amor profano. Chamava-se esta mulher Catarina¹⁴, e não houve Catilina, nem tirano algum de Roma que tanto a destruísse e arruinasse como esta tirana a arruinava e destruía. Nero pôs fogo a Roma, mas não lhe abrasou mais que os edifícios; esta tirana também punha fogo a Roma, mas abrasava-lhe as almas. Nero atormentava os mártires, mas mandava-os para o céu; esta tirana também atormentava os homens, mas mandava-os para o inferno. Nero fazia adorar os ídolos, e violentava os homens para que o fizessem; esta tirana ela mesma era o ídolo, e fazia-se adorar sem violência. De maneira que quem estivesse em Roma naquele tempo, e visse por uma parte o grande fruto que fazia nas almas S. Domingos com sua pregação, e por outra o grande estrago que fazia nelas esta tirana com seu pernicioso exemplo, poderia duvidar com muita razão de qual das duas se havia de admirar mais: ou da astúcia do demônio, que meteu em Roma esta mulher para fazer oposição ao Rosário, ou da Providência particular de Deus, que meteu em Roma o Rosário para fazer guerra a esta mulher. Mas não foi esta a vez primeira em que as rosas tiraram sangue a Vênus.

No meio deste descuido da alma, no meio deste esquecimento do céu, no meio desta desbaratadíssima vida, com que aquela pobre mulher corria tanto à rédea solta pela estrada larga da perdição, no meio de tantos vícios e tantas misérias, tinha contado uma coisa boa, que era ser inclinada a ouvir sermões. Como S. Domingos pregava em Roma com tanto aplauso, achava-se ela sempre às suas pregações. E porque o santo muitas vezes, depois do sermão, repartia Rosários aos ouvintes, coube-lhe também à pública pecadora um dia o seu Rosário. Já Raab leva na mão o cordão vermelho e já eu começo a esperar melhor e a não ter tanta desconfiança de sua salvação. Que vos parece que faria do seu Rosário uma tão perdida mulher? Porventura enfiá-lo-ia com grande curiosidade, enfitá-lo-ia e enfeitá-lo-ia com muitos listões de ouro e prata para o lançar ao pescoço por gala? Trá-lo-ia alguns dias dobrado nos dedos, como costumam as de devoção alentada, para depois o dar por prenda a algum dos que a galanteavam e fazer mais um devoto, não do Rosário, mas seu? Ainda mal, porque há loucas tão ímpias e tão sacrílegas que até do Rosário da Virgem puríssima, de que fogem os demônios, fazem laços às almas! Não o fez assim esta mulher, posto que tão desgarrada e tão perdida; antes, fazia o que eu muitas vezes vos aconselho. Ainda que gastava as vinte e três horas e meia do dia com o mundo, com a vaidade, com seus gostos e apetites, todos os dias tomava meia hora para a sua alma, posto que tão pouco a amasse, e se retirava para o lugar mais escuso de sua casa, e ali se punha a rezar o seu Rosário. Os muros da casa ainda eram de Jericó, mas o cordão já pendia da janela.

Saiu pois Catarina um dia a espaço, como dizem em Itália, e indo passeando por uma daquelas formosas estradas que se estendem pelos arrabaldes de Roma, viu que ia juntamente pelo mesmo caminho o mais gentil homem, o mais airoso, o mais bizarro mancebo que vira em sua vida, e porventura que nunca se tinha visto no mundo tão grande gentileza. Travaram prática os dois, e quando Catarina mais via e ouvia, o companheiro tanto mais se lhe ia afeiçoando e rendendo-lhe a alma. Experimentava porém nesta afeição e neste amor muito diferentes efeitos que nos outros seus, porque era uma afeição cheia de respeito, era um amor cheio de reverência, e se bem os afetos eram os maiores que podiam ser, todos se continham dentro das raias do coração, nenhum passava ao apetite. Enfim, pediu a cortesã ao mancebo que lhe fizesse favor de querer ir cear a sua casa aquela noite, o que ele aceitou e agradeceu, e apartaram-se. Não é indústria nova em Josué explorar primeiro por si mesmo a terra, e depois entrar à conquista. Estava a ceia preparada como para tão notável hóspede. Veio ele à hora assinalada, puseram-se à mesa, e a mulher, cada vez mais admirada da gentileza da pessoa, da discrição das palavras, da graça com que as dizia, e sobretudo da compostura, do recato e da majestade de todas suas ações, disse-lhe: — Senhor, se o amor que deveis ter conhecido em mim merece convosco alguma coisa, peço-vos que me digais quem sois. — Respondeu o mancebo que, como ficassem sós, então lho diria. Iam comendo, e tudo o que tocava o hóspede mudava a cor e ficava tinto em sangue. Já o cordão se começa a tingir de vermelho. Pareceu a Catarina que se teria cortado, e querendo acudir ao sangue e remediar o golpe, respondeu o que de outro bem diferente modo estava ferido, que não se cortara, mas que a razão do que via era porque tudo o que come o cristão deve ser molhado no sangue do seu Deus.

Levantou-se a mesa, apartaram-se os que serviam; eis que subitamente o mancebo se converteu em um Menino Jesus com uma coroa de espinhos na cabeça, com as mãos e os pés e o lado aberto, com uma cruz maior que os ombros às costas, inclinado todo e como gemendo debaixo do peso dela. Com esta figura, por uma parte tão amorosa e por outra tão lastimosa, lhe disse assim: — Até quando, irmã minha, até quando hás de continuar em me ofender? Quando hás de acabar de me ser ingrata? Olha o que padeci por ti, olha o que me custas. Desde esta idade em que me vês, trouxe sempre por ti esta cruz às costas, até que depois de trinta e três anos me pregaram nela. — Dizendo isto, o que era menino se converteu em homem, e a cruz que trazia às costas a suspendeu nos braços. Estava com os pés e mãos encravadas, com o peito rasgado, com a cabeça inclinada, com o rosto pálido, com os olhos cerrados, com a boca emudecida. Se com a primeira visão ficou assombrada a mulher, com esta segunda ficou muito mais atônita e pasmada. As palavras que ouviu na primeira a magoaram e enterneceram muito, mas este silêncio agora lhe penetrava o mais interior da alma, e lha traspassava toda. Não dizia, não fazia nada, porque não sabia que dissesse nem que fizesse: só o coração lhe estava rebentando dentro no peito, de dor e de contrição dos seus pecados. Ia como outra Madalena para se abraçar com a cruz, quando o crucificado de repente ressuscitou, e passando a cruz das costas à mão direita, como em sinal de triunfo, apareceu revestido todo de glória e mais que humana majestade. As cinco chagas pareciam cinco sóis; o resplendor e formosura do rosto não parecia a nada, porque tudo o que há formoso na terra, tudo o que há resplandecente no céu era feio e escuro em sua comparação. Posto nesta representação tão gloriosa, tornou a falar à pecadora, e disse-lhe estas palavras: — Acaba já, acaba de ser cega. Olha para mim, e olha para ti; olha para mim e olha para os teus amadores; e vê se é razão que pelos buscares a eles, me deixes a mim. Vê bem o que estás vendo, e acaba de conhecer se é maior a formosura do Criador ou a das criaturas. — Deteve-se um pouco mais, para que a mulher visse bem a diferença, e desapareceu.

Desapareceu Cristo, e ficou só Catarina, ou para o dizer melhor, não ficou, porque também desapareceu. Desapareceu porque a que estava ali já não era a que fora, senão muito diferente do que dantes era. Em nada era parecida a si, em tudo semelhante à Madalena. Não falava palavra, porque não era tão pequena sua dor que lhe coubesse pela boca; partia-se-lhe o coração de dor e de arrependimento da vida passada, e, assim despedaçado, lhe saía pelos olhos, chorando infinitas lágrimas. Sai como uma louca de casa — que quem fez loucuras pelo mundo, razão é que as faça por Deus — lança-se aos pés de S. Domingos, confessa-se geralmente de todos os seus pecados, torna para casa com a resolução que o caso merecia, toma as galas e as joias, reparte-as aos pobres, veste-se em um hábito de penitência — vede se lhe servia aqui bem o cordão — mete-se entre quatro paredes, sem admitir, nem outra vista, nem outra conversação, e ali, só por só com o seu novo amante, só consigo e com o seu Deus — tão seu — passou os dias que lhe restavam de vida, que foram muitos, sem outra companhia mais que a do seu Rosário, que como nele achara o remédio, assim nele tinha todo o alívio. Repassava-o conta por conta, e na memória de cada um lembrava-se do que viram seus olhos, e eram duas contínuas fontes. Desta maneira viveu santa muitos anos a que tantos tinha vivido tão pecadora, e chegando-se-lhe enfim a hora da morte, assistiu-a nela em pessoa a Virgem Maria, que, recebendo-lhe a alma nos braços, a levou consigo ao céu. Ditosa mulher, e ditosíssima alma, pela qual desceram do céu uma vez o Filho de Deus e outra vez a Mãe de Deus: o Filho de Deus para a converter, a Mãe de Deus para a levar.

§ IX

Este foi o caso, cristãos, do qual eu pudera tirar muitos pontos de doutrina que vos advertir. Pudera-vos advertir de quão rebelde e obstinado pecado é o da sensualidade, pois, para converter uma mulher cativa deste vício, foi necessário que o mesmo Deus viesse do céu à terra. Pudera-vos advertir de quanto importa o ouvir a palavra de Deus, e não perder nenhuma ocasião de assistir a ela, pois não tendo esta mulher outra inclinação nem obra boa, dessa lançou mão Deus para a salvar. Pudera-vos advertir quão divina é a eficácia da devoção do Rosário, e quão bem empregada é a meia hora que se gasta em o rezar, pois a meia hora que esta mulher dedicava ao Rosário todos os dias foi a que lhe granjeou a eternidade. Finalmente, pudera-vos advertir e encarecer a grande misericórdia de Deus, que tais modos e tais traças busca, e a tais transformações se sujeita para ganhar nossas almas. Para buscar a Madalena transformou-se em hortelão; para reduzir os discípulos de Emaús transformou-se em peregrino; para afeiçoar esta pecadora transformou-se em amante humano, e tão humano, sem reparar nos primeiros disfarces, ou ainda quase indecências desta metáfora. Quando Cristo converteu a Samaritana, diz o texto que "Maravilharam-se os discípulos de que ele estivesse falando com uma mulher" (Jo 4,27). — Que admiração seria a sua se o vissem não na estrada, senão em casa; não na fonte pública, senão à mesa; não em hábito de profeta, senão com galas de amante? Oh! bendito sejais, amor de nossas almas, que tanto vos perdeis pelas ganhar!

Todas estas doutrinas pudéramos colher deste exemplo, mas eu só uma coisa quero perguntar-vos. Dizei-me: se Cristo vos aparecera na forma e nas formas em que apareceu a esta pecadora, por mais que estejais tão cativos dos vossos vícios, como ela estava, havíeis de vos converter ou não? Não há dúvida que todos estais dizendo que vos havíeis de converter. Pois sabei os que vindes aqui rezar o Rosário, que todos os três dias se vos representa Cristo interiormente nas mesmas transformações. Em três formas se representou Cristo àquela pecadora: a primeira foi de menino, e esses são os mistérios da Encarnação, os mistérios gozosos; a segunda foi de morto, e esses são os mistérios da Paixão, os mistérios dolorosos; a terceira foi de ressuscitado, e esses são os mistérios da Ressurreição, os mistérios gloriosos. Estas, estas, e tão verdadeiras como aquelas, são as transformações em que Cristo se nos mostra nos mistérios do Rosário, se nós abrimos os olhos da consideração para as ver. Nos mistérios gozosos representa-se-nos menino nas entranhas de sua Mãe, menino nascido em um presépio, e está dizendo a cada uma de nossas almas: Irmã minha, até quando me hás de ofender? Quando hás de acabar de me ser ingrata? Olha o que me custas, olha o que por ti padeci. Esta lapa, esta manjedoura, esta pobreza, esta humildade, este frio, este desamparo. Nos mistérios dolorosos mostra-se-nos morto e crucificado, e, posto que não fala palavra, aquele mesmo silêncio são os maiores brados com que está dando vozes a nossas almas. Deus morto, e morto por amor de mim? Deus crucificado, e crucificado por amor de mim? E que tenha eu vida para o ofender? Que gaste eu a vida em o não amar? Oh! cegueira! Oh! loucura! Finalmente, nos mistérios gloriosos, mostrando-nos aquela formosura imortal, celestial e divina, ainda confunde mais a loucura e cegueira dos nossos pensamentos. Vê, homem, a quem deixas e por quem. Deixas a formosura divina pela vileza humana; deixas a formosura do céu pela miséria da terra, deixas a formosura imortal por aquelas aparências caducas, que o que são descobre a morte. Olha para um corpo morto, e aí verás o que amas: aquela corrupção, aquela deformidade, aqueles horrores, aquele ferver de bichos, aqueles ossos meio descarnados, aquela caveira enorme, feia, medonha.

Ah! Senhor, abri os olhos aos homens cegos, para que vejam o que amam e o que deixam. E vós, Virgem puríssima, que tanta eficácia destes ao vosso Rosário para converter almas perdidas, e perdidas particularmente pelo vício da sensualidade, como a Catarina, que foi a Raab de Roma, e a Raab, que foi a Catarina de Jericó, vede, Senhora, quanto arde o mundo naquele infernal incêndio, que já começa e continua na terra para nunca se acabar nem extinguir no inferno. Ouvi, cristãos, o que reservei para estas últimas palavras, para que o leveis mais impresso na memória e se não pode ouvir sem tremer. S. Remígio, primeiro apóstolo de França, e que a converteu à fé de Cristo, diz assim, falando do vício da sensualidade: "Tirando os meninos inocentes, dos já adultos, e da maioridade, são muito poucos os que se salvam, e todos os mais se condenam por este vício"[15]. E S. Francisco Xavier, escrevendo da Índia, diz que bem-aventurados são lá os que morrem antes dos quatorze anos, porque os que chegam àquela idade quase todos geralmente se perdem e se condenam pelo vício da torpeza. Vejam agora os que nascem ou vivem na América se se podem ter por melhores que os da Ásia, e se pela qualidade do clima, pela facilidade das ocasiões e pela dissolução geral dos costumes estão no mesmo perigo e podem temer a mesma sentença. — Mas, tornando-me a vós, Virgem Santíssima, puríssima, poderosíssima, ponde, Senhora, vossos misericordiosos olhos em tão universal e perigosa cegueira. Chova do céu a graça de vosso divino Esposo, pelo sangue de vosso Filho, que apague este infernal incêndio. Ouvi as vozes dos pecadores, e também as destes inocentes, e comunicai-nos eficazmente os poderosos efeitos de vosso santíssimo Rosário, que uns e outros todos os dias vos oferecem. Em honra dos gozosos, dai-nos, Senhora, que nos gozemos só das coisas do céu e desprezemos as da terra; em honra dos dolorosos, que nos doamos com grande e verdadeira contrição de nossos pecados; em honra, finalmente, dos gloriosos, que vivamos com tal pureza de corpo e alma, que por meio da graça nos disponhamos para a glória. Amém.

SERMÃO

VIII

Com o Santíssimo Sacramento exposto.

∽

"Uma mulher, levantando a voz do meio do povo,
lhe disse: 'Bem-aventurado o ventre que te trouxe
e os peitos que te amamentaram.'"
(Lc 11,27)

O que determino e espero mostrar neste discurso é que, comparada a devoção do Rosário com a de toda a Igreja, em algumas circunstâncias muito notáveis, faz mais um devoto do Rosário em particular que toda a Igreja universal em comum. O exemplo de São Domingos é o novo invitatório pelo qual se louva expressamente o Filho e a Mãe. Assim, o rosário celebra cada dia os mistérios da vida de Cristo e de sua santíssima Mãe, enquanto a Igreja universal os celebra durante um ano. Some agora quem quiser os dias do ano e multiplique a diferença.

Vieira se detém em seguida em considerações sobre textos do Antigo Testamento que se referem à contagem dos dias, à ordem das estações, aos cordeiros oferecidos diariamente no templo, sempre atento à prece do Rosário. Vieira está diante do Santíssimo Sacramento exposto: também sacrifício de um só dia e sacramento de cada dia permanente.

E conclui: para recuperar os anos perdidos não há meio mais certo que rezar o Rosário. Por isso diz que só no Rosário é certo, porque nos outros modos de recuperar os anos perdidos e resgatar os malgastados dão-se dias por dias; no Rosário dão-se "dias por anos".

§ I

Uma circunstância de religião mui frequentemente inculcada nas divinas letras é querer a Majestade divina, que só é digna de louvor, ser louvada na igreja: "No meio da congregação eu o louvarei. Para ti o meu louvor na grande congregação" (Sl 21,23. 26). "Seja o seu louvor na congregação dos santos" (Sl 149,1). — Todos estes textos e outros são de Davi. Mas isto que antigamente se dizia não é o mesmo que hoje soa. Igreja entre nós significa vulgarmente templo, e no tempo de Davi não havia templos, porque em todo o reino e povo de Israel não houve mais que o templo de Jerusalém, edificado a primeira vez por Salomão, filho do mesmo Davi, depois de sua morte. Diz, contudo, Davi que louvava e louvaria a Deus na Igreja, porque Igreja não é nome de lugar, senão de pessoas, e significa ajuntamento ou congregação de gente, principalmente da mesma fé ou crença, ou seja na casa, ou na praça, ou no campo, ou em lugar consagrado a Deus, como este em que estamos.

Isto suposto, qual fosse o lugar em que sucedeu a história do nosso Evangelho não se sabe com certeza, porque o não referem os evangelistas. Consta porém que, onde quer que sucedesse, foi na igreja, porque foi em um ajuntamento de muita gente da Judeia, que eram os fiéis daquele tempo, os quais em grande número tinham concorrido a ver o combate de Cristo com o endemoninhado mudo, que, pela resistência do mesmo demônio, deu tempo à fama e ao concurso. E esta é a multidão de que fala o Evangelho quando diz: "Uma mulher do meio do povo". — Foi pois o caso que, vencida a resistência do demônio contumaz, e lançado do castelo — como disse o mesmo Senhor — em que tão fortificado estava e se defendia, excetos alguns hereges, que foram os escribas e fariseus, toda a outra igreja fiel reconheceu e admirou o milagre: "E se admiraram as gentes" (Mt 9,33). — Mas como esta admiração pouco animosa parasse toda no pasmo e no silêncio, então levantou a voz uma mulher de humilde condição, mas de sublime espírito, a qual, louvando o soberano autor de tão prodigiosa maravilha, e juntamente a aventurosa Mãe, que tal Filho trouxera em suas entranhas e criara a seus peitos, disse: "Bem-aventurado o ventre que te trouxe e os peitos que te amamentaram".

Este foi em suma o fim do sucesso e seus efeitos, sobre o qual noto uma coisa e duvido outra. O que noto é que, sendo aquela mulher uma só, deu ela mais glória a Cristo que toda a multidão ou igreja presente. Porque a multidão só louvou mudamente a Cristo com a admiração: "E se admiraram as gentes" — e a mulher, levantando a voz sobre todos — "Levantando a voz" —, não só disse quanto eles reconheciam e calavam, mas muito mais, louvando publicamente o Filho e, pelo Filho, a Mãe: "Bem-aventurado o ventre que te trouxe". — Isto é o que noto ou nota o mesmo texto. E, passando daquela igreja à nossa, o que duvido é se assim como neste caso uma mulher, que era uma pequena parte daquela multidão, fez mais que a mesma multidão toda junta, assim possa uma só mulher, ou um só homem em algum caso, não somente igualar, mas exceder o que faz em louvor de Deus toda a multidão dos fiéis, que é a Igreja universal? A razão de duvidar é o exemplo do Evangelho. Mas como o exemplo foi obrado em um canto da Judeia, e a Igreja universal está estendida por todo o mundo, parece dificultosa coisa admitir que possa fazer mais um fiel que toda a multidão dos fiéis, e que haja de louvar mais a Deus um devoto em particular que toda a Igreja em comum? Se esta questão se me propusera antes de haver na mesma Igreja a devoção do Rosário, havia de responder, sem mais dúvida, que a proposta era impossível. Porém, na consideração do que é e do que faz o Rosário, digo que absolutamente não pode ser, mas em algumas, e em muitas circunstâncias, sim. O que determino, pois, e espero mostrar neste discurso é que, comparada a devoção do Rosário com a de toda a Igreja, em algumas circunstâncias muito notáveis dela, faz mais um devoto do Rosário em particular que toda a Igreja universal em comum. O assunto por si mesmo está pedindo a graça. *Ave Maria*.

§ II

"Uma mulher, levantando a voz do meio do povo, lhe disse: Bem-aventurado o ventre que te trouxe." — Grande é o assunto que prometi. E para eu provar uma tão grande excelência do Rosário, onde posso ir buscar a prova, senão a S. Domingos? Uma das mais singulares prerrogativas desta sagrada religião, como devotíssima da Virgem, Senhora nossa, é que no mesmo dormitório — e, antigamente, descalços como Moisés diante da sarça — dão a primeira alvorada à aurora de que nasceu o divino Sol, cantando o seu ofício. Sucedeu, pois, que ao tempo em que entoavam o invitatório, pelo estilo e rito comum da Igreja Romana, dizendo "Ave, Maria, cheia de graça" apareceu em presença de todos os religiosos a Rainha dos Anjos, e, atalhando aquelas vozes com a sua, lhes disse: — "Não assim meus irmãos". Não haveis de dizer assim, meus devotos. — Pois como, Senhora? — O que haveis de dizer é: "Ao Rei, filho da Virgem, vinde adoremos". — Assim o quis e ensinou a mesma Virgem, e desde então se mudou o invitatório antigo e se conserva na Religião Dominicana este segundo e singular entre todos. A razão desta mudança diremos logo. Mas se aquele estilo era então, e é ainda hoje, o universal de toda a Igreja, como o variou a Senhora, e não quis que se fizesse assim, senão por outro modo? Para que entendamos que, na devoção particular de uma comunidade ou instituto, pode haver alguma tal circunstância, pela qual Deus e sua Mãe se sirvam e agradem mais dela que da universal de toda a Igreja. Tal foi a que a Mãe de Deus de novo instituiu, e tal é a que eu hei de mostrar na devoção do Rosário. Mas para que melhor a vejamos e ponderemos, saibamos primeiro a razão que a Virgem, Senhora nossa, teve para fazer aquela mudança.

A razão sem dúvida foi, como das mesmas palavras se colige, porque quando se dizia: Ave, Maria, cheia de graça", louvava-se a Mãe expressamente e o Filho só por consequência; mas quando se diz: "Ao Rei, filho da Virgem, vinde adoremos", louva-se expressamente o Filho e também expressamente a Mãe. E este é o louvor perfeito com que a Mãe quer ver louvado a seu Filho, e o Filho ver louvada a sua Mãe. É verdade, como bem diz S. Bernardo, que nos louvores de Jesus e Maria basta falar de um para louvar ambos, porque o louvor do Filho é glória da Mãe e o louvor da Mãe honra do Filho. Mas a devoção que aspira ao melhor e maior não se contenta com essas consequências, como se não contentou a devota oradora do nosso Evangelho. A vitória da onipotência, com que foi vencido o demônio mudo, e o triunfo da eloquência, com que ficaram convencidos os caluniadores, ambas foram ações de Cristo somente, e não de Cristo menino, qual a Senhora o concebeu em suas entranhas, nem de Cristo mudo e com as mãos atadas, qual o criava a seus peitos, senão de Cristo homem perfeito, e tão crescido no saber e poder. Logo, o aplaudido, o aclamado e o louvado parece que havia de ser somente o Filho, e não a Mãe, ou bastava que a Mãe o fosse por consequência. Mas a devoção inteira, e não de meias, a devoção heroica e perfeitíssima, qual era a daquele excelente espírito, não se contenta com consequências, que são louvores mudos. A vozes louvou expressamente o Filho, e a vozes expressamente a Mãe: "Bem-aventurado o ventre que te trouxe e os peitos que te amamentaram".

Isto é o que fez a Virgem, Senhora nossa, na mudança da primeira fachada do seu ofício. E isto o que faz o Rosário, ou o que fez nele, como em instituto seu, o ritual da mesma Senhora. Porque, deixadas as duas orações em que o Filho e a Mãe são expressa e distintamente louvados e invocados, qual é a matéria soberana de que o mesmo Rosário se compõe, senão as vidas igualmente de ambos, ordenadas e distribuídas nos principais e mais insignes mistérios? Mas porque os mesmos mistérios, e não outros, da vida de Cristo e sua Santíssima Mãe são também os que celebra a Igreja universal, e não privada, senão publicamente, com toda a pompa e majestade de cerimônias sagradas, santidade de sacrifícios, concurso dos fiéis, harmonia de vozes nos coros e a eloquência nos púlpitos, que circunstância pode haver na devoção particular do Rosário, que com este culto universal da Igreja, por tantos modos divino, se deva comparar, quanto mais dizer-se que o possa preferir? Assim o disse e torno a dizer, não absolutamente — como já adverti — por uma certa e singular circunstância, a qual não só não é vencida nesta mesma comparação, mas sem controvérsia incomparável. E qual é? É

que a Igreja universal celebra todos esses mistérios da vida de Cristo e sua Santíssima Mãe, mas em um ano: o Rosário celebra-os cada dia. Some agora quem quiser os dias do ano e multiplique a diferença.

§ III

Tendo Deus decretado um grande castigo a todo o povo de Israel, para que todos conhecessem o que haviam de padecer, ordenou que o profeta Ezequiel o representasse e padecesse em si mesmo publicamente onde fosse visto de todos. E porque o castigo havia de durar muitos anos, reduziu-lhe a divina providência os mesmos anos a dias, de sorte que o que o profeta padecesse em um só dia fosse o que todos haviam de padecer em um ano. Assim o mediu e dispôs Deus, e as palavras com que o declarou ao profeta foram breves mas notáveis: "Um dia que eu te dei por ano, um dia, digo, por ano" (Ez 4,6). Sabe, Ezequiel, que no que te mandei fazer, te dei dia por ano — "dia por ano" — e torno a dizer que dia por ano: "Um dia, digo, por ano eu te dei". — Esta repetição na boca de Deus, e este modo de falar novo e desusado, não pode deixar de ter grande significação. Não bastava declarar uma vez ao profeta que lhe dava "dia por ano"? — Por que torna a repetir o mesmo: "Um dia, disse, por ano" — como quem encarecia o mistério, e queria que ele o entendesse bem e ponderasse muito? E se o que lhe mandava fazer era verdadeiramente um grande trabalho e uma grave penitência que lhe impunha, por que diz "Dei a ti", e lhe põe o nome de dádiva, como se fora alguma mercê ou graça muito particular que lhe concedia? Porque verdadeiramente, bem entendida a empresa, assim era. Queria Deus que merecesse Ezequiel, padecendo em um só dia, o que todo Israel havia de padecer em um ano, e que, sendo os anos muitos, como haviam de ser, ele os igualasse todos em outros tantos dias; e não pode haver maior indústria de obrar, nem mais alto artifício de merecer, que chegar o trabalho particular de um homem em um só dia a igualar o uniersal de todos em um ano inteiro: "Um dia que eu te dei por ano, um dia, digo, por ano".

Isto ordenou Deus a Ezequiel, sendo maior o merecimento que lhe dava que o trabalho que lhe pedia; e, com a devida submissão e reconhecimento, o mesmo que Deus disse ao profeta pode qualquer devoto do Rosário dizer a Deus, quando lho oferece: "Um dia que eu te dei por ano, um dia, digo, por ano". — Neste Rosário, Senhor, em que se contêm os mistérios da vida de vosso bendito Filho e de sua bendita Mãe, vos dou — enquanto uma criatura pode dar a Deus — não só uma vez dia por ano, senão duas vezes: "Um dia por ano, um dia, digo, por ano". — Porque, se a Igreja, seguindo o curso do ano natural, celebra pela roda do ano os mesmos mistérios, eu, reduzindo o ano natural e o ano eclesiástico à roda do meu Rosário, os medito e celebro todos em um só dia. A Igreja celebra os passos da vida de Cristo e sua Santíssima Mãe como signos verdadeiramente celestes, pelo zodíaco do sol, que faz seu curso em um ano; e eu celebro os mesmos passos e corro os mesmos signos pelo zodíaco do Rosário, que faz não outro, senão o mesmo giro em um dia: "Um dia por ano, eu te dei". — O ano consta de trezentos e sessenta e cinco dias; e que faça o Rosário em um dia o que faz a Igreja em trezentos e sessenta e cinco! Vede se é grande a diferença. As hebdômadas de Daniel eram semanas que se formavam de sete anos, computando-se os anos por dias. E é coisa notável que lhe chame o profeta semanas abreviadas: "Setenta semanas abreviadas" (Dn 9,24). — Parece que se haviam de chamar semanas não abreviadas, senão estendidas, porque os dias se estendiam em anos. Mas chama-lhes o profeta abreviadas, porque não eram os dias os que se estendiam, senão os anos os que se abreviavam neles. Não eram dias-anos, senão anos-dias, como os do Rosário, porque o que no universal da Igreja são anos, no particular do Rosário são dias: "Um dia que eu te dei por ano, um dia, digo, por ano".

Mas se os dias do Rosário são anos abreviados em dias, constando o ano de tantos dias, segue-se que cada dia do Rosário há de constar também de muitos dias. Conheço a força e dificuldade da consequência, mas eu a concedo e a provo. Louva Davi a Deus no salmo sessenta e sete, e diz que seja Deus bendito e louvado no dia cada dia: "Bendito o Senhor em toda a série dos dias" (Sl 67,20)[1]. — Todos reparais no dito. Se dissera o devotíssimo profeta: Seja Deus louvado cada dia no ano, ou cada hora no dia, bem se entendia este afeto do seu espírito, porque o ano compõe-se de dias, e o dia de horas; mas que seja Deus louvado no dia "cada dia"? — Sim, porque há dias que se compõem de muitos dias, e estes são os dias do Rosário. Que haja dias compostos de muitos dias, as mesmas palavras do profeta o supõe, porque só nesta suposição se pode louvar a Deus no dia "cada dia". Mas que estes dias sejam os do Rosário, donde se pode provar? Não de outra Escritura buscada ou trazida de mais longe, senão do mesmo salmo.

A matéria do salmo sessenta e sete, como dizem todos os Pais e o confirma S. Paulo, é um cântico triunfal e profético, em que se descreve a jornada do Filho de Deus ao mundo, e suas vitórias e conquistas. Como se levantou do seio do Pai; como desceu feito homem à terra; como fez guerra ao pecado; como o desfez com sua presença em fumo; como pregou em Jerusalém; como fertilizou seus montes com o próprio sangue, que, sendo vermelho, os fez mais alvos que a neve; como, finalmente, carregado de gloriosos despojos e acompanhado de inumeráveis exércitos de anjos, levando livres diante de si os cativos que tinha resgatado, entrou triunfante no céu, donde mandou o Espírito Santo, derramando os dons de sua graça sobre todos os que nele creram. Esta é a última cláusula da história, como também o foi da vida de Cristo, a qual refere S. Paulo pelas mesmas palavras do profeta: "Quando subiu ao alto, levou cativo o cativeiro, deu dons aos homens" (Ef 4,8).

Suposto, pois, que na narração seguida do dito salmo se contém, não alegórica, senão literalmente o princípio e fim das divinas e humanas ações do Verbo Encarnado, desde que saiu do céu e do seio do Pai, até que tornou ao mesmo céu e de lá mandou o Espírito Santo, o que muito se deve notar é que imediatamente depois desta última cláusula, então rompeu Davi naquele extraordinário afeto e nunca ouvida sentença: "Louvado seja Deus no dia cada dia".

— Chamei-lhe afeto extraordinário e sentença nunca ouvida porque nem em todos os salmos, nem em outro lugar ou texto da Sagrada Escritura se lê semelhante. Pois que motivo teve Davi para neste passo — e só neste passo — desejar como santo e pronunciar como profeta, que seria Deus louvado no dia cada dia? Dê outra melhor razão quem a souber. Mas é certo que neste passo, e só neste passo se cerraram os últimos mistérios da vida de Cristo na glória. E também é certo que estes mistérios gloriosos são os últimos com que se reza o Rosário. Logo o Rosário é aquela única devoção em que Deus é louvado no dia cada dia, porque os dias do Rosário não são dias como os outros dias, que se compõem de horas, mas dias como anos, que se compõem de dias: "Um dia que eu te dei por ano, um dia, digo, por ano".

§ IV

Muito era que o Rosário fizesse em um só dia o que a Igreja faz em trezentos e sessenta e cinco dias, quantos tem o ano; mas bem repartido este ano, e bem somados estes dias, também se não pode negar que a Igreja os não emprega todos em celebrar os mistérios de Cristo e sua Mãe. Faz a Igreja nestas solenidades o que notou com grande advertência o Eclesiástico que fazia Deus nas antigas. Excita uma curiosa questão este grande sábio — que muitos querem fosse o mesmo Salomão — e pergunta "por que hão de ser uns dias melhores que os outros?" (Eclo 33,7). E a razão de duvidar, que ele aponta, é porque todos os dias são feitos pelo mesmo sol — "pelo sol". — Mas, declarando que não fala dos dias naturais, senão dos dias eclesiásticos, responde que a sabedoria divina, depois de feito o sol, é a que fez esta grande diferença e distinção: "Foi a ciência do Senhor que os diferenciou, depois que criou o sol. E variou as estações e os seus dias de festa. Destes mesmos dias Deus fez a uns maiores e sagrados, e a outros pôs nos números de dias comuns" (Ecl 33,8). — Deus, como Senhor e autor dos tempos, é o que fez esta separação de dias a dias, ordenando que uns fossem de descanso, outros de trabalho; uns festivos, outros feriais; uns santos, outros vulgares; uns honrados e celebrados e exaltados sobre todos os outros, e os demais sem honra nem celebridade, e que só servem de encher o ano e fazer número. Assim o ordenou Deus, e assim o executa santissimamente a Igreja, ensinada e governada por ele. Daqui é que nos não devemos admirar, senão venerar como disposição divina, quando vemos que os mesmos mistérios da vida de Cristo e sua Santíssima Mãe, que o Rosário medita e celebra todos os dias, a Igreja universal os distribui somente por certos dias do ano, aplicando e consagrando um dia a cada um. Um dia ao mistério da Encarnação, outro à Visitação, outro ao Nascimento, outro à Presentação no Templo, outros, e uma semana inteira, aos mistérios da Paixão, outro à Ressurreição, outro à Ascensão, outro à vinda do Espírito Santo, e outro, finalmente, à Assunção e Coroação da Virgem, Senhora nossa, que são todos os do Rosário.

Declara-se com grande propriedade esta distribuição da providência eclesiástica com um exemplo da natureza — de que também Deus é o autor — excelentemente notado por Santo Isidoro Pelusiota. — Não vedes — diz ele — a ordem, a harmonia e o compasso com que a natureza distribuiu os tempos aos frutos da terra, e os mesmos frutos aos tempos? O janeiro e o fevereiro deu-os às sementeiras e às raízes; o março e o abril às flores; o maio e o junho aos frutos temporãos; o julho e o agosto à sega e ao trigo; o setembro e o outubro às vindimas; e o novembro e dezembro aos frutos seródios e mais duros. E por que repartiu assim a natureza os meses, uns frios, outros temperados, outros calmosos, e não quis que os frutos crescessem, amadurecessem e viessem sazonados todos juntamente? "Porque, se todos os frutos chegassem juntos à maturação, certamente os agricultores cairiam em angústias por causa da brevidade do tempo"[2]. A razão é — responde o santo — porque se os frutos viessem todos juntos, afogar-se-ia a indústria dos lavradores e, impedindo-se uns aos outros, seria maior a perda que a colheita. Na agricultura espiritual sucede o mesmo. O fim para que a Igreja celebra os mistérios da vida de Cristo, e da vida da Mãe do mesmo Senhor, ambas santíssimas e férteis de divinos exemplos, é para que delas colhamos os frutos com que sustentemos as nossas almas; e para que o possamos fazer sazonada e pausadamente, sem que a mesma multidão e grandeza delas confunda e afogue a estreita capacidade de nossos entendimentos, antes vá penetrando pouco a pouco a dureza e divertimento das vontades, não só foram convenientes estes espaços intercalares, ou entremeios, em que a repetição, não continuada mas nova, de ano em ano, com a mesma novidade nos excite o fervor e convide à consideração dos mesmos mistérios. Tal é o conselho e a razão da Igreja universal, tão alta e bem fundada como sua.

Contudo, se houvesse algum lavrador tão industrioso e diligente que os mesmos frutos que a natureza repartiu por todos os meses ou tempos do ano, ele os presentasse juntos ao Senhor do pomar cobertos de flores, não há dúvida que esta oferta, como de todo o campo metido em um açafate, e de todo o ano recopilado em um dia, lhe seria muito agradável. Assim o fez el-rei Salomão à lavoura do Líbano, quando às portas do bosque real, chamado "Bosque do Líbano" (3Rs 10,17), lhe presentou de uma vez quanto dentro nele nascia em todos os tempos do ano: "Nas nossas portas temos todos os frutos. Os novos e velhos, guardei-os para ti, meu amado". — Aqui vos ofereço, Senhor, juntos neste dia todos os frutos de todo o ano, assim os velhos como os novos, assim os temporãos como os seródios. E quem é esta lavradora do Líbano, senão a Virgem, Senhora nossa, a qual, quando instituiu o seu Rosário, ofereceu a Deus — coberto de flores e rosas

— e nos ensinou a que nós lhe oferecêssemos junto em um dia tudo o que a Igreja divide e reparte em um ano? A Igreja e o Rosário, ambos dão a Deus "dia por ano" — mas com grandes diferenças. O ano da Igreja dá um dia a cada mistério; e quando o Rosário dera somente um mistério a cada dia, era diferença quase incomparável, porque vai muito de dar tantos dias aos mistérios quantos são os mistérios, ou dar tantos dias aos mistérios quantos são os dias. Mas o Rosário ainda faz muito mais, porque se a Igreja dá um dia a cada mistério, o Rosário não só dá a cada mistério um dia, senão todos os dias a todos. Isto sim que só é dar dia por ano, porque quem não dá todos os dias do ano, não dá o ano, dá partes dele somente.

Diz a Igreja que faz esta variedade por se acomodar ao fastio dos homens: "Aquele que dá a variedade dos tempos para aliviar o fastio". — Mas se a Igreja reparte os dias e os mistérios para se acomodar ao fastio dos homens, o Rosário ajunta os mistérios e mais os dias, para se acomodar ao gosto de Deus. O gosto de Deus não é como o nosso. O mesmo comer continuado cada dia, que a nós nos causa fastio, para Deus é o seu maior gosto. No capítulo vigésimo oitavo dos Números, mandava Deus aos sacerdotes que a ele — isto é, ao mesmo Deus — lhe dessem de comer todos os dias. É texto notável e expresso no original hebreu: "A minha oferta, o meu pão, os meus assados" (Nm 28,2) — o que tudo na nossa frase vem a ser: "As vítimas oferecidas a Deus e queimadas, estas são o pão, isto é, o alimento de Deus"[3] — como literal e genuinamente comenta o A Lapide. De sorte que o comer de Deus eram as vítimas que lhe ofereciam os sacerdotes; e quando as mesmas vítimas ardiam, e as consumia o fogo, então as comia Deus, o qual apareceu em forma de fogo a Moisés, e por esta causa se praticava entre os hebreus, naquele tempo, que Deus era fogo que comia: "O nosso Deus é um fogo consumidor" (Hb 12,29). — Suposta esta erudição — que para muitos será nova — que vinha a ser o que Deus comia? Ou de que mandava que lhe fizessem o prato? O mesmo texto o diz: "Eram dois cordeiros de um ano, ambos imaculados, um de manhã, outro de tarde, e isto cada dia". Pois cordeiro todos os dias, sem variar, quando Deus ordena por si mesmo o que quer que lhe ponham à mesa? Cordeiro de manhã, e cordeiro de tarde, e sempre cordeiro, e só cordeiro? Sim. Porque aos homens o mesmo comer continuado cada dia, ainda que seja o maná, causa fastio, e a Deus, não só lhe não causa fastio com a continuação de todos os dias, mas há de ser o mesmo e continuado cada dia, para lhe dar gosto.

Que significavam, pois, estes dois cordeiros de manhã e de tarde, ambos imaculados, ambos de um ano e ambos de cada dia? Primeiramente é certo que o cordeiro significava a Cristo, cordeiro imaculado enquanto Deus, que é a santidade por essência, e cordeiro imaculado enquanto homem, que é a suma santidade por graça, e sempre sem mácula de imperfeição ou pecado, porque ele é o cordeiro de Deus que tira os pecados do mundo. Até aqui não há dúvida. Mas se Cristo é um só, por que eram os cordeiros dois, um sacrificado de manhã, outro de tarde? Porque nestes dois cordeiros, como diz com grande propriedade S. Bernardo, se representavam os dois estados da vida de Cristo, em que foi oferecido e sacrificado a seu Pai. Um da manhã, que é o princípio da vida e o tempo da infância, em que foi oferecido no Templo; e outro da tarde, que é o fim da vida e o tempo da morte, em que foi sacrificado na Cruz. Porém, se a vida e idade de Cristo foi de trinta e três anos, o cordeiro, por que havia de ser de um ano nomeadamente? Porque todos os trinta e três anos da vida de Cristo, e seus mistérios, queria Deus que se reduzissem a um ano, dentro do qual todos fossem representados e celebrados, como com efeito os representa e celebra a Igreja, dentro no mesmo termo, todos os anos. E contentou-se Deus só com isto? Não. Mas sobre esta representação universal, e de todos os anos, quis que houvesse outra mais particular, e de todos os dias — "cada dia" — e esta é só — porque não há outra — a que se faz na devoção do Rosário.

E se quisermos saber quanto mais agrada esta circunstância do Rosário a Deus, só por ser de cada dia, no mesmo sacrifício o acharemos. Tinha tanta dignidade este sacrifício, como consta da Escritura, só pela circunstância de ser de cada dia, que ele unicamente preferia a todos os outros sacrifícios que se ofereciam a Deus em diferentes tempos ou dias do ano, ainda que, pelo número e grandeza das reses, e pela celebridade das festas fossem mais solenes. Preferia aos sacrifícios do sábado, que eram de cada semana; preferia aos sacrifícios das Neomênias, que eram de todos os meses; preferia ao sacrifício "Pelo pecado", e ao do cordeiro pascal, que eram uma vez no ano; preferia, enfim, aos sacrifícios chamados hóstias pacíficas, que eram muitos e vários em qualquer tempo, ainda que fossem dos sacerdotes, dos reis e de todo o reino ou república. E tal é a prerrogativa do Rosário, pela circunstância somente de ser de cada dia. É verdade que os mesmos mistérios do Rosário se celebram publicamente na Igreja, com a grandeza, com a pompa, com a majestade e despesas que no Rosário não há; mas como aquelas solenidades são de alguns dias somente, e a devoção do Rosário de todos os dias, basta só a circunstância de "cada dia", para nela e por ela ser mais aceito e agradável a Deus.

§ V

Mas por que nesta interpretação não pareça que me aparto da mais comum sentença dos santos e mais natural alegoria daquele sacrifício, tão fora está ele de contrariar o que digo do Rosário, que antes o confirma mais. Nem podia ser que, quando o diviníssimo Sacramento se dignou de autorizar com sua real presença a celebridade deste dia, fosse para diminuir as prerrogativas da maior devoção de sua Santíssima Mãe, senão para mais as engrandecer com o seu exemplo e mais confirmar com a sua autoridade. S. Jerônimo, S. Irineu, S. Hipólito, S. Teodoreto, Primásio, e mais comumente os Pais e expositores, dizem que naquele sacrifício foi significado o do corpo e sangue de Cristo que, consagrado e oferecido é sacrifício, e conservado como o temos presente é sacramento. Prova-se do mesmo texto, porque o rito ou cerimônia com que os sacerdotes sacrificavam aquele cordeiro era lançando-lhe em cima duas quantidades certas, uma de farinha de trigo, outra de vinho, nas quais se significavam propriissimamente os acidentes do Sacramento, como no cordeiro a substância. A duração e continuação que o ritual do texto prescrevia àquele sacrifício eram também as mesmas do Sacramento. Porque, quanto à duração, assim como Cristo nos prometeu nele que a sua assistência conosco havia de ser perpétua: "Eis que eu estou convosco até a consumação do século" (Mt 28,20) — assim mandava Deus que "fosse perpétuo aquele holocausto". — E quanto à continuação, assim como o sacrifício da sagrada Eucaristia se consagra e oferece na Igreja todos os dias, assim aquele também se havia de oferecer "cada dia" — e por isso se chamava com nome, que lhe pôs o mesmo Deus "sacrifício contínuo". Toda esta explicação ou aplicação do que antigamente foi figura e hoje é realidade se declara admiravelmente na profecia de Daniel, o qual diz que o anticristo, quando dominar o mundo, há de tirar de todo ele o sacrifício contínuo: "Quando for abolido o sacrifício contínuo" (Dn 12,11). — E como o anticristo há de fazer guerra a Cristo e à sua Igreja, que isso quer dizer anticristo, e ele se há de chamar Messias dos judeus, segue-se que o "sacrifício contínuo" que há de tirar do mundo, não é o sacrifício contínuo da lei velha, que era o cordeiro, senão o da lei da graça, que é o corpo de Cristo.

Assim é com evidência; mas aqui parece que falta, ou quando menos fraqueia a excelência da nossa comparação. Porque o culto e veneração dos mistérios do Rosário, sendo na Igreja os mesmos, só dizemos que preferem no Rosário pela circunstância de serem nele de cada dia, e na Igreja de alguns dias somente. E esta diferença parece que não tem lugar ou exemplo no Sacramento, porque, se bem é sacrifício de cada dia, ao modo do Rosário, não tem outro mistério de igual dignidade com o qual se possa comparar, e ao qual, por esta circunstância, deva preferir. Está bem duvidado, mas espero que a solução seja maior que a dúvida. Ouvi o mais que se pode encarecer, assim no Sacramento como no Rosário, a circunstância de serem de cada dia.

Fala o profeta Zacarias à letra de Cristo, redentor nosso, e diz assim: "Que coisa fez Cristo boa, e que coisa fez formosa, senão o pão dos escolhidos e o vinho que gera virgens?" (Zc 9,17). — O pão dos escolhidos é o Santíssimo Sacramento, debaixo de espécies de pão, e chama-lhe o profeta pão dos escolhidos porque o outro pão é dado a todos, ou tenham fé, ou não tenham fé, ou estejam em graça, ou não estejam em graça; aquele divino pão só é dos que Deus escolheu para a fé, que são os católicos, e entre estes particularmente só é daqueles que escolheu para a sua graça, porque os que estão fora dela não lhes é lícito comer daquele pão. Do mesmo modo o vinho que gera virgens é o mesmo Sacramento Santíssimo debaixo das espécies de vinho, e chama-lhe o profeta vinho que gera virgens porque o outro vinho naturalmente é incentivo de apetites torpes, por onde disse S. Paulo: "Não queirais vos inebriar com vinho, em que está a luxúria" — e só aquele puríssimo licor, e verdadeiramente divino, tem virtude de gerar temperança e castidade. Assim que o que diz Zacarias e o que conclui expressa e declaradamente neste grande epifonema é que tudo o bom e tudo o formoso que Cristo fez é o diviníssimo Sacramento. E se falara das obras de Cristo enquanto Deus, nenhuma dificuldade nem encarecimento continha este tão resoluto e absoluto dito. Todas as coisas que Deus criou, a propriedade universal em que se parecem com seu autor, é em serem boas e formosas; e tão boas e tão formosas que, porque os homens veem a sua bondade e formosura, e não veem a de Deus, por isso deixam ao Criador pelas criaturas. Por que deixou Eva a Deus? Porque viu que o fruto da árvore vedada era bom e formoso: "Viu, portanto, a mulher que a árvore era boa para comer e formosa aos olhos" (Gn 3,6). — Daqui nasceram as idolatrias do sol e das estrelas, e tantas outras do céu abaixo. E posto que os nossos olhos se ceguem tão facilmente com o bom e formoso das criaturas, não há fé de tão fraca vista que não veja esta mesma cegueira, e que não conheça a infinita vantagem com que é bom e formoso, sobre todas as coisas criadas, aquele soberano mistério, em que toda a bondade e formosura, não só humana, mas divina, estão encerradas.

Em que está logo a grandeza e dificuldade do encarecimento? Está em que o profeta fala das obras de Cristo enquanto Deus e enquanto homem, e determinadamente das que o mesmo Senhor obrou nos últimos dias de sua vida, depois que entrou triunfante em Jerusalém, porque o exórdio com que começa o que aqui conclui são aquelas animosas palavras: "Exulta bastante, filha de Sião. Eis que o teu rei virá a ti, justo e Salvador. Ele é pobre e vem montado sobre uma jumenta" (Zc 9,9). — E basta que peguemos na palavra "Salvador" para pôr ao profeta uma objeção que parece indissolúvel. A obra da redenção do gênero humano e o sacrifício da cruz, quando menos, é tão bom e tão formoso como o do Sacramento. Digo quando menos, porque se o sacrifício da cruz e o do altar, enquanto à bondade é igual e o mesmo, para conosco o da cruz foi melhor, porque o da cruz remiu-nos do pecado e do inferno, e o do altar não; e o da cruz deu-nos a primeira graça, e toda a graça, e o do altar não nos dá a primeira, porque só foi instituído para aumento dela. E se quanto à formosura, que no Sacramento do altar está encoberta — como a do Tabor com a nuvem — se disser que no Calvário, com os tormentos da Paixão e da Cruz, esteve escurecida e afeada, é certo que para a luz da fé e para os olhos do amor nunca esteve Cristo mais formoso. Diga-o Santo Agostinho: "Cristo é belo no céu, belo na terra; belo no útero, belo nas mãos dos pais; belo nos milagres, belo nos castigos; belo convidando para a vida, belo não se preocupando com a morte; belo morrendo; belo recebendo; belo no madeiro, belo no sepulcro"[4]. — Pois, se a bondade e formosura do sacrifício da cruz quando menos é igual à do Sacramento, como diz tão afirmativamente Zacarias que o mesmo Sacramento, debaixo dos acidentes da hóstia e do cálix, é tudo o que Cristo fez bom e tudo o que fez formoso: "Qual é o bem dele, e qual é a sua formosura, senão o pão dos escolhidos, e o vinho que gera virgens?" (Zc 9,17).

A razão, que já deve estar entendida, é porque o sacrifício da cruz foi sacrifício de um só dia; o sacrifício do altar é sacrifício de todos os dias. E é tão relevante circunstância esta de ser cada dia, que ainda que os mistérios na substância e na dignidade sejam os mesmos, os que são de todos os dias avultam tanto que os que são de um só dia quase desapareçam. Assim parece que não viu ou não atendeu o profeta ao mistério da Cruz, posto que no aparato das ações, e ainda na utilidade pública fosse mais insigne, porque lhe levou toda a vista e toda a admiração o do Sacramento. Logo, ainda que os mistérios que celebra e festeja a Igreja, com tanta solenidade, sejam os mesmos que os do Rosário, como a cada um daqueles se dedica um só dia, e a todos no Rosário todos os dias, esta circunstância de cada dia tem tanta bondade e formosura nos olhos de Deus que não é muito que lhe sejam mais agradáveis. Na principal oração do Rosário nos manda Deus que lhe peçamos o pão para cada dia: "O pão nosso de cada dia nos dai hoje". — E por que para cada dia, e não para muitos dias, ou para alguns quando menos? Porque gosta Deus de que lhe peçamos cada dia, e tem por mais dar menos cada dia que dar muito por uma vez. Nem para aqui o desejo que Deus tem e a estimação que faz deste "cada dia". Assim como no Pai-nosso quer que lhe peçamos cada dia o sustento para a vida: "O pão nosso de cada dia nos dai hoje", assim quer também na Ave-maria que peçamos a sua Mãe cada dia o socorro para a morte: "Rogai por nós, pecadores, agora e na hora de nossa morte". — E desta maneira, tanto nas orações, e em cada oração, como nos mistérios, e em cada mistério, sempre segue e conserva o Rosário a singular circunstância de ser cada dia.

§ VI

De todo este discurso podemos colher, se quisermos — e é bem que queiramos — um documento tão necessário como útil e tão útil como admirável. Suposto que nos dias do Rosário vale tanto para com Deus um dia como um ano: "Um dia que eu te dei por ano" — segue-se que, para recuperar os anos perdidos e malgastados, não há meio mais eficaz e mais certo que rezar o Rosário.

S. Paulo, escrevendo aos efésios, dá-lhes um conselho notável: "Meus irmãos" — diz o apóstolo —, "andai com grande cautela, e vivei como prudentes e não como néscios" (Ef 5,15). E porque há vários modos de cautela e de prudência entre os homens, em que as cautelas são enganos e as prudências ignorâncias, a que eu vos ensino e aconselho é que trateis de resgatar o tempo, porque os dias de vossa vida até agora têm sido maus: "Remindo o tempo porque os dias são maus" (Ef 5,16). — O "são" aqui é o mesmo que "foram". Mas como pode ser que o tempo, que já passou, se resgate? Supõe S. Paulo que o tempo que passou, ainda que está morto para a vida, está vivo para a conta. E também supõe que, se foi mal gastado, está cativo, e assim é. Está cativo o tempo passado, ou porque, sendo livre e nosso, nós o vendemos ao demônio: "Vendeu-a para fazer o mal" (3Rs 21,25) — ou porque, sendo

nosso, e muito precioso, nós o não defendemos e o deixamos roubar, como disse o outro filósofo a um amigo que lhe tomava o tempo sem proveito: "Vai-te daqui, ladrão do tempo". — Suposto, pois, que o tempo mal gastado está cativo e se pode resgatar, como se há de fazer este resgate?

S. Jerônimo dá o modo, e diz assim: "Quando gastamos o tempo em boas obras compramos o mesmo tempo, e tornamos a fazer nosso o que tínhamos vendido. E deste modo os dias que foram maus se convertem em bons, e os que pertenciam ao mundo e ao inferno pertencem ao céu"[5]. — O mesmo diz Santo Anselmo. E daqui se segue que o tempo se resgata dando tempo por tempo e dias por dias: tempo bem gastado por tempo mal gastado e dias bons por dias maus. Mas como o tempo e os dias da vida são incertos nos moços, e nos velhos impossíveis, quem haverá que tenha ou se possa prometer cabedal seguro para tão comprido resgate? Por isso digo que só no Rosário é certo, porque nos outros modos de recuperar os anos perdidos e resgatar os mal gastados dão-se dias por dias: no Rosário dão-se "dias por ano". — Grande texto em Isaías.

"O espírito do Senhor repousou sobre mim, porque o Senhor me ungiu para pregar a indulgência aos cativos e o ano de reconciliação do Senhor e o dia de vingança do Senhor" (Is 61,1s). — Em lugar de "Vingança" lê o original hebreu "compensação", e quer dizer: — Veio sobre mim o Espírito do Senhor, e ungiu-me para que consolasse aos tristes e pregasse redenção aos cativos, anunciando a todos que Deus promete indulgência de um ano em recompensa de um dia: "O ano de reconciliação do Senhor e o dia de compensação do nosso Deus". — Alguns quiseram que falasse aqui o Profeta em seu nome, mas é certo e de fé que falou em nome de Cristo, o qual, como refere S. Lucas, lendo na sinagoga diante de muitos rabinos este texto, disse que ele era de quem falava a profecia de Isaías e que naquele dia se cumpria: "Hoje se cumpriu esta escritura nos vossos ouvidos" (Lc 4,21). — De maneira que diz Cristo que veio resgatar cativos e, declarando o preço do resgate, diz que dará Deus ano por dia. Os cativos que Cristo veio resgatar são os homens: logo, parece que havia de cortar o preço dos homens e não dos anos. Pois, por que não diz o preço de cada homem, senão o preço de cada ano? Porque Cristo não só veio resgatar os homens, senão também os tempos. O preço dos homens não o declarou, porque era muito caro, e lhe tocava só a ele; o preço dos tempos sim, porque era muito barato, e nos pertencia a nós. Era muito caro o preço dos homens, porque cada homem se havia de resgatar por todo o sangue de Deus; e era muito barato o preço dos tempos, porque se havia de dar a indulgência e perdão de um ano inteiro pela pensão de um só dia: "O ano de reconciliação do Senhor e o dia da compensação do nosso Deus". — E isto é o que faz um só dia do Rosário, e o Rosário cada dia e todos os dias.

Oh! se Deus nos abrisse os olhos! Quantos exemplos lemos e temos ouvido de almas que Cristo e sua Santíssima Mãe resgataram do cativeiro de muitos anos e de toda a vida, só pela pensão do Rosário de cada dia! Que homem há, não digo dos velhos, senão de todos, que se lhe ofereceram um remédio com que tornar a viver os anos de toda sua vida, o não comprasse a todo o preço? E se este remédio se pusesse em leilão no inferno ou no purgatório, que dariam por ele, não só as almas que estão ardendo temporalmente, senão as que hão de arder por toda a eternidade? Pois este remédio é o Rosário, e remédio de cada dia. Tanta é a força das suas orações e da meditação de seus mistérios. Notificou o mesmo profeta da parte de Deus a el-rei Ezequias, gravemente enfermo, que morreria sem dúvida: "Morrerás e não viverás" (Is 38,1) — e vendo-se ele chegado ao último dia, que faria? Oh! que boa resolução, e melhor, se não se deixar para tão tarde! "Desde a manhã até a tarde me acabarás. Assim como o filhote da andorinha, assim clamarei. Meditarei como a pomba" (Is 38,13). Suposto que me não resta mais que um dia de vida, da manhã até a tarde o remédio que só posso ter é meditar e orar: "Meditarei como a pomba. Como filhote da andorinha, assim clamarei". — Meditou e orou, que são as duas partes de que se compõe o Rosário e deu-lhe Deus quinze anos de vida, como se fora em honra dos quinze mistérios. O certo é que fez o Rei propósito — se não foi voto — de continuar a sua oração todos os dias: "Senhor, salva-me! E cantaremos os nossos salmos todos os dias da nossa vida" (Is 38,20).

Mas estes quinze anos foram acrescentados e futuros. O que eu digo é que a oração e meditação faz tornar a viver os passados. Assim o experimentou neste mesmo caso, e o disse o mesmo Ezequias: "Repensarei diante de ti todos os meus anos com amargura de minha alma. E assim, Senhor, viverei". Suposto — diz o rei falando com Deus — que nestes apertos de tempo em que me vejo, não tenho outra coisa com que satisfazer o passado, meditar-vos-ei, Senhor, todos os anos da minha vida. — Aqui ponto. E logo acrescentou: já que assim se vive. — Notável razão! Ezequias estava morrendo e parece que havia de dizer: Meditar-vos-ei todos os anos de minha vida, já que assim se morre. — Pois, por que não diz: já que assim se morre, senão, "Senhor, já que assim se vive"? — Porque meditar os anos da vida passada é o único remédio para os tornar a viver. Chegado o rei àquele último e temeroso dia, desejava o que todos desejam debalde, quando se veem nele. Desejava desandar, se pudesse, o caminho e os caminhos de toda a vida. Desejava tornar a viver os anos vividos e passados, para os viver de outro modo. Mas como isto era impossível: — Ao menos, Senhor — dizia — já que não posso viver os meus anos, quero-os meditar e orar. Quero-os meditar, oferecer-vo-los meditados, que isso é "Repensarei diante de ti todos os meus anos" — e quero orar e pedir-vos perdão deles, que isso é "Com amargura de minha alma". E quando ia para dizer: E assim morrerei — ilustrado com maior lume do céu disse: "Senhor, e assim viverei". — Porque o cuidar deste modo é viver, e o recuidar, reviver. Ele dizia: já que não posso reviver os meus anos, quero-os recuidar — e o recuidá-los era revivê-los: "Repensarei diante de ti todos os meus anos. E assim, Senhor, viverei".

§ VII

Pois, se cuidar e recuidar os anos próprios já vividos, meditando e orando, é torná-los a viver, que será meditar desta maneira, não os anos próprios e mal gastados, senão os anos puríssimos e santíssimos da vida de Cristo e de sua Mãe, como se faz no Rosário? O Rosário não diz: "Repensarei diante de ti todos os meus anos" — senão: "repensarei diante de ti todos os teus anos" — "todos os teus anos", falando com o Filho de Deus, e "todos os teus anos", falando com a Mãe de Deus. Oh! como me arrependo já do pouco que disse e do assunto que tomei a medo, parecendo-me grande e muito encarecido quando comparei os dias do Rosário com os anos da Igreja. Que muito é que um dia do Rosário seja tão grande como um ano da Igreja, se é tão capaz e tão imenso, que abraça todos os trinta e três anos da Vida de Cristo e todos os sessenta e três da vida de sua Mãe? E se os anos que se meditam e tornam a meditar se vivem e revivem em um dia, que vidas e que anos serão os que vive em um só dia o verdadeiro devoto do Rosário, meditando a vida e vivendo os anos de Cristo, e meditando a vida e vivendo os anos da Virgem Maria? Cristo instituiu o Santíssimo Sacramento para que nós vivêssemos pela sua vida, assim como ele vive pela do Pai; e a Virgem Maria instituiu o Rosário como outro Sacramento, para que nós vivêssemos a vida de seu Filho e mais a sua. E assim como Cristo no Sacramento, não contente com viver em nós por graça, quis também viver em nós por memória — "Fareis em minha memória"— assim a Virgem Santíssima no Rosário se não contentou somente com que rezássemos as orações, senão que meditássemos os mistérios, para que por meio da meditação da vida de seu Filho e sua, vivessem ambos em nós, e nós em ambos por memória e graça.

Vejam agora os que não rezam o Rosário, ou o rezam só de boca e o não meditam, que meditações são as dos seus dias e dos seus anos: "Todos os nossos dias passaram. E nossos anos serão meditados como a aranha" (Sl 89,9). Passaram-se os nossos dias — diz Davi — e quase se têm passado os anos, e todas as nossas meditações são como as da aranha. — Toda a meditação da aranha é estar urdindo e tecendo redes. E para quê? Para tomar uma mosca. Pois, aranha vã e altiva, que sempre buscas o mais alto da casa, estas são as tuas meditações c estes os teus cuidados? Para isto fias, para isto teces, para isto te desentranhas? — Sim. E mais razão tenho eu — diz a aranha — de estranhar as meditações dos homens do que eles as minhas. Eu medito em tomar uma mosca com que sustento a minha vida, eles meditam em tomar moscas com que perdem a sua. A esta meditação da vaidade de nossos dias e anos ajunta Davi no mesmo lugar outra da brevidade deles, que para os que rezam o Rosário é de casa, porque é da rosa: "De manhã nasce como a erva; pela manhã floresce e passa; à tarde cai, murcha e seca" (Ibid.). "Desde a manhã até a tarde tu me acabarás" (Is 38,13) — disse el-rei Ezequias, e o mesmo pode dizer a rainha das flores. Pela manhã majestade, ao meio dia febre, à noite desengano, e tudo isto em um dia. Boa meditação para quando se toma nas mãos o Rosário. Sobre este conhecimento da vaidade e brevidade da vida: primeiro, meditar os nossos anos para resgatar os passados; depois, meditar os de Cristo e sua Mãe, para multiplicar e segurar os futuros. Este é o Rosário de que falei, e o que não é este não é Rosário da Virgem, Senhora nossa, o qual não consiste em falar, senão em meditar e orar. A mesma Senhora se digne de orar por nós, agora e na hora da nossa morte. Amém.

SERMÃO

IX

∽

"Maria, da qual nasceu Jesus."
(Mt 1,16)

"Entrando Jesus em uma barca,
passou à outra margem e foi à sua cidade."
(Mt 9,1)

---

*A temática marítima é bem ao gosto da época, e a tradição liga os homens do mar
à Virgem Maria, Senhora do mar, Estrela do mar... Vieira se refere com frequência
aos exemplos deste auxílio: "E que navegante haverá, guiado de tal estrela,
que tema o mar dominado de tal Senhora?". Assim, o tema do sermão serão os grandes
poderes do Rosário nessas situações e quão certos seus efeitos contra o mar,
os ventos e todas as tempestades. Os textos deste e de outros sermões — XI, XII e XXVI,
por exemplo — expressam a sua experiência pelos mares e rios, e o seu agradecimento
à Virgem, sentido e verdadeiro. Dentro de quatro tábuas nos achamos todos no meio do
vastíssimo oceano. E não deixa de recorrer à Escritura, aos poetas e aos acontecimentos
da época. A Batalha de Lepanto é exemplar neste e em outros sermões
(cf. Um Sermonário Mariano de Vieira, Maria Rosa Mística,
de Carlos Seixas Maduro, publicações da Faculdade de Filosofia,
Universidade Católica Portuguesa, Braga, 2003, p. 71).*

§ I

Com grande harmonia e natural consonância concorrem estes dois Evangelhos, ambos de S. Mateus, neste dia, neste lugar e em tal tempo. Digo neste lugar, porque dentro de quatro tábuas nos achamos todos no meio do vastíssimo oceano. E digo em tal tempo, porque temos entrado nos primeiros dias de outubro, mês tão formidável a todos os mareantes por suas tempestades como memorável por seus naufrágios. Os mesmos nomes dos santos, a quem nos costumamos socorrer nos trabalhos, não só parece que nos estão avisando, mas ameaçando com eles. No princípio do mês as grandes tempestades, que chamamos de S. Francisco, no fim do mês as maiores, de S. Simão, e no meio dele as das onze mil virgens, que em tão pequena travessa, como de Inglaterra a Bretanha, arrebatadas da fúria dos ventos por aquele tão estreito como temeroso canal, foram cair nas mãos dos hunos. No meio, porém, destes temores, de que não há no mar hora nem momento seguro, nos animam igualmente as palavras de um e outro Evangelho. O primeiro, com o nome de Maria, da qual nasceu Jesus: "Maria, da qual nasceu Jesus; o segundo, com a viagem que fez o mesmo Jesus embarcado, navegando e chegando felizmente à sua pátria: "Entrando Jesus em uma barca, passou à outra banda e foi à sua cidade".

O nome de Maria — que, como tão grande e tão misterioso, não tem só uma significação — segundo Santo Ambrósio significa "Senhora do mar"; segundo Santo Isidoro, significa "Estrela do mar". E que navegante haverá, guiado de tal estrela, que tema o mar dominado de tal Senhora? O mesmo Jesus, que dela nasceu — "da qual nasceu Jesus" —, quer dizer salvador, e em frase dos mesmos mareantes promete a todos o chegar a salvamento e a porto de salvação, que é o que todos os dias, com estas mesmas palavras, lhe pedem. É tão antiga esta frase entre os homens do mar que já os discípulos na barquinha, apertados da tempestade, disseram ao mesmo Jesus em seu tempo: "Salva-nos, que perecemos" (Mt 8,25) — e deles a tomou a Igreja no perigo do seu piloto: "Tu, que salvaste a Pedro no mar, tem misericórdia de nós". — Assim que, na Virgem Maria, como estrela e como Senhora do mar, e como Mãe de seu Filho, tem a âncora da nossa esperança uma amarra de três cabos fortíssimos, com que deste pego sem fundo nos levará a dar fundo no porto desejado.

A viagem com que Cristo, Senhor nosso, se embarcou, navegou e chegou prosperamente hoje à sua pátria nos promete a mesma segurança e nos assegura a mesma felicidade: "Passou à outra banda, e foi à sua cidade" (Mt 9,1). — Para passar o mar como Criador e Senhor de todos os elementos, não tinha necessidade Cristo de embarcação. Assim o mostrou quando, indo socorrer os discípulos, caminhou sobre as ondas, como por terra sólida e firme. Embarcou-se porém hoje — diz S. Pedro Crisólogo — não porque ele tivesse necessidade do navio, mas porque o navio tinha necessidade dele: "Não é Cristo que necessita do navio, mas o navio que necessita de Cristo"[1]. — Quanta necessidade tenham de Cristo todos os mareantes, os nossos portugueses o confessam cada dia, cantando ao romper da alva e repetindo uma e outra vez: — Não há tal andar, como buscar a Cristo. Não há tal andar como a Cristo buscar. — E eu acrescento a esta boa doutrina, pelo que toca ao perigo em que estamos, que não basta só buscar a Cristo, se não se busca também a Mãe do mesmo Cristo. Esta cidade, que o evangelista chama "a sua cidade", diz o maior intérprete das Escrituras, S. Jerônimo, que era a cidade de Nazaré, porque ainda que Nazaré estava distante do porto, ia Cristo visitar sua Santíssima Mãe, que morava em Nazaré. E como a nau em que navegava o Senhor do mar levava a proa na Estrela do mar, não podia a viagem deixar de ser felicíssima.

Bem claramente provou este sucesso na diferença de outro. Duas vezes nos referem os evangelistas que se embarcou Cristo neste mesmo navio, que era o de S. Pedro, e neste mesmo mar, que era o de Tiberíades. Em uma viagem, porém, que foi esta de hoje, passou e chegou o navio com grande bonança, e na outra padeceu tão forte tempestade, que quase o soçobravam e metiam a pique as ondas: "De modo que a barca se cobria das ondas" (Mt 8,24). — Pois, se o navio era o mesmo, e o mar o mesmo, e em uma e outra passagem ia o mesmo Cristo, Senhor do mar e dos ventos, como foi tão diferente o sucesso? Porque, ainda que em ambas as viagens ia Cristo na popa do navio, em uma levava a proa na Estrela do mar e na outra não. Tais são os privilégios que o mesmo Cristo quis que tivesse sobre o mar — ainda quando ele navega — a Mãe de quem nasceu: "Maria, da qual nasceu Jesus". — Cristo era Senhor do mar, Maria também é Senhora do mar; e para ter e não correr fortuna no mar; antes, navegar e chegar com prosperidade, parece que quis entendêssemos o Senhor do mesmo mar que não basta só o domínio dele, senão o domínio e mais a Estrela. Isto é o que só no nome de Maria se acha junto: "Maria, Senhora do mar; Maria, Estrela do mar".

§ II

Ainda não está dito tudo. Cristo, na viagem de hoje, não só levava a proa e a vista em sua Mãe, mas em sua Mãe na cidade de Nazaré: "a sua cidade". — Pois, a Virgem Maria em Nazaré e fora de Nazaré não é a mesma? Sim e não. Em Nazaré e fora de Nazaré é a mesma, porque é a mesma Mãe de Cristo; mas em Nazaré e fora de Nazaré não é a mesma, porque em Nazaré é a Senhora do Rosário; fora de Nazaré, não. Nazaré quer dizer "florida"; e quando a Senhora está em Nazaré, quando está cercada de flores e rosas, então é Senhora do Rosário. O mesmo Rosário o diga quanto ao nome, quanto aos mistérios e quanto às orações de que é composto. O Rosário, quanto aos mistérios, começou no mistério da Encarnação; o mesmo Rosário, quanto às orações, começou na saudação do Anjo S. Gabriel: "Ave cheia de graça". — E onde teve princípio uma e outra coisa? Ambas em Nazaré: "Foi enviado o anjo Gabriel a uma cidade de Galileia, chamada Nazaré" (Lc 1,26). — Em Nazaré teve seu princípio o Rosário quanto aos mistérios e em Nazaré quanto às orações; e por isso também em Nazaré quanto ao nome, porque as flores, e a rainha das flores, lhe deram em Nazaré o nome de Rosário. Que muito, logo, que quando Cristo hoje levava a proa em Nazaré, atravessasse aquele golfo, e chegasse a tomar porto com maré de rosas: "Passou à outra banda e veio à sua cidade"?

O mesmo evangelista S. Lucas, que descreveu o lugar de Galileia onde teve seus princípios o Rosário, dizendo: "Foi enviado o anjo Gabriel a uma cidade de Galileia, chamada Nazaré" — escrevendo também o lugar em que sucedeu aquela grande tempestade, notou que fora na parte oposta e contrária à mesma Galileia: "Navegaram para a região dos Gerasenos que está fronteira à Galileia" (Lc 8,26). — De sorte que ainda historicamente, e sem alegoria, quando os navegantes, no mesmo navio e no mesmo mar, se encaminharam ao lugar onde teve princípio o Rosário, navegaram prosperamente, e chegaram sem perigo; e quando puseram a proa na parte contrária, e se apartaram e deixaram aquela derrota, então padeceram a tempestade, de que só por milagre escaparam. Para que entendam todos os que andam sobre as águas do mar, e vejam na diferença de um e outro sucesso, que é e foi, desde seus princípios, virtude própria do Rosário livrar aos que navegam das tempestades e perigos, e levá-los seguros e com bonança ao porto de seu desejo.

Também não ponderamos ainda a propriedade daquela palavra *transfretavit* [Passou à outra banda]. *Transfretavit* deriva-se de *fretum,* que é um dos quatro nomes do mar. O mar chama-se *mare,* chama se *pontus,* chama-se *aequor,* chama-se *fretum.* E por quê? Os gramáticos, a quem pertencem estas etimologias, o dizem e distinguem com grande propriedade.

Chama-se o mar *mare,* porque é amargoso; chama-se *pontus,* porque é incapaz de ponte; chama-se *aequor,* quando está igual e sereno; chama-se *fretum,* quando está bravo e furioso, e, como leão, dá bramidos. Não é isto o que tememos e o que ameaçam os tempos? Sim. Ora, vejamos como este mesmo mar, ou este mesmo monstro, por virtude do Rosário, por mais que esteja bravo, se amansa, por mais que esteja furioso, se enfreia, e por mais que dê bramidos, se cala; e aquela mesma boca voraz, com que quer comer os navios inteiros, e tem comido tantos, a cerra e emudece. Tudo isto quer dizer: "Passou à outra banda e veio à sua cidade" — e tudo isto é ser Maria "Senhora do mar, Maria, da qual nasceu Jesus, que se chama Cristo".

E, posto que o concurso de um e outro Evangelho nos tem dado bastante fundamento para que assim o esperemos, por mais que o tempo e o lugar prometam ou ameacem o contrário, contudo, porque o temor é incrédulo e desconfiado, e a matéria tão importante e de sua natureza duvidosa, para que o temor se anime, a incredulidade se persuada e a desconfiança se assegure, passemos do mar de Tiberíades a este nosso, e das flores de Nazaré às do Rosário; e na fé das Escrituras e experiência dos exemplos, não só quero que ouçamos, senão que vejamos com os olhos quão grandes são os poderes do mesmo Rosário nestes conflitos, e quão certos e infalíveis seus efeitos contra o mar, contra os ventos e sobre todas as tempestades.

§ III

Aquele famoso carro de Ezequiel, cujo pavimento era um céu de cristal, fundado sobre quatro rodas, cada uma de quatro faces, e tiradas de quatro animais ou monstros, cada um de quatro rostos, o que principalmente representava é esta vastíssima campanha em que ao presente nos achamos, onde os mais furiosos elementos se dão as batalhas: o mar. Não é consideração ou interpretação minha, senão do mesmo texto. Falando das rodas, diz expressamente que eram semelhantes ao mar: "O aspecto das rodas e a obra delas eram como a vista do mar" (Ez 1,16). — Eram rodas, porque o mar não tem quietação nem consistência; eram azuis, parte claro, parte escuro, porque esta é a cor do mar, ou pacífico, ou turbado; eram de quatro faces iguais, porque igualmente se move o mar para as quatro partes do mundo, para onde as leva o vento. Se o vento é sul, corre o mar para o setentrião; se norte, para o meio-dia; se leste, para levante; se oeste, para o poente; e isto mesmo diz o texto: "O aspecto das rodas e a obra delas eram como a vista do mar" (Ez 1,16).

— Os quatro animais ou monstros de quatro rostos também eram ou representavam o mar. Por isso diz o mesmo texto que, quando batiam as asas, como se batessem as praias, o som que se ouvia era de muitas águas: "Como o som de muitas águas" (Ez 1,24). — Os quatro rostos eram de homem, de touro, de leão, de águia, porque é o mar, como lhe chamou Tertuliano, traidor de muitas caras: já de homem, quando manso; já de touro, quando bravo; já de leão, quando dá bramidos; já de águia, quando se levanta às nuvens. E a causa de todas estas mudanças é a maior ou menor força com que se move ou açoita o cocheiro desta grande carroça, o vento. O mesmo texto outra vez: "Onde estava o ímpeto do espírito, para ali caminhavam" (Ez 1,12).

Sobre estas quatro rodas e sobre estes quatro monstros estava fundado o pavimento em forma de um céu, porque no meio do mar, como agora estamos, se olharmos em roda para todos os horizontes, parece que o céu por toda a parte se levanta do mar, e que sobre ele estriba e se sustenta. E nota Ezequiel — coisa muito digna de admiração e reparo — que, sendo o céu de cristal, olhando para ele, metia medo: "E por cima da cabeça dos animais havia uma semelhança de firmamento, como um aspecto de cristal horrível" (Ez 1,22). — Um céu de cristal claro, diáfano e transparente, parece que visto não podia causar horror. Mas diz, contudo, o profeta que era horrível, e que visto metia medo, porque era céu sobre mar, sem se ver outra coisa. E este é o primeiro horror que experimentamos nele os navegantes. Quando nos apartamos da vista da terra, e até as torres e os montes mais altos se nos escondem, esta mesma solidão imensa, em que se não vê mais que mar e céu, ainda que o céu esteja limpo e sem nuvem, e tão claro como um cristal, naturalmente causa aquele horror que por si mesmo se insinua nos corações humanos. Assim o ponderaram, sem mais expressão que a da mesma natureza, os mais entendidos Poetas. Virgílio: "Maria por toda parte, e por toda parte o céu". Ovídio: "O céu por toda parte, e por toda parte o mar". E o nosso, com maior experiência que todos neste mesmo mar: "Não vimos, enfim, mais que mar e céu"[2].

Pois, se o céu claro, resplandecente e formoso, neste lugar em que nos achamos causa horror, que será escuro, feio e coberto por toda a parte, ou envolto em nuvens espessas e negras, sem que de dia se veja o sol, nem de noite estrela? Se o mar quieto e pacífico, ou encrespado somente de uma viração branda e galerna, é temeroso, que será assoprado furiosamente do maior peso e ímpeto dos ventos, levantando montes que sobem às estrelas, e abrindo vales que descobrem as areias, e jogando a pela com uma nau da Índia, quanto mais com um lenho tão pequeno, como este nosso? E se em junho e julho, quando parece que os ventos dormem e os mares descansam, não há hora nem momento seguro sobre um elemento e debaixo de outro, ambos tão inconstantes, que se pode temer na entrada do inverno, quando todos os vapores recolhidos no verão se desatam em fúrias e tempestades? Bem o viu e experimentou o mesmo profeta, na primeira entrada com que se lhe mostrou à vista esta nova e prodigiosa máquina do seu carro, porque o que trazia diante de si era o medo, o terror, o assombro, em uma tormenta e tempestade desfeita de nuvens, de ventos, de fogo, de relâmpagos, de trovões, de raios: "E vi, e eis que vinha do lado do aquilão um vento de torveirinho e uma grande nuvem, e um fogo que se envolvia e à roda dela um resplendor" (Ez 1,4).

Este é, amigos e companheiros, o lugar, o tempo e o perigo iminente em que estamos todos, com muito duvidoso e fraco socorro na arte e nas forças humanas. Tê-lo-emos, porém, muito poderoso, muito certo e muito seguro, como dizia, nas divinas, as quais viu o mesmo Ezequiel na parte superior e triunfante da mesma carroça. Sobre o pavimento dela viu um trono de safiras: "Sobre o firmamento havia uma semelhança de trono, como aspecto de pedra de safira" (Ez 1,26). — Sobre o trono viu um homem formado de ouro e prata, por outro nome, de eletro: "E sobre a semelhança do trono havia em cima dele uma semelhança de homem. E vi como aspecto de âmbar" (Ez 1,26). — E em roda do trono e da majestade que nele assistia, viu um íris ou arco celeste: "Como o aspecto do arco quando está na nuvem em dia de chuva. Este era o aspecto do esplendor em roda." (Ez 1,28). — Este trono, pois, de safiras, este homem de ouro e prata, e esta íris ou arco celeste, superior tudo, e dominante sobre o mar e sobre todos os ventos, que significava? O trono de safiras significava a Virgem Maria; o homem de ouro e prata significava o Filho de Deus e seu; o arco celeste significava o seu Rosário; e tudo junto significava o poder e domínio soberano que tem a Mãe de Deus, por meio do seu Rosário, sobre o mar, sobre os ventos e sobre as tempestades e perigos dos que neles navegam. Provemos tudo por partes, e descubramos em cada uma delas as propriedades misteriosas que em si encerram.

§ IV

O trono de safiras é a Virgem Maria, Senhora nossa. Assim o dizem Santo Agostinho, S. João Damasceno, S. Bernardo, e particularmente S. Boaventura sobre este mesmo lugar de Ezequiel: "Ela é aquele trono de safira, e como se lê em Ezequiel foi levantado sobre o firmamento"[3]. E chama-se propriamente trono de safiras porque as safiras são da cor do mar, em que se representa não só o nome de Maria, mas a significação dele: *"Senhora do mar".* O homem que se via sobre este trono é o Filho de Deus feito homem. Assim o diz e prova, além dos outros Padres, S. Pedro Damião: "Fez um trono, a saber, o útero da Virgem intemerata, no qual se assentou aquela majestade. O Pai conheceu e aprovou esta sede do Filho, dizendo: conheceste a minha sede e o teu trono Deus para sempre"[4]. — E era este homem formado de eletro, o qual, como dizem os autores da história natural, e com eles S. Gregório, se compõe de ouro e prata, para que na diferença e união destes dois metais, um mais precioso que outro, se significasse a divindade e humanidade do composto inefável de Cristo. Finalmente, a íris, ou arco celeste, representa o Rosário, não só por uma ou algumas propriedades, senão por todas.

A matéria e própria substância do arco celeste, como concordemente ensinam todos os filósofos, não é verdadeiramente outra mais que os raios do sol reverberados nas nuvens. E tal é toda a matéria do Rosário, o qual se compõe dos mistérios e ações do verdadeiro sol, Cristo, reverberadas na nuvem de sua humanidade, como feita de vapores da terra, elevados à união e alteza da divindade. A forma do mesmo arco são as cores que resultam dos raios do sol e seus reflexos, tantas e tão várias, como bem as pintou quem disse: "O arco-íris leva diversas cores contra o sol"[5] — sendo mais ainda em número e variedade as ações prodigiosas de Cristo, as quais, por testemunho de S. João, não caberiam escritas em todo o mundo, como não cabe nele o mesmo arco.

Mas, assim como as cores deste se reduzem particularmente a três — verde, vermelha, e azul — assim aqueles mistérios se dividem no Rosário com outras tantas diferenças, que principalmente os distinguem. Os da infância de Cristo, que são os gozosos, e pertencem à cor verde; os de sua morte e paixão, que são os dolorosos, e pertencem à cor vermelha; e os de sua Ressurreição e subida ao céu, que são os gloriosos, e pertencem à cor azul.

Esta é a matéria e a forma do Rosário. E os efeitos, quais são? Os mesmos que havemos mister, e com razão nos têm em tanto cuidado, que são, assegurar-nos o mesmo Rosário, com propriedade de verdadeiro arco celeste, do furor dos ventos e tempestades e do temor de seus perigos. Com o mesmo arco celeste assegurou Deus aos homens de não haver jamais outro dilúvio, que foi a maior tempestade que houve no mundo: "Porei o meu arco nas nuvens e me lembrarei da minha aliança" (Gn 9,13). — E não só por instituição divina, como naquele caso, mas também por razão natural — como bem notou Santo Tomás — nos assegura o mesmo arco de que nem as nuvens, nem o ar, nem o fogo — que são as três partes elementais com que se variam as suas cores — se poderão resolver em tempestade grande. E por quê? Porque as grandes tempestades não se fazem senão com nuvens crassas e grossas, e a íris não aparece senão em nuvens raras e leves, e as grandes tempestades cobrem e escurecem o sol, e sem sol e suas reflexões não pode haver íris. Por isso o antiquíssimo Pitágoras lhe chamou: "prelúdio e prenúncio da serenidade". Assim que na íris, ou arco celeste, não só se representa o Rosário e seus mistérios, senão juntamente o maravilhoso efeito de serenar as tempestades e nos assegurar de seus perigos.

Só a figura do mesmo arco parece que é imprópria desta significação, porque o arco celeste, como vemos, e como o descreve Plínio: "forma somente um meio círculo" — e a figura do Rosário é um círculo perfeito. Mas a esta objeção acudiu maravilhosamente o mesmo Ezequiel, dizendo que a íris que cercava o trono triunfal da sua carroça não era formada somente de meio círculo, senão de círculo inteiro: "Como o aspecto do arco quando está na nuvem em dia de chuva. Este era o aspecto do esplendor à roda". — Notai a palavra: "à roda" — e em roda do trono e do Senhor, que nele estava assentado, porque não era só meio círculo, como o que vemos no arco celeste, senão círculo perfeito, como o que forma o Rosário. De sorte que, assim como os pintores para pintarem a Virgem, Senhora nossa, do Rosário, pintam a mesma Senhora com seu bendito Filho nos braços e um Rosário em roda, assim o profeta Ezequiel sobre o seu carro, em que se representava o mar movido e alterado dos ventos, pintou o trono de safiras, que é a Senhora, e sobre o trono, o Homem-Deus, que é seu Filho; em roda de ambos uma íris, ou Arco celeste, de círculo perfeito, que é o Rosário. Nem isto é contra a natureza do mesmo arco, antes muito conforme a ela, porque assim como o círculo do Rosário se aperfeiçoou e cerrou quando Cristo e sua Mãe subiram ao céu, assim quando o sol está no zênite, o mesmo arco se estende circularmente por toda a redondeza dos horizontes, como diz o Eclesiástico: "Cerca o céu com um círculo de glória (Ecl 43,13).

Sendo, pois, virtude própria do Rosário da Virgem Maria, segundo a propriedade do seu mesmo nome — "Senhora do mar" — dominar os mares, moderar os ventos e serenar as tempestades, posto que o tempo e conjunção em que nos achamos as prometam e ameacem grandes, se por meio do mesmo

Rosário invocamos o soberano patrocínio da Senhora do mar, ele nos defenderá tão poderosa como seguramente de todos seus perigos. E para que a consideração das causas naturais e seus poderes nos não desanimem como costumam, saibamos que a mesma natureza, que na matéria, na forma, nos efeitos e na mesma figura do arco celeste, com tão esquisitas propriedades ou pintou ou ideou o Rosário, também se não esqueceu desta circunstância do tempo, como a mais temerosa e formidável, e de cujo eficaz remédio mais necessitamos.

Tudo quanto temos dito até agora do arco celeste é segundo a filosofia de Plínio, que ele chama manifesta: "É claro que o raio do sol emitido para uma nuvem côncava é refletido para o sol e se faz a variedade de cores pela combinação das nuvens, do ar e das luzes. Certamente não acontecem a não ser estando o sol ao contrário e somente na forma de meio círculo"[6] — E diz mais este grande intérprete da natureza? Sim, e tão claramente como se hoje e nesta mesma circunstância falara conosco: "Eles acontecem no inverno, principalmente quando os dias decrescem depois do equinócio outonal". — Quer dizer que no princípio do inverno, depois do equinócio outonal, quando os dias começam a ser menores, então aparece mais frequentemente o arco celeste. — Tal é pontualmente a circunstância e conjunção do tempo em que nos achamos. Pouco há que passou o equinócio outonal, já entrou o inverno, já começaram a minguar os dias e crescer as noites, e com elas a ser o tempo e o mar mais temeroso; mas nestas mesmas circunstâncias ordenou o céu que se instituísse a festa e memória do Rosário, para que ele, como arco celeste agora mais frequente, nos serene as tempestades, ou nelas nos assegure dos seus perigos.

Dê-nos o primeiro exemplo aquele mesmo príncipe, cuja vitória no mar deu este dia ao Rosário, como o Rosário lhe tinha dado a vitória neste mesmo dia.

§ V

A ocasião por que este dia se dedicou à solenidade do Rosário foi, como todos sabem, a vitória que o mesmo Rosário alcançou contra todo o poder otomano na famosa batalha naval do mar de Lepanto, em que o príncipe Dom João de Áustria foi o Josué, que pelejou com a espada, o Papa Pio Quinto o Moisés, que venceu com as orações, e a Senhora do Rosário a vara de Arão florescente, que na mesma hora da batalha, levada em procissão por todas as cidades da cristandade, ao passo que dava vitória ia ostentando o triunfo. Mas assim como Davi, tantas vezes vitorioso nas tempestades de sangue, se temia mais das tempestades de água: "Não me afogue a tempestade de água" (Sl 68,16) — assim lhe sucedeu ao mesmo príncipe austríaco não longe do mesmo lugar, no mesmo mar Mediterrâneo.

Passando de Nápoles para Túnis com grossa armada, foi tal naquela travessa a fúria de tormenta, que os pilotos, desconfiados de todo o remédio e indústria humana, se deram por perdidos[7]. Recorrendo, porém, todos aos socorros do céu, e invocando o católico e piedoso príncipe a sua singular patrona, e suplicando a que, assim como lhe tinha dado vitória contra os inimigos, lha concedesse também contra os elementos, que sucedeu? Caso verdadeiramente raro, e com perigo sobre perigo, e milagre sobre milagre, duas vezes maravilhoso. No mesmo ponto cessou a tempestade, mas não cessou o perigo. Cessou a tempestade, porque subitamente ficou o vento calmo e o mar leite; mas não cessou o perigo, porque o galeão que levava a pessoa real, sendo o mais forte e poderoso vaso de toda a armada, visivelmente se ia a pique. Tanta era a força da água que nele tinha entrado e sucessivamente ia crescendo e dominando já as primeiras cobertas. As bombas, os baldes, os gamotes, e até os capacetes dos soldados, com que todos trabalhavam, nada bastava para vencer, nem ainda igualar o golpe da corrente, que sem se saber por onde os ia alagando. Já se vê quais seriam neste último aperto as vozes e clamores de toda aquela multidão militar e marítima, não havendo quem não chorasse mais a perda de tamanha e tão importante vida que a desgraça e naufrágio das próprias. Mas a soberana Rainha e Senhora do mar não sabe fazer mercês imperfeitas. Assim como tinha cessado a tempestade do vento, assim cessou a da água, que já rebentava pelas escotilhas. Achicaram de repente as bombas, o galeão no mesmo momento ficou estanque, e de alagado e quase sepultado, surgiu ou ressurgiu boiando sobre as ondas. De que modo, porém? Aqui foi a segunda e maior maravilha, então não conhecida nem imaginada a causa, mas depois que chegaram ao porto, vista de todos com admiração e assombro.

Com a força da tempestade tinha-se aberto um rombo junto à quilha da nau, por onde a borbotões entrava o mar, quando um peixe do mesmo tamanho, por instinto da poderosa mão que o governava, se meteu pela mesma abertura, de tal sorte ajustado ou entalhado nela que, sem poder tornar atrás nem passar adiante, cerrou totalmente aquela porta — que com razão se podia chamar da morte — e tanto que não entrou mais água, foi fácil lançar ao mar a que estava já dentro. Assim se vê hoje pintado em Nápoles, e pendente ante os altares da Virgem Santíssima, o retrato de todo o sucesso: a tempestade, o galeão naufragante e o peixe que o salvou atravessado, em perpétuo troféu e monumento do soberano poder e nome de Maria, como Senhora, não só do mar, mas de quanto sobre ele navega ou dentro nele vive.

No capítulo quinto do seu Apocalipse ouviu S. João que todas as criaturas do mundo, as do céu, as da terra e as do mar, não divididas em três, mas unidas em um coro, louvavam o poder e glória do Cordeiro assentado no trono, e lhe davam graças: "E toda criatura que existe no céu e sobre a terra, e debaixo da terra, e as que existem no mar e quanto ali existe, ouvi dizer a todas: ao que está sentado no trono e ao Cordeiro, bênção e honra, e glória e poder por séculos dos séculos" (Ap 5,13). — O trono, em que está assentado o Cordeiro, já se sabe que são os braços da Virgem, Senhora nossa, e na mesma figura em que a veneramos debaixo do título do seu Rosário. Mas entre as outras criaturas que lhe tributam louvores, são notáveis os termos com que o texto fala nas do mar: "e as que estão no mar e as que estão nele". Estar no mar e estar nele não é a mesma coisa? Parece que sim. Pois, por que faz esta diferença o evangelista, distinguindo as criaturas que estão no mar das que estão nele: "Quais estão no mar, e quais nele"? Por que no mesmo mar uns estão dentro nele e outros fora e sobre ele: uns estão dentro, e como moradores, que são os peixes; outros estão fora, e como passageiros, que são os navegantes. E porque uns e outros estão sujeitos ao trono de Deus e ao domínio da Senhora que o tem nos braços, por isso todos os que vivem, ou sobre as águas do mar, ou debaixo delas, louvam e devem louvar a Senhora do mar, como no nosso caso. Os navegantes, porque os livrou do perigo, e os peixes, porque se serviu de um deles para os livrar; os navegantes, porque os salvou da morte, e o peixe, porque por meio da sua morte lhes salvou a vida. Parece que quis competir a Senhora neste milagre com o de seu Filho no de Jonas; mas ouçamos a Davi, que ajuntou e cantou um e outro admiravelmente.

"Este mar grande e largo de braços, ali existem peixes que não têm número, animais pequenos e grandes. Por ali transitarão as naves" (Sl 103,25). — Celebra Davi nestas palavras a grandeza do mar Oceano, não em toda sua largueza, senão no comprimento e extensão de seus braços: "Este mar grande e largo de braços". — E diz que ali — isto é, nos mesmos braços — há grande multidão de peixes, uns grandes, outros pequenos: "Ali existem peixes que não têm número, animais pequenos e grandes" — e que ali navegariam, e por ali passariam e atravessariam nas naus: "Por ali transitarão as naves". — Mas se bem se considera este panegírico do mar, parece que deixou Davi o mais pelo menos, e as maiores grandezas e maravilhas que nele se veem pelas menores. Deixa a vastidão do corpo imenso do Oceano, e fala só no comprimento de seus braços, e com particular ponderação de serem mui estendidos: "Este mar grande e largo de braços"? — Sim. Porque entre os maiores braços do Oceano, o maior e mais estendido de todos é o Mediterrâneo, e no Mediterrâneo sucedeu o caso de Jonas e da baleia, que neste panegírico se celebra. Assim o declarou logo o mesmo profeta, dizendo que Deus "formara aquele monstro tão grande para o enganar e zombar dele" (Sl 103, 26). — Assim foi, porque permitindo Deus à baleia que comesse e engolisse a Jonas, o engano, a zombaria e o jogo esteve em que não foi para o digerir e se sustentar com ele, senão para o salvar do naufrágio.

Até aqui é o que têm excogitado os expositores. Mas o profeta ainda viu e quis dizer mais que eles, porque não falou da salvação de um Jonas, senão de dois. João e Jonas é o mesmo nome, de que temos não menor intérprete que o mesmo Cristo, o qual uma vez chamou a S. Pedro filho de Jonas, e outra filho de João: "Simão de João; Simão, filho de Jonas" (jo 21,17). — E porque o caso do Jonas da Palestina, e do Jonas ou do João de Áustria ambos sucederam no mesmo braço do Oceano, e no mesmo Mediterrâneo, esta foi a semelhança por que a harpa de Davi os acordou no mesmo salmo e os cantou juntamente. Por isso não fez menção de um só navio, senão de navios: "Por ali transitarão as naves". — E por isso nomeadamente não falou só de peixes grandes, qual é a baleia, senão também, e em primeiro lugar, dos pequenos: "Animais pequenos e grandes". — Mas, por que dos peixes pequenos em primeiro lugar? Sem dúvida porque, comparado um e outro caso, mais maravilhosa foi a salvação do segundo Jonas, por meio de um peixe pequeno, que a do primeiro, e tão celebrada, por meio do maior de todos. Comer a baleia a Jonas, essa é a sepultura que o mar costuma dar aos homens; mas que estando tantos homens sentenciados a ser comidos dos peixes, um peixe lhes acudisse e os livrasse? Quem pode duvidar que foi maior maravilha? A baleia salvou um homem, o peixe pequeno quinhentos; a baleia ficando viva, o peixe perdendo a vida própria para conservar as alheias; a baleia não afogou a Jonas, o peixe afogou-se a si, para que tantos naufragantes se não afogassem; a baleia suspendeu a esperança três dias, o peixe acudiu à desesperação na mesma hora. E se a baleia foi figura da sepultura de Cristo, o peixe imitou a morte do mesmo Cristo, morrendo pela salvação dos homens. Nem a baleia nem o peixe, de tanto menor vulto, obraram por instinto próprio, senão a baleia governada por Deus e o peixe por sua Mãe.

Porém, se a traça ou jogo, como lhe chamou o profeta, com que Deus zombou da voracidade da baleia, conservando a Jonas vivo depois de comido, foi muito própria do seu poder e da sua sabedoria, mais engenhosa e mais sutil foi a invenção com que a Senhora cerrou a porta a todo o mar com um pequeno peixe vivo e a conservou cerrada com ele morto. Finalmente, o Rosário foi a maior invenção da Senhora, e esta a invenção mais galharda do seu Rosário.

Mas passemos do Mar Mediterrâneo a outro mar, também meio entre duas terras.

§ VI

Navegava para Flandres uma nau espanhola[8], e depois de ter embocado o canal de Inglaterra, mais arrimada pela contrariedade dos ventos à costa de França — onde ainda sem tormenta é maior o perigo — foi tal a força da tempestade que, não a podendo resistir, nem tendo para onde correr, deixado totalmente o governo ao arbítrio dos mares e à fúria da travessia, nenhum duvidou que, ou sorvidos das ondas, ou despedaçados em algum penhasco todos pereciam. Ia na mesma nau um grande devoto da Virgem, Senhora nossa, chamado Pedro de Olava, o qual, no meio desta última desesperação, vendo que o piloto e marinheiros desmaiados nenhuma coisa faziam nem sabiam o que fizessem, já que as nossas mãos, disse, estão ociosas, tomemos todos nelas os Rosários, invoquemos o socorro da Virgem Maria, e tenhamos confiança em seu poder e misericórdia, que a terá de nós. Assim o fizeram todos, e era espetáculo por uma parte lastimoso, por outra muito próprio da fé e devoção católica, ver a nau com as árvores secas, os mastaréus calados, as vergas abatidas e prolongadas, já subindo às nuvens, já descendo aos abismos, e os mareantes e passageiros todos com os Rosários nas mãos, sem haver quem as pusesse em leme, em vela ou em corda, nem se ouvindo outras vozes mais que Ave-maria, nem outros clamores mais que misericórdia. Bem creio que se abalariam os anjos do céu a lograr de mais perto uma tão formosa vista. Mas não foram eles sós. Porque a mesma Rainha dos Anjos, cercada de luzes, aparecendo sobre a gávea maior se mostrou visível aos tristes naufragantes. E assim como seu Filho em semelhante perigo, desde a popa da barca de Pedro "mandou aos ventos e ao mar e se fez uma grande tranquilidade" (Mt 8,26) — assim a Senhora, invocada das vozes e devoção de outro Pedro, e dos mais que o seguiram, com o império e majestade de sua presença serenou em um momento o mar, e cessou de repente a tempestade. Oh! que mudança tão súbita e tão alegre! Passam todos os Rosários das mãos aos peitos, içam as velas, mareiam as escotas e as antenas; já o piloto manda, e o leme governa, e a nau ressuscitada, favorecida em popa de uma viração branda e galerna, caminha segura e triunfante ao porto. Não pararam, porém, as vozes dos devotos e venturosos navegantes, porque os clamores, com que pediam misericórdia à Senhora do Rosário, se trocaram em aclamações, em vivas, em louvores e em repetida ação de graças a suas misericórdias.

Digo misericórdias, porque, se bem se considera o caso, não foi uma só a misericórdia, senão duas, assim como não era um só o naufrágio, senão dois. E que dois naufrágios eram? Um em que temiam perder-se, que era o da nau, e outro em que já estavam perdidos, que era o da arte. Assim o ponderou admiravelmente Davi, ou em outro caso semelhante ou neste, que estava vendo como profeta. Tinha dito, como já dissemos, que as ondas naquela tempestade subiam ao céu e desciam aos abismos; "Levantou-se um vento de tempestade e empolaram-se as suas ondas. Sobem até o céus e descem até os abismos" (Sl 106,25) — e passando a descrever os efeitos que a evidência de tão extremo perigo causou nos pilotos e marinheiros, diz assim: "A sua alma se consumia com os males. Perturbaram-se e cambalearam como um ébrio, e foi tragada toda sabedoria deles" (Sl 106,27). — Todos desanimados, areados, pasmados e vivos, já com a cor e semelhança de defuntos: "A sua alma se consumia com os males" — todos titubeando e não se podendo ter em pé, arremessados com o balanço da nau de um bordo para outro bordo: "Perturbaram-se e cambalearam como um ébrio" — todos fora de si, sem juízo, sem advertência, sem tino, porque toda a sua arte e ciência náutica se tinha já perdido: "Foi tragada toda sabedoria deles". — Notai a palavra "foi tragada", em que a elegância e poesia de Davi excedeu à de quantos descreveram tempestades. Quando o navio se vai ao fundo, dizemos que o comeu o mar; e neste caso, posto que o navio ainda se sustentava em cima da água, a arte e a ciência náutica já o mar a tinha comido: "Foi tragada toda sabedoria deles": — primeiro tragou a arte para depois tragar o navio. Perdem-se os navios no mar como as repúblicas na terra. Nenhuma república se perdeu subitamente e de uma vez. O primeiro naufrágio é o do governo, o segundo e último o da república. Tal era o estado dos tristes naufragantes, já perdidos no primeiro perigo, e esperando por momentos a perdição do segundo. E este foi dobrado milagre, não de uma só misericórdia, senão de duas misericórdias com que a Senhora do Rosário os livrou. Uma, e grande, com que os preservou do naufrágio em que estavam para se perder; outra, e maior, com que os ressuscitou do naufrágio em que já estavam perdidos: "Foi tragada toda sabedoria deles". — Tudo disse tão pontualmente o mesmo Davi. E para que nenhuma circunstância lhe faltasse, conclui relatando as orações a que recorreram, o remédio com que foram socorridos, e não só uma misericórdia, senão as misericórdias que alcançaram. As orações a que recorreram: "Clamaram ao Senhor na sua angústia" (Sl 106,6); o remédio com que foram socorridos: "E trocou a tempestade num vento suave e acalmaram as ondas do mar" (106,29); e não só uma misericórdia, senão as misericórdias que alcançaram: "Glorifiquem ao Senhor pelas suas misericórdias e pelas suas maravilhas para com os Filhos dos homens!" (Sl 106,31).

§ VII

Com muita razão equiparou o profeta neste caso as maravilhas com as misericórdias: "As suas misericórdias e as sua maravilhas" — porque, se as misericórdias foram dobradas, também foram dobradas as maravilhas. Em outra maravilha, porém, e em outra misericórdia da mesma Senhora do Rosário, com que quero acabar, veremos que os sucessos foram também dois, mas tão encontrados e com circunstâncias tão notáveis, que nenhum cristão haverá dos que trazem a vida como nós, exposta ao mar e aos ventos, o qual não assente consigo uma de duas resoluções muito diferentes. E quais? Se no navio em que se acha se reza o Rosário, que navegue com grande consolação e confiança; e, pelo contrário, se nele se não reza, que vá em tal navio com grande desconsolação e temor. Vai o caso digno de toda a atenção.

Saíram do porto de Cartagena das Índias[9] duas galés em demanda de certos corsários, e era capelão da patrona Frei Bernardo de Ocampo, religioso de S. Domingos, o qual pregou e persuadiu nela a devoção do Rosário com tal eficácia e sucesso, que os capitães, os soldados, os marinheiros e a chusma dos forçados, todos, sem faltar nenhum, ainda quando remavam ao som ou compasso da voga, cantavam o Rosário da Senhora. Em todos os vasos da navegação são perigosas as tempestades, mas muito mais nas galés. E foi tão furiosa a que sobreveio a estas duas, zarpando entre umas ilhas, que as ondas pareciam montes. Passou uma, passou outra, passaram nove, e quando veio a décima ou decumana, era uma serra de água tão alta e medonha que, dando-se todos por sepultados debaixo dela, levantaram a voz em grito: — Virgem do Rosário, valei-nos! — Nunca se viu no mar mais apertado transe! Mas a esta voz respondeu logo outra, repetindo também a brados: — Orça! orça! — Não era o piloto o que isto mandava, mas um menino formosíssimo, que com um Rosário na mão direita apareceu a todos na tolda da proa, e não foi mais visto. Orçou o timoneiro, pondo a mesma proa à onda, a qual salvando em claro a galé descarregou todo o peso sobre a segunda, que vinha na sua esteira, e de um golpe a meteu no fundo, sem escapar pessoa viva, nem aparecer sinal ou relíquia de tão horrendo naufrágio. Oh! Maria, Senhora do mar, quem haverá dos que andam sobre ele, tão cego, tão ingrato, tão inimigo de si mesmo, que todos os dias vos não saúde e invoque com o vosso santíssimo Rosário? E para que a vista de um caso tão lastimoso não causasse novo temor aos que tinham escapado, o mesmo mar no mesmo ponto os segurou de todo o perigo, ficando de repente tão quieto, sossegado e sereno, como se toda a sua fúria ou cólera a vomitara naquela onda.

Chamei-lhe decumana, ou onda décima, porque este é o nome com que os autores naturais declaram ou exageram a grandeza desmedida das que perfazem este número. Tem ensinado a experiência que, ainda na maior confusão das tempestades, guarda o mar tal ordem e tal medida nas ondas com que se vai enrolando que, repartidas de dez em dez, a décima é a que se levanta sobre todas com maior inchação, e cai com maior peso, e quebra com maior ruína. Assim o notou e lamentou o poeta nas suas tempestades do ponto ou mar Euxino:

"A onda que se aproxima supera a todas, vem depois da nona e antes da undécima"[10].

Daqui se segue que, não só por virtude milagrosa, senão ainda por certa antipatia como natural, tem o Rosário domínio sobre as ondas, e que esta foi uma das leis com que Deus desde o princípio sujeitou este elemento indômito e o subordinou ao império de sua Mãe, como Senhora do mar. No capítulo oitavo dos Provérbios diz a mesma Senhora: "Quando circunscrevia ao mar o seu termo, e punha as leis às águas para que não passassem os seus limites, estava eu com ele regulando todas as coisas" (Pr 8,29). — Quer dizer que, quando Deus nas ideias de sua eternidade andava pondo limites e dando as leis ao mar, a Senhora juntamente com o mesmo Deus andava compondo tudo. Deus punha e a Senhora compunha; Deus punha as leis ao mar, a Senhora compunha as do seu Rosário na forma em que as havia de dominar. Esta é a proporção admirável por que foi tal a composição e contraposição do Rosário com o mar que, porque Deus no mar dividiu de dez em dez o curso das ondas, também a Senhora no Rosário repartiu de dez em dez as fileiras das contas.

Deus fez o mar, como todas as outras coisas: "com conta, peso e medida"; e a Mãe de Deus, que "todas essas coisas compunha com ele" — também compôs o seu Rosário com conta, peso e medida: a medida na igualdade dos terços, o peso na ponderação dos mistérios, a conta no número das contas. E como Maria, Senhora do mar e do Rosário, contrapôs nele décadas contra décadas, décadas de Ave-marias contra décadas de ondas, por isso o seu Rosário é o mais natural, o mais forte, o mais eficaz e o mais próprio instrumento com que a Senhora do mar o domina e se mostra Senhora dele: "Maria, Senhora do mar".

§ VIII

*D*aqui fica bem entendida a razão porque o soberano menino que ensinou a vencer a soberba, e parar o precipício da onda decumana, lhe opôs e mostrou o Rosário, para que o reverenciasse e temesse. Quem sabe que a corrente do Jordão, crescendo mais e mais para cima, e feito já o rio um monte de água altíssima, à vista só e reverência da Arca do Testamento o suspendeu e teve mão para que se não precipitasse, não se admirará de que o mar tão soberbamente levantado naquela onda guardasse o mesmo respeito ao Rosário da Virgem Maria, de quem a Arca do Testamento só era figura e sombra.

Mas o que excede toda a admiração, e é digno de profundo reparo neste caso, são as outras circunstâncias dele. Se o menino que apareceu na galé era o Filho de Deus e seu que a Senhora do Rosário tem nos braços, por que não apareceu ali a mesma Senhora, como pouco há vimos em semelhante perigo? E se aquela galé se salvou tão milagrosamente, a outra, que vinha na mesma esteira, também de espanhóis e católicos, por que pereceu no mesmo tempo, e não soçobrada de outra onda, senão da mesma? E, finalmente, se o instrumento desta maravilha foi o Rosário, por que o mostrou o menino nomeadamente na mão direita, e não em ambas, ou na esquerda, como notaram e juraram autenticamente todos os que o viram? Ora, entendamos o que Deus e sua Santíssima Mãe quis que entendêssemos na visão e evidência de todas estas circunstâncias tão particulares.

Se há dia neste mundo semelhante ao dia do Juízo é o de uma grande tempestade no meio deste mar. Não é comparação minha, senão do mesmo profeta, que nos interpretou os outros milagres, falando literalmente do dia em que Deus virá manifestamente a julgar o mundo: "Deus virá manifestamente, o nosso Deus, e não calará. Um fogo se acenderá na sua presença e haverá em roda dele uma tempestade forte" (Sl 49,3). — No dia do Juízo escurecer-se-á o sol, a lua e as estrelas, e isto é o que vemos ou não vemos em uma tempestade. Nem se vê sol, nem lua, nem estrelas, porque as nuvens espessas e negras escondem todas as luzes do céu, e tudo no mar, para maior horror, é uma escuridade medonha. Mas para que chamo eu às tempestades semelhantes ao dia do Juízo, se os maiores horrores daquele dia serão a tempestade dele: "E na terra a consternação das gentes, pela confusão em que as porá o som do mar e das ondas, desmaiando os homens de susto" (Lc 21,25)? Andarão os homens — diz Cristo — atônitos, pálidos e mirrados de medo, pelo horror e confusão que lhes causará o sonido espantoso do mar e das ondas? Onde é muito para notar que esta confusão e temor nunca visto semelhante nos homens, não o atribui o Senhor à portentosa mudança dos planetas, que verão todos escurecidos, senão à tempestade e roncos do mar, que ouvirão furioso e irado: "E na terra a consternação das gentes, pela confusão em que as porá o som do mar e das ondas". — E se tanto horror causará aos que estarão em terra o sonido só ao longe do bater e quebrar dos mares nas praias, qual será no meio do mar, e dentro de quatro tábuas, ver bater a fúria das ondas, não só nos costados, mas quebrar com todo o peso dentro no mesmo navio? A cada golpe do mar se está ali tragando a morte. E não morte menos feia, menos miserável, nem menos nova que a mesma com que acabarão os homens no dia do Juízo. Agora morrem os homens uns depois dos outros, ou de doença, ou de velhice, mas no dia do Juízo, estando sãos, e robustos, e bem dispostos, todos na mesma hora acabarão sem remédio a vida, e isto é o que sucede na perdição de uma tempestade. Os moços, os velhos, os meninos, todos ali enchem a sua idade e acabam juntamente os seus dias. Oh! que lastimoso modo de morrer, quando a idade prometia larga vida, e a saúde e as forças parece que a seguravam, não falando no horror e miséria da sepultura, sem sete pés de terra em que se enterrar, tragados das ondas, comidos dos peixes.

E se qualquer tempestade — para que conheçamos o nosso perigo — é semelhante a um dia do Juízo, a do caso que imos ponderando ainda teve outra circunstância particular muito própria daquele temeroso dia, e a maior e mais principal dele. A maior e mais tremenda circunstância do dia do Juízo é que naquele juízo se dá a sentença final, ou de salvação para uns, ou de perdição para outros; e isto é o que se viu no nosso caso. Todos os que iam em uma galé se salvaram, todos os que iam na outra se perderam. E como houve misericórdia para uns e justiça para outros, esta é a diferença e a razão por que não veio a Mãe de misericórdia dar a sentença, senão seu Filho. No dia do Juízo, diz o texto Sagrado que aparecerá visivelmente a todos o Filho da Virgem: "Então verão o Filho do homem que virá" (Lc 21,27). — E a Virgem virá também, e aparecerá juntamente com seu Filho? Não. Virá o Filho só, sem a Mãe, como aqui veio. E por quê? Porque o Filho, como Juiz, livra e condena; a Mãe, como toda é misericórdia, onde há de haver condenação retira-se e não aparece. Na parábola das Virgens "saíram as prudentes e as néscias a receber o Esposo e a Esposa" (Mt 25,1) — mas quando foi ao entrar às bodas, só se faz menção do Esposo, e da Esposa não: "Entraram com ele para as bodas". — Pois, se é certo que a Esposa entrou com o Esposo, por que se não faz menção dela ao entrar? Porque nesta entrada as virgens prudentes entraram e salvaram-se, as néscias ficaram de fora, e perderam-se e onde há salvar e perder, onde há salvação de uns e perdição de outros, não se acha presente a Esposa, que é a Virgem Maria. Assim o afirma e ensina Santo Agostinho, dando a razão por que a mesma Senhora não aparecerá com seu Filho no dia do Juízo: "Já não era o momento de ter misericórdia nem de suplicar misericórdia porque já fugira a Porta do paraíso, Maria, distinguida com esse título pela Igreja, Porta do céu e Feliz Porta do céu"[11]. — Alude o grande doutor à mesma parábola das Virgens, em que se diz que se fechou a porta: "E fechou-se a porta". — E como a Virgem Maria é "a porta do céu" — por isso se não faz menção da Esposa, nem apareceu ali, antes fugiu, como diz o santo, de tal lugar: "Já fugira a porta do céu Maria" — porque era lugar em que "não tinha lugar a misericórdia".

Esta é, pois, a razão por que no nosso caso desapareceu ou não apareceu a Senhora do Rosário, e só apareceu com ele o Filho, que tem nos braços, e com ele nomeadamente na mão direita. No dia do Juízo os que se hão de salvar estarão à mão direita de Cristo, e os que se hão de perder à esquerda: "As ovelhas à direita e os cabritos à esquerda" — e porque ali se haviam de salvar uns e perder outros, por isso o Senhor apareceu na galé dos que se haviam de salvar com o Rosário na mão direita. Oh! grande privilégio! Oh! grande virtude do Rosário, para se salvarem nos dias do juízo do mar, e não se perderem nas tempestades os que o navegam! O maior encarecimento das obras de misericórdia, e do singular merecimento que têm diante de Deus, é que no dia do Juízo, calando-se todas as outras virtudes, só pelas obras de misericórdia serão sentenciados os da mão direita e os da esquerda. Aos da mão direita dirá Cristo: "Vinde, benditos, porque tive fome e me destes de comer" — e bastará só as obras de misericórdia para que se salvem. Aos da mão esquerda dirá pelo contrário: "Afastai-vos de mim, malditos, porque tive fome e nada me destes" — e bastará só a falta das obras de misericórdia para que se percam. E tal é o encarecimento igualmente verdadeiro com que Cristo mostrou o Rosário na sua mão direita aos que nesta ocasião se salvaram. Bem creio que, entre os que iam nesta galé, haveria outros pecados, e entre os que iam na segunda haveria outras virtudes; mas como em toda esta se rezava o Rosário, e naquela não, esta foi a que se salvou e aquela a que se perdeu sem remédio, sendo a mesma onda duas vezes prodigiosa a que executou a sentença da salvação em uma e a da perdição na outra.

E que navegante haverá que não seja muito devoto do Rosário, e que navio em que se não reze todos os dias à vista de um espetáculo, em uma parte tão venturoso e alegre, e na outra tão lastimoso e formidável? Se quando por este mar encontramos um mastro, uma tábua ou qualquer outro sinal de naufrágio, por mais que o mar esteja quieto e sossegado, naturalmente se faz temer e causa tão grande pavor, qual seria o dos que iam nesta galé, vendo em um momento ir-se a pique a companheira, soçobrada e sepultada da mesma onda de que eles tão milagrosamente tinham escapado?

No dia do Juízo diz o mesmo Cristo que estarão dois lavrando no mesmo campo, e que um se salvará, outro se perderá: "Então, dois estarão no campo, um será levado e um será deixado" (Mt 24,40). — Que é este mar, senão um grande campo, e que são os navegantes, senão os lavradores dele? Com as quilhas e com as proas o aram, e com os remos nas galés o cavam. Deus condenou o homem a que lavrasse a terra, e a cobiça, com segunda maldição, o condenou a que lavrasse também o mar: "Tens de arar a imensa superfície do mar, para baganhar mercadorias"[12]. — Vede quanta diferença vai de lavrar o mar ou a terra. O que lavra a terra, se lavra o vale, não se lhe faz monte; se lavra o monte, não se lhe faz vale. Este campo não é assim. Vedes essa veiga ou várgea tão estendida, vedes essa planície imensa, tão quieta e tão igual; pois não vos fieis de sua quietação nem de sua igualdade, porque debaixo dela estão escondidos grandes montes. Que excelentemente o notou e disse S. Jerônimo, e com tanta elegância como doutrina: "Ainda que o mar igual e quieto — como agora — vos pareça um tanque que se não move, ainda que o leve movimento com que risonhamente se encrespa, quase lhe não altere a igualdade, não o creais, nem vos fieis dele. Olhai que é um traidor que dentro em si tem encobertos os inimigos, e debaixo dessa planície estão escondidos grandes montes"[13]: "Este campo tem grandes montes". — Quando as duas galés começaram a lavrar este campo, ele estava muito igual; mas debaixo dessa igualdade se levantaram aqueles grandes montes, e o último maior de todos, de que uma só se livrou e outra se perdeu: "um será levado e um será deixado".

Sendo, pois, o perigo igual, e igual em uns e outros a fraqueza ou impossibilidade da resistência, se o remédio e salvação de uns esteve em rezarem o Rosário, e o naufrágio e perdição dos outros em o não rezarem, quem haverá, torno a dizer, que por não aplicar e se aplicar a um tão fácil remédio se exponha a tão extremo e invencível perigo, e em que tantos no mesmo tempo e lugar em que estamos têm perecido? Que desesperação e que tormento tão grande será no dia do Juízo o dos que perderão a salvação pela negligência de meios tão fáceis e tão leves, como aqueles com que os outros se salvaram? E que arrependimento e desconsolação tão desesperada seria a dos mesmos que nesta ocasião se perderam, sabendo — como sem dúvida lhes seria notificado no tribunal da Divina Justiça — que, se tiveram rezado o Rosário, como os companheiros, também a eles lhes perdoaria a onda que os sepultou, e se salvariam?

Não exorto aos que aqui nos ajuntou Deus a que ofereçamos à Virgem, Senhora nossa, e ao milagroso Menino, que sem se apartar de seus braços apareceu com o Rosário na mão aos que quis livrar; não os exorto, digo, a que lhe ofereçamos este pequeno tributo, e rezemos o seu Rosário, pois todos o fazemos todos os dias, e à vista de tantos e tais exemplos se não pode duvidar que de hoje por diante o faremos com maior devoção e afeto. O que só desejo persuadir a todos é que, quando suceda vermo-nos em alguma grande e perigosa tempestade das que ameaça o tempo e o lugar, nem por isso nos vença ou desmaie o temor, confiando firmissimamente que nos não poderá faltar a misericordiosa proteção da Virgem, Senhora nossa, e que, por mais que os montes escondidos debaixo desta planície se levantem até as nuvens, os poderes do seu santíssimo Rosário nos livrarão de todo o perigo. Acabemos de ouvir a Davi, que não é muito se empenhasse tanto neste glorioso assunto, como tão próprio da Mãe daquele Filho, de que ele também se chamou pai.

"Por isso não temeremos quando a terra for agitada e os montes forem trasladados ao fundo mar. Bramiram e turbaram-se as suas águas, e os montes estremeceram-se em sua fortaleza" (Sl 45,3ss). — Ainda que a tempestade seja tão grande que pareça que os montes da terra se passaram ao mar; ainda que as águas desses montes, com sonido estrondoso e horrendo, quebrem umas sobre as outras, e ainda que a fúria e violência do mesmo mar seja tão forte que atire montes contra montes, e os confunda entre si, com tudo isso nenhum de nós temerá, diz o profeta: "Por isso não temeremos". — E por quê? A razão que dá é notável: "O ímpeto do rio alegra a cidade de Deus. O Altíssimo santificou o seu tabernáculo". Porque a cidade de Deus, em que o mesmo Deus veio morar à terra, tem um rio cujo ímpeto converte todo o temor em alegria. Pois contra a força de todo o mar turbado e levantado em montes: — opõe Davi o ímpeto de um rio, e de corrente plácida e alegre: "O ímpeto do rio alegra a cidade de Deus". — Eu bem sei, e todos sabemos, que há rios tão poderosos cuja impetuosa corrente vence o mar, e no meio dele lhe adoça as ondas; e assim como há rios que adocem o mar, não será maravilha que haja um rio que o amanse. Isso mesmo faz a chuva, por ser água do céu, que amansa as tempestades. Mas que rio é este, no qual o profeta reconhece tão extraordinária virtude? O mesmo profeta o diz: "O ímpeto do rio alegra a cidade de Deus. O Altíssimo santificou o seu tabernáculo". — É o rio da cidade de Deus, onde o mesmo Deus veio morar à terra, que vem a ser a cidade de Nazaré, como declaramos no princípio e o disse o nosso texto: "Passou à outra banda e veio à sua cidade".

Que muito, logo, que assim como Cristo no mesmo navio — que noutra ocasião padeceu aquela grande tempestade — quando levava a proa em Nazaré, chegou ao porto sem perigo e com bonança, o mesmo experimentem, e com a mesma felicidade escapem de todos os perigos os que navegam debaixo da proteção da Senhora de Nazaré, a qual, como também deixamos provado, é a Senhora do Rosário, porque em Nazaré começou e a Nazaré deram este nome as flores? E para que ninguém duvide que estas flores não são outras senão as rosas, este mesmo salmo, em que Davi celebra a virtude que têm as influências de Nazaré contra as tempestades, na língua hebreia, em que foi escrito, tem por título: "Pelas Rosas" — isto é, aqui se cantam os louvores das rosas. E como a Virgem Maria, sempre Senhora do mar por virtude do seu nome: "Maria, Senhora do mar", enquanto Senhora do Rosário tem mais particular domínio sobre as tempestades: "Por isso não temeremos se a terra se conturbar e os montes forem lançados ao fundo mar". — Ainda que os montes mais altos da terra se passem ao meio do mar, onde nos achamos, não temos que desconfiar nem temer, não só esperando, mas crendo firmemente que debaixo da proteção de Maria, "da qual nasceu Jesus", passaremos felizmente este temeroso golfo — "passou para a outra banda" — e chegaremos enfim ao porto desejado da nossa cidade, que por tantos títulos não é menos sua: "E veio à sua cidade".

SERMÃO

X

"Bem-aventurado o ventre que te trouxe
e os peitos que te amamentaram."
(Lc 11,27)

Pregado possivelmente num colégio, o sermão apresenta um caráter mais sóbrio,
homilético, catequético. Maria é a Arca do Testamento que guardava as Tábuas da Lei
[fechadas dentro] e o Maná [colocado depois fora]. Assim Maria trouxe a Deus
interiormente no coração e no seio e exteriormente nas mãos e nas obras.
E ademais é a mais observante da Lei. A Senhora do Rosário hoje
não exorta a orar, mas ensina como se há de orar. Supõe que se ora e reza com a boca,
e acrescenta que há de ser juntamente com o coração e mais com as mãos,
porque, se o coração não forma as orações, e as mãos as não informam,
se o coração as não forma com os afetos, e as mãos as não informam com as obras,
por mais que a boca dê vozes, todas nos ouvidos de Deus são mudas.
Os impedimentos da oração se resumem no estar, com o coração e as mãos,
longe de Deus, e as condições para ir ao céu: a pureza do coração e a inocência das mãos.

§ I

Sobre as coisas que se guardavam na Arca do Testamento, quais e quando, há grande questão entre os expositores sagrados. Três, porém, são certas, e de tão oculto mistério como de particular reparo. A primeira é que houve tempo em que na Arca do Testamento só estiveram as Tábuas da Lei, porque assim o diz expressamente o texto, no terceiro livro dos Reis: "Na arca não havia outra coisa senão as duas tábuas de pedra que Moisés nela pusera" (3Rs 8,9). — A segunda, que também houve tempo em que esteve na mesma Arca a urna do Maná, porque assim o afirma S. Paulo, na Epístola aos Hebreus: "A arca do testamento, na qual havia uma urna dourada que continha o maná" (Hb 9,4). — A terceira, que depois deste tempo a mesma urna do Maná, que estava dentro da Arca, foi colocada fora, mas junto a ela, no *Sancta Sanctorum* [Santo dos Santos], porque assim o tinha mandado Deus, como consta no Livro do Êxodo, e que sempre estivesse em sua presença: "põe-no [o gômer cheio de maná] diante do Senhor" (Ex 16,33).

Suposta esta verdade da História Sagrada, se passarmos a inquirir a razão e mistério dela, quem haverá que no-lo diga literalmente? Se as Tábuas da Lei sempre se guardaram na Arca, o maná por que não se guardou sempre nela? E se o maná esteve algum tempo dentro na mesma Arca, porque depois se tirou fora? E se esteve fora, por que não em outro lugar, nem longe, senão junto à mesma Arca? A razão e mistério literal desta tão notável variedade em matéria tão grande sempre esteve oculto até hoje. Hoje, porém, o descobriu e declarou, quem? Na parte que pertence ao maná, uma mulherzinha do povo, que não tinha mais ciência que a sua devoção, dizendo: Bem-aventurado o ventre que te trouxe e os peitos que te amamentaram" — e na parte que pertence às Tábuas da Lei, o mesmo Autor da Lei e a mesma Sabedoria eterna, respondendo: Antes, bem-aventurados os que ouvem a palavra de Deus e a guardam" (Lc 11,28).

Para inteligência do que digo, havemos de supor, com S. Paulo, que tudo o que sucedia, pela maior parte, ou se fazia no tempo dos patriarcas e da lei escrita, era representação e figura do que depois havia de ser no tempo da lei da graça: "Tudo isso lhes acontecia em figura" (1Cor 10,11). Este é o princípio fundamental por que a muitas coisas daquele tempo não achamos a razão de a fazerem, antes parecem feitas contra toda a razão, ainda entre homens santos. E a razão de se lhes não achar razão é porque a razão da figura não está na figura, senão no figurado. Se víssemos que um pintor pintava um rei pastando entre os animais e comendo feno, e outro com o braço esquerdo muito curto e o direito muito comprido, parecer-nos-ia isto uma grande impropriedade. Mas se o pintor nos respondesse que no primeiro retratava a Nabucodonosor e no segundo a Artaxerxes, que pela desigualdade dos braços se chamou Longimano, acharíamos a razão da pintura, não nos retratos, senão nos retratados. Da mesma maneira em outros casos do Testamento Velho. Que coisa mais fora de razão que levar Jacó o morgado a Esaú, sendo Esaú o primogênito, e Jacó o filho segundo? E que maior semrazão outra vez que servir Jacó sete anos por Raquel, e darem-lhe em lugar de Raquel a Lia? Mas se olharmos para os originais destas mesmas figuras, acharemos neles as razões que nelas de nenhum modo apareciam. Jacó e Lia representavam o povo gentílico, Esaú e Raquel, o judaico. E levou Jacó o morgado a Esaú porque o morgado da fé e da graça, que era do povo judaico, que foi o primeiro, se havia de passar ao povo gentílico, que é o segundo. E sendo Jacó figura de Cristo, que serviu pela sua Raquel, que era o povo judaico, como ele mesmo disse: "Não fui enviado senão às ovelhas que pereceram da casa de Israel" (Mt 15,24), — desposou-se primeiro com Lia, que é o povo gentílico, e depois se há de desposar também com Raquel, que é o povo judaico, porque, como diz S. Paulo: "Até que a plenitude dos gentios haja entrado" (Rm 11, 25).

Ao nosso ponto agora. Estar primeiro o maná dentro da Arca, e depois fora e junto a ela, ninguém houve jamais que desse ou pudesse dar a razão de uma mudança tão notável. Mas, se pusermos os olhos nos originais que estas duas figuras representavam, acharemos a razão tão clara, que uma mulher sem letras a entendeu e publicou ao mundo. A Arca do Testamento era figura da Virgem Maria; o maná, de seu Filho, Cristo; e primeiro esteve o maná dentro na Arca, porque primeiro o concebeu a Virgem e o trouxe em suas entranhas: "Bem-aventurado o ventre que te trouxe". — E depois esteve fora, mas não apartado, senão junto à mesma Arca, porque a Senhora o teve depois em seus braços, e o criou a seus peitos: "E os peitos que te amamentaram". — E por que razão as Tábuas da Lei sempre estiveram na Arca, assim quando o maná esteve dentro nela, como quando esteve fora? A razão e o mistério é porque a mesma Virgem Maria, significada na Arca, em todo o tempo de sua vida, ou tendo dentro em si, ou não tendo dentro em si ao Filho de Deus, sempre teve a lei do mesmo Deus dentro em si, e a guardou com a mais pura, com a mais perfeita e com a mais alta observância a que puderam aspirar homens nem anjos. E porque esta foi a maior e mais soberana prerrogativa da Virgem, Senhora nossa, por isso acudiu logo seu bendito Filho, declarando que, por ser a mais observante da Lei de Deus, era mais bem-aventurada ainda que por ser Mãe de Deus: "Antes, bem-aventurados os que ouvem a palavra de Deus e a guardam".

Explicado assim o Evangelho, que direi sobre ele quanto à festa? O que determino dizer é que o Rosário, para ser bem rezado, não se há de rezar só com a boca, senão com o coração e com as mãos. O fundamento que para esta doutrina — mui necessária — nos dão as palavras do tema, dirá o discurso. *Ave Maria.*

§ II

"Põe-me como selo sobre o teu coração, como selo sobre o teu braço" (Ct 8,6). Para me agradares inteiramente, Esposa minha — diz Deus — haveis-me de trazer estampado no coração e estampado no braço. — Os lugares hão de ser dois: um dentro, outro fora; mas a estampa dentro e fora há de ser uma só, e essa minha. Eu estampado no coração, porque eu hei de ser o sigilo de vossos pensamentos; e eu estampado no braço, porque eu hei de ser o caráter de vossas obras: "No coração estão os pensamentos, nas mãos as obras; por isso o amado está posto como um selo sobre o coração e sobre o braço da esposa"[1] — diz S. Gregório Papa. — Mas com quem fala Deus nestas palavras, e a quem dá o seu cuidado esta amorosa instrução? Em primeiro lugar a sua Mãe, em segundo a nossas almas. Antes de ser Mãe de Deus, e depois de ser Mãe de Deus, sempre a Senhora trouxe ao mesmo Deus dentro e fora, no interior e no exterior, no coração e nos braços, mas por diferente modo.

Antes de ser Mãe de Deus, porque quanto cuidava e obrava tudo era de Deus, em Deus e por Deus. Os pensamentos e obras do Filho antes de ser Filho, ainda não eram humanas; mas as da Mãe antes de ser Mãe, por imitação do mesmo Filho, já eram divinas. "O amado é posto como selo sobre o coração e sobre o braço da Virgem" — diz Alano — "porque a Virgem imita o Filho nos pensamentos, significados pelo coração, e nas obras, pelos braços."[2] — E se isto foi antes de ser Mãe de Deus, depois de o ser que seria? Foi o mesmo, mas por modo singularíssimo, nem imaginado antes, nem imitável depois a nenhuma criatura. Teve a Deus dentro e no coração: "como selo sobre o teu coração"; porque o teve em suas entranhas: Bem-aventurado o ventre que te trouxe"; — e teve-o fora e no braço: como selo sobre o teu braço"; — porque o teve em seus braços e a seus peitos: E os peitos que te amamentaram". — Assim comenta o texto dos Cânticos, com devota e douta novidade, Cornélio, e o concorda excelentemente com o do nosso Evangelho: "A Bem-aventurada Virgem pôs a Cristo sobre o seu coração, quando o levou em suas entranhas durante nove meses; sobre o braço, quando, depois de nascido, o teve em seus braços e a seus peitos"[3]. Estes foram os dois modos com que a Virgem, Senhora nossa, como exemplar de toda a perfeição imitável, e como exceção de toda a possível, observou aquele oráculo do Espírito Santo, de quem foi a primeira e principal Esposa, trazendo a Deus no coração e no braço e a Cristo dentro em si e fora, bem assim como a Arca do Testamento a urna do maná. Um modo foi espiritual, outro corporal, e o corporal, com assombro da natureza e da graça, mais divino que o espiritual. Trouxe a Deus corporalmente "no coração e no braço" — porque corporalmente o concebeu e teve em suas entranhas, e corporalmente o criou a seus peitos e o trouxe em seus braços; e esta é a primeira bem-aventurança da Virgem Maria, singular e unicamente sua, e a nenhuma outra criatura comunicável: "Bem-aventurado o ventre que te trouxe e os peitos que te amamentaram". — E trouxe a Deus espiritualmente no coração e no braço, porque espiritualmente, em todos seus pensamentos e afetos, e espiritualmente, em todas suas obras e ações, interior e exteriormente trouxe sempre a Deus em si e consigo, e esta é a segunda bem-aventurança na qual, posto que a Senhora foi eminentissimamente superior a todas as almas, é contudo imitável e comunicável a todas, e a que o Senhor pre-feriu à primeira: "Antes bem-aventurados os que ouvem a palavra de Deus e a guardam". — E como este segundo modo de trazer a Deus interiormente, no coração e nos afetos, e exteriormente, nas mãos e nas obras, é o que todos podemos e devemos imitar, este é o que a Senhora do Rosário propõe hoje e ensina a todos os seus devotos, exortando-os, com seu exemplo, a que não só tragam o Rosário na boca, senão também no coração e nas mãos: no coração, imitando, do modo que pode ser, o ato de ter Cristo em suas entranhas: "Bem-aventurado o ventre que te trouxe" — e nas mãos, imitando do mesmo modo o ato de o ter nas suas, quando o criou a seus peitos: "E os peitos que te amamentaram".

§ III

Para prova e entendimento deste ponto, tão importante e essencial à devoção do Rosário, o que noto, e é digno de grande reparo naquela instrução geral do Espírito Santo, é que só pede Deus às almas devotas que o tragam no coração e nas mãos, e não faz menção da boca: "Ponde-me como um selo sobre o teu coração, como um selo sobre o teu braço". — E não diz mais Davi, grande mestre da oração e da devoção? Diz que sempre trazia os louvores de Deus na boca: "Seu louvor estará sempre na minha boca" (Sl 33,2). — Pois, se Deus deseja, aconselha e pede às almas devotas que o tragam no coração e nas mãos, por que lhes não diz também que o tragam na boca? Porque Deus naquelas palavras — como também a Senhora do Rosário hoje — não exorta a orar, mas ensina como se há de orar. Supõe que se ora e reza com a boca, e acrescenta que há de ser juntamente com o coração e mais com as mãos, porque, se o coração não forma as orações, e as mãos as não informam, se o coração as não forma com os afetos, e as mãos as não informam com as obras, por mais que a boca dê vozes, todas nos ouvidos de Deus são mudas. Assim o profetizou Davi de todas as línguas enganosas: "Tornem-se mudos os lábios enganadores" (Sl 30,19). — Mas se as línguas enganosas tanto enganam e tanto falam, e são as que mais falam e as melhor ouvidas, quando, ou onde, ou diante de quem se cumpre esta profecia de que serão mudas? As línguas enganosas de que fala o profeta, como depois veremos, são as daqueles cujo coração e cujas mãos não dizem com o que a língua diz, e estas línguas, por mais que falem e por mais bem faladas que sejam, para com Deus, a quem ninguém engana, são mudas. Só o coração e as mãos são as que dão voz à língua, e língua à oração diante de Deus.

Viu S. João no Apocalipse aqueles vinte e quatro anciãos que assistem ao trono de Deus, e diz que todos tinham nas mãos cítaras e redomas cheias de suavíssimos cheiros, e que deste modo se prostraram diante do Cordeiro, que é Cristo: "E os vinte e quatro anciãos se prostraram diante do Cordeiro, tendo cada um suas cítaras e suas redomas de ouro cheias de perfumes" (Ap 5,8). — Não sei se reparais nas mãos e nos instrumentos destes músicos do céu e digo músicos porque logo acrescenta o evangelista que cantavam uma letra nova: "E cantavam um cântico novo" (Ibid. 9). — Pois, se "eles tinham as cítaras em uma mão e as redomas na outra", como podiam tocar as cítaras? Saibamos primeiro quais eram as redomas, e elas nos soltarão a dificuldade, que não está mal arguida. Ruperto, Beda, Ansberto, Ricardo, Vitorino, Hugo Cardeal, Dionísio Cartusiano, a Glosa e todos concordemente dizem que as redomas são os corações. E ainda que os corações estejam nas mãos, nem por isso as mãos deixam de tocar as cítaras antes, quando as mãos e os corações juntamente as tocam, só então são as suas vozes agradáveis a Deus, porque desacompanhadas dos corações e das mãos, nem são agradáveis, nem têm consonância, nem são vozes. Serão vozes para os ouvidos humanos, mas para os divinos não são orações. O mesmo texto o declara admiravelmente: "Tinham" — diz — "em umas mãos as cítaras e nas outras as redomas cheias dos suaves cheiros, que são as orações dos santos" (Ap 5,8). De sorte que as orações não estavam nas cítaras, senão nas redomas, porque a oração não consiste no som e nas vozes, senão nos corações e nas mãos em que as redomas estavam.

E, suposto que a réplica do oráculo de Salomão, "Sobre o coração e sobre o braço" — foi o texto de seu Pai Davi, "Seu louvor estará sempre na minha boca" — diga-nos o mesmo Davi se a sua oração, quando orava, era só de boca, ou de boca, de coração e de mãos. É texto que tem que entender, mas, bem entendido, admirável: "Saiu do meu coração com grande ímpeto uma palavra boa: eu digo ao Rei as minhas obras; a minha língua é pena de quem escreve" (Sl 44,2). — E que quer tudo isto dizer? Nem mais nem menos o que eu vou dizendo. Primeiramente, a matéria de que fala, e a que chama palavra boa, é o Salmo quarenta e quatro, cujo prólogo ou dedicatória a Deus é este primeiro verso. Diz, pois, Davi que tudo o que representa a Deus naquela sua oração são "palavras boas" — e acrescenta que todas "lhe saíram do coração" — e do coração, não de qualquer modo, fria ou negligentemente, senão com grande ímpeto e afeto. — E já temos que as palavras com que Davi orava a Deus, não só eram de boca, senão de boca e de coração. Mas estas mesmas palavras boas, e saídas do coração quando Davi fala com Deus, não diz que são palavras, senão obras: "eu digo ao Rei as minhas obras". — Pois, se já lhe tinha chamado palavras, como agora lhe chama obras? — Porque a minha língua, diz ele, "é pena de quem escreve". — Não se pudera declarar melhor nem mais discretamente. A pena é a língua das mãos e assim como a língua da boca fala palavras, a língua das mãos — "fala obras". — De maneira que, ajuntando toda esta sentença que parecia tão desatada, o que nos ensina Davi, com o exemplo da sua oração, é que quando oramos a Deus não basta que as palavras sejam boas e santas: "Uma palavra boa" — nem basta que quando as pronunciamos falemos com Deus: "eu digo ao Rei as minhas obras" — mas é necessário que não só saiam da boca, senão do coração: "Saiu do meu coração com grande ímpeto" — nem só do coração, senão também das mãos: "A minha língua é pena de quem escreve" — e que o saírem do coração se prove com os afetos: "Saiu" — e o saírem das mãos se prove com as obras: "minhas obras".

Este é o modo com que digo, ou nos diz e ensina a Virgem, Senhora nossa, que havemos de rezar o seu Rosário: não com a boca somente, senão com o coração e com as mãos. E para que vejamos que o salmo de Davi, que acabo de explicar, fala com os professores do Rosário própria e nomeadamente, leiamos-lhe o título ou sobrescrito, que é milagroso. O título deste salmo quarenta e quatro, na língua hebraica, em que foi escrito, é *Susanim*, que quer dizer: "Para as rosas". E que tem este salmo com as rosas, ou as rosas com este salmo? Agora o veremos. Davi, quando compunha os seus salmos, conforme a composição e matéria deles, ordenava juntamente quais eram os instrumentos a que se haviam de cantar. Assim consta do título de muitos outros. E segundo este uso dizem graves expositores, e de grande erudição, como Mariana e Tirino, que a razão de dar Davi tal título a este salmo foi porque o nome do instrumento a que se havia de cantar era derivado de rosas, assim como as contas por onde rezamos se chamam Rosário. Pode haver maior propriedade? Pois ainda tem outra maior, porque a matéria e assunto de todo o salmo, não alegórica, senão literalmente, como dizem todos os doutores católicos e o confessam os mesmos rabinos, é um epitalâmio ou poema nupcial do futuro rei Messias, que é Cristo, e da Rainha sua Esposa, que é a Virgem Maria. A primeira parte, que começa: "Vistoso em formosura sobre os filhos dos homens" (Sl 44,3) — contém os mistérios do Filho Deus feito homem; a segunda, que começa: "Apresentou-se a rainha à tua dextra" (Ibid. 10) — contém os mesmos mistérios, em que a Mãe Santíssima lhe foi sempre inseparável companheira, e por isso comuns a ambos. E porque estes mistérios são os mesmos de que se compõe o Rosário, esta foi a razão por que o salmo em que se profetizavam se mandou também cantar profeticamente, não a outro instrumento, senão àquele que se chamava das rosas: "Para as rosas".

O que agora resta é que todos os devotos do Rosário se conformem com esta profecia em o trazer, não só na boca, senão no coração e nas mãos. A íris, ou arco celeste, com as três cores misteriosas que nele pintam e distinguem os reflexos do sol, já dissemos noutra ocasião que era figura do Rosário; agora nos ensina a Senhora como havemos de usar deste arco, para que as setas de nossas orações rompam as nuvens, penetrem os céus e firam o coração de Deus. Notou engenhosamente Santo Ambrósio que o arco celeste não foi feito para Deus atirar setas aos homens, porque no tal caso havia de ter as pontas voltadas para o céu; mas tem as pontas voltadas para a terra, porque foi feito para os homens atirarem setas a Deus. Porém isto não o podiam os homens fazer, nem no primeiro, nem no segundo estado do mundo, porque o arco não tinha corda. E quando a teve? Quando se deu princípio aos mistérios do Rosário no primeiro de todos, que foi a Encarnação do Verbo. As duas pontas do arco eram a divindade e a humanidade, e a união hipostática foi a corda que atou uma ponta com a outra. Armado assim este fortíssimo arco, formado dos mistérios de Cristo, divinos juntamente e humanos, que são os mesmos do Rosário, as setas, que são as orações vocais, como se hão de atirar? Hão-se de atirar como se atiram as setas. As antigas amazonas, cujas armas eram arco e aljava, para poderem atirar mais forte e mais expeditamente as suas setas, cortavam os peitos direitos. Tanto importa para a força e impulso do tiro que entre o peito e a mão não haja impedimento, mas se ajuntem e unam. Pois assim como a seta para adquirir violência há de sair da mão e do peito, assim o coração e as mãos são as que dão o impulso às nossas orações, que doutro modo não teriam força. Mas para que buscamos semelhanças ou exemplos estranhos? O mesmo uso cristão, muito diverso do modo com que oravam os antigos, nos ensina praticamente estes dois preceitos ou segredos da arte de orar. Que fazemos quando oramos, se queremos orar devota e eficazmente? Não levantamos as mãos ao céu? Não as aplicamos ao peito? Não as pomos sobre o coração? E se a dor, ou a necessidade, ou a devoção é muita, não apertamos o mesmo coração com elas? Pois isto que fazemos no exterior é o que havemos de obrar interiormente quando oramos, não orando só com a boca, mas ajudando e acompanhando as nossas orações com o coração e com as mãos; e não só com o coração, ou só com as mãos, senão com o coração e com as mãos juntamente. Com o coração, isto é, "sobre o coração", e nos afetos, imitando a Virgem Maria quando trouxe a Cristo em suas entranhas: "Bem-aventurado o ventre que te trouxe" — e com as mãos, isto é, "sobre o braço", e nas obras, imitando a mesma Senhora quando o teve em seus braços e a seus peitos: "E os peitos que te amamentaram".

§ IV

Isto é, devotos do Rosário, o que deverão fazer todos os professores deste santíssimo instituto; mas a causa de muitos o exercitarem com pouco fruto, muito temo que seja porque oram só com a boca, sem coração e sem mãos. Isto mesmo que eu tenho pregado, e pelos mesmos termos, pregou o profeta Jeremias à triste cidade de Jerusalém, quando chorava suas calamidades: "Levanta-te, louva (levanta-te, ora e implora — lê o texto hebraico), derrama o teu coração como água diante do acatamento do Senhor; levanta as tuas mãos a ele pela alma de teus filhinhos" (Lm 2,19). Ora, Jerusalém, a Deus — diz o profeta — e ora com o coração e com as mãos: com o coração prostrado por terra e com as mãos levantadas ao céu: "Derrama o teu coração e levanta as tuas mãos" — e deste modo, e nesta postura, que é a mais própria para mover as entranhas de Deus, roga à sua divina misericórdia se compadeça da miséria de teus filhos. Assim o pregou o profeta, e o persuadiu em parte, mas com pouco ou nenhum fruto, e sem remédio. Por quê? Porque, ainda que faziam sacrifícios e orações a Deus, os corações e as mãos não estavam com ele. Ouçamos primeiro as queixas dos corações, e logo ouviremos as das mãos.

"Este povo honra-me com os lábios, mas o seu coração está longe de mim" (Mt 15,8). — Estas palavras disse antigamente Deus ao povo de Israel por boca do profeta Isaías (Is 29,13), e depois as repetiu Cristo por sua sagrada boca ao mesmo povo, e hoje, entre os cristãos, faz de nós a mesma queixa, e com maior razão. Este povo, diz, louva-me com a boca, mas o seu coração está muito longe de mim. Quem cuidara que da boca ao coração havia tão grandes distâncias! Deus está em toda a parte, e se os corações destes que louvavam a Deus só com a boca estavam longe de Deus, onde estariam? "Onde estavas tu quando os astros da manhã me louvavam, e quando todos os filhos de Deus estavam transportados de júbilo? (Jó 38,4.7). — Quando os outros que louvam a Deus com a boca e com o coração estão entre os coros dos anjos: "A elas se unam as nossas vozes"[4], tu, que verdadeiramente o não louvas e só falas com a boca, onde tens o coração? — Boa pergunta era esta para a fazerem a si mesmos, não os devotos, mas os rezadores do Rosário. Homem, que com o Pai-nosso e a Ave-maria na boca, tão divertidos trazes os pensamentos, e mais divertidos os afetos, por onde anda o teu coração no mesmo tempo? É certo que anda lá por onde andava o filho Pródigo, pastoreando pode ser o mesmo gado, e sem dúvida, outro ou outros tão poucos limpos como ele. Quando o Pródigo saiu da casa do pai, diz a sua história que foi "para uma região muito longe" (Lc 15,13). — E que região e que longe é este? O pai é Deus; o Pródigo são os que têm perdido ou esperdiçado a sua graça; a região muito longe são as cidades, ou os desertos, ou os jardins, ou os bosques, ou os montes, ou os mares, ou os horizontes remotíssimos por onde, segundo as diversas inclinações e afetos, trazem divertido o coração do homem os vícios e os pecados, que só são os longes de Deus, e infinitamente longes. E como corações estão tão longe, esta é a primeira causa que as vozes da boca não são ouvidas, e vemos pouco aproveitados os que assim rezam.

A segunda causa é porque, ainda que a boca fala, e parece que fala com Deus, se o coração está longe dele, também está mudo. Mudo e longe, vede como será ouvido? "Quantos há que soam com a voz, mas com o coração estão mudos" — diz Santo Agostinho[5]. — E notai que não diz o maior doutor da Igreja que estes tais falam com a voz, senão que soam: "soam com a voz". — Entre o falar e o soar há grande diferença. O falar é próprio e natural do homem; o soar — como balar e mugir — dos brutos. E é lastima grande que o rezar e orar de muitos, por ser só de boca, sem coração, seja tão alheio de todo o racional humano, que mais se pareça com o soar dos brutos que com o falar dos homens. Os homens, não só têm obrigação, por lei da natureza, de falar como homens, mas podem falar como anjos e como Deus. Como anjos, diz S. Paulo: "Se eu falar a língua dos homens e dos anjos" (1Cor 13,1); como Deus, diz S. Pedro: "Se alguém fala, seja como palavras de Deus" (1Pd 4,11). — E há alguns homens que sejam também obrigados a falar como anjos e como Deus? Se alguns há, são os que professam rezar o Rosário, porque a Ave-maria, pronunciada por S. Gabriel, são palavras de anjos, e o Pai-nosso, composto e ensinado por Cristo, são palavras de Deus. E homens que deveram falar como anjos e como Deus, que não cheguem a falar sequer como homens, porque as suas vozes são só de boca, e não de coração! Lástima é outra vez, não só grande, mas indigna da fé e da mesma natureza. Por isso Deus os não ouve, conclui o mesmo Santo Agostinho, e dá a razão: "Porque, assim como para os ouvidos dos homens se fizeram as vozes da boca, assim para os ouvidos de Deus as do coração"[6]. — Como o homem é corporal e espiritual juntamente, assim como Deus lhe deu dois instrumentos de ver, que são os olhos e o entendimento, assim o proveu também de dois instrumentos de falar, que são a língua e o coração: a língua para falar com os homens, e o coração para falar com Deus. Essa é a discreta energia com que Davi repetia a Deus o que lhe tinha dito: "O meu coração te falou" (Sl 26,8). — Não diz: Eu, Senhor, vos disse — senão: "O meu coração te falou" — porque a Deus só o coração diz, e com Deus só o coração fala. E como o coração é o instrumento e a língua de falar com Deus, assim como os homens só ouvem o que diz a língua e não entendem o que diz o coração, assim Deus só ouve o que diz o coração e não atende ao que diz a língua. Daqui vem que, se o coração não fala, ainda que o homem diga cento e cinquenta vezes a mesma coisa, como diz quando reza o Rosário, para com Deus não diz palavra, e verdadeiramente está mudo: "Soam com a voz, mas com o coração estão mudos". — E estes são os dois impedimentos certos por que os que chamei rezadores não são ouvidos. Uma vez, porque estão mudos, e como mudos só movem os beiços: "Este povo honra-me com os lábios" (Mt 15,8) — e outra vez porque estão longe e muito longe de Deus: "Mas o seu coração está longe de mim" (Ibid.).

Alegam, porém, ou podem alegar os que assim rezam que, ainda que os seus corações estejam longe de Deus, porque são pecadores, e o não amam de todo coração como deveram, contudo não rezam sem coração — porque nós — dizem — temos muito no coração a devoção da Virgem Santíssima e seu bendito Filho e, senão com todo, ao menos com muito bom coração nos recomendamos em sua graça e esperamos seus divinos favores. Assim o entendem e dizem, e deste seu dizer se segue que estes devotos do Rosário têm dois corações, como aqueles de quem disse o profeta: "Falaram com dois corações" (Sl 11,3): um coração que está longe, outro que está perto; um coração mudo, outro que fala; um coração que ofende a Deus, outro que se encomenda a ele. E que direi eu a esta réplica? Refere Plínio que as pombas de Paflagônia têm dois corações, e o profeta Oseias, falando da sua terra, faz menção de pombas sem coração: "Como uma pomba enganada sem ter coração" (Os 7,11). — E na dúvida de dois corações, eu antes quisera homens sem coração que com dois, porque quem não tem coração não tem afeto, e quem tem dois corações pode ter afetos encontrados. Quem não tem afeto, nem obriga, nem ofende; quem tem os afetos encontrados, ofende e desfaz com um o que obriga com o outro. E tais são os afetos daqueles que, confessando, têm o coração longe de Deus, dizem, contudo, que quando rezam ou oram o fazem com muito bom coração. Mas diga-nos o mesmo Deus, e ouçamos de sua boca a resposta desta mesma instância.

Primeiramente, Deus, que formou o homem, e lhe sabe melhor a anatomia, não admite nele mais que um só coração, e por isso diz: "Mas o seu coração está longe de mim" (Mt 15,8). — Admitindo — porém, a suposição dos dois corações, que os homens inventaram, distingue um do outro, não no mesmo, senão em diferentes sujeitos desta maneira: "Os néscios" — diz Deus — "têm o coração na boca, e os sábios têm a boca no coração" (Eclo 21,29). — Não se pudera distinguir nem declarar melhor a diferença dos que oram de um e outro modo. Os que oram com o coração na boca são os néscios; os que oram com a boca no coração os sábios. Os primeiros, néscios, porque toda a força das suas orações está na boca e nas palavras; os segundos, sábios, porque toda lhe sai do coração e toda a põem nos afetos. Por isso estas orações são as ouvidas, e aquelas não: "Ponde os vossos afetos em Deus, e dar-vos-á as petições do vosso coração" (Sl 36,4). — Do vosso coração — diz Davi — e não da vossa boca. Aos que oram e pedem com o coração ouve e despacha Deus suas petições, porque os seus afetos estão nele. E os que oram e pedem só com a boca saem escusados e sem despacho, porque os que haviam de ser afetos são somente palavras. Porque são somente palavras: "Este povo honra-me com os lábios" — e porque saem só da boca, e não do coração: "Mas o seu coração está longe de mim".

§ V

Tão justamente se queixa Deus de faltar às nossas orações a doce assistência do coração. Agora veremos se é igualmente justificada a sua queixa por lhe faltar a forte companhia das mãos. Quando Josué, na jornada do deserto, se pôs em campo contra o poder de Amalec, que impedia aos filhos de Israel o caminho da terra de Promissão, subiu-se também Moisés a um monte, para dali encomendar o sucesso da batalha ao Senhor dos exércitos, sem cujo favor não há vitória. Orava o grande profeta com as mãos levantadas ao céu, as quais, porém, pesadas com a carga dos anos, desfaleciam pouco a pouco, até que outra vez as tornava a levantar; e aqui sucedeu um prodígio admirável, porque neste subir e descer das mãos de Moisés — como se elas foram o compasso das armas entre um e outro exército — quando se levantavam prevalecia Josué contra Amalec, e quando se abaixavam, ou descaíam, prevalecia Amalec contra Josué: "E quando Moisés tinha as mãos levantadas, vencia Israel; mas, se as abaixava um pouco, vencia Amalec" (Ex 17,11). — Agora pergunto: e quando as mãos de Moisés caíam, afrouxava ele também o arco da oração, e cessava totalmente de orar, ou orava menos intensamente? De nenhum modo. Sempre continuava e perseverava na oração com a mesma eficácia e com a mesma instância; antes, naturalmente, quando via do monte prevalecer o inimigo, então orava e implorava o socorro de Deus com maior aperto. Pois se na oração não havia mudança, antes crescia e se afervorava mais ardentemente, por que não seguiam os efeitos as instâncias da oração, senão os movimentos das mãos? Porque tanto importa que as mãos acompanhem a oração. A oração desacompanhada e desassistida das mãos, ainda que seja a de Moisés, não consegue o que pretende, antes tem os efeitos contrários. Vede agora que fruto se pode esperar do Rosário rezado sem mãos. Mas ainda não está ponderada a maior circunstância do caso.

Quando Moisés disse a Josué que saísse a pelejar contra Amalec, o que acrescentou foi que ele subiria a orar ao monte, levando consigo a vara de Deus: "Saindo, peleja contra Amalec: amanhã estarei eu no cume do outeiro, tendo na minha mão a vara de Deus" (Ibid. 9). — Isto disse Moisés a Josué e a todo o exército, para os animar à batalha; e certamente não podia haver motivo de confiança que maiores espíritos lhes infundisse e maior valor lhes metesse nos corações, pois aquela vara era a mesma que no princípio da mesma jornada tinha desbaratado e vencido, com tantos prodígios, os exércitos de Faraó e seus carros, e todo o poder do Egito, muito superior ao de Amalec. Mas quem era esta vara nomeadamente chamada, no caso presente, não vara de Moisés ou Arão, "senão vara de Deus"? — Esta vara de Deus era a Mãe do mesmo Deus, a Virgem, Senhora nossa, como o mesmo Deus depois declarou por boca de Salomão, dizendo: "À minha cavalaria nos carros de Faraó eu te assemelhei, amiga minha" (Ct 1,8). — Assim entendem literalmente este texto Ruperto, S. Boaventura, S. Pedro Damião, S. Efrém e outros Pais. Pois, se aquela oração, não só era de Moisés, senão assistida e patrocinada da poderosíssima proteção e amparo da Virgem Maria, como não bastou tudo isto para que suprisse a falta das mãos de Moisés quando afrouxavam ou descaíam? Oh! grande desengano e exemplo para os que rezam o Rosário sem mãos! Rezam sem mãos, e toda a sua confiança põem em que o mesmo Rosário é da Mãe de Deus, que tudo pode, e enganam-se muito enganados. Se as mãos de Moisés não acompanham a sua oração levantadas, mas a desamparam caídas, por mais que tenha consigo a vara de Deus, nem Deus ouvirá a oração de Moisés, nem a vara dará vitória a Josué, mas vencerá e prevalecerá Amalec: "Se as abaixava um pouco, vencia Amalec" (Ex 17,11).

E que mãos levantadas são estas, de que tanto depende a oração? Santo Agostinho o disse em três lugares; basta que refiramos um. "Pelas mãos devemos entender as obras. E quem levanta bem as mãos? Aquele que cumpre o que diz o Apóstolo: os que levantam mãos puras." Assim como no coração dissemos que se entendem os afetos, assim nas mãos — diz o santo — se entendem as obras. E que obras? Aquelas das quais diz o apóstolo S. Paulo que, quando oramos a Deus, levantemos as mãos puras. — Suposto que Santo Agostinho se refere e nos remete a S. Paulo, fui buscar o texto, que é da primeira Epístola a Timóteo, e confesso que, quando o li, fiquei tremendo. Oh! quantos são os que rezam o Rosário e quão poucos os que oram a Deus como devem! Exorta ali S. Paulo a todos, assim homens como mulheres — uns e outros nomeadamente — que façam instante oração a Deus com as mãos levantadas, advertindo, porém, e recomendando muito que sejam puras: "Os que levantam as mãos puras" (1Tm 2,8). — E para serem puras as mãos dos que oram, que será necessário? Não declara o Apóstolo o que é necessário para serem puras, mas declara muito expressamente o que basta para o não serem. Isto é o que me fez tremer e deve confundir a todos os que porventura têm em mui diferente conta as suas contas. Vai o texto: "Quero portanto" — diz São Paulo e eu vou construindo as suas palavras uma por uma ao pé da letra — "que os homens orem em todo lugar, levantando as mãos puras sem ira, nem contendas. Do mesmo modo também as mulheres orem vestidas com honestidade e sobriedade e não usem de cabelos torcidos com artifício, nem de ouro, nem de joias, nem de vestes preciosas, como é descente a mulheres que prometem piedade e boas obras" (1Tm 2,8ss). Pois isto é, Apóstolo sagrado, cuja pena quando escrevia era movida e governada pelo Espírito Santo, isto é o que basta para as mãos que acompanham a oração não serem puras? Isto, e não diz mais. Eu cuidava que, falando S. Paulo dos homens, trouxesse aqui os homicídios, os roubos, os adultérios e os outros pecados da primeira plana, e só fala na ira, nas contendas e emulações que pode haver sobre os lugares. E estes só defeitos, posto que tão ordinários, e que no conceito comum do mundo ofendem levemente a humildade e caridade, estes diz que bastam para impedir os efeitos da oração e para que sejam impuras, nos olhos de Deus, as mãos que levantamos ao céu quando assim oramos. Também cuidava que, falando nas mulheres, trouxesse outros desmanchos de maior escândalo, e mais alheios da sujeição e recolhimento daquele estado, e só fala nas galas, no ouro, nas joias e nos enfeites da cabeça. E posto que estes cuidados, como o mesmo apóstolo diz, não prometam muito siso nem muita piedade, e o uso lhes tem concedido tais privilégios que mais escrúpulos causam à inveja que à consciência, contudo torna a insistir S. Paulo, com a mesma asseveração, que as mãos que nestas vaidades se ocupam verdadeiramente são impuras, e que as orações que pretendem subir ao céu oferecidas por tais mãos de nenhum modo chegam lá, nem as admite Deus. Vejam agora cada um e cada uma das que rezam o Rosário se são mais puras e inocentes as mãos por onde o passam todos os dias.

E se estas impurezas de mãos, que parecem veniais, tanto ofendem a Deus e o desagradam, que serão as de outro peso tão diferente, que S. Paulo não nomeou nem elas têm nome! Ouçamos aos dois profetas maiores, Davi e Isaías, que, com vozes ao parecer encontradas, maravilhosamente apertam este ponto e apuram esta impureza. Davi o que desejava e pedia para a sua oração é que ela subisse ao conspecto divino como incenso: "Senhor, suba a minha oração como incenso na tua presença" (Sl 140,2). — Pelo contrário, Isaías, em nome do mesmo Deus, protestava que o incenso para ele era abominação: "O incenso é para mim abominação" (Is 1,13). — Pois, se Davi, para que a sua oração fosse agradável a Deus, desejava que subisse como incenso, como diz Isaías que o incenso que se oferecia a Deus lhe era abominável? Ainda creio que não percebeis perfeitamente a energia e força de um e outro dito, porque poucos estareis bem informados de qual era o incenso de que ambos falam. Aquele incenso não era o que entre nós tem o mesmo nome, e na língua latina se chama *thus*, mas era uma confecção preciosíssima de todas as espécies aromáticas mais esquisitas, a qual ardia e se exalava em suavíssimos vapores diante de Deus, e no altar chamado das timiamas se queimava e oferecia por mãos dos sacerdotes. Pois, se esta timiama — a qual também tinha sido instituída por Deus, com cláusula de que no seu templo fosse rito sempiterno — se era, digo, de tanto preço, de tanta suavidade e fragrância, e tão aceita e agradável à divina Majestade que não desejava Davi outra maior aceitação para suas orações, porque o detestava Deus e abominava com tal extremo, que não só lhe chama abominável, senão a mesma abominação: "O incenso é para mim abominação" (Is 1,13)? — Não dissemos já que este incenso ou timiama era oferecido por mãos dos ministros do Templo? Pois esta era a causa de Deus o abominar tanto. Estes ministros, no tempo de Isaías, eram homens de muito má vida, avarentos, ambiciosos, soberbos, hipócritas, sacrílegos. E posto que as espécies aromáticas de que era composto o incenso fossem muito cheirosas em si, e de grande suavidade, contudo eram aborrecidas e abominadas de Deus porque lhe cheiravam às mãos dos que as ofereciam. Não basta que as timiamas, os incensos e as orações sejam por si mesmas muito gratas a Deus, se as mãos que as oferecem forem viciosas, infeccionadas e impuras: "Como nas coroas, não basta que as flores sejam puras, se as mãos que as tecerem não o forem igualmente" — diz S. João Crisóstomo. E isto é que acontece às orações do Rosário, posto que as suas rosas sejam do cheiro mais celestial e divino. As espécies de que se compõe a confecção do Rosário são aquelas que nomeia e de que se nomeia a mesma Senhora: "Difundi um perfume como o cinamomo e o bálsamo aromático, e como mirra escolhida exalei suave cheiro" (Ecl 24,20). — O cinamomo são os mistérios gozosos, a mirra os dolorosos, o bálsamo os gloriosos e, sendo esta timiama a mais preciosa e odorífera que pode inventar a sabedoria divina, se contudo for oferecida a Deus por mãos infeccionadas com vícios e pecados, de nenhum modo lhe será aceita e agradável, senão aborrecida e abominada, porque cheirará às mãos que a ofereceram.

E porque a metáfora do incenso ou timiama não faça dúvida, o mesmo Deus no mesmo lugar se declarou, como se falara conosco, pelo próprio e expresso nome de orações, e pelo próprio e expresso de mãos infeccionadas: "Quando levantardes as mãos a mim" — diz Deus — "eu voltarei o rosto e apartarei os olhos de vós; e quando me fizerdes as vossas orações, por mais que as multipliqueis, não vos hei de ouvir" (Is 1,15). — E por que causa, Senhor, ou por que, causas — que não podem deixar de ser muitas e grandes — um rigor tão extraordinário e tão alheio de vossa piedade infinita? "Porque as vossas mãos estão cheias de sangue" (Is 1,15). — Acaba de dizer que não há de ouvir suas orações, e não põe o defeito nas orações, senão nas mãos. Não porque as vossas orações não sejam boas, pias e santas, mas porque as vossas mãos estão contaminadas de suas próprias obras e cheias de sangue. Vejam agora lá muitos dos que trazem o Rosário nas mãos, e os mais poderosos — se é que o rezam — e olhando para as suas mãos, examinem bem se pode Deus formar contra elas um semelhante libelo: "Porque as vossas mãos estão cheias de sangue". — E de que sangue? Do sangue da vingança pública ou secreta; do sangue que derramou a espada ou a pena; do sangue que ainda vive dentro das veias, e já está destinado a correr delas; do sangue dos pobres, do sangue dos inocentes, do sangue dos que não têm quem os defenda; do sangue de tantos mártires quantos a vossa potência, quantos a vossa soberba, quantos a vossa cobiça, quantos a vossa crueldade, quantos a vossa pouca fé, em comum e em particular, tem tiranizado e tiraniza. E cuidais que o Rosário, ou rezado ou trazido em tais mãos vos pode salvar? Enganais-vos que por isso fala Deus de tais orações, quais são no uso e modo de se rezarem as do Rosário somente, e nenhumas outras. Notai as palavras: "Quando multiplicardes a oração". Nem a Igreja antiga multiplicava, nem na Igreja presente se multiplica a mesma oração, porque se não repete muitas vezes a mesma, mas sempre se varia. Os salmos antigamente todos eram diversos, e as orações hoje também são diversas, e só no Rosário se multiplica a mesma oração cento e cinquenta vezes: "Quando multiplicardes a oração". — Assim que, resumindo e atando os dois discursos que dividi, ambos se unem com maior força com o primeiro, e todos três nos têm provado que a Mãe de Deus nos ensina, com seu exemplo, que o seu Rosário não se há de rezar só com a boca, senão com o coração e com as mãos. Com o coração, assim como a mesma Senhora trouxe a Cristo nas suas entranhas: "Bem-aventurado o ventre que te trouxe" — e com as mãos, assim como o trouxe nas suas e a seus peitos: "E os peitos que te amamentaram".

§ VI

Só me podem dizer — e acabo com satisfazer a esta dúvida — só me podem dizer os interessados ou empenhados na devoção do Rosário, que parece rigorosa e dura condição esta para os que houverem de rezar como devem. Para ir ao céu não nos pede Deus mais que a pureza do coração e das mãos. Assim o mandou apregoar o mesmo Deus, e fixar este seu decreto universal em todas as quatro partes do mundo: "Do Senhor é a terra, e a sua plenitude; a redondez da terra, e todos os seus habitantes" (Sl 23,1). — Este é o princípio e a prefação do decreto. Logo pergunta quem são aqueles que da terra hão de subir ao céu, e permanecer lá eternamente: "Quem subirá ao monte do Senhor, ou quem estará no seu santo lugar?" (Ibid. 3). — E responde o mesmo Deus, sem exceção de pessoa nem estado, que só hão de subir ao céu aqueles "que tiverem o coração limpo e as mãos inocentes" (Sl 23,4).
— Logo, segundo o que temos dito, tanto se requer para rezar bem o Rosário como para ir ao céu? Primeiramente, não é muito que se requeira tanto para subir pela escada como para entrar pela porta, antes o entrar é o fácil e o subir o dificultoso; e por isso diz o decreto: "Quem subirá?". — Mas disto mesmo se colhe qual é a dignidade do Rosário. Para receber o Santíssimo Sacramento, que se requer? Estar em graça. E para ir ao céu, requer-se mais alguma coisa? Nenhuma. Grande é logo a dignidade daquele altíssimo Sacramento, que tanto se requer para o receber como para ir ao céu. E isto mesmo é o que devem inferir os devotos do Rosário, quando lhes pregamos que, para o rezarem como convém, é necessária a pureza do coração e a inocência das mãos. Não é condição dura, senão sublime; não é dura, senão admirável; não é dura, senão celestial e divina. E tanto mais divina quanto comparada. Pureza de coração e inocência de mãos para subir ao céu; pureza de coração e inocência de mãos para receber o Santíssimo Sacramento; pureza de coração e inocência de mãos para rezar como convém o Rosário: "Os que tiverem o coração limpo e as mãos inocentes".

Seja esta a primeira resposta em louvor grande do Rosário, mas a segunda, em igual confusão dos que sem esta disposição o rezam, é que o seu rezar não é rezar, nem o seu Rosário, Rosário, senão um dolo, um engano, e uma mera e expressa contradição de tudo quanto dizem a Deus ou imaginam que dizem. "Ouvi, Senhor, a minha justiça, atendei às petições que vos faço, percebei a minha oração, porque a minha boca não vos fala com engano" (Sl 16,1). — Estas palavras são de Davi, nas quais supõe que há orações justas e orações injustas; orações que ouve Deus e orações que não ouve; orações a que atende e orações a que não atende; orações que percebe e orações que não percebe. E para que Deus ouça e atenda e perceba a sua oração como justa, o que alega e representa é que, ainda que ora com a boca, "não fala com dolo nem com engano". — Pois, a Deus, que tudo vê, que tudo sabe, que nada se lhe pode encobrir nem dissimular, alega Davi que a oração da sua boca não tem dolo nem engano? Sim, porque muitas orações que saem da boca, se são só da boca, vão cheias de dolos e de enganos, com que queremos ou cuidamos que enganamos a Deus, e tão encontrada com o que oramos e pedimos que o mesmo Deus as não perceba. Tal é o Rosário rezado só com a boca sem coração e sem mãos, sem afetos e sem obras. E se não, vede-o.

No Pai-nosso nomeamos a Deus como Pai: "Pai nosso, que estais nos céus"; na Ave-maria nomeamo-lo como Senhor: "Ave cheia de graça, o Senhor está convosco" — e se a estes nomes de Pai e Senhor não responde o coração e as mãos, o coração amando-o como Pai e as mãos servindo-o como Senhor, tudo é dolo e engano. Ouvi a Deus pelo profeta Malaquias: "O filho honra ao pai e o servo ao senhor; e se eu sou pai", diz Deus, "onde está o meu amor? Se eu sou senhor, onde está o meu temor?" (Ml 1,6). — Logo, se eu sou pai e não me amais, e eu sou senhor e não me servis, dolo e engano é o chamar-me pai, dolo e engano é o chamar-me senhor: "não fala com dolo nem com engano". — E se no Rosário rezado só da boca se acham estes dolos, não considerando os nomes com que nele invocamos a Deus, que será discorrendo pelas palavras verdadeiramente dolosas com que afetamos desejar sua glória, e muito mais naquelas com que lhe pedimos que nos dê o que não aceitamos nem queremos. Não é dolo dizer: "Santificado seja o vosso nome" (Mt 6,9) — quando tantos tomam seu santo nome na boca te-

merária e perjura, e muitos o blasfemam impiamente? Não é dolo dizer: "Venha a nós o vosso reino" (Ibid. 10) — quando tantos se alistam e servem debaixo das bandeiras do demônio, e acrescentam vassalos e escravos ao reino das trevas? Não é dolo dizer: "Seja feita a vossa vontade, assim na terra como no céu" (Ibid. 10) — quando tantos, e quase todos, não tratam mais que de fazer a própria vontade na terra, e por um momento de gosto falso e torpe, se condenam a perder o céu por toda a eternidade? Desta maneira, como se pudéramos enganar a Deus, fingimos com a boca desejar sua glória e honra, quando não só a não desejamos nem procuramos, mas, como se não fora do Deus que nos criou e remiu, a desprezamos, e por tantos e tão insolentes modos lhe antepomos a nossa. E que Direi do que pedimos para nós, em que os dolos e enganos são ainda mais palpáveis e manifestos? Pede a necessidade o pão nosso de cada dia; e que fé há tão comedida que se fie da Providência quotidiana de Deus, e não deseje e ajunte pão para mais dias e anos do que há de viver; ou que cobiça tão moderada, que o pão que chama nosso o não misture e amasse com o alheio? Pede o vingativo a Deus que lhe perdoe assim como ele perdoa, e se Deus o fizer assim, lhe tirará logo a vida e o meterá no inferno, onde ele meteria, se pudesse, os que tem por inimigos, e os persegue e abate, e mete debaixo dos pés em tudo quanto pode. Pede o desonesto que Deus o não deixe cair em tentação, e ele é o tentador que busca, solicita e compra as tentações, não duvidando perder por elas a saúde, arriscar a vida e dar de contado a graça, que vale mais que a mesma glória. Finalmente, pede a Deus que o livre daquele mal que só é mal, e todo o mal, porque nos priva do sumo bem; e ele está tão fora de se querer livrar, que estima mais o cativeiro que a liberdade, e por se deixar estar cativo e escravo do pecado, renuncia o resgate que o mesmo Deus ofendido lhe oferece, sendo o preço infinito de seu sangue. Este é o modo com que rezam o Rosário os que rezam sem pureza de coração nem inocência de mãos, e somente com a boca cheia de dolos e enganos: "não fala com dolo nem com engano" — e por isso mais dignos de ser aborrecidos, abominados e castigados por Deus, que de ser ouvidos.

Seja, logo, a conclusão de tudo para os que se acham neste estado o conselho e inspiração do Espírito Santo por boca de Jeremias: "Esquadrinhemos e investiguemos os nossos caminhos e voltemos ao Senhor" (Lm 3,40). — Examinemos nossas consciências, busquemos a Deus e convertamo-nos a ele; supra a contrição o que até agora tem faltado à vida; e com esta resolução digna de toda a alma cristã e que tem fé, que se conseguirá neste mesmo instante? Conseguir-se-á, acrescenta o profeta, que por este modo não só serão as nossas orações de boca, senão de coração e de mãos: "Levantemos ao Senhor os nossos corações com as mãos" (Ibid. 41). — E os que por mercê de Deus se acharem com esta mesma disposição, continuem e perseverem nela porque, como bem diz S. Gregório Nazianzeno, em nenhuma ocupação se podem empregar nossos corações e nossas mãos, nem melhor, nem mais útil, nem mais necessária que em acompanhar as preces e orações com que recomendamos nossas almas a Deus, e lhe pedimos sua graça:

"Não há melhor ocupação das mãos do que levantar para o céu e acompanhar as preces castas com todo o coração"[7].

Mas o principal motivo de todos seja conformarem-se os devotos do Rosário com o exemplo da soberana instituidora dele, assim com o coração como com as mãos: com o coração, imitando a mesma Senhora, enquanto trouxe ao Filho de Deus em suas entranhas: Bem-aventurado o ventre que te trouxe — e com as mãos, enquanto o teve nas suas e a seus peitos: "E os peitos que te amamentaram".

SERMÃO

XI

Com o Santíssimo Sacramento exposto.

~

"Uma mulher, levantando a voz do meio do povo, lhe disse:
'Bem-aventurado o ventre que te trouxe
e os peitos que te amamentaram.'"
(Lc 11,27)

Os tempos não eram de ecumenismo, muito pelo contrário. Vieira, considerando o Rosário como a mais universal protestação de fé, uma herança de São Domingos, propõe que todos os mistérios e orações do Rosário, juntos, não só refutam as heresias da Judeia, senão as de todo o mundo; nem só as daquele tempo, senão as do futuro e as do passado. É um sermão duro para os nossos ouvidos, muito próprio dos anos de Vieira. Revela-se a sua fidelidade à fé católica e, por outro lado, manifesta uma dimensão menos acolhedora dos novos e antigos movimentos eclesiais, em discordância com a abertura manifestada a outros movimentos e situações de seu tempo. E assim percorre o Rosário: os mistérios gozosos, dolorosos e gloriosos; o Pai-nosso e a Ave-maria; e o uso da cruz e das imagens, recordando como aí está contido o patrimônio de fé católica e como a oração do Rosário, consequentemente, é um antídoto quase mágico contra as heresias em suas múltiplas denominações de A a Z. Por aí passam: Ario, Calvino, os Cátaros, Epicuro, os Hussitas, Joviniano, Juliano, Lutero, os Maniqueus, Melancton, Nestório, Pelágio, Valentino, Zuínglio.
Concluindo: Por que prometeu Cristo o paraíso ao ladrão? Porque, quando todos O negavam, ele O confessou à vista de todos. Façamos o mesmo com o Rosário, na boca, no coração e nas mãos.

§ I

Não é coisa nova no mundo, posto que lastimosa, que homens letrados e religiosos degenerassem em hereges. Tais foram antigamente Pelágio, e modernamente Lutero: um e outro letrados de fama, um e outro religiosos de profissão, e ambos heresiarcas impiíssimos. E se das escolas e claustros da Igreja Católica saem monstros tão horrendos, não é maravilha que na Sinagoga judaica, e na história do presente Evangelho os vejamos semelhantes. Os escribas eram os letrados da lei, os fariseus eram os religiosos daquele tempo, e uns e outros se declararam tão blasfememente heréticos no milagre do demônio mudo, que em uma só proposição negaram a Cristo a divindade, enquanto Deus, e a santidade, enquanto homem. Disseram e ensinaram publicamente aos que se admiravam do milagre, que era falso e aparente, e que Cristo lançava os demônios dos corpos com poder do príncipe dos demônios: "Ele expele os demônios em virtude de Belzebu, príncipe dos demônios" (Ibid. 15). — Em dizerem que obrava com poder alheio, negavam-lhe a onipotência; e em julgarem que esse poder era recebido do demônio, negavam-lhe a santidade: e a quem? Àquele mesmo Senhor, a quem os mesmos demônios confessavam por Deus e por santo: "Bem sei que és o Santo de Deus" (Mc 1,24). — Convictos, porém, neste famoso ato da fé, e saindo escribas e fariseus todos com mordaças na boca, emudecidos pelas razões com que Cristo, juntamente mestre e juiz, lhes confutou e condenou as blasfêmias, levantou a voz uma mulher aclamando a vitória da fé, e dando todo o louvor à mãe de tão glorioso Filho: "Bem-aventurado o ventre que te trouxe e os peitos que te amamentaram".

Para expositor e intérprete deste insigne texto e seus mistérios, elegeu a Igreja, entre todos os doutores sagrados ao Venerável Beda, o qual diz duas coisas notáveis. A primeira, que esta mulher do Evangelho foi figura da Igreja Católica, que nela se representava: "Esta mulher foi figura da Igreja". — E a experiência tem mostrado a verdade e propriedade desta exposição, pois tomando a Igreja da boca da mesma mulher estas mesmas palavras, não só as autoriza como suas, mas as repete, canta e celebra como divinas, em todas as solenidades da Virgem, Senhora nossa, e com particular eleição as aplica ao dia do seu Rosário. A segunda coisa, e mais notável ainda, que diz o mesmo Beda, é que nas mesmas palavras, nas quais se contêm os primeiros mistérios do Rosário somente — como são os da infância de Cristo: "Ventre que te trouxe, e os peitos que te amamentaram" — não só estão refutadas e convencidas as heresias e blasfêmias dos escribas e fariseus — que eram os hereges presentes — senão também, e com a mesma evidência, as de todos os hereges futuros: "Ela conhece a encarnação do Senhor com tanta sinceridade e a confessa com tanta confiança aos escribas e fariseus que tentam o Senhor e o blasfemam de modo que confunda a calúnia dos presentes e a perfídia dos hereges futuros".

Isto suposto, que é tudo o que até agora nos tem ensinado a Igreja, eu, insistindo na verdade católica da mesma doutrina, e não me apartando um ponto da autoridade dela — que é na terra a do céu — o que determino dizer hoje é muito mais. Se a verdade do mistério da Encarnação, que é um só dos quinze do Rosário, bastou para refutar os hereges de Judeia, e os que depois deles impugnaram o mesmo mistério, o que acrescento e digo de novo é que todos os mistérios e orações de que se compõe o Rosário, juntos, não só refutam e convencem as heresias de Judeia, senão as de todo o mundo; nem só as dos escribas e fariseus, senão as de todos os heresiarcas e seus sequazes; nem só as daquele tempo e do futuro, senão as do futuro, as do presente e as do passado. De sorte que, examinadas, não em comum somente, senão também em particular, todas as heresias, todas as blasfêmias, todos os erros de todas as seitas, de todas as idades, de todas as terras, de todas as nações e de todos os infiéis do mundo, todas no Rosário estão detestadas, todas no Rosário condenadas, todas no Rosário confundidas e todas no Rosário anatematizadas.

Isto é o que hei de pregar hoje. E agora, Senhor, me dou eu o parabém de que vossa infinita Majestade, patente nesse trono visível, se dignasse de divinizar com sua real presença a solenidade deste grande dia; e agora reconheço a justa razão e correspondência com que o mistério por antonomásia da fé desce do céu a honrar os do Rosário. Não podia faltar a maior e melhor parte a este todo, de que o diviníssimo Sacramento também é parte. Nesse diviníssimo Sacramento adora a nossa fé o maior mistério dela; no Rosário reconhece e confessa todos. Nesse diviníssimo Sacramento condena a quantos hereges o negam; no Rosário a nenhum perdoa, nem ainda aos que se não atreveram a negar. No Sacramento detestamos uma heresia nova: no Rosário as novas e as antigas. No Sacramento, enfim, uma heresia, e no Rosário todas as heresias. Sendo, pois o Rosário a maior e mais universal protestação da fé, e o mistério da fé a fonte de toda a graça, não nos poderá faltar com a graça a mesma Senhora, de quem a mesma fonte teve seu nascimento. *Ave Maria*.

§ II

Uma das mais notáveis prerrogativas, ou a mais notável e a maior que a Igreja Católica reconhece e celebra na Virgem Santíssima, Senhora nossa, e de que lhe dá o parabém, é aquela famosa antífona: Quer dizer: "Alegrai-vos, Virgem Maria, porque vós só degolastes em todo o mundo todas as heresias". — O louvor que encerram estas palavras não pode ser maior, mas a dificuldade delas também é grande. Primeiramente, S. Pedro pelejou contra Simão Mago, que foi o primeiro heresiarca da Igreja, e o derrubou das nuvens e, com os pés quebrados, o prostrou aos seus nos olhos de toda Roma. S. João Evangelista pelejou contra Ébion e Cerinto, contra os quais principalmente escreveu o Evangelho. S. Paulo, não só a um ou a poucos hereges, mas a todos os de seu tempo confundiu, aniquilou e fez em cinza, com tantos raios quantas foram as suas epístolas. Depois dos apóstolos, estas foram as batalhas e as vitórias dos fortíssimos antagonistas de todos os heresiarcas, os Inácios, os Policarpos, os Irineus, os Justinos, os Lactâncios, os Epifânios, os Atanásios, os Jerônimos, os Agostinhos. Como diz logo e canta a Igreja que a que degolou as heresias foi a Virgem, Senhora nossa, e "ela só"? Mais. Estas heresias não foram todas nem de todo o mundo, porque todas nasceram na Grécia e na Itália, donde se estenderam por algumas províncias da África e da Europa, e ainda não tinham saído do inferno os Erasmos, os Luteros, os Calvinos e tantos outros monstros, em cujas heresias está ardendo hoje a França, a Holanda, a Inglaterra, a Alemanha, a Dinamarca e a Suécia, e todo o Setentrião enregelado e duro. Pois, se ainda vivem, crescem e nascem no mundo tantas heresias, como as degolou a Virgem Maria e as matou todas: "Degolastes em todo o mundo todas as heresias"?

Trataram esta questão dois famosos autores do nosso século: entre os teólogos, Soares[1], e, entre os escriturários, A Lápide. E que é o que dizem? O Padre Soares responde que degolou a Senhora todas as heresias, porque foi Mãe de Cristo, que é a luz que alumia a todos os homens, e porque depois de Cristo foi mestra da fé e dos apóstolos e porque é singular protetora de todos os que a defendem. Mas esta resposta, posto que verdadeira sólida no que diz, bem se vê que não satisfaz inteiramente à dificuldade proposta, nem enche os vazios de tamanha prerrogativa. O Padre A Lápide mais a confirma com a Escritura do que dá a razão dela. Diz que aqui se cumpriu a sentença fulminada por Deus contra a serpente, de que uma mulher lhe quebraria a cabeça, e que esta mulher é a Virgem Maria, a serpente o demônio, e a cabeça da serpente todas as heresias: "A bem-aventurada Maria esmagou a serpente, porque foi sempre cheia de graça e gloriosa vencedora do diabo e esmagou todas as heresias — que são cabeças da serpente — em todo o mundo, como canta a Igreja"[2].

Que na cabeça da serpente se entendam todas as heresias, bem dito está, porque todas saíram daquela astuta, inimiga e venenosa cabeça. Assim o afirmam Santo Agostinho, S. João Crisóstomo, Santo Atanásio, e primeiro que todos Santo Irineu[3], o qual acrescenta que todos os heresiarcas tiveram demônios familiares, que eram os seus mestres, e lhes ensinavam os erros que haviam de semear. E esta verdade é tão certa, que os mesmos heresiarcas e os mesmos demônios a confessam. Lutero, o maior heresiarca do século passado, em o livro que intitulou *De Massa Angulari*, confessa ou se gaba de que "ele e o demônio eram tão amigos e tão familiares na conversação e na mesa, que tinham comido juntos mais de meio alqueire de sal"[4].

— E dos demônios refere Cassiano, na colação sétima, que em sua presença e na de outros religiosos confessara pública e declaradamente um demônio que a heresia de Árrio e de Eunômio ele lha inspirara: "Ouvimos claramente a confissão de que ele inspirara a heresia de Arrio e de Eunômio"[5].

Finalmente, sem sair do caso em que estamos, dele consta quem foi o primeiro heresiarca, e quais os primeiros hereges. O primeiro heresiarca foi o demônio, os primeiros hereges foram Adão e Eva. O demônio foi o primeiro heresiarca, porque tendo Deus dito a Adão e Eva que no dia em que comessem do fruto vedado morreriam: "Em qualquer dia que comeres dele, morrerás" (Gn 2,17) — contra esta proposição, que por ser de Deus era de fé, o demônio pronunciou e ensinou a contraditória, em que consiste a heresia, dizendo que de nenhum modo morreriam: "Bem podeis estar seguros que não morrereis" (Gn 3,4). — E Adão e Eva foram os primeiros hereges, porque ambos não só duvidaram da palavra divina — o que bastava — mas ambos creram mais ao demônio que a Deus, ambos perderam a fé como prova Santo Agostinho, e ambos foram réus e cúmplices no primeiro crime de heresia[6]. E como a sentença fulminada contra a serpente assentava sobre estas culpas, e tanto em castigo da presente heresia — de que fora primeiro dogmatista — como em presságio de todas as futuras, que na sua cabeça se haviam de maquinar e dela haviam de sair, bem se segue que a mulher que lhe havia de quebrar a mesma cabeça era a que havia de destruir todas as heresias. Mas ainda que esta exposição do texto declara o verdadeiro sentido da profecia, não concorda, porém, com o cumprimento dela, nem com o que canta a Igreja, porque a profecia diz "esmagará", e a Igreja diz "degolaste": a profecia fala do futuro, e que se havia de cumprir, e a Igreja fala do passado, e que de presente já está cumprido. E se já está cumprido que a Virgem

Maria, "e só ela, degolou todas as heresias do mundo" — como se verifica esta verdade tão decantada da Igreja, e quando ou de que modo obrou a Virgem, Senhora nossa, esta tão universal e tão prodigiosa façanha?

Respondo que assim é como o afirma a Igreja Católica, cuja verdade não pode faltar, e que o modo ou instrumento com que a Virgem Maria degolou todas as heresias foi o Rosário. E porque o Rosário é somente seu, ela só foi a que as degolou quando o instituiu: "E só ela, degolou todas as heresias do mundo". — Quando a Senhora instituiu o seu Rosário, e o seu primeiro pregador, o patriarca S. Domingos, o começou a publicar pelo mundo, referindo o papa Gregório os efeitos maravilhosos da sua pregação, diz na bula da canonização do mesmo santo estas grandes e ponderosas palavras: "Domingos, ferindo as delícias da carne, e as mentes petrificadas dos ímpios, fez tremer toda seita dos hereges"[7] — como se a pregação de Domingos fosse um arco que despedisse setas contra os corações de carne, e como se a sua voz fosse um trovão do céu que fulminasse raios contra os entendimentos de pedra, "assim fez tremer as seitas de todos os hereges". — Mas, se as seitas dos hereges tremeram, também a Igreja ocidental tinha tremido, diz o Beato Alano de Rupe, vendo a força e progressos com que as mesmas heresias se iam estendendo e abrasando a Europa: "Então a Igreja do Ocidente tremeu ainda sem a experiência de tais males". — Não houve meio de que a Igreja não intentasse para apagar ou atalhar este incêndio; porém, todos debalde: "Não faltavam as armas, a doutrina, faltava a oração". Não faltava a doutrina sã dos teólogos, não faltavam também as armas dos príncipes católicos, mas faltava a oração. — Trouxe-a, finalmente, do céu a Rainha dos anjos, ensinando a do seu Rosário e tanto que o Rosário, se introduziu no mundo, cresceu a oração e desfaleceu a heresia: "Quando se fez uso da pregação e da oração do Rosário, cresceu a oração e decresceu a heresia"[8].

Só na Lombardia converteu S. Domingos, por meio do Rosário, mais de cem mil hereges albigenses. Mas, que têm que ver torna agora a mesma dúvida, não já absolutamente, senão sobre o Rosário — que têm que ver os albigenses com todos os hereges? E que proporção tem a Lombardia com todo o mundo? De que modo, logo, se pode ou há de entender que por meio do Rosário degolou e matou a Virgem, Senhora nossa, todas as heresias do mundo? Digo que o Rosário própria e verdadeiramente mata todas as heresias, pelo modo próprio e verdadeiro com que a heresia mata a fé, e a fé mata a heresia. De que modo se matam entre si a heresia e a fé? A fé e a heresia são atos do entendimento, com que cremos ou negamos o mistério e verdade que se nos propõe; e nesta contrariedade ou guerra dos entendimentos é que a fé pode matar a heresia, ou a heresia pode matar a fé. Se a heresia nega o que crê e confessa a fé, mata a heresia a fé; se a fé crê e confessa o que nega a heresia, mata a fé a heresia; e deste modo, por meio do seu Rosário, matou a Virgem, Senhora nossa, todas as heresias, porque tudo o que todas as heresias do mundo negam é o que se crê e confessa no Rosário. De sorte que, para o Rosário matar todas as heresias, não é necessário que converta e convença os hereges, e mate as heresias neles, mas basta que as deteste e as mate em si mesmo.

Excelente e admirável prova e, quanto se podia desejar, adequada. Antes de Cristo vir ao mundo, havia entre os judeus e os gentios a mesma oposição e contrariedade que hoje há entre os católicos e hereges; e porque

Cristo, Senhor nosso — por isso chamado Príncipe da Paz — quis por meio da sua fé acabar esta guerra, e fazer de ambos os povos, judaico e gentílico, um só povo: "Que de dois fez um" (Ef 2,14) — o mesmo S. Paulo, de quem são estas palavras, diz que Cristo matou aquelas inimizades em si mesmo: "Matando as inimizades em si mesmo, para formar os dois em um, e para reconciliá-los a ambos" (Ibid. 15s). — Mas quando fez Cristo esta união e esta reconciliação dos dois povos inimigos, e quando matou estas inimizades? Matou-as nos últimos anos de sua vida quando instituiu a lei nova, na qual não há distinção de judeu e gentio: "Não há distinção de judeu e de grego" (Rm 10,12). — Agora entra a grande dúvida. Pois se Cristo há mil e seiscentos anos que matou as inimizades que havia entre os judeus e gentios, como perseveram ainda inimigos entre si, e por mais que os gentios convertidos querem converter também os judeus, eles, contudo, perseveram obstinadamente na mesma inimizade? Porque Cristo não matou as inimizades neles; "matou-as em si mesmo". — O mesmo fez a Virgem, Senhora nossa, por meio do seu Rosário. Ainda que muitos hereges em todas as partes do mundo se conservam obstinadamente hereges, a Virgem Maria por meio do seu Rosário "matou todas as heresias em todo o mundo", porque o Rosário, ainda que não mate as heresias nos hereges que se não querem converter, mata-as todas em si mesmo, porque em si mesmo detesta as heresias e os erros de todos.

§ III

*D*ai-me agora particular atenção, e assim na parte mental do Rosário, que são os quinze mistérios, como na parte vocal, que são as duas orações de que se compõe, vede como nele detestamos todas as heresias do mundo.

Primeiramente, no número e fundamento dos quinze mistérios, é muito digno de reparo que os primeiros treze sejam todos tirados do Evangelho, e os dois últimos mistérios, que são os da Assunção da Virgem, Senhora nossa, e os de sua Coroação no trono da glória, não constam dos Evangelhos nem de outra Escritura sagrada, senão somente por tradição dos apóstolos e da Igreja. Pois, se todos quinze se puderam inteirar de outros mistérios que referem os evangelistas, por que mete junta e igualmente com eles o Rosário os que só cremos por tradição apostólica e eclesiástica? Porque assim era necessário para a inteira e completa protestação da fé e detestação das heresias. Os hereges modernos negam a fé das tradições, e dizem que só se há de crer o que se lê nas Escrituras sagradas: "Não se deve ouvir e ensinar outra doutrina na Igreja senão a pura palavra de Deus, isto é, a Sagrada Escritura" — diz Lutero, tão inchado como ignorante[9]. — Vem cá, herege sobre apóstata: na lei da natureza houve fé? Sim. E houve alguma Escritura? Nenhuma. Na lei escrita houve muitas escrituras? Muitas. E criam-se também as tradições? Também, que a mesma lei o mandava assim. Na lei da graça houve sempre fé desde seu princípio? Sempre. E houve sempre Escrituras? Não, porque o Evangelho de S. Mateus, que foi o primeiro, foi escrito oito anos depois da Ascensão de Cristo, e o de S. João, que foi o último, sessenta e seis anos depois. Pois, se as tradições em todas as leis tiveram autoridade de fé, como és tu tão sem fé e sem lei que as negas? E se queres ler isto mesmo nas Escrituras sagradas, lê a S. Paulo, onde diz: "Eu recebi do Senhor o que também vos ensinei" (1Cor 11,23); e outra vez, onde diz: "Eu vos louvo, pois, porque guardais as minhas instruções como eu vos ensinei" (Ibid. 2); e terceira vez, onde expressamente declara uma e outra coisa. "Conservai as tradições que aprendestes, ou de palavra, ou por carta nossa" (2Ts 2,14). E como as verdades que cremos tanta autoridade têm pela Escritura como pela tradição, por isso os mistérios do Rosário se compuseram de umas e outras, condenando nesta católica composição a ímpia doutrina de Lutero e dos seus quatro evangelistas, tão falsos como ele, Calvino, Brêncio, Kemnício e Hamelmano[10].

Vindo à série dos mistérios, no primeiro, que é o da Encarnação, confessa o Rosário, com a fé católica, que o Filho de Deus encarnou e tomou a nossa carne por verdadeira e real união da subsistência do Verbo à humanidade, ficando Cristo verdadeiro Deus e verdadeiro homem com duas naturezas, não confusas, senão distintas: uma inteiramente divina e outra perfeitamente humana, e não em duas, senão em uma só pessoa. E com a fé e protestação deste mistério degola o Rosário cinco famosas heresias. A primeira, de Valentino, de Cedron, de Proclo e de todos os maniqueus e priscilianistas, os quais diziam que Cristo não era verdadeiro homem como nós, senão fantástico e aparente, e não nascido na terra, senão descido do Céu[11]. A segunda, de Cerinto, de Ébion, de Carpocrates, de Teodoro, Artemon, Paulo Samosateno, Fotino, os quais concediam que Cristo era homem, mas negavam que fosse Deus; e este erro é também dos judeus e dos maometanos. A terceira, de Nestório, de Elipando, de Bonoso, e outros, os quais confessavam em Cristo as duas naturezas, divina e humana, mas não em uma só pessoa, senão em duas, e essas não unidas substancialmente entre si, mas acidentalmente e só por graça. A quarta, de Eutiques, Dióscoro, Filopono, os quais diziam que de tal maneira Deus se fizera homem, que a humanidade, por verdadeira transformação, se convertera na divindade, ficando o que fora homem, não já homem, senão Deus. A quinta, de Polêmio, a quem seguiram os jacobitas, e de Severo, a quem seguiram os acéfalos, os quais da natureza humana e da divina, faziam em Cristo uma terceira substância, assim como dos elementos simples se compõem os corpos mistos. Deixo os erros de Apolinar e de outros na mesma matéria, dos quais, por serem tantos, se convence também a sua mesma falsidade, porque para acertar há um só caminho e para errar muitos.

No segundo mistério, que foi o da Visitação da Senhora a Santa Isabel e santificação do Batista, temos antes de sua degolação a de duas grandes heresias antigas e modernas. A santificação do Batista caiu sobre o pecado original, no qual incorreram todos os filhos de Adão, como em primeiro pai e cabeça universal do gênero humano. Ele pecou, e nele todos, como expressamente diz S. Paulo; "No qual todos pecaram" (Rm 5,12). — E com ser este texto tão claro, Pelágio e Celéstio negaram obstinadamente haver pecado original. O mesmo erro continuaram Pedro Abailardo primeiro, depois os hereges albigenses, e quase em nossos dias o ressuscitaram Erasmo, Fabro, Zuínglio e outros monstros com nome de cristãos, não reparando, como notou Santo Agostinho contra Juliano, que quem nega o pecado original derroca o primeiro fundamento do cristianismo e quer tirar do mundo a Cristo[12]. Por isso o mesmo Cristo, que reservou o resto da sua doutrina e milagres para depois dos trinta anos, no mesmo instante em que foi concebido partiu logo a livrar do pecado original a um homem que ainda não era nascido.

E porque foi este homem, ou este menino, mais um filho de Isabel e Zacarias que outro? Para condenar com o mesmo ato e desfazer a segunda heresia.

Buccero, Calvino e Bolingero de tal modo admitem o pecado original que excetuam dele os filhos dos fiéis, e dizem que, ainda que morram sem batismo, se salvam porque pela fé de seus pais nascem santos[13]. E para Cristo convencer também, e condenar esta heresia, aquele menino que escolheu entre todos para livrar do pecado original, não só quis que fosse filho de pais fiéis, mas tão fiéis e tão santos ambos como Zacarias e Isabel. E estas são as duas heresias que de um golpe degola o Rosário no segundo mistério.

Contra o terceiro — que é o do nascimento de Cristo — se levantaram outras quatro[14]: uma pertencente ao Filho, e três à Mãe. Citiano, Terbinto, Manes e os hereges chamados sampseus, ussenos e helcesseus, não só negaram haver nascido o Filho de Deus da Virgem Maria, mas disseram que em Adão se vestira exteriormente da nossa carne, da qual logo se despira, e a vestia somente quando havia de falar aos patriarcas, e que nela aparecera depois quando veio ensinar e remir o mundo, dando cor a este seu fingimento com as palavras de S. Paulo: "E sendo reconhecido na condição como homem" (Fl 2,7). — Pode haver fábula mais quimérica e mais ridícula? Mas tão cegos e tão estólidos como isto são os hereges. Os que creem e confessam a Cristo como nascido de Maria Santíssima, escurecem e corrompem ametade desta verdade com três blasfêmias, de que estremecem os ouvidos católicos. Nós, Virgem e Mãe sempre puríssima, confessamos que fostes Virgem antes do parto, Virgem no parto, e Virgem depois do parto. E a primeira destas singulares prerrogativas negaram os ebionitas, e teodotianos; a segunda, Gualtero, Buccero, Molineu, e outros protestantes; a terceira, Helvídio, Auxêncio, Joviniano e os hereges antidicomarianistas, merecedores todos de que o fogo da sarça, cuja perpétua verdura se conservou inviolável entre as chamas, os abrasasse e consumisse[15]. Mas nós, Virgem das Virgens e Mãe admirável, já desde então na mesma sarça verde antes do fogo, no fogo verde, e verde depois do fogo reconhecemos os três estados maravilhosos de vossa virginal pureza, cantando todos com a Igreja: "Na sarça ardente, vista por Moisés, reconhecemos tua santa e inviolável virgindade"— e esta é a espada, não de dois, mas de três fios, com que o Rosário degola estas três heresias.

Esta mesma pureza da Mãe de Deus a isentou da lei da Purificação — que é o quarto mistério — como também e muito mais a seu Filho, por ser o supremo legislador e de nenhum modo sujeito a ela. Mas esta imunidade de ambos, excetuada claramente na mesma lei de Moisés, negaram depois todos os hereges que então havia em Judeia, fariseus, saduceus, desiteus, hemerobatistas, herodianos[16], cumprindo-se neles a profecia de Simeão pregada no mesmo dia e no mesmo templo: "Eis que este é posto para ruína e salvação de muitos em Israel e para sinal de contradição". — Foi Cristo para Israel a ruína dos que o negaram e a exaltação dos que o creram: "Para ruína e salvação de muitos em Israel". — E para todos os outros foi "um alvo de contradição"— porque todos os que erram na fé atiram contra ele as setas de suas heresias e, pelo contrário, todos os que a creem e professam, como nós no Rosário, contradizendo e refutando essas mesmas heresias, lhes quebramos as setas.

E para que isto se veja com maior clareza, sem sair do mesmo Templo passemos ao quinto mistério. Achou a Senhora a seu

Filho depois de perdido, assentado entre os doutores, admirados eles de tanta sabedoria em tão tenra idade e das respostas que dava a todas as questões que lhe propunham. E porque o evangelista diz que também ouvia e perguntava: "Ouvindo-os, e interrogando-os" (Lc 2,46) — como o ouvir é mais próprio de quem aprende e o perguntar de quem duvida ou ignora, daqui tomaram ocasião muitos hereges para crer e ensinar que em Cristo podia haver ignorância e erro. Assim o creram antigamente os gnósticos, os temistianos, os agnoítas[17], e assim o dogmatizaram em nossos tempos Lutero e Calvino, e o discípulo destes, e mestre de muitos outros, Beza. Tão longe esteve, porém, da baixeza de semelhante pensamento Apolinar que, sendo também herege, errou tanto por alto que, negando à alma de Cristo o entendimento humano, pôs em seu lugar o divino. Mas o que ensina a fé católica neste ponto é que assim como em Cristo há duas naturezas, assim tem dois entendimentos: um divino, outro humano. E a ciência deste entendimento humano foi tão perfeita e consumada, não depois dos doze anos, senão desde o instante de sua conceição, que tudo soube com evidência, nenhuma coisa ignorou, em nenhuma pôde errar. E isto é o que em todos os mistérios gozosos, desde o primeiro até o último, confessa e protesta o Rosário.

§ IV

Passando aos mistérios dolorosos, não só discreta mas verdadeiramente disse Tertuliano que a nossa fé sempre está crucificada entre duas heresias, como Cristo entre dois ladrões[18]. Porque uns a impugnam de uma parte, e outros da outra, não unidos na mesma sentença ou no mesmo erro, senão contrários entre si. Por isso Santo Ambrósio e Santo Agostinho[19] compararam os hereges às raposas de Sansão, as quais ele atou, não pelas cabeças, senão pelas costas, voltadas umas contra as outras: "E ajuntou-as umas às outras pelas caudas, e no meio atou uns fachos" (Jz 15,4). — Para queimarem a seara unidos, mas tirando cada um para sua parte, e essas contrárias.

O primeiro mistério doloroso, e da Paixão de Cristo, foi o do Horto: e que dizem os hereges? Uns dizem que não padeceu o Senhor as penas e aflições que referem os evangelistas; outros dizem que as padeceu muito maiores e inauditas. Tão conformes contra a fé, como negarem todos o Evangelho, e tão contrários entre si, quanto vai de padecer Cristo a não padecer, e não só encontrados no que dizem, senão também nos fundamentos falsos porque o dizem. Menandro e Saturnino, e Apeles, disseram que não padecera Cristo porque não tomara verdadeiro corpo, senão fantástico[20]; Serveto, Menon e os anabatistas, porque era de matéria celestial e divina. Juliano Alicarnasseu, Caiano, Teodoro e outros[21], posto que concedem que a carne de Cristo era como a nossa em tudo o mais, negam contudo que padecesse ou pudesse padecer, porque era impassível. Em suma, que todos estes hereges, por tão diversos caminhos, vêm a concordar em que as penas de Cristo não foram verdadeiras, por mais que o Evangelho de Isaías esteja clamando: "Verdadeiramente ele foi o que tomou sobre si as nossas fraquezas" (Is 53,4) — e o de S. Lucas afirme que lhe fizeram suar sangue.

Isto é o que disseram os hereges que não creram aos evangelistas. E os que os creram contentaram-se com isso? Não foram eles hereges se se acomodaram com a verdade. Foi tão blasfema a língua, e tão sacrílega a pena do impiíssimo Calvino, que se atreveu a pregar e a escrever que, desde o Horto até expirar na cruz, padecera Cristo as penas do inferno, e que assim fora necessário, como Redentor, para satisfazer pena por pena e inferno por inferno, a mesma pena e inferno a que estavam condenados aqueles a quem remia[22]. O mesmo seguiram Melancton e Brêncio, não entendendo a soberba ignorantíssima destes blasfemos precitos que bastava a menor gota de suor de Cristo no mesmo Horto, ainda que não fora de sangue, para pagar e apagar mil infernos. Acrescenta o heresiarca, que destes tormentos se quis livrar o Senhor quando disse: "Se é possível, passe de mim este cálix" (Mt 26,39) — e Cristo acrescentou: "Não se faça contudo a minha vontade, senão a vossa" (Lc 22,42) — para deixar confutada outra grande heresia. Macário Antioqueno, Cipro Alexandrino, Sergio Constantinopolitano, e todos os que pelo mesmo erro se chamaram monotelitas, posto que reconheciam em Cristo duas naturezas distintas, não só admitiam nelas mais que uma só vontade, que era a divina, mas, para que cressem e entendessem todos que assim como as naturezas eram duas —, assim eram também duas as vontades, por isso distinguiu tão claramente o Senhor a vontade humana da divina, dizendo: — Não se faça a minha vontade, senão a vossa. — E toda esta é a fé que confessa, e todas estas as heresias que degola o Rosário na meditação do primeiro mistério doloroso.

No segundo — que é o dos açoites à coluna — padeceu Cristo atado a ela, não já as dores da própria e interior apreensão, senão as da violência e crueldade atroz de seus inimigos. E foi tal o deslumbramento da heresia, assim neste como nos outros passos da Paixão, que muitos hereges tiveram para si que a divindade de Cristo, imortal por natureza e impassível, fora a que nele morrera e padecera. Assim o escreveu no século passado tão impudente como ignorantemente Lutero, ressuscitando as antiquíssimas heresias de Eutiques, Dióscoro, Sérgio, Pirro e Paulo, e de todos os eutiquianos, divididos em tantas blasfêmias como seitas[23] Não atinava a filosofia cega destes presumidos idiotas como era possível que sendo Cristo Deus, e padecendo Cristo, não padecesse a mesma divindade, pela qual é Deus! Padeceu Deus, e morreu Deus, são proposições católicas e de fé; logo se Deus morreu e padeceu, como não morreu nem padeceu a divindade? A verdadeira teologia o declara facilmente com a que nela se chama comunicação dos idiomas. Assim como do mesmo homem se diz com verdade que vê e ouve, e com a mesma verdade que entende e ama, e não se segue por isso que entende e ama pelos sentidos do corpo, nem que vê e ouve pelas potências da alma, assim de Cristo, que é Deus e homem, se diz verdadeiramente que padeceu e morreu, mas nem por isso se segue que padeceu pela divindade, que é imortal e impassível, senão pela humanidade, que é passível e mortal. E isto é o que professa o Rosário, e com que facilmente degola essas blasfêmias e heresias.

Em Cristo coroado de espinhos — que é o terceiro mistério — e adorado por escárneo com a injuriosa saudação de "Ave, Rei dos Judeus" — três foram as heresias que então e depois lhe negaram este glorioso e verdadeiro título, até por Pilatos, que o condenou, confessado. Os primeiros dogmatistas delas foram os escribas e fariseus e os príncipes dos sacerdotes de Jerusalém, quando com as vozes de todo o povo clamaram: "Nós não temos outro rei, senão o César" (Jo 19,15) — sendo este César Tibério. Os segundos foram os herodianos, chamados assim por que, tendo cessado o cetro de Judá, por adularem a Herodes o reconheceram por Messias e adoraram por rei dos judeus[24]. Os terceiros, não só da mesma nação, senão também romanos, foram os que, aplicando as profecias de Cristo ao imperador Vespasiano, o tiveram e aclamaram por tal, entre os quais seguiram e celebraram o mesmo erro Cornélio Tácito e Suetônio e, o que é mais, Josefo, que então vivia, com ser judeu, cegueira e infâmia abominável se assim o cria, e maior ainda se o escreveu sem o crer. Tão vil é a dependência e a lisonja!

Coroado, pois, de espinhos o supremo Senhor e verdadeiro rei, não só dos judeus, mas de todos os homens e anjos — como confessa a nossa fé no terceiro mistério do Rosário — o quarto, em que levou a cruz às costas, e o quinto, em que foi pregado e morto nela, de tal sorte os envolveu e ajuntou a heresia, que nem nós referindo-a os podemos separar. Basilides, antiquíssimo heresiarca, ensinou à sua escola que o crucificado e morto no Monte Calvário não fora Cristo, senão Simão Cirineu, o mesmo que lhe ajudou a levar a Cruz. Assim o escrevem Santo Irineu, Tertuliano, Eusébio Cesariense, Santo Epifânio e Santo Agostinho. E pois tão grandes Pais da Igreja julgaram que não ficasse em silêncio um tão fabuloso fingimento, eu o quero referir pelas palavras de seu mesmo autor que, tiradas de Santo Epifânio, são estas: "Quando Simão levava a cruz às costas, Cristo o transformara em si, e pusera nele a sua semelhança, e deste modo o entregara para ser crucificado, e que no mesmo tempo o Senhor, feito invisível, estava defronte, rindo-se dos que crucificavam a Simão, cuidando que o crucificavam a ele, e que dali se fora para o céu"[25]. Tal foi o desatino deste bruto com nome de racional, ao qual imitou outro da mesma fé e do mesmo juízo, chamado Marcos, e destes se derivaram os hereges basilidianos e os marcitas. Também negaram a morte e cruz de Cristo todos os já referidos, que lhe atribuíram corpo fantástico, ou celestial, ou divino, ou humano, mas impassível, tendo uns e outros por menos inconveniente admitir em Cristo este fingimento que a verdadeira morte de cruz, como se não fora maior indignidade em Deus o enganar que o morrer, pois o enganar é mentir, e o morrer amar. Nós, porém, confessando no Rosário, e pregando com S. Paulo: "Cristo, e este crucificado" (1Cor 2,2) — não só degolamos esta feia e monstruosa heresia, mas a outra ainda maior que nela se encerra, com que juntamente negavam a salvação do mundo.

§ V

Nos mistérios gloriosos, que são os últimos, também tem muito que fazer ou desfazer o Rosário. O da Ressurreição de Cristo foi o primeiro, e os primeiros hereges que o negaram foram os judeus, os quais, assim como lhe tinham comprado a morte, lhe quiseram também comprar a Ressurreição. Deram dinheiro aos soldados que guardavam o sepulcro, para que dissessem que, estando eles dormindo, vieram os discípulos e o roubaram. Tal é a verdade das testemunhas como a fé dos que as compraram. Ou os soldados dormiam ou não dormiam: se não dormiam, como o deixaram roubar? E se dormiam, como viram que o roubaram? Já Davi disse que "a maldade se mentia a si mesma" (Sl 26,12) — mas que se minta e se creia, só na obstinação da heresia se acha. Todos os hereges que negaram a Cristo a morte lhe negaram coerentemente a ressurreição, porque quem não morre não ressuscita. Mas o errar coerentemente não é emendar o erro, é multiplicá-lo. Hereges na morte, hereges na ressurreição, e por isso dobradamente hereges. Até os que concedem a Ressurreição de Cristo, erram nela torpemente[26]. Apeles disse que ressuscitara, mas não na mesma carne em que morrera, senão em outra. Outros, que refere Tertuliano, que ressuscitara sem corpo; outros, que com corpo mas sem sentidos. Cerinto, com nova e ridícula distinção, diz que o que morreu não foi Cristo, senão Jesus, e do mesmo modo o que ressuscitou também foi Jesus, e não Cristo. E para que não houvesse circunstância de ressurreição sem sua heresia, os armenos disseram que ressuscitara ao segundo dia, e não ao terceiro, e os cerintianos, que nem ao terceiro dia ressuscitara, nem ainda em seu tempo estava ressuscitado, mas que ressuscitaria depois. Tudo isto disseram as heresias; e o Rosário que diz? Diz o que dizem as Escrituras, às quais só no mistério da Ressurreição se refere o Símbolo dos Apóstolos: "E ressuscitou ao terceiro dia segundo as Escrituras".

— Diz, pois, o Rosário que ressuscitou o mesmo Cristo que morrera, que ressuscitou ao terceiro dia, e que se ressuscitou a si mesmo, como Deus que era. E com estas três cláusulas, em que consiste toda a fé da Ressurreição, assim como Cristo triunfou da morte e do inferno, triunfa ele de toda esta farragem de heresias.

No segundo mistério, que é o da gloriosa Ascensão de Cristo, também deliraram muito os hereges, e por muitos modos. Alguns, como refere Santo Agostinho[27], disseram que só a alma de Cristo subira ao céu, e o corpo ficara na terra; donde se segue que nem na terra nem no céu estaria hoje Cristo. Na terra não, porque Cristo é corpo sem alma; no céu não, porque não é alma sem corpo. Os maniqueus só admitiam que Cristo subiu em forma corporal visível, mas até as nuvens somente, e que ali se resolvera em ar e se desvanecera[28]. Erro que depois abraçaram Brêncio e Ilírico, igualmente heréticos e blasfemos. Os seleucianos e hermianos, partindo a jornada da Ascensão, fingiram que Cristo subira em corpo e alma até o quarto céu, e que deixando o corpo no sol, dali se partira para o empíreo. Assim interpretavam o verso de Davi: "No sol pôs o seu tabernáculo" (Sl 18,6) — aos quais seguiu Hermógenes no mesmo fingimento. Porém, Fabro, com nova fábrica, e depois dele Lutero, Brêncio, Uvigando, Músculo, Smidelino, e toda a canalha de hereges de nosso tempo, dizem que nem Cristo subiu nem podia subir ao céu[29]. O argumento com que o pretendem provar é tão falso e tão herético como o mesmo assunto. Subir é deixar um lugar mais baixo e adquirir outro mais alto; Deus, a quem está unida a humanidade de Cristo, está em todo lugar; logo, também a mesma humanidade está em todo lugar; e quem está em todo lugar não pode subir, porque não pode deixar um lugar e adquirir outro. Por este argumento se chamam estes hereges ubiquitários, os quais, cuidando que diziam uma grande sutileza, disseram duas finíssimas heresias: uma que supõem, outra que inferem. Supõem que a união da divindade comunicou à humanidade de Cristo o atributo da imensidade; inferem que nem subiu nem podia subir ao céu; e estas duas heresias se degolam, quando menos, com quatro textos expressos. O primeiro, de S. João: "De passar deste mundo ao Pai" (Jo 13,1) — o segundo de S. Lucas: "E era levado ao céu" (Lc 24,51) — o terceiro de S. Marcos: "Foi assunto ao céu, onde está sentado à mão direita de Deus" (Mc 16,19) — o quarto do mesmo Cristo: "Vou para meu Pai e vosso Pai" (Jo 20,17). E isto é o que professa e protesta o Rosário.

O terceiro mistério glorioso é o da vinda do Espírito Santo, cujas línguas de fogo sempre queimaram e fizeram raivar os hereges. Cães raivosos chama Santo Epifânio aos Basilianos e Georgianos, os quais, mordendo como Ario a Santíssima Trindade, quiseram tirar a divindade ao Espírito Santo e lhe chamaram criatura: "Como cães raivosos julgam atrevidamente que o Espírito Santo é uma criatura, e assim afirmam que ele é estranho ao Pai e ao Filho"[30]. — O mesmo erro ensinou o impiíssimo Macedônio, e seus sequazes Eustátio e Lêusio, Maratônio, Aétio, e todos os semiarianos, e muito antes deles os simonianos e samaritas[31]. E se perguntarmos a estes e outros semelhantes hereges que é o Espírito Santo, suposto que dizem que não é Deus, Macedônio disse que é o primeiro anjo superior no poder e autoridade a todos. Hierax, de quem tomaram o nome os hereges hieracitas, disse que era homem, e não outro senão aquele que nas Escrituras se chama Melquisedec[32]. Mas esta heresia refutou Macário nos desertos do Egito com um argumento que não tem resposta[33]. Foi lá um herege hieracita, muito erudito e eloquente, a pregar esta falsa doutrina aos monges, e como eles não soubessem responder, porque não tinham estudado — eu te responderei — disse Macário — que era o prelado. Mandou vir um morto em presença de todos, disse ao cadáver frio que em nome do Espírito Santo recebesse logo espírito de vida; e que sucedeu? Levantou-se subitamente vivo, falou o morto e emudeceu o herege. Mas como não bastam milagres contra a obstinação herética, ainda vão as heresias por diante[34]. Pedro Abailardo disse que o Espírito Santo era a alma do mundo; Donato disse que era Deus, mas menor que o Filho, como também o Filho menor que o Pai; e daqui nasceu a herética distinção dos que ao Espírito Santo chamam "Deus grande", ao Filho "Deus maior", ao Pai "Deus máximo"[35]. Exlaí, heresiarca e pseudoprofeta, com fábula mais ridícula, disse que o Verbo e o Espírito Santo ambos são filhos do Pai, só com a diferença no sexo[36]. Finalmente, os mesmos basilianos, que foram os primeiros hereges contra o Espírito Santo, reconhecendo o seu erro, confessaram que o Espírito Santo verdadeiramente é Deus igual em tudo ao Pai e ao Filho, mas que o Pai e o Filho e o Espírito Santo não são três pessoas distintas, senão uma só. Tal é a cega condição dos hereges, que ainda quando acertam, não sabem emendar um erro sem outros. Sendo, porém, tantas e tão várias as heresias que o Rosário degola na confissão deste só mistério, ainda lhe resta hoje mais que degolar, porque, depois de estar convencida, pacífica e adorada em toda a Igreja a divindade do Espírito Santo por mais de mil e duzentos anos, Serveto e Valentino Gentil, e com eles Calvino, Beza, Melancton, e os outros hereges desta calamitosa idade, ou negam a divindade ao Espírito Santo, com que tornam a ser arianos, ou lha concedem com distinta pessoa e natureza, com que de novo são trietistas[37].

Os mesmos, pois, que assim tratam a divindade do Esposo, como tratarão a glória da Esposa, que é a que só nos resta no quarto e quinto mistério? Dos hereges arianos, que negavam a divindade ao Verbo Eterno, e a concediam só ao Pai, disse elegantemente Santo Agostinho que "cuidavam que não podiam honrar o Pai senão com afronta do Filho". — E nós podemos dizer dos hereges de nosso tempo que, parece, cuidam que não podem honrar o Filho senão com afrontas da Mãe, sendo certo que ao Filho diminuem a divindade e à Mãe tiram totalmente a glória. Lutero, Calvino, Melancton, Brêncio,

Buccero, Lossio, Sarcério, Culmano, Schenckio, e os demais — cumprindo-se neles a profecia das inimizades entre a serpente e a mulher que lhe havia de quebrar a cabeça — todos, como inimigos jurados da Mãe de Deus, a publicam blasfemamente por indigna de toda a honra, de todo o culto, de toda a veneração com que os católicos, muito menos do que suas prerrogativas merecem, a celebramos. Desde o mistério da encarnação até o da Assunção gloriosa — que são todos os do Rosário — nenhuma ação há da soberana Virgem que não abatam, que não envileçam, que não mordam, que não roam, e em que não empreguem furiosamente os dentes venenosos estes filhos da serpente infernal. Não deixarei de dizer aqui uma só coisa que aprovou e lhe pareceu exemplar ao irreligiosíssimo Lutero. Em um sermão da Visitação, diz assim: "Maria" — que tão simplesmente a nomeia — "não foi visitar a Isabel por amor de si, senão para a servir a ela. E por esta ação ficam derrocados todos os institutos e ordens monacais que dentro dos claustros tratam só de si, e não dos outros"[38]. — Isto, isto, infame apóstata, isto é o que só louvas? Isto é o que só te agrada depois que com o hábito despiste a clausura, a religião, a fé, o juízo, a vergonha? Mas vamos ao ponto.

    Proibiu Lutero todas as festas da Virgem, Senhora nossa, e mais particularmente a de sua Assunção[39]. E por quê? Porque, segundo os fundamentos da que ele chamou religião reformada, a mesma Mãe de Deus não teve maior santidade que qualquer outra criatura humana, ainda que fosse tão pouco santa como o mesmo Lutero. São palavras expressas suas: "Qualquer de nós é tão santo como Maria, contanto que creiamos em Cristo"[40]. — Pode haver mais atrevida e mais descarada blasfêmia? O fundamento desta e das demais, tão abominável como elas, é dizerem as seitas de Lutero e Calvino que o céu não se dá por merecimentos; que pelas boas obras não se adquire graça ou santidade; que só a fé, ainda que faltem todas as outras virtudes, faz justos, e que os justos no céu todos são iguais, porque a glória se dá só pelo sangue de Cristo, o qual se derramou igualmente por todos[41] se seguem duas consequências notáveis contra a Assunção e Coroação da Virgem, Senhora nossa. A primeira, que a Mãe de Deus no céu não teria maior glória, nem melhor lugar que qualquer outro bem-aventurado, porque todos se lhe igualam. A segunda, que a mesma Mãe de Deus ainda não está nem pode estar no céu, porque sem a fé luterana e calvinística — como eles ensinam — ninguém se pode salvar; e sendo a fé da Virgem Maria a maior de todas, é certo, e de fé católica, que não teve tal fé como a sua. Mas não são necessárias consequências para inferir esta heresia, porque o mesmo Lutero e Calvino dizem expressa e declaradamente que ninguém até hoje entrou no céu, exceto só a Pessoa de Cristo, Senhor nosso, e que todos os outros estão de fora, esperando pelo dia do juízo final, entrando também nesta conta a própria Mãe de Cristo[42] a mesma Senhora, que sabia isto melhor que Lutero e Calvino, com a experiência de mil e duzentos anos, quando instituiu o seu Rosário, só com introduzir nele os dois mistérios de sua gloriosa Assunção e Coroação, igualmente degolou no mesmo Rosário a temeridade blasfema desta heresia, como a impiedade de todas as outras: "Ela só destituiu todas as heresias em todo o mundo".

§ VI

*D*esta maneira refuta e degola as heresias a parte mental do Rosário, que são os mistérios; e não com menos eficácia, antes mais declaradamente faz o mesmo a parte vocal, que são as orações de que é composto. E antes que desçamos ao particular de cada uma, digo que as mesmas orações do Rosário, por si só e geralmente tomadas, são uma protestação universal da fé católica, com que detestam e condenam todas as seitas e heresias contrárias. Notai muito a razão deste dito, que, sendo evidente, não é vulgar. A razão é porque toda a religião ou seita diversa se funda em diferente fé, toda a diferente fé se funda em diferente esperança, e toda a diferente esperança pede diferente oração, porque cada um pede conforme espera, e cada um espera conforme crê. Por que ensinou Cristo, Senhor nosso, a seus discípulos uma tão diversa e tão nova forma de orar, como é o Pai-nosso? Por isto mesmo. Porque como instituía uma religião nova e diversa de todas, era necessário que também a forma de orar fosse nesta religião nova e diversa. É altíssimo pensamento do doutíssimo Maldonado da nossa companhia, o qual para mim, se não é o intérprete que melhor penetrou nas Escrituras, não têm elas outro que as interprete melhor: "Ninguém mudou nunca a religião que não mudasse também a oração, e não houve também religião alguma diversa que não tivesse modo de orar a Deus também diverso"[43]. — Assim o diz este grande autor. E depois de o provar com o exemplo de Cristo e de seu precursor na mudança da lei de Moisés à lei da graça, o confirma com a autoridade dos santos Pais, que assim o advertiram e notaram na mudança que fizeram todos os heresiarcas nas orações da Igreja todas as vezes que mudaram a fé. Os arianos, como notou Santo Atanásio; os valentinianos, como notou Santo Irineu; os marcionistas, como notou Tertuliano; os maniqueus e donatistas, como notou Santo Agostinho e todos, finalmente, como notou Santo Epifânio, fazendo hoje o mesmo, como é notório, os luteranos e calvinistas[44]. De sorte que as orações do Rosário, só por si mesmas e por serem próprias da religião católica, são uma protestação geral da verdadeira fé, com que também geralmente se confundem, refutam e degolam todas as seitas e heresias contrárias.

Agora desçamos em particular à consideração das mesmas orações, e vejamos como em todo o Pai-nosso e Ave-maria não há cláusula ou palavra em que se não refute alguma ou muitas heresias. Farei esta demonstração, mais correndo que discorrendo, pois a brevidade do tempo não dá lugar a maior detenção.

"Pai nosso". Esta palavra com que chamamos a Deus Pai, ou se pode considerar com respeito à geração eterna, ou por ordem à criação temporal, que por isso acrescentamos nosso. Enquanto à geração Eterna protestamos que o Eterno Pai tem Filho, que é o Verbo Eterno, e com esta protestação, supondo já degolados os ateístas, degola o Rosário a Praxeas, a Noeto, a Sabélio, a Paulo Samosateno, a Fotino, a Ario, e a Eunômio, os quais, ou não distinguiam a pessoa do Filho da pessoa do Pai, ou negavam que fosse gerado da mesma natureza divina[45]. Enquanto à criação temporal, professa a nossa fé e reconhece a Deus por único criador do céu e da terra e de todas as coisas visíveis e invisíveis, não produzidas de alguma pressuposta matéria, mas criadas por sua onipotência do nada; e com esta protestação não só degola o Rosário os estoicos, os platônicos, os pitagóricos, os epicureus, que foram os hereges da Lei da natureza e os patriarcas de todas as heresias, como lhes chama Tertuliano[46], mas também, e mais particularmente, os que depois de Cristo os imitaram nas mesmas cegueiras e acrescentaram outras maiores, os simonianos, os menandrianos, os basilidianos, os valentinistas, os marcionistas, e por vários e novos erros dogmatizaram ao contrário, e entre todos, os brutíssimos maniqueus, que com tão ignorante fé como herética filosofia, dividiram a primeira causa em dois princípios ou deuses: um, a que chamaram autor do bem, e outro autor do mal, dizendo que o bom criara a alma, o mau o corpo; o bom o dia, o mau a noite; o bom a saúde, o mau a enfermidade; o bom a vida, o mau a morte[47].

"Que estais nos céus". Deus tanto está no céu como na terra e em todo o lugar; mas dizemos que está no céu porque no céu, como em sua própria corte, se manifesta visivelmente a todos os bem-aventurados. E posto que o céu empíreo seja um só céu, chama-se contudo céus, "nos céus", para maior declaração de sua grandeza e majestade, assim como Jerusalém, que era a corte de Deus na terra, se chamava Jerosolimas. E com a propriedade e significação singular desta palavra degola nela o Rosário a heresia de Saturnilo e Basilides, os quais diziam que os céus eram trezentos e setenta e cinco, criados, não por Deus, senão por outros tantos anjos, e que no último e ínfimo de todos morava o Deus dos judeus[48]. Novo erro, e segunda e maior heresia, porque o Deus que entre os judeus se chamava Deus de Abraão, Deus de Isac e Deus de Jacó, é o mesmo Deus que os cristãos cremos e adoramos, então mais conhecido pela unidade da essência, como hoje pela unidade da essência e pela Trindade das Pessoas.

"Santificado seja o vosso nome". Em dizer que seja santificado o nome de Deus, detestamos a mais atroz e horrenda heresia, com que entre os hereges setentrionais é profanado e blasfemado seu santíssimo nome. Zuínglio, Calvino e Beza dizem que Deus quer que os homens pequem, e que "desde toda eternidade" decretou que pequem, e que os obriga a que necessariamente pequem, e que não possam deixar de pecar, ainda que quisessem. Donde se segue, como douta e largamente demonstra Belarmino, que na sentença impiíssima destes mais ateus que hereges Deus é a causa do pecado e de todos os pecados, e que quando os homens pecam Deus é o que mais própria e mais verdadeiramente peca que os mesmos homens[49]. E como a santidade e a puríssima e infinita santidade de Deus é a que mais se opõe ao pecado, de nenhum modo mais e melhor pode detestar a atrocidade desta blasfêmia e a maldade mais que diabólica desta heresia que dizendo e repetindo, como diz uma e muitas vezes o Rosário: "Santificado seja o vosso nome".

"Venha a nós o vosso reino". O mais próprio sentido desta petição é pedirmos que acabe de chegar o reino de Cristo, que será na sua segunda vinda, quando vier a julgar vivos e mortos, já todos vivos pela ressurreição universal. Assim o diz em próprios termos S. Paulo: "Na sua vinda e no seu reino" (2Tm 4,1) — e o mesmo Cristo aos discípulos: "Antes que vejam vir o Filho do homem na glória do seu reino" (Mt 16,28). E a protestação deste artigo de fé que fazemos no Rosário degola duas insignes heresias mais antigas que modernas. A primeira, que negava o juízo universal, e foi dos barborianos, gnósticos, florianos, maniqueus e proclianistas. A segunda, que negava a ressurreição também universal, que foi de Himeneu e Fileto, de Valentino e Apeles, de Marco, Cedron e Almarico, dos caianos, dos ofitas, dos marcionistas, dos severianos, dos seleucianos, dos arcônticos e outros[50].

"Seja feita a vossa vontade assim no céu como na terra". Observa nestas palavras S.

João Crisóstomo que não dizemos a Deus: fazei, Senhor, a vossa vontade em nós — ou façamos nós a vossa vontade, senão, *fiat;* seja feita; e com que mistério? Para confessarmos que o fazer a vontade de Deus não depende só de Deus, nem só de nós, senão do seu e do nosso concurso juntamente. Do seu, por meio da sua graça; do nosso, por meio do nosso alvedrio, porque, como douta e elegantemente disse S. Bernardo: "Tirai o livre arbítrio e não haverá o que se salve; tirai a graça e não haverá de onde se salve"[51]. — E com esta protestação degolamos de um golpe outras duas fortíssimas heresias: a dos pelagianos, que negavam a necessidade da graça, e a dos luteranos e calvinistas, que negam a liberdade do alvedrio. Em negarem o livre alvedrio, negam totalmente o ser humano; e assim era necessário que o fizessem em boa consequência, porque só deixando primeiro de ser homens podiam cair em erros tão irracionais e tão brutos.

"O pão nosso de cada dia nos dai hoje". Aqui pedimos a Deus, como Pai do céu, o sustento temporal e espiritual necessário para esta vida e para a outra; e na confissão desta paternal e universal providência, detestamos aquela heresia tão assentada entre os filósofos gentios, e não abjurada totalmente entre os cristãos, com que eles criam que havia fortuna e fados; e nós, ainda que o não creiamos, nos queixamos dela, como se a fortuna, e não Deus, fora a que reparte o pão, dando tão pouco a uns e tanto a outros[52].

"E perdoai-nos as nossas dívidas". Nesta grande e importantíssima cláusula rogamos a Deus que nos perdoe nossos pecados, com detestação e arrependimento deles. E que homem haverá com nome de cristão que negue ser este ato, ou dentro ou fora do Sacramento, louvável e de verdadeira penitência? Mas, sendo esta a que faz tremer o demônio e a que despoja o inferno, foi tão infernal e mais que diabólico o espírito de Lutero, que se atreveu a dizer que "semelhante contrição faz ao pecador hipócrita e mais pecador"[53]. — O mesmo professa toda a escola cega e torpe deste infame mestre, Melancton, Beza, Tilemano, Kemnício, e com seu colega Calvino, toda a outra sentina dos hereges de nosso tempo. Acrescentamos, para mover a misericórdia divina a que nos perdoe, o perdão que também nós damos a nossos inimigos: "Assim como nós perdoamos os nossos devedores" — e sendo este o maior ato da caridade cristã, também a esta heroica obra, como a todas as boas e de virtude, negam os mesmos hereges o valor e merecimento, chegando a dizer que todas são injuriosas à satisfação do mesmo Cristo, que nos ensinou a orar assim, com que eles e todas estas heresias ficam degoladas.

"E não nos deixeis cair em tentação". Aqui nos ensinou o mesmo Senhor a desconfiar de nossa fraqueza, e recorrer a seu auxílio e graça para não cair em tentação. Mas assim como antigamente Pelágio tinha escrito que para resistir às tentações não era necessária a graça de Deus, e bastavam as forças do alvedrio humano, e assim como Joviniano disse que o homem legitimamente batizado não podia ser vencido das tentações do demônio, assim, e com mais abominável erro, e com furor e arrojamento verdadeiramente infernal, ensinam os mesmos luteranos e calvinistas que nem a constância nas virtudes ajuda, nem a fraqueza e caída nos vícios impede a salvação[54]. E se pedirmos a razão a estes brutos — como o bruto de Balaão lha pediu a ele, que também era herege — respondem os libertinos, como discípulos da mesma escola, que as ações dos homens todas são indiferentes, e que nelas não há bem nem mal. Mas esta estólida heresia degola, como as demais, o Rosário, concluindo com a última cláusula do Pai-nosso: "Mas livrai-nos do mal".

§ VII

Heresias e impiedades refutadas pela Ave-maria.

Passando à oração da Ave-maria, logo nas primeiras palavras e como na vanguarda, se opõe contra o sagrado uso e exercício dela um exército de hereges armados de cegueira, de impiedade, de furor, de blasfêmia. Calvino, Pomerano, Brêncio, Bucero, Pelicano, Belingero, Marbáquio, Uvigando e outros, todos condenam aos católicos o uso da Ave-maria, dizendo que esta oração é supersticiosa, porque nela louvamos e engrandecemos tanto a Senhora, que de criatura a fazemos deusa. As palavras do último que nomeei são estas: "Aqueles que se dirigem à Maria com esta saudação incorrem no crime de superstição, porque contra a palavra de Deus fazem uma deusa de uma criatura e atribuem a divindade à Maria"[55]. — Só o testemunho desta calúnia, em que se conjuraram tantos, basta para conhecer quem são os hereges, e a temeridade, a mentira e a ignorância brutal de quanto dizem. De maneira que, porque repetimos o que disse o anjo e o que disse Santa Isabel à Virgem Maria, somos supersticiosos e porque pedimos à mesma Senhora que rogue por nós a Deus a fazemos deusa? Mas porque a futilidade blasfema desta heresia se degola por si mesma, triunfe sobre ela o Rosário, mais desprezando-a que convencendo-a, e faça cada católico raivar tantas vezes cada dia a todos os hereges quantas são as que nele se repete a mesma Ave-maria.

"Cheia de graça". Saudamos como o anjo a Virgem, Senhora nossa, com o nome de cheia de graça, excelência tão sublime que, trazendo-lhe a embaixada do anjo o título de Mãe de Deus, é maior ainda o nome da saudação que o título da embaixada. Três coisas ensina a fé católica acerca da graça. A primeira, que é um hábito sobrenatural inerente na alma, e não distinto realmente da caridade, o qual faz ao homem grato a Deus, e por isso justo e santo. A segunda, que não consiste a graça na fé, posto que a supõe, e muito menos na fidúcia ou confiança posta só nos merecimentos de Cristo, a qual de nenhum modo pode justificar a alma. A terceira, que só à graça é devida a glória, e que sem graça ninguém, por mais obras moral ou materialmente boas que faça, se pode salvar. Isto é o que ensina a fé e o que protesta o Rosário, e por isso nas duas primeiras protestações degola as heresias dos luteranos e calvinistas, que são as modernas, e na terceira as dos pelagianos e celestinos, que são as antigas[56].

"O Senhor é convosco". O sentido e energia enfática com que o anjo disse à Senhora estas palavras, diz S. Agostinho que foi esta: "O Senhor é convosco, mas muito mais convosco que comigo". — E por quê? "Porque comigo está o Senhor que me criou, e convosco está o Senhor que vós gerastes". — O mesmo dizemos e confessamos nós quando dizemos na Ave-maria: "O Senhor é convosco" — e quantas vezes repetimos esta confissão tantas degola o Rosário a blasfêmia e sacrílega heresia de Nestório, o qual, não podendo negar a divindade de Cristo, para apartar o Filho da Mãe e o "O Senhor é convosco", que fez[57]? Confessando o mesmo todo, dividiu as partes e os tempos, e com invento mais que diabólico veio a dizer que o Senhor nascera da Virgem Maria homem, que depois por seus merecimentos no batismo recebera o ser Cristo, e que finalmente pela morte que padecera alcançara depois da ressurreição o ser Deus. Isto se atreveu a pronunciar aquela execranda língua, a qual, porém, na vida foi comida de bichos e na morte, não sofrendo a terra em si tão abominável cadáver, subitamente se sumiu nela, e foi sepultado no inferno.

"Benedita sois vós entre as mulheres". Aqui dizemos que é a Virgem Maria bendita entre todas as mulheres, não só para declarar a excelência e dignidade infinita com que excede a todas, mas para confessarmos que foi mulher. E por que razão em coisa tão manifesta? Porque também é necessária esta confissão para degolar duas heresias. A primeira de homens, que foram os coliridianos, os quais diziam que a Virgem Maria não fora mulher, senão Deus; a segunda de mulheres, que foram as da Arábia, Trácia e Cítia, as quais, como refere Santo Epifânio, adoravam a mesma Senhora como deusa e lhe ofereciam sacrifício[58]. Parece que mereciam algum perdão estas heresias, pela devoção e afeto com que foram inventadas; mas onde não há verdade não pode haver devoção. Por isso a do Rosário excede facilmente a todas, porque não só é solidamente verdadeira, mas destruidora de todos os erros.

"Benedito é o fruto do vosso ventre, Jesus". Nestório, e os hereges geralmente chamados anticomarianitas, ou antimarianos, que quer dizer inimigos ou contrários de Maria, dizem que morou Deus em suas entranhas como em casa, ou assistiu nelas como em templo, no qual porém se entra e sai, mas não se recebe dele o ser[59]. Outros, como o raio de luz que passa sem lesão pela vidraça, mas nasce no céu e do sol. Outros finalmente como a água no canal ou no rio, que passa por ele sim, mas tem o seu nascimento na fonte. E por mais que esta heresia se explique por tantos modos plausíveis e aparentes, todos eles degola o Rosário, dizendo: "Benedito é o fruto do vosso ventre, Jesus". — Assim como o fruto nasce da árvore, e da substância da árvore recebe o ser, assim o Filho de Deus, que é o rio da fonte, e o raio do sol, e o herdeiro da casa, e o Senhor igualmente do templo, de tal maneira morou nas entranhas de Maria, que delas, como verdadeiro fruto, recebeu a substância e o ser, e delas, como verdadeiro Redentor, recebeu o sangue, que foi o preço infinito da Redenção pela qual se chama Jesus: "Benedito é o fruto do vosso ventre, Jesus".

"Santa Maria". Implacável é o ódio com que os hereges perseguem, e as calúnias com que procuram escurecer a santidade da Virgem Santíssima, arguindo pecado onde nunca houve nem pode haver, nem a mais venial sombra dele. Assim o fazem em vão Lutero, principalmente, e Calvino, e todos seus discípulos, não só ímpios contra a fé, mas ingratos à mesma Senhora, segundo suas próprias seitas[60]. Em certo modo mais obrigação tinham estes hereges de ser devotos da Virgem, Senhora nossa, que os católicos. Porque a Virgem Maria foi Mãe de um Filho tão benigno e liberal para com eles — segundo eles dizem — que, dando-lhes licença para viverem em todos os vícios, sem mais arrependimento nem penitência, contanto somente que o creiam, lhes promete o céu. E para conosco, os católicos, é tão justo e severo Juiz o Filho da mesma Senhora, que não bastando a nossa fé, com ser a verdadeira, para nos salvar, basta um só pecado sem arrependimento para nos lançar no inferno. Pois, se tanto devem os hereges ao Filho desta Mãe, por que a perseguem tanto? Porque conhecem, ainda que o dissimulem, a verdade da doutrina católica, e como sabem que o Filho da mesma Senhora os há de condenar sem dúvida, por isso têm tão grande ódio à Mãe. Estes mesmos, pois, que tão blasfemamente querem pôr mancha na santidade sempre imaculada da Virgem Maria, são também os que tornaram a ressuscitar em nossos tempos, e a tirar outra vez do inferno, onde já estava sepultada com ele, a heresia de Nestório, negando à mesma Senhora a própria e verdadeira maternidade do Filho de Deus e seu. Mas assim como o Rosário degola aquela heresia, dizendo: "Santa Maria" — assim torna a degolar esta, acrescentando: "Mãe de Deus".

"Rogai por nós, pecadores". Esta tão piedosa deprecação impugnam também os hereges, e que hereges? Quem esperara tal juízo de uma cabeça coroada, e da coroa que maior obrigação tem de ser católica? O imperador Constantino Coprônimo passou um decreto, que dizia assim: "Ninguém peça a intercessão de Maria, porque ela não pode ajudar a ninguém"[61]. Eis aqui, novo Herodes das almas, para que Deus te deu esse poder: para que o tirasses a sua Mãe. Não debalde mereceste na pia o sujo e infame sobrenome de Coprônimo, profanando as sagradas águas do batismo em portentoso prognóstico de tuas impiedades, blasfêmias, heresias e artes mágicas, chegando a pactear com os demônios de fazer cruel guerra aos santos. Acabou a vida este monstro abrasado em fogo de suas próprias entranhas, e confessando a gritos que vivo estava já entregue aos incêndios eternos pelo que tinha feito contra a Virgem Maria: "Ainda vivo fui entregue ao fogo inextinguível pelo que fiz contra Maria"[62]. — E porque seus infames ossos não descansassem em melhor sepultura, o imperador Micael os mandou desenterrar, e em dia de grandes festas queimar publicamente[63]. Assim castiga as injúrias de sua Mãe o mesmo Deus, que tanto sofre e dissimula as suas.

Mas a protérvia e obstinação herética, nem com a paciência se abranda, nem com o castigo se emenda. Constantino não teve a quem imitar mais que a Vigilâncio, e teve depois por imitadores os petrobrosianos, os cátaros, os taboritas e, em nossos tempos, a todos os calvinistas e luteranos, que tantas e tão nobres partes da Europa têm infeccionado com esta peste. Merecedores justamente de que vivam e morram nas trevas de sua cegueira, pois proíbem o recurso à fonte donde nasceu a luz.

Nós, porém, ó Mãe de Deus e advogada única dos pecadores, protestando a verdade desta fé, confirmada com tantos benefícios de vossa poderosíssima intercessão, prostrados humildemente a vossos santíssimos pés, todos com a voz e com o coração vos dizemos: "Rogai por nós, pecadores". — E acrescentamos: "Agora e na hora de nossa morte" — porque não só na vida, mas na morte e depois dela, reconhecemos dever à mesma intercessão e amparo vosso a indulgência das penas do Purgatório, e a glória eterna do céu. Negaram o purgatório os hereges aérios, os uvaldenses, os chamados apostólicos, os uviclefistas, os hussitas, os albigenses, e para que em nada deixassem de errar, também Lutero e Calvino com todos seus sequazes; negaram a imortalidade das almas os saduceus, os psíquicos, os arábicos, os hermanianos, e todo o antigo e bestial rebanho de Epicuro e o moderno dos ateus[64]. Porém nós que, ensinados não só da fé, mas da experiência e da razão, cremos que as almas são imortais e que os pecados cometidos na vida, ou se purgam depois da morte com satisfação temporal, ou se castigam sem fim com pena eterna. Na mesma cláusula com que dizemos à Virgem Santíssima: "Rogai por nós, pecadores, agora e na hora de nossa morte" — detestamos e confundimos estas duas perniciosíssimas heresias, e com a mesma detestação acaba de degolar o Rosário assim as que pertencem à parte mental do que medita como à vocal do que reza.

§ VIII

Mas, posto que as heresias referidas e detestadas sejam tantas e tão várias, como a obrigação do meu assunto é mostrar que a Virgem, Senhora nossa, por meio do seu Rosário, não só matou muitas, senão todas: "Ela só exterminou todas as heresias" — parece que contra a generalidade desta proposição se estão opondo nesta mesma Igreja e seus altares três exceções evidentes: a das cruzes e das imagens, e a da real e verdadeira presença de Cristo no diviníssimo Sacramento. Confesso que os erros e heresias que encontram estes três atos da fé e religião católica — que são nos templos da cristandade os mais públicos — ainda até agora as não degolou o Rosário, mas é porque ainda o não consideramos todo.

Primeiramente, quem viu jamais Rosário sem cruz? Nem há Rosário sem cruz, nem cruz no Rosário bem rematada sem medalha. Com a cruz degola o Rosário a heresia dos paulicianos, dos bruissianos, dos uviclefistas, dos bogomiles, porque estes, como os calvinistas e protestantes em nossos dias, derrubam, quebram e desterram as cruzes, as quais nós, pelo contrário, em memória e figura da sacratíssima cruz em que Cristo padeceu e nos remiu, adoramos com suma veneração[65]. E com as medalhas, ou sejam do mesmo Cristo, ou da Virgem, Senhora nossa, ou de qualquer outro santo de nossa devoção, degola do mesmo modo o Rosário a heresia de Carolstádio, de Uviclef, de Lutero, de Zuínglio, de Calvino e dos mais, por isso chamados iconômacos, os quais negam e proíbem o culto e veneração das sagradas imagens, como dantes o tinham proibido os judeus no Talmud e os maometanos no Alcorão, que de tais mestres tais discípulos. Chamam impiamente a este culto idolatria, sendo piedade, religião e parte da mesma fé, definida pelos Concílios, canonizada com os templos, altares e votos, usada dos santos Pais em todas as idades e confirmada com infinitos milagres.

Resta só a protestação do Santíssimo Sacramento no Rosário, a qual de indústria reservei para este último lugar, estando no mesmo Rosário mais expressa que todas: "O pão nosso de cada dia nos dai hoje". Pedimos nestas palavras o sustento temporal e espiritual para o corpo e para a alma; e no espiritual e da alma o primeiro e principal, e mais substancial de todos, que é o corpo de Cristo, o qual verdadeiramente comemos no diviníssimo Sacramento. Assim o declarou o mesmo Cristo na mesma oração do Pai-nosso, dizendo por S. Mateus: "O pão nosso" — "sobressubstancial" (Mt 6,11). Chama-se pão, porque se nos dá debaixo de espécies e acidentes de pão. Chama-se nosso, porque é próprio dos fiéis e filhos da Igreja Católica. Chama-se quotidiano, porque todos os dias se consagra e oferece no sacrossanto sacrifício da missa. E chama-se, finalmente, sobressubstancial, porque excede infinitamente a todas as substâncias criadas, dando-se nele a do mesmo criador. Isto é o que confessa e protesta o Rosário expressamente naquelas soberanas palavras, não se achando tão expressa protestação do Santíssimo Sacramento em nenhum símbolo da fé. Os símbolos da fé são três. O dos apóstolos, composto por eles no princípio da primitiva Igreja, que é o que ordinariamente repetimos; o símbolo Niceno, decretado dali a trezentos anos no Concílio de Niceia, em que se ajuntaram trezentos e dezoito bispos, que é o que se canta na Missa; e o símbolo de Santo Atanásio, em que se contém a confissão da sua fé, declarada não muito depois, e aprovada em Roma, que é o que todos os domingos se lê na reza eclesiástica.

Agora pergunto, e perguntarão todos com muita razão, se em todos estes símbolos, e em cada um deles se contém o que crê a Fé Católica, e o Santíssimo Sacramento do altar é por antonomásia o Mistério da Fé[66], por que se não faz expressa menção dele em algum dos mesmos símbolos, ao menos no segundo e no terceiro? A razão é, como consta de todas as histórias eclesiásticas, porque tendo reduzido os apóstolos o primeiro símbolo ao que era somente preciso para a pregação universal do mundo, por ocasião de algumas heresias que de novo se foram levantando na Igreja, foi necessário declarar com maior distinção e formalidade nos outros símbolos o que só virtualmente se continha no primeiro. Não houve, porém, esta necessidade — ponto verdadeiramente digno de grande reparo e tanta consolação para os Católicos como confusão para os hereges — não houve — digo — esta necessidade na fé do Santíssimo Sacramento. E por quê? Porque desde seus princípios esteve tão firmemente crida e tão estabelecida entre todos os cristãos a verdade deste altíssimo mistério, que em espaço de setecentos anos não houve quem o pusesse em questão; e nos trezentos e cinquenta anos seguintes só houve um homem na Igreja grega, e outro na latina, que em diversos tempos o duvidaram, até que no ano de mil e cinquenta do nascimento de Cristo, o impiíssimo Berengário — que comumente se reputa pelo heresiarca deste erro — se atreveu a querer defender publicamente que o corpo de Cristo não estava no Sacramento. E, posto que uma vez caído, outra relapso, e de ambas as vezes convencido, abjurou Berengário a sua heresia; assim abjurada por seu próprio inventor, a ressuscitaram no século passado, e a seguiram Lutero e Calvino, não conformes porém então, senão divididos em duas seitas. Lutero, mais moderado, confessa que no Sacramento está o corpo de Cristo, mas diz que juntamente está pão; e Calvino, totalmente cego e impudente, só diz que está ali pão, e de nenhum modo o corpo de Cristo.

Estas são as duas heresias que hoje permanecem entre luteranos e calvinistas, com igual injúria e dano da cristandade, as quais finalmente degola o Rosário confessando e protestando com a fé católica que de pão não há no Sacramento mais que os acidentes, e o que dantes era a substância dos mesmos acidentes, por milagrosa e verdadeira transubstanciação, está ali convertida na substância do corpo de Cristo, que é o que cremos e adoramos naquela Hóstia consagrada. Assim que o Rosário entendido, meditado e rezado na forma em que foi instituído pela Virgem Maria, Senhora nossa, é uma protestação da fé católica, tão universal juntamente, e tão particular, que mais expressamente se refutam nele muitas heresias, e mais extensivamente todas que em todos os três símbolos da mesma fé. E desta maneira se verifica gloriosamente do mesmo Rosário que por meio dele degolou a Virgem Maria, "e ela só, as heresias de todo o mundo".

§ IX

Tenho acabado, fiéis, o meu discurso. E pois ele, por haver sido tão dilatado, não permite larga peroração, eu a resumo a três palavras. A primeira, que à vista de tantas e tão enormes heresias, não só alheias da fé, mas de todo o entendimento e juízo, conheçamos quando escurece o lume da razão a cegueira dos vícios — que são as raízes donde todas elas nasceram — e demos infinitas graças a Deus por em tempos tão contagiosos ter livrado a nossa pátria desta peste, da qual ela se conservará pura e sem lesão, enquanto a licença dos mesmos vícios, que tanto crescem, não provocarem o céu a semelhante castigo.

A segunda, que não faltemos jamais no santo exercício do Rosário, oferecendo-o a Deus e a sua Santíssima Mãe, não só como tributo da nossa devoção e piedade, mas como protestação da nossa fé, e como um público sinal e testemunho dela. Quando o Concílio Antioqueno condenou a heresia de Ário, que tão grande cisma tinha causado na Igreja, tomaram por empresa os católicos, para se distinguir dos arianos, trazer ao pescoço as definições do mesmo Concílio em sinal da sua fé: "Como sinal da fé, para que se afirmassem como católicos e não como arianos", diz, referindo este antigo exemplo, Maldonado[67]. O qual acrescenta pia e doutamente que ao mesmo fim devemos nós trazer em público o Rosário, porque só ele basta para protestação da fé que professamos: "Desse modo se vulgarmente se chamam Rosários os que costumamos rezar à Virgem, leves no pescoço em vez de colares e assim te mostres ser católico e não herético".

A terceira e última palavra é que estejamos muito confiados e certos que esta nossa protestação será mais agradável a Deus, porque nela mostramos que somos seus, e da sua parte, e seguimos a bandeira da sua fé em tempo que tantos a negam. Por que foi tão estimada a fé de Tobias? Porque, quando os outros iam adorar os ídolos de Jeroboão, ele fazia as suas romarias ao Templo de Jerusalém. Por que prometeu Cristo o paraíso ao ladrão, e lho deu de contado no mesmo dia? Porque, quando todos o negavam e blasfemavam, ele o confessou à vista de todos. E, finalmente, por que é tão louvada e celebrada Marcela, a mulherzinha humilde do Evangelho? Porque, quando os escribas e fariseus caluniavam a santidade e divindade do mesmo Senhor, ela levantou a voz em sua defensa. Façamos nós o mesmo com o Rosário na boca, no coração e nas mãos, e com esta pública protestação da fé católica confundiremos e degolaremos as heresias passadas e as presentes, assim como ela degolou e confundiu as presentes e as futuras: "Para que confunda a calúnia e a maldade dos hereges presentes e futuros".

SERMÃO

XII

*Na Sé da Bahia, depois da Armada Real derrotada.
Ano de 1639.*

∽

"E o rei Davi gerou a Salomão."
(Mt 1,6)

Pregado em ambiente de guerra, depois da derrota da Armada Real, em 1639, quando o Brasil padece de guerra e deseja a paz, Vieira retoma a história de Davi e Salomão, sentindo-se mandado pela Virgem a pregar a virtude do Rosário e os seus poderes.
E da guerra virá a paz! E a esperança deseja comunicar aos baianos que estão divididos.
Só do céu pode vir o infalível remédio, que é o que Maria promete no seu Rosário.
As dúvidas que a desigualdade desta guerra oferece e a sua solução. Para Davi, a falta dos meios foi o meio para conseguir o fim: fiou-se só no Senhor dos Exércitos, o Deus de Israel.
A funda de Davi, figura profética do Rosário: se cada Rosário fora uma funda e cada conta uma pedra, estariam bem defendidos e seguros! As grandes perdas sofridas: justa desconfiança causadora de medo. Vieira recorda então os exemplos de vários e diferentes reis, os quais não contaram com a quantidade dos recursos militares, mas com o poder de Deus: o rei Josafá e Davi, e em particular o exemplo do rei Afonso Henriques.
E conclui com duas palavras aos soldados, não para animá-los, mas para alentar a sua devoção e cristandade, sem a qual não há seguro valor.

§ I

O fim que há tanto tempo desejam as calamidades deste Estado, e os meios oportunos eficazes que, ou lhe faltam, ou lhe não aproveitam, é tudo, nem mais nem menos, o que em duas figuras coroadas nos representa S. Mateus no texto que propus. Que é o que padece o Brasil? Que é o que deseja tão longamente? O que padece é a guerra, o que deseja é a paz. E quando esta, na infelicidade dos sucessos presentes, parece mais desesperada e sem remédio, para exemplo do remédio e para alento da esperança, oportunamente nos representa o Evangelho a diferença de dois reinados imediatamente sucessivos, um tão famoso, no que padecemos, como outro felicíssimo, no que desejamos.

"E o rei Davi gerou a Solomão" (Mt 1,6). Davi rei — diz o evangelista — gerou a Salomão. — Mas com que mistério, que na série destas gerações tudo é misterioso? Por que foi Davi o pai e Salomão o filho? Por que reinou primeiro Davi, e Salomão depois? Não pudera Davi suceder a Salomão, assim como Salomão sucedeu a Davi? Segundo a ordem da natureza, sim, pudera; segundo a significação do mistério, não. O reinado de Davi todo foi inquieto e perturbado com guerras e infestado de inimigos. O de Salomão, como ele mesmo diz, não teve inimigos que o inquietasse: "Não há contrário, nem mau encontro" (3Rs 5,4) — todo foi sossegado e opulento na mais alta e deleitosa paz. Isto mesmo trouxeram escrito no fado de seus nascimentos, ou no prognóstico e profecia dos nomes um e outro rei: Davi quer dizer "forte de mão", Salomão, "pacífico". Gerou, pois, o rei guerreiro ao pacífico, e o pacífico sucedeu ao guerreiro, porque a paz é filha da guerra, e à guerra sucede a paz. Muito é que de uma mãe tão feia e tão descomposta nasça uma filha tão formosa e tão modesta? Mas por isso os antigos chamaram à guerra "belo", não por ironia ou antífrase, como muitos cuidam, senão porque da guerra nasce a bela paz.

Se a alguma guerra se deve legitimamente esta venturosa sucessão, é verdadeiramente a nossa. Não é o mesmo o fim de todas as guerras. Uma move a vaidade, outra a cobiça, outra a justiça e necessidade. A que move a vaidade tem por fim o triunfo; a que move a cobiça tem por fim o despojo; a que move a justiça, ou é movida da necessidade, tem por fim a paz; e tal é a nossa: — Diz Santo Agostinho. "A paz há de ser sempre voluntária, e a guerra forçada"[1]; só a necessidade há de obrigar à guerra, mas a vontade sempre há de desejar a paz. Já antes o tinha dito Marco Túlio, tão filósofo como repúblico e tão repúblico como eloquente. — A guerra, diz, tomada por temeridade, é dos brutos; a forçada, e por necessidade, dos homens. Como homens, pelejamos pela conservação da paz, e não pela ambição da vitória; como justos, só pretendemos defender o próprio, e não conquistar o alheio; como soldados, só tomamos as armas contra as armas, e se pode dizer com mais verdade dos nossos o que Roma contava dos seus: "Somente as armas geram soldados aos quais as mesmas armas coíbem"[2]— Sendo, pois, tão justificada, tão racional e tão inocente a nossa guerra, e sendo a paz filha legítima da guerra, só quando a guerra é legítima, como foram as de Davi, muita razão tínhamos por certo, não só de desejar, mas de esperar que dela, como a de Salomão, nascesse também a nossa paz. A guerra nove anos há já que a padecemos, tempo e número bastante para que dela nascesse este suspirado parto, do qual, porém, até agora não temos outros sinais mais que as dores.

Com esta comparação costuma a Escritura encarecer as grandes dores: "Ali sentiram dores, como as de uma parturiente" (Sl 47,7) — e que parte há neste vastíssimo corpo, ou mais vizinha, ou mais remota, que as não padeça grandes, e cada dia maiores? O mar infestado, os portos impedidos, as costas com perpétuos rebates ameaçadas, as campanhas taladas, as lavouras abrasadas, as casas despovoadas e destruídas; as cidades e vilas arruinadas, os templos e os altares profanados, as pessoas de todo estado e condição, de todo o sexo e idade desacatadas, e por mil modos oprimidas; as prisões, os desterros, as pobrezas, as fomes, as sedes; uns mortos nos bosques, outros mirrados nos desertos, fugindo dos homens para ser pasto das aves e das feras; as mulheres e meninos inocentes entregues à fúria e voracidade dos bárbaros, e os mesmos cadáveres, com horror da natureza, incestamente afrontados; as mortes desumanas a sangue frio, as traições, as crueldades, as sevícias, os martírios, e tantos outros gêneros da herética tirania, contrários a toda a fé e direito das gentes, e de nenhum modo compreendidos debaixo do nome de guerra: esta é a guerra que padecemos. Esta é, torno a dizer, a guerra que padecemos, e estas as dores, cujos gemidos passados por tanto mar chegam tarde e frios à Europa, ou enganada, ou esquecida[3]. A chaga cresce, o veneno estende-se e já bate às portas do coração; a constância se não desmaia, não sei se duvida, e tudo, nas experiências de tantos anos, mais promete desesperações que remédio.

Mas, ó filha de Davi e de Salomão, ó Virgem poderosíssima do Rosário, que havia de ser de nós, se essas entranhas de piedade, onde trouxestes a Deus, não fossem o nosso presídio, o nosso amparo, o nosso remédio e toda a nossa esperança? Isto é o que determino pregar hoje, e não como assunto meu, Senhora, senão como preceito vosso. No ano de mil e quatrocentos e setenta e cinco, achando-se em grande aperto a insigne e mui católica cidade de Colônia, bloqueada por todas as partes de um poderoso exército de inimigos hereges, de que naturalmente se não podia defender, devastada já, e ocupada toda a campanha, e sem esperança de socorro humano, apareceu a Virgem Santíssima a frei Jacobo Sprengher o, prior do convento dos pregadores, e lhe mandou que logo pregasse e exortasse a todos a devoção do Rosário, e lhe prometesse em seu nome, que por meio dela, não só a cidade, mas toda a província ficaria livre da opressão e temor das armas inimigas[4]. Assim o mandou, assim o prometeu e assim o cumpriu a poderosíssima rainha dos anjos, e o exército dos hereges, vencido e desbaratado de outro poder superior e invisível, não só não chegou a bater a cidade, mas, deixadas a campanha e toda a província, mal se pôde recolher, fugindo para donde viera. Agora pergunto à Bahia, a todo o Brasil: A Virgem Maria, Mãe de Deus, não é a mesma? Os poderes do seu Rosário não são os mesmos? A nossa fé católica e romana não é a mesma? Os intentos das armas heréticas e inimigas não são os mesmos? Pois, se a nossa devoção e as nossas orações forem as mesmas, por que não experimentaremos o mesmo favor e os mesmos socorros da Senhora do Rosário?

Só me podeis dizer que aquele pregador teve revelação, e foi mandado, e eu não. Enganais-vos. Assim como a Virgem Maria mandou àquele pregador que pregasse o Rosário a Colônia, assim me manda também a mim que o pregue à Bahia. E por que me atrevo a afirmar isto com tanta asseveração? Porque aos ministros da palavra de

Deus as revelações que se fazem a um são preceitos para os outros. Pregando S. Paulo e S. Barnabé em Antioquia, como muitos dos judeus não quisessem receber o Evangelho, disseram-lhes os dois apóstolos que, suposta aquela sua incredulidade, eles se passavam a pregar aos gentios, "porque assim lho tinha mandado o Senhor". E quando mandou o Senhor aos apóstolos que, não aceitando os judeus a sua doutrina, a fossem pregar aos gentios? Os mesmos Paulo e Barnabé o disseram, e é prodigiosa prova do que eu digo: "Porque o Senhor assim no-lo mandou: Eu te pus para luz das gentes, para que sejas de salvação até a extremidade da terra" (At 13,47). — Quer dizer que o Senhor lhes tinha mandado a eles que pregassem o Evangelho aos gentios, porque o mesmo Senhor tinha revelado a Isaías que aos gentios se havia de pregar o Evangelho. — Pois, essa revelação feita a Isaías é preceito para Paulo e Barnabé de pregarem o mesmo: "porque assim lho tinha mandado o Senhor"? — Sim, porque as revelações feitas a um pregador são preceitos para os outros. Suposta, pois, aquela revelação e este preceito, tudo o que hoje disser da virtude do Rosário e seus poderes não se deve ouvir como assunto ou discurso pregado por mim, senão como mandado pregar pela mesma Virgem Santíssima. E para que a rudeza de minhas palavras não seja totalmente indigna de tão soberano preceito, peçamos à mesma Senhora me assista com sua graça. *Ave Maria*.

§ II

"*E* o rei Davi gerou a Solomão." — Aquela catástrofe admirável que os profetas prometeram ao mundo renovado, quando as lanças se convertessem em arados para cultivar a terra, e as espadas em foices para segar e recolher os frutos, nenhuma outra coisa significa aos homens de maior alvoroço e gosto que a alegre e desejada paz, depois da triste, comprida e detestada guerra. Destes antiquíssimos e sagrados exemplares tomaram a mesma metáfora, e a prosseguiram elegantissimamente, assim os poetas gregos como os latinos, entre os quais Alciato — admitido já pelos mais severos juízos ao colégio do Parnaso — engenhosa, militar e politicamente adiantou assim o mesmo pensamento. Pintou um enxame de abelhas que no oco de um capacete fabricavam os seus favos, e por título deste emblema: "Na guerra a paz". — A letra diz, como dizíamos, que da guerra nasce a paz, e o corpo da pintura a nenhuma paz ou guerra se pode aplicar com maior propriedade que à do Brasil. Os favos são os doces frutos desta terra singular entre todas as do mundo, pela bênção de doçura com que Deus a enriqueceu: "De bênçãos de doçuras" (Sl 20,4) — as abelhas, pela maior parte da Etiópia, são os fabricadores dos copiosos favos que carregam todos os anos tão opulentas e numerosas frotas; e o capacete, nem usado já, nem guardado para outras ocasiões, é o sinal da paz segura e perpétua e sem receio, qual foi a do Reinado de Salomão e a que depois de tantas guerras prometeu Deus nele a seu Pai Davi: "O filho que te nascer será um homem quietíssimo, porque eu o porei em paz enquanto a todos os seus inimigos em roda; e por esta causa será chamado Pacífico" (1Cr 22,9).

Este é o sentido natural do mistério do Evangelho, a que poderão servir de elegante comento o capacete e abelhas do emblema, se o capacete for o de Davi e as abelhas as de Salomão. Não nasce a doce paz de qualquer guerra, senão da guerra superior e vitoriosa, quais foram as de Davi. A paz que não elegem mas aceitam os vencidos ou desesperados, não é de mel, mas de fel; não é doce, mas cheia de amargura, como as que padecem debaixo do jugo do inimigo os que, por não poder resistir nem fugir, remiram com a liberdade as vidas; servidão, enfim, e cativeiro, e de nenhum modo paz. Esta é, pois, a razão ou necessidade por que os que discorrem prudentemente sobre o estado presente da nossa guerra já dizem que escolheriam por partido partir o mesmo emblema pelo meio. E de que modo? Deixando ao injusto possuidor os favos do já perdido, que é Pernambuco, e acudindo a defender com o capacete a cabeça tão ameaçada e perigosa, que é a Bahia. Outros espíritos há, porém, não sei se menos considerados, se mais animosos, os quais de nenhuma sorte se contentam com o emblema de Alciato partido, senão com o enigma de Sansão inteiro. Queira Deus que adivinhem. O urso setentrional, que nos veio crestar as colmeias, não é o Leão bélgico? Sim, que assim se pinta, assim se nomeia, essas são as suas armas. Pois, a esse Leão tirem-se-lhe da boca os favos, como fez Sansão ao seu, e apregoe-se com trombetas no mundo católico, tão lastimado de nossas perdas, como ofendido de suas vitórias: "Daquele que come saiu comida, e do forte saiu doçura" (Jz 14,14). Bizarro pensamento por certo, se não fora só pensamento, ou se Davi, que é o sujeito do nosso assunto, entrara já nele com este prelúdio, que foi o primeiro testemunho do seu valor e prognóstico provável do seu triunfo. Quando el-rei Saul dificultou a Davi o combate e lhe duvidou a vitória do gigante, respondeu ele que já tinha morto um urso e um leão: "Eu, teu servo, matei um leão e um urso" (1Rs 17,36). — E isto, que não é fácil nem pouco, é o que muito deverão considerar os autores desta boa esperança, quando tão facilmente se põem no cabo dela. Sansão tirou os favos da boca do leão, sim, mas depois de vencido e morto. Não é a mesma coisa um leão morto que vivo, e tão vivo, vigilante e armado, como o que a nossa fantasia, não desenganada com tantas experiências, espera ou presume vencer. Olhemos-lhe bem para os dentes e para as unhas. Assim se hão de conquistar tantas fortalezas no mar e na terra, tão regularmente edificadas, tão abundantemente providas, tão artilhadas, tão presidiadas, e não só nas fortes muralhas, mas nos fossos, nas estacadas, e com todo o gênero de fortificações exteriores tão defendidas? Assim se desprezam os cabos tão experimentados em outras guerras, e tantos e tão luzidos regimentos criados e envelhecidos na disciplina militar, vestidos e armados, e não despidos, sustentados das praças e adegas de Amsterdão, e não mortos de fome? Finalmente, assim se há de recuperar uma província mais estendida que muitos reinos, cujas léguas se contam a centos, cujas terras se ganharam a palmos, cujos rios a cortam, cujos portos a fecham, cujos mares abertos a todos os ventos, e o fundo, que não sofre amarras e come as âncoras, a defende e segura de largo sítio?

Cale-se logo toda a presunção humana, emudeçam arbítrios e discursos fáceis de escrever, mas impossíveis de executar, e nós, desenganados e convencidos pela evidência dos olhos, conheçamos e confessemos que só do céu nos pode vir o certo e infalível remédio, que é o que a Rainha do mesmo céu nos promete glorioso no seu Rosário. O que fizeram na sua maior aflição os sitiados de Colônia foi tirar em público e levar por toda a cidade uma imagem da mesma Senhora do Rosário, rezando-o todos em alta voz, devota e instantíssimamente; e esta, que para os cercados era procissão, contra os inimigos foi triunfo. O mesmo sucedeu, mais perto de nossos dias, na famosa batalha naval do mar de Lepanto. Tinha prevenido e solicitado o favor da Rainha dos Anjos o Santo Pontífice Pio V, com exortações a toda a cristandade, e novas e maiores indulgências concedidas aos devotos do Rosário; e foi coisa notada em todo o mundo cristão, e verdadeiramente milagrosa, que no primeiro domingo do mês — que então foi o de outubro — em que os confrades deste sagrado instituto costumam fazer a sua festa particular, nesse mesmo dia se deu, com empenho de uma e outra parte nunca visto, a poderosíssima batalha; e na hora em que era levada nas procissões a imagem da Senhora do Rosário em Roma e em toda a Itália, nessa mesma hora, estando até ali duvidosa, se declarou a vitória pelos cristãos, triunfando as armas católicas de todo o poder e soberba otomana[5].

Mas assim havia de ser, e assim será sempre, porque desde a conquista da terra de Promissão se decretaram à Virgem, Senhora nossa, do Rosário e à sua sagrada imagem estes triunfos contra os infiéis. A forma em que marchavam os filhos de Israel na entrada da Terra de Promissão, era levando diante a Arca do Testamento em dois mil passos de distância, para que de todo o exército pudesse ser vista e seguida. Nesta mesma ordem acometeram a primeira cidade, que foi a fortíssima de Jericó, cujos muros eram de mármore, e as portas de ferro, e sem outro combate, bataria ou assalto, só com levarem em procissão a mesma Arca do Testamento ao redor dos muros, os muros por si mesmos caíram, e com os muros os ânimos, o valor e as esperanças de todos os que com as próprias forças presumiam defender dos israelitas aquelas terras pisadas primeiro, e habitadas de seus pais, as quais Deus por este meio agora lhes queria restituir. Mas por que concedeu o mesmo Deus esta primeira e capital vitória ao seu povo por meio da Arca do Testamento somente, e não em outro lugar, senão em Jericó? Para que entendamos os católicos, significados nos israelitas, que se queremos conquistar e recuperar as terras que Deus nos deu e estão em poder dos inimigos, e inimigos infiéis como os amorreus, o meio único e eficaz desta conquista e o poder e socorro de que só devemos esperar a vitória é a Virgem, Senhora nossa, enquanto Senhora do Rosário. A Arca do Testamento em qualquer parte é figura da Virgem Maria, mas em Jericó particularmente, não só da Virgem Maria, senão da Virgem Maria com o sobrenome do Rosário, que assim lho pôs o Espírito Santo: "Como as plantações de rosas de Jericó" (Ecl 24,18). E quando os católicos intentam a conquista e recuperação das suas terras possuídas de infiéis, debaixo da conduta, patrocínio e amparo da Senhora do Rosário, não há muros nem fortalezas, não há portas de ferro nem máquinas de bronze, não há arte, potência nem valor que não trema, que não caia, que não se renda.

O mesmo nos sucederá a nós, e assim o devemos esperar nesta conquista, que também, e com muita propriedade, se pode chamar da terra de Promissão. Como chamam à terra de Promissão as Escrituras sagradas? "Terra que mana leite e mel" (Lv 20,24). — E quem não vê que a Holanda unida ao Brasil, como hoje está em Pernambuco, lhe convém por nossos pecados toda a definição? Holanda é a terra que mana leite, o Brasil é a terra que mana mel; e junta uma com a outra, inteira e propriamente vem a ser a Terra de Promissão: "Terra que mana leite e mel". — Mas, com o favor da Virgem do Rosário, se nós o soubermos solicitar e merecer, não estará muito esta segunda Terra de Promissão em poder dos amorreus. Os pastores dos

Países Baixos se tornarão aos seus queijos e à sua manteiga, e o mel será de Sansão que, depois de vencer o leão bélgico, lhe tirará os favos da boca. Desta maneira à nossa já venturosa e vitoriosa guerra se seguirá a doce e segura paz, que não debalde ajuntou o Espírito Santo a oliveira às Rosas: "Como as plantações de rosas de Jericó, como uma formosa oliveira nos campos" (Ecl 24,18s). — Não só a eleição destas plantas, senão a ordem com que estão colocadas é misteriosa. Não a oliveira primeiro e depois a rosa, senão a rosa antes e a oliveira depois. Porque a rosa em Jericó significa a guerra vitoriosa, e a oliveira nos campos, a paz depois da guerra. Se fizermos a guerra debaixo da belona do Rosário, primeiro nos dará a vitória coroada de rosas, e depois gozaremos a paz com grinaldas de oliveira. Assim se coroaram, pela mesma ordem, primeiro Davi guerreiro e vitorioso, e depois Salomão pacífico. E esta é a sucessão misteriosa e ordenada com que nos diz o Evangelho que Davi gerou a Salomão: "E o rei Davi gerou a Solomão".

§ III

Todas as dúvidas que se nos podem oferecer na desigualdade desta guerra, segundo o estado presente, eu serei o que as proporei em nome do nosso receio, e o mesmo Davi o que as desfará por parte da Senhora do Rosário, como retrato natural de seus milagrosos poderes. E começando pela pouca felicidade com que todos os da monarquia tantas vezes e por tantos modos se têm empenhado nesta guerra, sempre com efeitos contrários, parece que daqui se pode formar um argumento praticamente evidente, que Deus não quer a restauração do Brasil. Cuidou-se ao princípio que com socorros pequenos, mandados frequentemente à desfilada, se impediriam os progressos do inimigo, o qual se cansaria de sustentar sem lucro uma guerra mercantil, fundada toda no interesse; mas estas dietas receitadas por intentos particulares só serviam de entreter o engano, e não de acudir à necessidade, consumindo-se lentamente a substância, gastando-se por partes inutilmente o que junto pudera ser de proveito. Conheceu-se depois com a experiência — e mais tarde do que fora bem — que as grandes enfermidades não se curam senão com grandes remédios; veio uma armada, e outra armada, mas com que sucesso ambas? A primeira, em uma batalha naval de duvidosa opinião, se não ficou vencida, foi derrotada[6]. A segunda chegou a lançar a galharda infantaria em terra, veterana noutras guerras e noutros países, mas nova e bisonha neste, onde a poucos passos de marcha, provocados a batalha campal, a mesma ciência do general perdeu o exército, e o exército perdido, desbaratado e morto lhe não pôde salvar a vida[7].

Na dor de tão repetidas perdas começou a vacilar a esperança e acabaram os brados de espertar a monarquia tão sensivelmente lesa na grandeza, na opulência, na fama. Deliberou-se que as forças navais de ambas as coroas se unissem em um corpo tão poderoso e formidável que o orgulho do mesmo inimigo vitorioso reconhecesse invencível[8]. Mas, sendo as ilhas do Cabo Verde o meio-termo desta união, de tal maneira a corromperam os ares pestilentos do clima — por ser a sezão intempestiva — que, diminuída em mais da terceira parte a gente marítima e militar, foi necessário deixar o teatro destinado à guerra que havia de ser Pernambuco e recolherem-se ambas as armadas, como a hospital comum, ao porto desta Bahia onde convalescessem. Recuperada, pois, a saúde, e substituída com novas levas a inteireza das companhias e terços, cobriu enfim ou assombrou esses mares aquela multidão confusa de torres navais, composta de oitenta e sete vasos, muitos de extraordinária grandeza, armada de dois mil e quatrocentos canhões e animada de quatorze mil europeus, número que o oceano austral jamais tinha contado nem ouvido. Quem duvidou então, ou poderia imaginar que não navegava ali a vitória segura, pois bastou a vista só de tão magnífico e estrondoso aparato para o inimigo desconfiado pactear em terra e granjear com dádivas a graça dos seus mesmos rendidos? Mas ó juízos e conselhos ocultos da Providência ou ira divina! Vitoriosos sempre sem controvérsia as duas armadas em quatro combates sucessivos na parte superior das ondas, furtadas, porém, as mesmas ondas pela parte inferior, e como minadas as naus pelo fundo e pelas quilhas, de tal sorte as arrancou do sítio já ganhado a fúria das correntes que, por mais que forcejaram pelo recobrar, nunca lhe foi possível. Assim vencido da sua própria vitória aquele grande poder, e fugindo sem fugir — porque fugia o mar em que navegava — podendo mais a desgraça que o valor, a natureza que a arte, e a força do destino que a dos braços, perderam os derrotados e tristes conquistadores o mar, perderam a terra, perderam a empresa, perderam a esperança, e nós, que neles a tínhamos fundada, também a perdemos.

Este é o estado, não digo em que nos consideramos, mas em que nos vemos, não se oferecendo nem ainda à imaginação donde se possa formar outro poder semelhante ao passado quando fosse mais venturoso, e esta última desconfiança de remédio, por lhe não chamar desesperação, melhor conhecida nos juízos e sentida nos corações de todos os que me ouvem, do que eu a soube declarar com palavras, é tudo o que posso representar por parte do nosso receio. Mas contra ele nos animará, como dizia, Davi com seu exemplo, ensinando-nos a pôr toda a esperança de nossas armas no Rosário da Virgem Santíssima, a qual, como Mãe de Deus, e a modo do mesmo Deus, quando totalmente faltam os meios e remédios humanos, então mostra mais certa e prontamente a eficácia dos seus poderes.

Quarenta dias havia que o gigante apóstata, armado, arrogante e senhor do campo sem resistência, afrontava o exército do povo de Deus, não ausente, senão de cara a cara, não se achando em tantos mil soldados e capitães quem se atrevesse a sair contra ele, ou presumisse que podia ser vencido, não só temerosos todos, mas pasmados, que é a última exageração do medo: "Ouvindo pois Saul, e todos os israelitas, que o filisteu falava assim, estavam atônitos, e temiam em extreme" (1Rs 17,11). — No meio, porém, destes medos e pasmos, meteu em alvoroço todo o exército outro pasmo maior, que foi oferecer-se um pastorzinho moço e desarmado a sair a desafio com o gigante. As condições eram terríveis, porque daquela singular batalha dependia a servidão ou vitória de qualquer das partes, ficando sujeitos e cativos, ou os filisteus dos israelitas, ou os israelitas dos filisteus: "Se ele me tirar a vida, seremos nós vossos escravos; mas se eu prevalecer, ficarnos-eis sujeitos" (Ibid. 9). — E tal é, e maior ainda, o perigo a que se vê reduzido hoje o resto do Brasil, sujeita já e rendida a tão dura e indigna servidão a metade dele. À estatura desmedida do filisteu — da qual falaremos depois — se ajuntava a desigualdade das armas, a qual, por ser notavelmente excessiva, não só a descreve miudamente a Escritura, mas a pesa em partes libra por libra: "E trazia na cabeça um capacete de bronze, e vinha vestido de uma couraça escameada; o peso, pois, da couraça era perto de cinco mil siclos de cobre, e trazia cobertas as pernas de umas botas de bronze, e um escudo de bronze cobria os seus ombros. A haste de sua lança era como o órgão de um tear, e o mesmo ferro da sua lança pesava seiscentos siclos de ferro" (1Rs 17,5ss). O capacete ou murrião do gigante era de bronze; a tecedura da saia de malha e as escamas que a dobravam e fortaleciam de bronze; o escudo, que não só chegava, mas excedia os ombros, de bronze; o demais, que lhe cobria o resto do corpo até os pés, lâminas de bronze; e só trazia de ferro o da lança que tinha, diz o texto, seiscentos siclos de peso, como a saia de malha cinco mil. De sorte que, reduzidos estes siclos hebreus a libras italianas, quatro onças menores que as nossas, o ferro da lança pesava vinte e cinco libras, e o bronze, só da saia de malha, duzentas e oito.

Parece-me que esta descrição tão miúda da Escritura Sagrada tanto foi feita para o nosso caso como para o de Davi. Todos os nossos discursos ou temores se ocupam em pesar e ponderar a diferença e excesso do poder com que o inimigo se acha armado. Tanta artilharia de bronze, tanta de ferro no mar, e na terra tantas fortalezas, tantas naus, tão bem aparelhadas e fornecidas; as armas manuais dos soldados tão limpas, tão assacaladas e tão luzidas, que os canos das suas clavinas e as lâminas dos seus alfanges mais parecem de prata que de ferro, comparadas com os nossos. Mas vamos seguindo a História Sagrada, e ainda acharemos muito mais que admirar nesta comparação. Deliberado el-rei Saul a que Davi saísse à singular batalha, despiu-se das suas próprias armas e vestiu e armou a Davi com elas. Aqui se me oferece não passar em silêncio o muito que deve o Brasil ao zelo, ao cuidado e à real grandeza e providência de Sua Majestade, que Deus guarde, em nos acudir e socorrer. No mesmo tempo em que as costas de Espanha, Flandres e Itália estão tão infestadas de inimigos, e ameaçadas de maiores invasões, não duvidou Sua Majestade de se desarmar ao perto e como despir-se a si mesmo na Europa para nos acudir e socorrer na América, com todo o poder naval de sua monarquia. E se o sucesso não respondeu ao cuidado e diligência, permitindo Deus ou ordenando o contrário, também Davi nos dirá o mistério desta permissão. Vestido Davi, e armado com tanta honra pelas mãos reais de Saul, escusa-se cortesmente com o desuso e despe-se das armas, porque conheceu, como nós já temos conhecido, que lhe não haviam de servir. Toma outra vez o seu surrão e a sua funda, escolhe cinco pedras de um ribeiro que por ali corria, e com esta prevenção de tão pouca despesa, estrondo nem aparato pranta-se na campanha, faz tiro ao gigante, derruba-o em terra, corta-lhe com a sua própria espada a cabeça, leva a cabeça ao rei e a espada ao Templo.

Este foi o breve fim da batalha, e esta a vitória cuja fama não terá fim, da qual, se eu formara um emblema, lhe pusera por letra: Fim sem meios. Porque, contra todas as leis da prudência e da esperança, o fim de conseguir aqui sem meios, antes a mesma falta dos meios foi o meio de se conseguir o fim. Quando Saul armou a Davi, uma peça, e a mais necessária das suas armas, foi a espada que lhe cingiu: "Cingido Davi com a espada sobre os seus vestidos" (1Rs 17,39); e, posto que se escusou de a levar, dizendo: "Não tenho uso disso" (Ibid.), depois lhe foi necessário usar da espada, e com efeito usou da do gigante para lhe cortar a cabeça: "Pegou da sua espada, e o matou" (Ibid. 51). Pois, se ao menos das armas do rei lhe havia de ser necessária a espada a Davi, e o mesmo Davi sabia que lha havia de ser necessária, por que antes de lançar a mão à pedra disse ao gigante que o havia de matar e lhe havia de cortar a cabeça: "Eu te matarei, e te cortarei a cabeça" (Ibid. 46)? — Por que das armas do rei ao menos não levou consigo a espada, nem Deus, que governava todas suas ações, quis que a levasse? O mesmo Davi deu a razão nas poucas que teve com o filisteu antes do combate: "Vens a mim com espada, e lança, e escudo; eu, porém, venho a ti em nome do Senhor dos exércitos, do Deus das tropas de Israel" (Ibid. 45). Tu vens a mim confiado nas tuas armas e eu venho a ti fiado só no Senhor dos exércitos, o Deus de Israel. — E como Davi queria toda a glória da vitória só para Deus, e Deus também a queria só para si, por isso ordenou que Davi, depois de armado, se desarmasse, e que as armas de Saul nenhum uso nem exercício tivessem naquela batalha, para que a vitória e a glória toda fosse de Deus, e nem o rei nem as suas armas tivessem parte nela. Parece, senhores, que me tenho explicado. Muitas graças a el-rei Saul, muitas graças a Sua Majestade, que se desarmou a si por nos armar a nós, e nos mandou as armas e as armadas; mas se essas armas e armadas reais nenhum uso tiveram nem efeito, entendamos que não foi acaso, nem porque Deus não queira restaurar o Brasil, mas porque é tão zeloso da honra da sua Mãe como da sua, e foi dispondo sem dúvida, e ordenando com particular providência, que a vitória que havia de ser das armas do rei seja da funda de Davi, que é o seu Rosário.

§ IV

Santo Agostinho, Santo Ambrósio, S. Gregório e todos os Pais, concordemente, entendem que a famosa funda de Davi, se foi maravilhosa pelo que obrou, mais misteriosa foi ainda pelo que significava. E entre todas as alegorias com que até agora se tem declarado seus mistérios, nenhuma lhe quadra melhor, e com maiores fundamentos da mesma Escritura, que ser figura profética do Rosário. Seja a primeira razão o número das pedras. Por que escolheu Davi para a sua funda cinco pedras, nem mais nem menos? Para o tiro bastava uma, como bastou; e se o tiro se errasse, as outras quatro eram supérfluas, porque "na guerra não se permite errar duas vezes". — Quanto mais que Davi sabia não errar como destro, e sabia que não havia de errar como profeta. Pois, por que escolheu cinco pedras, se bastou e havia de bastar uma? Escolheu uma para o tiro e cinco para o mistério, porque esse, nem mais nem menos, é o número dos mistérios de que se compõe o Rosário: os gozosos cinco, os dolorosos cinco, os gloriosos cinco, e nem mais nem menos que cinco em todas as três diferenças. Daqui é que, sendo a pedra uma, "tirou uma pedra" (1Rs 17,49) — como levava em si a virtude de todas as três diferenças, também causou os efeitos de todas três: de gozo para o povo, de dor para o gigante, e de glória para Davi. Mas diga-nos o mesmo Davi que esta foi a significação da sua funda, e que nela levou o Rosário, não só representado e meditado, senão já oferecido.

Depois da vitória do gigante, compôs Davi um salmo — que é o salmo cento e quarenta e três — em ação de graças da mesma vitória e em ratificação de um voto que tinha feito e oferecido a Deus antes de entrar na batalha. O voto, em estilo profético, foi desta maneira: "Ó Deus, eu te cantarei uma nova canção; com o saltério de dez cordas eu te louvarei. Tu que dás saúde aos reis, que redimiste a teu servo da espada maligna"

(Sl 143,9s). — Se vós, Senhor, livrardes a el-rei Saul deste perigo e afronta, e a vosso servo Davi da espada maligna do gigante, eu prometo de vos compor um cântico novo. — Este cântico novo em cumprimento do voto foi o mesmo salmo, o qual começa assim: "Bendito seja o Senhor, Deus meu, que ensinou as minhas mãos para a batalha, e os meus dedos para guerra" (Sl 143,1). — Os dedos, diz nomeadamente, e não só as mãos, porque a funda e o Rosário ambos são instrumentos, não só das mãos, senão propriamente dos dedos. Mas o que faz mais admirável a propriedade deste texto é que na língua hebraica, em que Davi o compôs, em lugar de "Bendito seja o Senhor, Deus meu" — está "Bendito seja o Senhor, pedra minha". — Pois, a Deus chama Davi pedra sua? Neste lugar e neste caso sim, e com altíssimo mistério. Não enquanto pedra da funda como funda, senão enquanto pedra da funda como Rosário. A pedra da funda como funda era a pedra do rio; a pedra da funda como Rosário era Cristo; e esta pedra era Deus: "Meus Deus, pedra minha". Os mistérios do Rosário, ou juntos, ou cada um por si, todos são de Cristo, e assim, quando pelejamos contra nossos inimigos com esta funda, ou a pedra seja uma, ou cinco, ou todas quinze, sempre a pedra é a mesma que venceu e derrubou o gigante: "Aquela pedra com a qual foi morto Golias, era figura de Cristo Senhor" — diz S. Agostinho[9]. Por isso Davi, quando contrapôs as suas armas às do gigante, não disse: Tu vens contra mim com espada e lança, e eu venho contra ti com pedra e funda: — senão: "Eu venho contra ti em nome do Senhor dos exércitos e do Deus dos esquadrões de Israel". — De sorte que uma coisa era a pedra, e outra o nome que lhe dava virtude; e este é o nome com que Davi armou a sua funda, pondo na pedra o nome de Deus e dando a Deus o nome de pedra: "Bendito seja o Senhor, pedra minha".

Posta, pois, a pedra na funda, que fez Davi com as mãos e com os dedos, ensinados por Deus para vencer e derrubar o gigante? Diz o texto que, dando a volta à funda disparou a pedra, e que pregando-lha na testa o derrubou, e que, caído ele, se pôs em fugida todo o exército dos filisteus: "Tirou uma pedra, e arrojou com a funda, e volteando feriu ao filisteu na testa; e a pedra se encravou na sua testa, e ele caiu com o rosto em terra. Os filisteus, porém, vendo que o mais valente deles era morto, fugiram" (1Rs 17,49.51). — Este foi o brevíssimo sucesso, nem esperado, nem imaginado dos que tão temerosos estavam, maior que o temor, superior ao desejo e só igual ao impulso do braço, à força da pedra e aos poderes da funda. O gigante caiu de uma pedrada, e todo o exército dos filisteus, sem golpe nem ferida, fugiu e desamparou o sítio e postos que tinha ganhado, deixando os arraiais e despojos aos ociosos e tímidos vencedores. Olhai, olhai agora para o gigante, e correi-vos do que pouco há tão desesperadamente temíeis. Aquelas arrobas de ferro e bronze, com que se fazia tão formidável, só serviram de o derrubar com maior peso em terra. A lança caída para uma parte, o escudo para a outra, o elmo roto e inútil, a saia de malha sã e o vastíssimo corpo sem vida, não armado já, ou defendido, mas amortalhado em suas próprias armas. Isto é o que fez tão brevemente a funda de Davi, e isto é o que faz e fará a do Rosário, por mais fortes, por mais armados, por mais vitoriosos e soberbos que estejam nossos inimigos. O que muito nota o Texto Sagrado é que Davi volteou a funda para dar força ao tiro: "e volteando feriu ao filisteu". — Assim o devemos nós também fazer, dando tantas voltas ao Rosário quantas bastem para o impulso da pedra. O texto não declara quantas fossem as voltas que Davi deu à sua funda, mas, segundo a arte em que ele era tão exercitado e destro, sem dúvida foram três. Assim o supõe e ensina o príncipe dos poetas latinos, falando de Mesêncio, no qual, com todas suas circunstâncias, parece que descreve a Davi.

"Pondo de parte as armas, Mesêncio tomou a funda,
e, dando-lhe três voltas ao redor da cabeça, a disparou"[10].

— Assim o fez Davi, deixando também primeiro, e despindo-se das armas reais de Saul, as quais não quis Deus que tivessem parte na vitória, que é o estado em que nós de presente nos achamos, não por vontade e eleição própria, mas por disposição da Providência divina. Já estão postas de parte as armas e armadas reais, de que não fazemos parte. Pelo que, pondo agora toda a esperança e confiança nas do céu e na proteção e poderes da Virgem Santíssima, tomemos todos devotamente o seu Rosário nas mãos, demos volta a esta funda todos os dias três vezes, e todas três ao redor da cabeça, não só rezando, mas meditando seus sagrados mistérios: na primeira volta os gozosos do primeiro terço; na segunda os dolorosos do segundo; na terceira os gloriosos do último. E se assim o fizermos todos com a união, continuação e perseverança — que é a que dá força e eficácia às orações humanas — eu prometo à Bahia, em nome da mesma Senhora do Rosário, que não só se conservará livre e segura de todo o poder dos inimigos que por mar a infestam e por terra a ameaçam, mas que este será um certo e presentíssimo socorro, ainda que faltem todos os outros, para que todo o Brasil, fazendo o mesmo, se recupere e restaure.

Dizei-me, se cada Rosário fora uma funda de Davi, e cada conta uma pedra como a que derrubou o gigante, não vos parece que com estas armas estaríamos bem defendidos e seguros, e que, se os inimigos tivessem fé mais nos deviam temer que nós a eles? Ora ouvi, e vereis como esta mesma que parece consideração é verdade experimentada e certa. Na guerra de Tolosa, contra o grande poder e número dos hereges albigenses, seguia o partido católico um cavaleiro de Bretanha, chamado Alano de Valcoloara, o qual, por conselho de S. Domingos, rezava todos os dias de joelhos o Rosário da Senhora. Aprendam deste soldado os soldados. Deu-se batalha em que ele governava algumas tropas, as quais, porém, cercadas por todas as partes da infinita multidão dos hereges, se viram reduzidas àquele extremo aperto em que na guerra não há outro partido que entregar ou morrer. Então implorou Alano o socorro da Virgem Santíssima do Rosário, e como vos parece que acudiria a soberana Rainha às vozes daquele seu grande devoto? Porventura mandando legiões de anjos a cavalo, e armados, que se pusessem da sua parte, como os que viu e mostrou Eliseu? Não. Desceu a Senhora do Rosário em pessoa a socorrer o seu capitão, e o modo ainda foi mais maravilhoso que o socorro. Trazia na mão esquerda o Rosário, e dele ia tirando uma por uma as contas, as quais na mão direita se convertiam em grandes pedras que atirava contra os inimigos, e à força daquele braço e daquelas balas, qual havia de ser o que não caísse, ainda que fosse gigante? Por este modo foi empregando a Senhora toda a munição do seu socorro, e quando se acabou o Rosário, para maior ostentação de seus poderes, se acabou também a batalha. Mas como se acabou? Não aparecendo em toda a campanha mais que a imensa mortandade dos inimigos, aclamando todo o exército vencedor: Viva Alano! Viva Alano! e ficando por ele e seus soldados toda a glória daquele grande dia.

O maior dia que houve no mundo foi aquele em que o sol esteve parado à voz de Josué; e este, em que a Senhora deu a vitória ao seu capitão com pedras, me parece que declarou um segredo da mesma voz de Josué, até agora mui duvidado, mas não sei se decidido. Pediu Josué ao sol que parasse, e o mesmo pediu também à lua: "Sol, detém-te contra Gabaon, e tu, lua, para sobre o vale de Ajalon" (Js 10,12). — Esta segunda parte da petição é a duvidosa, ou a duvidada, e com bem fundado reparo. Josué só havia mister a luz do sol para que a vitória fosse inteira, e os inimigos, já rotos, lhe não escapassem debaixo da capa da noite. Suposto isto, razão e necessidade teve de pedir o socorro do sol; mas o da lua, para que, ou por quê? Porque verdadeiramente nesta vitória maior porte teve a lua que o sol. Vede como toda esta máquina inferior dos elementos é sujeita às influências da lua. As terras, os mares, os ventos, as chuvas, e todas as outras impressões do ar, a lua é a que as move, altera, suspende, excita. Assim o ensina a filosofia e o demonstra a experiência. Ouçamos agora o que diz a Escritura: "E morreram muitos mais pela chuva de pedra que lhes caiu, do que pelos golpes da espada dos filhos de Israel" (Ibid. 11). — Venceu Josué os cinco reis amorreus e desbaratou inteiramente todos seus exércitos; mas foram muitos mais, diz a Escritura, os que morreram dos inimigos oprimidos das pedras que choveu o céu que os que mataram os filhos de Israel com suas armas. E porque a chuva das pedras foi movida e excitada pela lua, como influência própria da sua jurisdição e império, muito maior e mais importante foi o socorro da lua que o do sol para a vitória. O sol, com a luz que teve parada, alumiou os soldados de Josué para que vissem, seguissem e matassem os inimigos, que foram os menos mortos; porém, a lua, com as pedras que choveu sobre eles, foi a que executou a maior e principal mortandade e sem nenhuma dependência do sol, porque tanto os havia de oprimir e matar de noite como de dia. Quem fosse, pois, ou significasse a lua, já na vitória de Josué se soube que era a Virgem Santíssima; mas quais haviam de ser as pedras com que a mesma Senhora desbaratasse os exércitos dos infiéis, só na vitória de Alano se acabou de saber que eram as contas do seu Rosário. E se Davi só com uma pedra desta funda derrubou o gigante e pôs em fugida os exércitos dos filisteus, que fará o braço poderosíssimo da filha de Davi e Mãe de Deus, não com uma pedra, nem com cinco, senão com cento e cinquenta, e com as outras quinze, que são as maiores?

§ V

Desta maneira respondeu e satisfez Davi à primeira parte do nosso receio, vendo-nos desassistidos das armas reais, na perda ou derrota de uma e outra armada. Agora se segue a segunda parte do mesmo receio, e não menor, fundada na ausência e verdadeira perda de tantos mil soldados, que as mesmas armadas nos levaram e derrotaram consigo. Os presídios, regimentos e tropas do inimigo, na fortuna e desigualdade de tão lastimoso sucesso, ficaram inteiros; e os nossos, pelo contrário, posto que não enfraquecidos no valor, tão mutilados e diminuídos no número, que em qualquer caso de invasão nos veremos naquele grande perigo e aperto em que se acham decretoriamente os poucos quando pelejam com os muitos.

No mar as máquinas de madeira, e na terra as de pedra; no mar as naus, e na terra os castelos, por mais artilhados e armados que estejam, nem eles se defendem a si, nem aos homens, se os homens os não defendem a eles. E faltando o número competente dos homens, o que com eles é defesa sem eles é despojo. Já, se a necessidade da guerra nos obrigar a sair em campanha, como bastará um contra muitos, se não basta Hércules contra dois? Só nos poderá animar na evidência deste perigo a breve e certa esperança de nos vermos outra vez tão poderosamente socorridos, e com a vanguarda tão segura como a tivemos no princípio deste mesmo ano; mas a dilação natural das nossas resoluções e impossibilidade prática de levantar, unir, embarcar e expedir um semelhante socorro, é justa e racional desconfiança, por lhe não chamar desmaio, deste nosso receio.

Confesso, Senhores, que as razões resumidas neste breve epílogo ainda são maiores e mais fortes. Mas antes que Davi no-las desfaça nos mais apertados termos, havendo de ser o Rosário as armas principais da nossa defesa, eu de nenhum modo admito que o número dos inimigos seja maior que o nosso, senão o nosso maior e muito superior ao seu. As armas do Rosário, não só as meneiam os soldados, ou os que têm idade, forças e valor para o ser, senão todos quantos somos — se quisermos — de qualquer sexo, de qualquer idade, de qualquer estado ou condição desta grande e tão dilatada república. — Podem rezar o Rosário os homens e as mulheres, os velhos e os meninos, os sãos e os enfermos, os senhores e os escravos; e se de todos estes se compuser o nosso exército, bem se vê quanto excederá no mesmo número e multidão as listas dos inimigos. Assim o fez Jerusalém, ameaçada dos poderosíssimos exércitos dos caldeus; assim Betúlia, sitiada por Holofernes e pelo vitorioso exército dos assírios; e assim a mesma Nínive gentia, não só com a guerra apregoada, mas com a ruína e total assolação decretada e notificada por Deus no pregão do profeta Jonas. Mas o exemplo sobre todos admirável, e irmão legítimo do nosso caso, é o de el-rei Josafá.

Vieram conquistar as terras deste rei — que o era do reino de Judá — os moabitas, amonitas e siros, com poder muito superior ao de Josafá; e como o bom e pio rei reconhecesse a desigualdade de suas forças, prostrado diante de Deus no templo, fez esta oração pública: Vós, Senhor, sois o verdadeiro Deus do céu e da terra, que dominais sobre todas as gentes e nações do mundo, e a cuja infinita potência ninguém há que possa resistir. Estas terras, pois, em que vivemos, não são aquelas mesmas que vós prometestes a vosso servo Abraão, nosso pai, e primeiro fundador deste reino vosso? Não lançastes delas os gentios que as habitavam, e no-las destes a nós? E nós, depois que tomamos posse delas, não as santificamos com templos e altares dedicados ao vosso divino culto? — Sendo isto assim, "eis que os amonitas, moabitas e siros nos querem lançar das terras de que vós nos metestes de posse e fazerem-se senhores delas" (2Par 20,10s). Não será logo razão, Senhor, "que vós nos façais justiça, e pois o nosso poder é tão inferior ao seu que lhes não podemos resistir" (Ibid. 12), tome a vossa onipotência por sua conta a nossa defesa e o seu castigo? — Assim orou a Deus o rei, como pudera orar hoje o de Portugal se se achara entre nós. Mas não se contentou só com isto. Fez que se ajuntassem e orassem a Deus todos, sem exceção de estado, idade ou pessoa: os pais, as mães, os filhos, até os mais pequeninos: "E todo o Judá estava em pé diante do

Senhor, com as suas crianças, e mulheres, e filhos (2Par 20,13). — E que se seguiu deste conselho e resolução de Josafá? Coisa verdadeiramente maravilhosa, ou mais verdadeiramente muito natural e sem maravilha. Posto que de parte dos inimigos a multidão dos soldados era muito superior, como da parte dos israelitas se uniram aos soldados os que não eram soldados nem o podiam ser, velhos, mulheres, meninos, e toda a outra multidão imbele, cresceu este número tanto, que foi maior que o dos inimigos. E como foi maior o número e melhores as suas armas — que eram as da oração — ainda que por uma parte foi a vitória milagrosa de soldados a soldados, por outra teve muito de natural e sem maravilha, porque os vencedores foram os mais e os vencidos os menos. Por isso mesmo Josafá, quando saiu em campanha contra os inimigos, mandou que os músicos do templo, repartidos em esquadras, fossem diante do seu exército cantando louvores a Deus: "E deu este conselho ao povo, e estabeleceu os cantores do Senhor, para o louvarem por suas turmas, e para marcharem diante do exército" (Ibid. 21). — E isto para quê? Para que se visse, como logo se viu, que o número de seu exército vitorioso não constava só dos soldados que meneavam as armas, senão de todos aqueles que, posto que as não podiam menear, levantavam as mãos desarmadas ao céu, e deste modo marchavam juntamente com eles e os ajudavam a vencer com suas orações.

E se por meio destas tropas auxiliares, compostas de mulheres, meninos e homens incapazes de tomar armas, acrescentou Josafá tanto o número e poder de seus soldados; e se por meio das orações unidas de todos, lhe libertou e desassombrou Deus a terra, já meio ocupada dos inimigos, sepultando nela a muitos e lançando dela aos demais, por que não esperaremos nós da misericórdia de Deus e de sua Santíssima Mãe os mesmos efeitos, se assim soubermos multiplicar o número e acrescentar o poder de nossos presídios? Confiadamente torno a afirmar e prometer que este será o meio infalível, não só de defender e segurar esta cidade dos presentes receios, mas de libertar e recuperar todo o estado, lançando os inimigos fora e muito longe dele. E para que não haja quem duvide de me dar crédito, ouçamos todos isto mesmo da boca do profeta Joel. De quem falasse o profeta naquele capítulo — que é o segundo — não se sabe ao certo, e por isso com maior propriedade o podemos aplicar ao nosso caso, se as circunstâncias da profecia o merecerem.

Primeiramente diz Joel que virá sobre a terra de que fala uma gente estrangeira muita e forte: "Um povo numeroso e forte" (Jl 2,2) — e que o seu exército entrará armado de fogo, assim na vanguarda como na retaguarda: "Diante da sua face virá um fogo devorante, e atrás dele uma chama abrasadora" (Ibid. 3) — e que por meio destas armas e deste fogo a terra, que dantes era um jardim de delícias, ficará a solidão de um deserto: "A terra, que diante dele era um jardim de delícias, depois dele ficará também sendo a solidão de um deserto" (Ibid.). — Quem não vê em toda esta profecia a história de Pernambuco e o que dantes era e hoje é Olinda? Confesso que quando a vi pela primeira vez, entre a nobreza de seus edifícios, templos e torres, ornada toda nos vales e coroada nos montes de verdes e altíssimas palmeiras, não só me pareceu digna do nome que lhe deram e de se mandar retratada pelo mundo, mas um formoso e ameníssimo jardim, o mais agradável à vista. Assim a achou o holandês quando entrou nela: "A terra, que diante dele era um jardim de delícias".

— E depois dele, como está? "Depois dele a solidão de um deserto": um deserto, uma solidão, uma ruína confusa, sem semelhança do que dantes era. No princípio se disse que Olinda se convertera em Holanda; mas depois que a impiedade holandesa lhe pôs fogo e ardeu como Troia, nem do que tinha sido, nem do que depois era se vê hoje mais que o cadáver informe e uma triste sepultura sem nome, para que nela se desenganem e temam todas as do Brasil. Depois disto descreve o profeta, com propriedade e miudeza digna de se ler devagar, o modo e disciplina militar desta gente nas marchas, nas investidas, no bater e escalar os muros, tudo cheio de circunstâncias temerosas e ameaças de horrores. Mas a maior e mais formidável de todas é chamar-lhe exército de Deus, e mandado por ele como executor de sua ira: "Mas o Senhor fez ouvir a sua voz ante a face do seu exército, porque os seus arraiais são muitos em extremo, porque são fortes e executam as suas ordens; porque o dia do Senhor é grande e sobremaneira terrível e quem o poderá sofrer?" (Jl 2,11).

Pois, profeta santo, se este exército é de Deus, e os seus exércitos, como acabais de dizer, são muitos e fortes, haverá algum remédio para aplacar a Deus e fazer oposição a estes exércitos? Sim, e de nenhum modo dificultoso. E qual é? O mesmo em próprios termos que eu tenho dito: "Convocai uma assembleia, fazei vir todo o povo, adverti a todos em geral que se purifiquem, ajuntai os velhos, congregai os pequeninos e os meninos de peito; saia o esposo da sua câmara, e a esposa do seu leito. Os sacerdotes, ministros do Senhor, postos entre o vestíbulo e o altar, chorarão e dirão: Perdoa, Senhor, perdoa ao teu povo, e não deixes cair a tua herança em opróbrio, de sorte que as nações os dominem" (Jl 2,15ss). — Suposto que este exército é de Deus, e tão forte, toquemos nós também a arma, diz o profeta: "Fazei soar a trombeta em Sião" — por que é de Deus, e Deus o governa e manda, presentemo-nos nós também diante de Deus, e não em outro lugar, senão no seu próprio templo; e porque é tão forte e poderoso, unamos nós também todas as nossas forças, e não haja quem não acuda à defensa: acudam os homens, acudam as mulheres, acudam os velhos, acudam os meninos, entre eles os de peito, acudam os esposos e esposas, acudam os leigos e os eclesiásticos; orem os sacerdotes com lágrimas — que são as balas a que o peito de Deus não pode resistir — e digam todos com eles, prostrados por terra: Perdoai, Senhor, perdoai a vosso povo; e pois esta terra, por ser de católicos, é herdade vossa, não permitais, Senhor, que com afronta de vosso nome e de vossa Igreja, esteja a que já está, e venha o demais a poder de infiéis. —Não diz nem declara o profeta que o fizessem assim aqueles a quem exortou, porque supõe que em ocasião de tão grande temor e perigo nenhuma criatura haveria tão dura de coração, e tão inimiga da pátria e de si mesma, que não acudisse a Deus por si e por todos. O que só diz é que no mesmo ponto se aplacou Deus, e zelou o remédio e liberdade da terra como sua: "O Senhor zelou a sua terra e perdoou ao seu povo" (Jl 2,18) — prometendo juntamente, e mandando dizer a todos pelo mesmo profeta — vede se há palavras mais próprias do nosso caso — prometendo que o inimigo que tinha vindo do norte ele o lançaria fora, e para muito longe: "E eu porei longe de vós aquele que é das partes do aquilão, e lançá-lo-ei" (Ibid. 20). — De maneira, e em conclusão, como dizia, que não nos deve desanimar o sucesso passado pelos poucos soldados com que nos deixou, pois fazendo nós o que fez Josafá e mandou fazer Joel, com as armas da oração que podem menear todos, seremos muitos mais em número que nossos inimigos.

§ VI

Porém Davi, que é o que há de responder ao nosso receio, como traz na sua funda o Rosário, sem recorrer a este meio de multiplicar o número dos combatentes com os que não podem tomar armas, põe só em campanha soldados contra soldados, e promete e assegura à Bahia e a todo o Estado que, para vencer o inimigo e o lançar dele, bastarão em virtude do mesmo Rosário os nossos poucos contra os seus muitos. Entre as coisas notáveis que de si disse Davi, é aquela do salmo setenta: "Porque não conheci as letras, entrarei nas potências do Senhor" (Sl 70,15s). — "Letras" no texto original é o mesmo que "números e cômputos". — Quer pois dizer Davi: — Porque não usei dos números nem dos cômputos da aritmética, por isso entrei e fui admitido às potências de Deus. E que desmerecimento têm os cômputos da aritmética, ou que oposição é a sua com as potências e poderes de Deus, para atribuir Davi o ser admitido às potências de Deus, e ser favorecido de seus poderes, por não usar dos números e cômputos da aritmética? Falou Davi como soldado, e deu a razão das suas batalhas e vitórias, e de ser tão favorecido e ajudado nelas do poderoso braço de Deus. E a razão é esta, porque nos cômputos da aritmética o maior número sempre venceu o menor: os três vencem aos dois, os quatro vencem aos três, os cinco vencem aos quatro. Porém, nas potências de Deus não é assim. Porque quando Deus quer e ajuda, e os homens se fiam do seu poder, o menor número vence ao maior, como tantas vezes se viu nas batalhas e vitórias do mesmo Davi contra os filisteus, contra os moabitas, contra os siros, contra os idumeus e outros. Diz, pois, o grande rei e famoso capitão, discretíssimamente, que entrou nas potências de Deus porque nunca soube usar da Aritmética, como se dissera: — Se eu, quando havia de dar a batalha, me pusera a contar e a computar o número dos soldados inimigos e o dos meus, e formara esquadrões contra esquadrões pelos algarismos, ordinariamente não só não vencera, mas não pelejara, porque eles eram muitos mais em número; mas porque eu me fiava da potência de Deus e me aconselhava e resolvia com ela, por isso pelejava com tal vantagem que, ficando o número dos inimigos, que era o maior, desbaratado e vencido, o meu, que era o menor, levava a vitória.

O mesmo fez Davi no desafio com o gigante, em que os mesmos olhos viam a grande desproporção de um e outro combatente, como nós vemos a nossa. O gigante, diz o texto sagrado que tinha de "altura seis côvados e um palmo" (1Rs 17,4). — Davi, pelo contrário, que ainda estava em idade de crescer, porque mal chegava a vinte anos, era tanto menor que Saul lhe chamou menino: "Tu não poderás resistir a este filisteu, porque tu és um menino" (1Rs 17,33). — E que fez o valente menino que ainda não sabia a taboada: "Porque não conheci os números"? — Porventura pôs-se a multiplicar os côvados do gigante e diminuir os seus? De nenhum modo. Tanto assim que, quando falou ao competidor, só fez menção da diferença das armas e nenhuma da grandeza ou estatura dos corpos. Fez, pois, o tiro com a funda, em nome de Deus, e então se viu quem era o maior. Antes do tiro, Davi dava pelos joelhos ao gigante; depois do tiro, o gigante deu pelos pés de Davi. Agora façam lá os aritméticos a conta, que Davi não sabe de outras contas mais que as do

Rosário, que significava a sua funda. Feito, pois, exatamente o cômputo, averiguou-se que só Davi somava dez mil homens. Assim lho disseram os generais do exército, não consentindo que ele saísse em campanha em uma ocasião em que ia empenhado todo o poder, e só na reserva da sua pessoa ficava seguro o reparo de qualquer mau sucesso: "Porque vós, Senhor, sendo um só, sois computado por dez mil" (2Rs 18,3). — E donde se fundou este cômputo tão excessivo, quanto vai de um a dez mil? Fundou-se e fundou-o Davi na vitória da sua funda. Assim o cantaram logo as chacotas, no mesmo dia daquele triunfo: "Saul matou mil, e Davi dez mil" (1Rs 21,11). — Vede quanto vai de ter o poder de Deus por si, como teve o devoto Davi, ou ter a justiça de Deus contra si, como teve o blasfemo gigante. Davi vencedor foi computado por dez mil, e o gigante vencido não por dez, senão por mais de cem mil, porque, constando de mais de cem mil o exército dos filisteus, "tanto que viram vencido o gigante, todos fugiram" (1Rs 17,51).

— De maneira que foi tal o poder e virtude daquela funda em multiplicar ou diminuir um e outro exército, que no exército dos infiéis cem mil foram menos que um só, e por isso vencidos; e no exército dos fiéis um só foi mais que dez mil, e mais que cem mil, e por isso vencedores. E se isto fez a funda porque significava o Rosário, que fará o mesmo Rosário significado na funda?

Vejamos a verdade e experiência desta ilação em um passo da Escritura, que já a confirmou maravilhosamente, não em outra nação, nem em outra parte senão em Portugal. O maior exemplo de vencerem poucos a muitos foi aquele em que o condado de Portugal amanheceu reino, vencendo no mesmo dia treze mil portugueses a quatrocentos mil mouros. E quando Deus revelou a el-rei Dom Afonso Henriques a vitória do dia seguinte, diz a história que estava o santo rei de noite na sua tenda lendo a batalha de Gedeão, e esta é a que nos serve. Vieram contra os filhos de Israel os madianitas, acompanhados de outras nações, com tão numeroso ou inumerável exército que os compara o Texto Sagrado às areias do mar: "Como a areia que há na praia do mar" (Jz 7,12).

— Não havia naquele tempo em Israel rei nem república formada que tratasse da defensa ou resistência, pelo que Gedeão, eleito por Deus, a tomou à sua conta. Ajuntou de todas as tribos que pôde trinta e dois mil homens, e quando ele reconhecia a desigualdade deste seu exército, e quão poucos verdadeiramente eram contra aquela multidão imensa, o que lhe disse Deus foi: "Tu tens contigo muito povo; Madiã não será entregue nas suas mãos" (Ibid. 2). Gedeão, essa gente que tens é muita, e não poderá vencer. — Notai a consequência de Deus. Essa gente não poderá vencer, porque é muita. Como se dissera: porque é pouca. Tratou conforme isto Gedeão de apoucar e diminuir o seu exército: mandou lançar bando que todos os que tivessem medo de ir à guerra se fossem para suas casas: "Aquele que é medroso e tímido, volte" (Ibid. 3) — e houve no exército não menos de vinte e dois mil, que não só tinham no coração o dito medo, mas não duvidaram nem tiveram pejo de o confessar publicamente, e se foram. Ficaram somente dez mil com Gedeão, e já agora parece que estará contente Deus, pois assaz pequeno é o número de dez mil contra uma multidão inumerável; mas não foi assim: "Ainda são muitos" (Jz 7,4) — diz Deus. Manda-os passar o rio, e só levarás contigo "aqueles que beberem lançando a água à boca como cães" (Ibid. 5). — Foram os que assim beberam trezentos somente; e, dividido este pequeno número em três partes, as armas que deu o sábio e ardiloso capitão a cada um foi uma trombeta para a mão direita e, para a esquerda, um cântaro de barro tapado, com uma luminária dentro: "E dividiu os seus trezentos homens em três batalhões, e deu a cada um sua trombeta e seu cântaro vazio, com tochas dentro" (Jz 7,16). — Esta foi a larga cerimônia com que Deus diminuiu os soldados de Gedeão, e esta toda a prevenção com que ele os armou para a batalha. E qual seria o sucesso? Foi tão breve que o refere a Escritura em duas regras. Debaixo das sombras da noite tomaram os trezentos aventureiros três postos ao redor dos arraiais dos madianitas, tocaram todos ao mesmo tempo as trombetas, quebraram os cântaros, apareceram os fogos, e foi tal a confusão e perturbação naquele numerosíssimo exército, tanto mais confuso quanto maior, que, imaginando-se acometidos e entrados por tantas partes, sem ordem, sem conselho e sem se conhecerem, uns matavam aos seus, outros fugiam deles como de inimigos, e até os que escaparam, seguidos pelo mesmo Gedeão e desbaratados inteiramente por ele, deram complemento à vitória começada e acabada na mesma noite e dia.

Não vos parece que foi grande, admirável, não esperada e quase incrível esta batalha e vitória de trezentos homens? Pois assim mostrou Deus naquela batalha que não só podem vencer os poucos aos muitos, senão os muitos aos inumeráveis; e assim nos deixou retratadas desde então naquela vitória as que depois haviam de alcançar os católicos contra os infiéis, em virtude do Rosário de sua Santíssima Mãe. Ponderai todas as circunstâncias do caso e achareis o Rosário retratado em todas. Nas trombetas temos a parte vocal do Rosário, que consiste em vozes; nos cântaros e lumes ocultos, a parte mental, que consiste nos mistérios, e mistérios não outros, senão os de Cristo, cuja humanidade era significada no barro de fora e a divindade nos lumes de dentro. Estas foram as armas com que venceram; mas como, quantos e quais? O modo foi dividido em três partes, que são os três terços do Rosário; o número foram trezentos, que é o Rosário dobrado, a que vulgarmente chamais trezentas. E a qualidade ou diferença dos soldados aqueles que só beberam como cães, que é a figura própria em que foi profetizado o fundador do Rosário, S. Domingos, como imitadores seus. Estes e tais, sendo tão poucos, venceram a tantos, porque esta é a virtude e estes os poderes do Rosário: vencer a muitos com poucos. Ponde-vos nas campanhas de França, e vereis muitas vezes o mesmo que no vale de Madiã. O conde Simon de Monfort, grande devoto do Rosário e famoso defensor dele contra os hereges, era o general dos católicos. E que fizeram os seus soldados? Uma vez só trinta venceram a três mil; outra vez quinhentos venceram a dez mil; outra vez três mil venceram a trinta mil. E isto lhe sucedia em todos os encontros e batalhas, sempre inferiores no número e superiores na vitória.

Mas porque a que nós desejamos é uma última e total em que lancemos fora de nossas terras os injustos possuidores delas, ouvi o que refere o Beato Alano, aquele mesmo soldado de que falamos acima, o qual trocando o hábito militar pelo de religioso, e sendo santo, foi depois de S. Domingos o maior pregador do Rosário. — Uma rainha — diz ele — chamada Benedita, tendo-lhe ocupado os hereges a maior parte dos seus estados, e não podendo o rei, por ser muito velho, tomar as armas, pediu-lhe que, suposta a sua impossibilidade, lhe quisesse dar mil soldados, porque ela, com este pequeno poder, confiada no socorro da poderosíssima Virgem Maria, tinha esperança de prevalecer contra os inimigos e reconquistar todo o perdido. Era esta princesa devotíssima da Senhora do Rosário, e a primeira coisa que fez foi que todos os seus mil soldados se alistassem na confraria da mesma Senhora e rezassem o Rosário todos os dias. Bem exercitados nesta nova disciplina, e mais armados dos seus Rosários que das outras armas, saiu a rainha em campanha com este seu exército, que mal merecia nome de esquadrão; e que diria à vista dele o inimigo? O mesmo que disse o gigante quando viu a Davi. Opuseram-lhe os presídios das primeiras praças; mas os presídios e as praças foram logo rendidas. Marcha por diante a rainha, e tão depressa vencia como se com os seus poucos soldados levara também a soldo a vitória. Desengana-se o inimigo, teme já o poder de que zombava, e ajuntando todo o seu em um grande e bem formado exército, não recusam a batalha os do Rosário; e estes, sendo tão poucos, fizeram tal estrago e mortandade nos hereges que, fugindo os demais, e não parando nem nas últimas raias do reino, o deixaram, não só livre, mas o que dantes não estava, fortificado. Com este sucesso tão conforme à sua esperança, tornou Benedita não só vencedora, mas já verdadeiramente rainha, e entrou triunfante na sua corte, dando todos as graças e os vivas à Virgem do Rosário, que foi a que neles venceu.

§ VII

Oh! que pouca razão tem a Bahia de temer, se os seus soldados, que considera poucos, militarem debaixo destas sempre vitoriosas bandeiras? Se só mil soldados armados com o Rosário recuperaram um reino e lançaram dele os inimigos, tantos e tão certificados, a Bahia presidiada ainda hoje com dobrada guarnição, e tão valorosa, por que receará ser invadida, e não terá confiança de outra semelhante e final vitória? Verdadeiramente foi circunstância particular e mui notável nesta — para maior glória do Rosário — que, como Jael, Débora ou Judite a alcançasse uma mulher; mas, em tempo que as armas de Portugal são imediatamente governadas pela sereníssima Margarida, cuja singular piedade e devoção com a Rainha dos Anjos é o realce que mais resplandece sobre seu real e augustíssimo sangue, nem esta gloriosa circunstância nos falta para que as nossas vitórias possam fazer paralelo com as da triunfante Benedita.

Três coisas conseguiu esta devota e venturosa princesa. A vitória dos inimigos, a recuperação de seus estados e a paz deles, que é o suspirado fim da nossa guerra. Este foi, como dizíamos, o mistério de Davi gerar a Salomão; e tudo isto, que tão dificultoso parece a muitos, conseguiremos facilmente em virtude da melhor filha de Salomão e Davi, se a funda do seu Rosário forem as nossas armas como são as suas. "Quem é esta que caminha como a aurora quando nasce, tão formosa como a lua, tão escolhida como o sol e tão terrível e formidável como um exército bem ordenado posto em campo?" (Ct 6,9). — Esta pergunta fizeram as filhas de Sião, companheiras da Esposa dos Cantares, que é a Virgem Maria, e a sua mesma pergunta e dúvida ma faz a mim maior. Quando isto perguntaram e duvidaram as filhas de Sião, estavam atualmente vendo e falando com a mesma Esposa, e louvando-a. Assim o dizem as palavras antecedentes: "As filhas a viram, e elas a chamaram a mais bem-aventurada" (Ct 6,8). — Pois, se estavam vendo e falando com a Senhora, e a conheciam

muito bem, que por isso a louvavam com o superlativo de beatíssima, como perguntam e duvidam quem é: "Quem é esta?".
— Não duvidavam da pessoa; duvidavam do ofício que exercitava e do título a que havia de atribuir ser terrível como um exército armado. A Virgem, Senhora nossa, tem muitos títulos, ofícios e invocações com que, sendo uma só, a distinguimos como se foram muitas. Assim dizemos a Senhora da Piedade, a Senhora do Socorro, a Senhora da Saúde, etc. E nesta forma duvidavam e perguntavam as filhas de Sião que Senhora era aquela, terrível e formidável como um poderoso exército? Elas não tiveram quem respondesse à sua pergunta, mas eu respondo que é a Senhora do Rosário, e o provo do mesmo texto. Antes de dizerem que era como exército, disseram que era como aurora, como lua, como sol: "Quem é esta que caminha como a aurora quando nasce, tão formosa como a lua, tão escolhida como o sol" — e estes são sucessivamente, e pela mesma ordem, os três mistérios de que se compõe o Rosário. Nos primeiros, que são os da Encarnação, foi a Senhora como aurora, Mãe do verdadeiro Sol, o Filho de Deus encarnado; nos segundos, que são os da Paixão, foi como lua, eclipsada na dor e tristeza do Filho crucificado e morto; nos terceiros, que são os da Ressurreição, foi como o sol, cercada dos resplendores e glória do mesmo Filho ressuscitado. E de todos três, gozosos, dolorosos e gloriosos, se compõe pela mesma ordem o terrível e formidável exército do Rosário, que por isso nomeadamente se chama ordenado: "como um exército bem ordenado posto em campo".
— Os romanos ordenavam os seus exércitos repartidos em três linhas: na primeira, os soldados que chamavam Rosários; na segunda, os que chamavam acentos; na terceira, os que chamavam triários; e na mesma forma ordenou a Senhora o seu Rosário, repartido nas três partes a que nós chamamos terços. Assim como nos exércitos romanos a cada dez soldados presidia e assistia um cabo, chamado por isso decurião, assim vemos nas contas do Rosário que a cada fileira de dez Ave-marias preside e precede um Pai-nosso. Tão composto e tão ordenado é este poderosíssimo exército da Senhora, e por isso terrível e formidável: "Terrível como um exército bem ordenado posto em campo".

De ser tão terrível e formidável o exército se segue o não haver quem lhe resista e ser sempre vitorioso; e a estas vitórias, como às de Davi, se segue a paz, como a de Salomão. Assim se afirma e canta no mesmo capítulo, com repetição das mesmas palavras: "Formosa como Jerusalém, terrível como um exército bem ordenado posto em campo" (Ct 6,3).
— E por que se chama a Senhora formosa como Jerusalém, quando outra vez é chamada terrível como exército? Porque Jerusalém quer dizer "vista de paz" — e o mesmo exército do Rosário, que para os inimigos é vista de terror, para os que ele defende é vista de paz: vista de terror, pelas vitórias que alcança; e vista de paz, pela paz que às mesmas vitórias se segue. Pelas vitórias de Davi foi tal a paz que gozou Salomão, que diz a Escritura, falando do seu reinado, que Jerusalém estava cercada com muros de paz: "O que estabeleceu a paz nos teus limites" (Sl 147,14). — Estendendo-se, pois, o Brasil por mais de mil léguas de costa com tantos portos e enseadas abertas, que não bastam para as guarnecer todos os soldados de Europa, só com muros de paz se pode defender e estar seguro. E donde poderemos nós achar estes muros de paz, senão na mesma Senhora do Rosário, a qual, como para as vitórias é o exército, também para a paz será os

muros. Assim o diz milagrosamente, falando da mesma Senhora, não outrem, senão o mesmo Salomão, nem em outro livro, senão no mesmo dos Cânticos: "Eu sou um muro, e os meus peitos são como uma torre, desde que me tenho na sua presença, me tornei como aquela que acha paz" (Ct 8,10). — Tanto que eu descobrir e achar esta tão desejada paz, eu mesma, diz a Senhora, serei o muro, e os meus peitos as torres que vos defendam.

Mas para que são outras Escrituras, se na mesma natureza nos deixou a Senhora um prodigioso testemunho, em que nos promete esta paz vinculada ao seu Rosário. As palavras da Virgem Santíssima no capítulo vinte e quatro do Eclesiástico são estas: "Difundi o odor dos perfumes do aspálato". — Os favores que eu comunico aos meus devotos são como o cheiro do aspálato. — Assim leem este lugar as Bíblias grega, romana, siríaca, Rabano, Jansênio, Lira, e todos os expositores comumente. E que coisa é o aspálato, para que entendamos o mistério das palavras da Senhora e o que nos quer dizer nelas? Primeiramente o aspálato, diz Plínio, "é uma árvore pequena, cujas flores entre espinhos são como rosas"[11]. — O lenho do aspálato, dizem Amato e Ruélio, referidos por A Lápide, que é o vulgarmente chamado ródio, de que se fazem as contas do Rosário: "Amato e Ruélio julgam que o aspálato é a madeira ródio, da qual se fazem as contas do Rosário"[12]. — Já temos o Rosário bem significado nas flores e no tronco do aspálato. E qual é a propriedade do seu cheiro, em que a Virgem Senhora põe toda a força e energia da sua comparação: "Difundi o odor dos perfumes do aspálato"?

Verdadeiramente é milagre da natureza, que só parece criado pelo autor dela para prova dos poderes de sua Santíssima Mãe e da paz que nos prometem as vitórias do seu Rosário. — "Toda a planta", diz Plínio, "sobre a qual se inclinou a íris ou arco celeste, tem a suavidade do cheiro do aspálato". — Em descobrir as causas deste segredo trabalhou com todo o seu engenho Aristóteles; mas como o havia de alcançar quem não teve fé dos mistérios de Cristo, e mil e setecentos anos antes da instituição do Rosário? A devoção do Rosário é o cheiro do aspálato, a que a mesma Senhora se comparou: "Difundi o odor dos perfumes do aspálato"; a íris ou arco celeste é o sinal da paz que Deus deu aos homens desde o tempo do dilúvio; e todas aquelas plantas sobre que se inclina o arco celeste cheiram a aspálato, porque é tal a virtude ou a simpatia como natural que tem o Rosário com a paz e a paz com o Rosário, que a todos aqueles a quem a Senhora comunicou a devoção do seu Rosário não pode faltar o céu em lhe dar a paz. O arco celeste é arco sem corda, e por mais armados que estejam os inimigos, o Rosário os desarmara, de maneira que da mesma guerra nasça a paz, assim como de Davi guerreiro nasceu Salomão pacífico: "E o rei Davi gerou a Salomão".

§ VIII

Tenho acabado o meu discurso, mais largo do que o pedia a festa, se a matéria não fora tão importante. Concluo com duas palavras aos nossos soldados, não para afrontar o seu valor animando-os, mas para alentar a sua devoção e cristandade, sem a qual não há seguro valor. A insígnia dos soldados antigamente não consistia na espada, senão no que hoje se chama tali, e então se chamava bálteo. Os moabitas, para resistirem aos exércitos de Israel e Judá, diz o texto sagrado que ajuntaram todos aqueles a quem do ombro pendia o bálteo, isto é, toda a gente de guerra: "Convocaram todos aqueles que cingiam o bálteo" (4Rs 3,21). — Jó, para significar como Deus abate e humilha o poder militar dos reis, diz que "lhes tira e rompe o bálteo" (Jó 12,18). — Turno, quando matou o príncipe Palante, o despojo com que se honrou de suas armas foi somente o bálteo, que depois lhe custou a vida: "Quando apareceu o bálteo em cima do ombro". — Joab, soberbo com a vingança dos dois generais Abner e Amasa, o que pintou com o sangue de ambos foi o seu bálteo: "Derramou o sangue em tempo de paz, como se fosse na guerra, e tingiu com ele o bálteo que trazia" (3Rs 2,5). — Finalmente, para encarecer a Escritura o extremo com que Jônatas amou a Davi depois da vitória do gigante, diz que lhe deu os seus vestidos, a sua espada, o seu arco e, por último encarecimento, "até o bálteo" (1Rs 18,4). — Tal é a insígnia, valorosíssimos soldados, que eu quisera recebêsseis todos, não da mão de Jônatas, filho el-rei Saul, mas da mão da Rainha dos Anjos e Mãe do Rei dos reis. O bálteo da Virgem poderosíssima é o seu Rosário. Com este lançado a tiracolo — como também Davi levava o seu surrão pastoril, em que meteu as pedras — posto que o número dos inimigos seja tão avantajado como é, e o vosso muito menor, sem dúvida vencereis a todos.

No ano de mil e quinhentos e setenta e oito, quando mais se desaforou a rebeldia herética nos estados de Flandres, profanados os templos e os altares, afrontadas e quebradas as cruzes e imagens sagradas e fundidos os sinos em artilharia, como se tem feito em Pernambuco, os hereges da populosíssima cidade de Gante formaram um exército de vinte mil combatentes, com que talavam os campos, saqueavam as vilas e destruíam todos os lugares abertos e sem defensa dos católicos. No meio, porém, deste lastimoso desamparo excitou Deus o espírito do conde de Egmont, e de outros senhores tão fiéis e obedientes à Igreja Romana como a seu rei, os quais se quiseram opor à fúria dos hereges; mas não puderam ajuntar mais que um pé do exército de sete mil soldados, inferior em dois terços ao dos inimigos. E que fariam com tão desigual poder? Pintaram nas bandeiras a Virgem, Senhora nossa, e todos, assim soldados como capitães, lançaram a tiracolo os seus Rosários, e deste modo armados se puseram na campanha. Os hereges, vendo o pequeno número, e as novas e desusadas bandas dos que saíam a contender com eles, chamavam-lhes, por desprezo, o exército do Pai-nosso; mas os Pai-nossos e as Ave-marias esforçaram de maneira o seu pequeno exército, que mortos cinco mil dos inimigos, os demais, fugindo, se acolheram à cidade, donde nunca mais se atreveram a sair, e ficou toda a campanha pelos católicos. Isto fez então a Senhora do Rosário, e o mesmo fará em todas as ocasiões, se os nossos soldados, posto que menos em número, seguirem nas bandeiras a mesma insígnia e se armarem das mesmas armas.

E para que vejam que não só são ofensivas, senão também defensivas, que é o primeiro efeito das armas, e o primeiro cuidado e fim da milícia bem ordenada, ouçam brevissimamente outro caso, não só de igual e maior maravilha, mas evidentemente milagroso. Caminhava pelo vale de Alfandec, no reino de Valença, um fidalgo, por nome Jerônimo Hespi, e ali o assaltaram seus inimigos, muitos, e todos com armas de fogo. Vendo-se só e sem remédio, invocou o socorro da Senhora do Rosário, de quem era muito devoto. E qual seria o sucesso de uma tão perigosa assaltada? Empregaram nele vinte tiros, de que os vestidos por diferentes partes ficaram um crivo; mas as balas todas pararam entre a roupa e a carne, sem penetrarem a pele nem lhe tirarem uma gota de sangue. Tão pouco obraram em um devoto do Rosário vinte tiros, e o mesmo fariam se fossem mil! — Oh! Virgem poderosíssima do Rosário, que agora acabo de entender por que diz Salomão que trazeis ao pescoço mil escudos, como os que estavam pendurados na torre de Davi: "O teu pescoço é como a torre de Davi: dela estão pendentes mil escudos" (Ct 4,4). — E que escudos são estes que a Senhora traz ao pescoço, senão as contas do seu Rosário? As contas do Rosário não só são cento e cinquenta escudos, senão mil escudos. Vejam logo os nossos soldados quão bem armados irão, não só ofensiva, senão defensivamente, se todos levarem a tiracolo este bálteo militar da Mãe do Senhor dos exércitos. Assim o escreveu Salomão, e assim o demonstra na torre de seu pai Davi, confirmando ambos também por este modo o mistério com que disse o nosso Evangelho falando de ambos: "E o rei Davi gerou a Salomão" (Mt 1,6).

SERMÃO

XIII

∾

"O reino dos céus é comparado a um homem rei
que quis tomar contas aos seus servos."
(Mt 18,23)

"Bem-aventurado o ventre que te trouxe e os peitos que te amamentaram."
(Lc 11,27)

Quem quiser dar boas contas a Deus reze pelas do Rosário: é o assunto e o título do presente sermão. A parábola do servo infiel será o pano de fundo da pregação.
— Por que o devedor pede paciência e não misericórdia ou perdão?
Não basta que Cristo tivesse paciência e padecesse, é necessário que essa paciência passe a nós e a façamos nossa. — Como? Pela memória repetida do que Cristo fez e padeceu por nós: esta a parte mental do Rosário. Agora, a parte vocal: rogar.
No Pai-nosso rogamos que perdoe as nossas dívidas; na Ave-maria rogamos que rogue por nós, pecadores, porque só este deve ser o nosso cuidado. Perdoar em Deus é ato da sua misericórdia. Se somos devedores a Deus, Deus é também devedor à sua Mãe, nossa intercessora, porque deve-lhe o ser humano. E sua Mãe é-nos devedora a nós, porque somos pecadores e por sua caridade maternal. A história de Jacó e o exemplo de José do Egito confirmam o assunto e o título do sermão.

§ I

Se alguma coisa faz a vida molesta, se alguma mais que todas faz a morte temerosa, é a conta que todos os homens havemos de dar a Deus. Pouco tinha que temer a morte, se depois dela se não seguira o juízo, e facilmente se podia passar a vida se a não aguardara no fim o exame rigoroso de todos os atos dela. Mas como poderá obrar com gosto quem lhe hão de pedir conta de todas as obras? Como poderá falar com confiança quem lhe hão de pedir conta de todas as palavras? Como poderá nem ainda imaginar com liberdade quem lhe hão de pedir conta de todos os pensamentos? Isto é o que com temerosas circunstâncias nos representa hoje a Igreja no Evangelho próprio deste dia, de que é o primeiro tema que propus: "O reino dos céus é comparado a um homem rei que quis tomar contas aos seus servos" (Mt 18,23). — Compara-se Deus nesta parábola a um rei que tomou contas a seus servos. E se àqueles que o servem, e de quem se serve, toma contas, não se fiando da fidelidade e inteireza dos mesmos de quem confiou seu serviço, vede quão rigorosas serão as que tomará aos que o não servem. Servo de Deus era Davi, e servo nascido em sua casa: "Eu sou teu servo, e filho da tua escrava" (Sl 115,16) — e, contudo, tremendo dizia: "Não entreis, Senhor, em juízo com vosso servo, porque ninguém sairá justificado em suas contas, se vós lhas examinardes" (Sl 142,2). — Servo de Deus era Jó, e o servo de quem Deus mais se fiava e se prezava: "Acaso consideraste tu a meu servo Jó?" (Jó 1,8). — E este mesmo Jó confessava de si e de qualquer outro homem que, se entrasse em juízo contencioso com Deus, nenhum haveria que, de mil coisas de que Deus lhe pedisse conta, lha desse boa de uma só: "E se quiser disputar com Deus, não lhe poderá responder por mil coisas uma sequer" (Jó 9,3). — Assim sucedeu nesta parábola a um servo a quem o rei tomou contas. Alcançou-o não só em mil, senão em dez mil talentos, não tendo ele cabedal nem remédio para satisfazer a menor parte de tamanha dívida: e este é o estado em que nos achamos todos.

Só duas pessoas houve neste mundo a quem Deus não alcançou em contas, que foram seu Filho e sua Mãe, os quais nunca contraíram dívida, porque nunca pecaram. E a felicidade singular deste mesmo Filho, Cristo, e desta mesma Mãe, a Virgem Santíssima, é o que temos no Evangelho da presente solenidade, de que eu propus o segundo tema: "Bem-aventurado o ventre que te trouxe e os peitos que te amamentaram" (Lc 11,27). — A razão geral por que na solenidade do Rosário canta a Igreja esta breve e compendiosa sentença, em que os louvores do Filho estão admiravelmente tecidos com os da Mãe, e os da Mãe unidos com os do Filho, é porque dos mistérios do mesmo Filho e da mesma Mãe se compõe o mesmo Rosário. Mas esta só razão não basta para dar suficiente motivo ao encontro do segundo Evangelho com o primeiro. Se nós fôramos capazes de nos isentar da conta que Deus toma no primeiro Evangelho, como se isentaram dela no segundo o Filho impecável e a Mãe que nunca pecou, bom reparo nos ofereciam as isenções do segundo contra o perigo e temores do primeiro; mas, como todos somos pecadores, todos entramos na conta dos que a hão de dar a Deus, e muito rigorosa. Contudo eu, considerando os dois meios — que logo veremos — com que o servo do primeiro Evangelho, vendo-se tão alcançado nas contas soube sair bem delas, acho os mesmos nos mistérios do Filho e nas intercessões da Mãe, que são as duas partes do Rosário a que o mesmo Filho e a mesma Mãe lançaram os primeiros fundamentos no segundo Evangelho. Concordados, pois, um e outro, e ajustadas as contas do Rosário com a conta que havemos de dar a Deus, o assunto e título do presente sermão será este novo provérbio: Quem quiser dar boas contas a Deus, reze pelas do Rosário. A dificuldade do argumento, tão grande como a novidade dele, necessitam de muita graça. *Ave Maria.*

§ II

Começou o rei a tomar contas aos criados — diz o Evangelho — e o primeiro a quem as tomou achou que lhe estava a dever dez mil talentos: "E tendo começado a tomar as contas, apresentou-se-lhe um que lhe devia dez mil talentos" (Mt 18,24). — Talentos antigamente significavam certa soma de dinheiro, grande; hoje os talentos significam préstimos, e posto que se lhes mudou a significação, não se variou o significado. Quem tem muito dinheiro, por mais inepto que seja, tem talentos e préstimos para tudo; quem o não tem, por mais talentos que tenha, não presta para nada. E quanto vinham a montar os dez mil talentos em que o criado do rei foi alcançado de contas? É coisa digna de assombro, e mais em tempo em que ainda se não tinham descoberto os Potussiz. Segundo a conta hebreia, em que Cristo falava, vinham a montar dez mil talentos, cento e vinte milhões de ouro da nossa moeda antiga e, da presente, duzentos milhões. Pois como é possível que tivesse tão grandes tesouros um rei, e que um só criado lhe tivesse roubado tanto? Duas razões acho no mesmo Evangelho a estes dois muitos, uma da parte do rei, outra da parte do criado. Da parte do rei, diz o Evangelho que ele por sua própria pessoa tomava as contas: "A um homem rei que quis tomar contas aos seus servos, tendo começado a tomar as contas" (Mt 18,23s). — E um rei que toma as contas da sua fazenda por sua própria pessoa, e não as fia de outrem, não é muito que tenha milhões e milhares. E se a prova se não pode ver hoje nos milhões adquiridos, veja-se nos consumidos e desbaratados. Da parte do criado, diz o Evangelho que o rei, alcançando-o nas contas em tão enorme quantia, "o mandou vender a ele e a sua mulher e a seus filhos" (Mt 18,25). — Isto não o fez o rei por recuperar o perdido, mas por castigar o ladrão, porque depois de tamanha quebra, claro está que não havia de haver quem desse nada por ele. E por que foram também vendidos a mulher e os filhos? Porque a vaidade e apetites das mulheres, e as larguezas e loucuras dos filhos, são uma das principais causas por que os maridos e pais se endividam no que não podem pagar, e roubam o que não hão de restituir. E isto baste quanto à história e corpo da parábola.

Vindo ao espírito e interior dela, estas dívidas são os pecados. Assim lhe chamamos no Rosário quando dizemos: "Perdoanos as nossas dívidas" (Mt 6,2). — E para um homem ser devedor a Deus de duzentos milhões não é necessário que os pecados se contem a milhares nem a centos; basta um só pecado mortal. Esta é a verdadeira e sólida inteligência da parábola, e assim a declaram, sem discrepância alguma, todos os Pais, todos os teólogos, todos os intérpretes. E que fez o pobre criado vendo-se tomado e convencido em tanto excesso de dívidas, e não só impossibilitado de cabedal para as satisfazer, mas condenado já pelo rei a ser vendido, e passar da largueza e senhorio do estado em que tanto luzia com o alheio à miserável servidão de escravo? Valeu-se industriosamente de dois meios, que são os mesmos — como dizia — de que se compõem as duas partes do Rosário. As duas partes do Rosário, mental uma e vocal outra, compõem-se de mistérios e orações; nos mistérios valemo-nos dos merecimentos de Cristo; nas orações valemo-nos delas e da intercessão de sua Santíssima Mãe. Aproveitando-se, pois, de semelhantes indústrias, o servo que tão alcançado se viu nas contas, com elas se remiu tão inteiramente do que devia, como se as tivera dado muito ajustadas. Vamos ao primeiro Evangelho — que é um claro e excelente comento do que a Igreja e a festa nos recomenda no segundo — e nele acharemos uma e outra indústria.

§ III

Convencido e condenado, o devedor lançou-se ao pés do rei, e disse-lhe estas breves palavras: "Tende, Senhor, paciência para comigo, e eu vos pagarei tudo o que devo" (Mt 18,26). — Isto é, letra por letra, o que soam as palavras, nas quais se oculta um mistério que, descoberto, é altíssimo. Parece que este homem havia de pedir misericórdia ao rei, e não paciência; pois por que não pede misericórdia nem perdão do que devia, senão a paciência do rei somente, "e debaixo dessa paciência lhe promete pagar toda a dívida"? — Torno a dizer que falou altissimamente. Por que o rei era Deus, o qual é incapaz de paciência, porque não pode padecer; e uma vez que Deus chegasse a padecer e ter paciência, logo o servo tinha cabedal para lhe pagar toda a dívida, e muito mais.

Para perfeita inteligência deste grande ponto havemos de supor o que resolve e ensina a Teologia sobre duas famosas questões. A primeira é se bastava um puro homem que não fosse Deus para satisfazer e pagar de rigor de justiça pelos pecados dos homens? Ao que se responde com resolução certa e evidente que não, porque a paga há de ser proporcionada à dívida, e o pecado, pela parte que toca a Deus, a quem ofende, é dívida infinita. Logo, não se pode pagar com satisfação de valor finito e limitado, qual é o do puro homem, e esta é a razão por que diz o Evangelho que o homem devedor dos talentos "não tinha cabedal para a paga" (Mt 28,25). — Suposto, pois, que homem que houvesse de pagar pelo pecado, necessariamente havia de ser Deus, a segunda questão é se bastava que fosse Deus com carne imortal e impassível? Ao que se responde com a mesma certeza que absolutamente bastava, porque as ações deste Homem-Deus quaisquer que fossem, sempre seriam de preço e valor infinito. Suposto, porém, o decreto divino, ensina a teologia e a fé que de nenhum modo bastaria, porque Deus tinha decretado de não aceitar outra paga pelo pecado dos homens menos que a morte e Paixão de seu Filho. E essa foi a razão por que o mesmo Filho de fato encarnou em corpo mortal e passível, para poder padecer, como padeceu. E como o pecado do homem se não podia pagar sem Deus padecer, por isso o servo devedor, vendo-se alcançado nas contas, e impossibilitado para a paga, discreta e sabiamente disse ao rei, que era Deus: "Tende paciência comigo e te pagarei tudo". Vós, Senhor, que sois impassível, tende paciência, e essa vossa paciência aplicai-ma a mim: "Tende paciência comigo" — que, como vós padecerdes por mim, logo eu terei cabedal para vos pagar quanto devo: "E te pagarei tudo".

Bem mal cuidei eu, quando dei neste pensamento, que tivesse confirmação para ele. Mas depois achei que muitos anos antes o tinha escrito o doutíssimo Salmeirão, da nossa companhia, e um dos primeiros fundadores dela. Enfim que se o pensamento não é meu, é nosso. Vão as palavras, que não podem ser mais adequadas: "O modo com que alguém tudo paga a Deus é o sofrimento de Deus e sua paciência, ele que por nós na cruz satisfez plenamente a Deus"[1]: O modo — diz Salmeirão — com que o pecador paga a Deus as dívidas de seus pecados, é só a paciência do mesmo Deus, porque fazendo-se Deus homem passível, e padecendo pelos pecados dos homens, só por este modo pôde satisfazer e satisfez plenariamente por todos. De sorte que o nosso descargo todo consiste na sua paciência: "Tende paciência comigo e te pagarei tudo" — Pois, assim como o servo do rei apelou para este único modo de satisfação, vendo-se alcançado nas contas, assim digo que por meio das contas de Rosário as daremos boas a Deus, porque nelas nos valemos do cabedal da sua paciência, e trespassamos todas as nossas dívidas sobre o mesmo Deus, feito homem passível, para que ele as pague por nós com o preço do que padeceu em todos os passos e mistérios da sua vida e morte, que são os que no mesmo Rosário lhe oferecemos.

E para que não faça novidade ou dúvida este modo de trespassar as nossas dívidas a Cristo, para que nós as paguemos nele ou ele as pague por nós, ouçamos ao profeta Natã. Quando este profeta arguiu a Davi do pecado que tinha cometido contra Deus, no adultério de Bersabé e morte aleivosa de Urias, como ele arrependido respondesse: "Pequei contra Deus" (2Rs 12,13) — acrescentou logo o mesmo profeta: "E também Deus, ó rei, trespassou o teu pecado". — Notai a palavra "trespassou". E para onde, ou para quem trespassou Deus o pecado de Davi? No texto hebreu ainda está mais claro: "Fez que o teu pecado passasse de ti". — Pois, se passou de Davi, para quem passou? Passou de Davi para Cristo, e este foi o trespasse. A dívida era conta de Davi, e a paga foi da conta de Cristo. No banco de Amsterdão metem ali os mercadores os seus cabedais, cada um com a sua conta à parte, e sem se contar dinheiro, só com um trespasso se fazem todos os contratos, e se pagam todas as dívidas, carregando-se na conta de um o que se tira na do outro. Assim sucedeu a Davi, na dívida que contraiu pelo seu pecado: "E também o Senhor trespassou o seu pecado". — Pagou a sua dívida por via de trespasso, porque a descarregou Deus da conta de Davi, e a carregou na de Cristo. Isto mesmo é o que se faz no Rosário.

Mas vejamos primeiro o modo tão admirável, como propriamente divino, com que no trespasso de nossos pecados se faz este descargo de nossas dívidas. Condenado el-rei Ezequias à morte, alcançou perdão de Deus, e os termos com que lhe rendeu as graças por esta mercê foram tão extraordinários como ela: "Vós, porém, abraçastes a minha alma para que não perecesse; e lançastes para trás das tuas costas todos os meus pecados" (Is 38,17). Eu, Senhor, bem merecia a morte; mas vós fostes tão piedoso comigo, que para me livrardes dela, lançastes os meus pecados detrás de vossas costas. — Lançarem-se os pecados de uns às costas de outros, não é coisa nova no mundo, antes a mais antiga de todas. Adão lançou a sua culpa às costas de Eva, e Eva lançou a sua às costas da serpente e todos os filhos de Adão e Eva, para se desculparem a si, lançam as suas culpas às costas de outros. Isto fazem os homens. E Deus que faz, ou que fez? O que fez a Ezequias só foi uma semelhança do que fez por todos. Para livrar a todos os homens do que lhe deviam por seus pecados, tomou os pecados de todos sobre si, e lançou-os às suas próprias costas. É proposição de fé definida pelo primeiro pontífice da Igreja: "Ele mesmo levou em seu corpo os nossos pecados sobre o madeiro" (1Pd 2,24). Quando Cristo levou a cruz às costas — diz S. Pedro — levou sobre a mesma cruz todos os nossos pecados, para pagar por eles. Daqui se entenderá de passagem a razão por que Cristo ajoelhou com o peso da cruz, e o Cirineu a levou tão facilmente. Porque o Cirineu levava a cruz sem os pecados, e Cristo levava os pecados sobre a cruz. E não é muito que o peso dos pecados fizesse ajoelhar a Deus, se o fez morrer.

Morreu, enfim, Cristo na cruz, e nela, assim como com a morte pagou as dívidas dos nossos pecados, assim com o sangue apagou as Escrituras por que estávamos obrigados às mesmas dívidas. Não é consideração minha, senão testemunho autêntico de S. Paulo, ou revelação de Cristo por boca do mesmo apóstolo: "Apagando as escrituras que eram contra nós, cravou-as na cruz" (Cl 2,14). Quer dizer que apagou Cristo na cruz as escrituras de nossos pecados, e que, assim apagadas, as pregou nela. E se alguém me perguntar que escrituras são estas, pelas quais estamos obrigados às dívidas de nossos pecados, respondo que aludiu S. Paulo a um grande secreto da providência e justiça divina, metafórico mas verdadeiro, e é que todas vezes que o homem peca — sem nós o sentirmos, nem sabermos como — escreve cada um nos livros de Deus o seu pecado como devedor, e por esta escritura fica obrigado à dívida e à paga dela. Assim o declara Orígenes, como tão versado nas letras sagradas: "Cada um de nós, naquelas coisas que delinquiu, fez-se devedor, e escreveu as escrituras de seu pecado"[2]. — Estas são as escrituras que Cristo apagou com o seu sangue na cruz, e estas as dívidas dos pecados que tomou sobre si, pagando umas, e apagando outras: "Apagando as escrituras que eram contra nós". — E como, pela paciência de Cristo e pelo que ele padeceu por nós, se pagam as dívidas e se apagam as escrituras de nossos pecados, quem estiver tão saneado nos livros de Deus quando for chamado a dar contas, como as não há de dar boas?

§ IV

Isto é o que digo que alcançamos por meio das contas do Rosário. Mas contra esta grande proposição se oferece uma grande dúvida. A paciência de Cristo, e o que ele padeceu, foi geral para todos; e para lograr os frutos desta sua paciência, não basta que fosse sua, é necessário que seja também nossa. Isso quer dizer, com singular energia, aquele "comigo". Não basta que Cristo tivesse paciência, e padecesse: "Tende paciência" — mas é necessário que essa paciência se passe a nós — "comigo" — e que seja e a façamos também nossa. Logo, resta o ponto principal e mais dificultoso, que é mostrar como por meio do Rosário fazemos nossa a paciência e Paixão de Cristo, e com ela, com cabedal nosso, pagamos as dívidas de nossos pecados: "Tende paciência comigo, e te pagarei tudo". — Torno a dizer que, bem apertadas as contas do Rosário tudo isto fazem. Para fazermos nossos os efeitos da paciência, paixão e morte de Cristo, aponta e requer S. Paulo duas condições: a primeira, a memória: "Em memória de mim" (1Cor 11,25); a segunda, a compaixão: "Se é que todavia nos compadecemos com ele" (Rm 8,17). — De maneira que a nossa memória faz nossa a sua paixão, e a nossa compaixão faz nossa a sua paciência. E tudo isto é o que faz o Rosário, ou nós fazemos nele, porque o Rosário mental, ou a meditação do Rosário, não é outra coisa senão uma memória afetuosa e compassiva do que Cristo padeceu por nós.

Ao Diviníssimo Sacramento do altar canta a Igreja: "Ó sagrado banquete em que se come a Cristo". — E logo, declarando o que Cristo ali faz da sua parte, e nós da nossa, diz que nós repetimos a memória de sua paixão, e ele nos dá a graça, e a glória, e a si mesmo em penhor dela: "Repete-se a memória de sua paixão, a alma se enche de graça, e nos é dado um penhor da futura glória". — Eu não me admiro que a cruz de Cristo seja uma árvore tão alta que, tendo as raízes e o tronco na terra, chegue com os ramos ao céu, e lá dê os seus frutos; mas é excesso digno de toda a admiração que, para nós colhermos os frutos da sua paciência, bastem só as atenções da nossa memória. O fruto principal da paciência e paixão de Cristo é o perdão dos pecados, que consiste na graça, e o prêmio da graça, que consiste na glória, uma e outra adquirida com sua morte e comprada com seu sangue; e sendo esta dívida verdadeiramente infinita, que nos não peça Cristo em paga dela mais que a nossa memória: "Repete-se a memória de sua paixão"? — Aqui veremos a conta em que Deus tem as contas do Rosário. O primeiro ato da meditação do Rosário não é mais que uma memória repetida do que Cristo fez e padeceu por nós; e estima Deus tanto a repetição desta memória, que nos dá por ela o preço de toda a sua paixão. Cristo entra com a sua paixão, e nós com a nossa memória; mas é muito para notar que nós entramos como quem paga, e Cristo como quem deve. Provo. Porque o mesmo Cristo se nos dá por penhor a si mesmo: "Nos é dado um penhor" — e quem dá os penhores é o que se confessa por devedor. Logo, se entrando Cristo com a paixão da sua cruz, e nós com a memória do nosso Rosário, nós entramos como quem paga, e Cristo como quem deve, vejam os que levam as suas contas no Rosário se as darão boas e mais que boas, quando lhas pedirem.

Cumprida a primeira condição, da memória, segue-se a segunda, da compaixão: "Se todavia nos compadecemos" (Rm 8,17). — Mas, assim como o primeiro ato da meditação do Rosário é lembrarmo-nos do que Cristo padeceu por nós, assim o segundo, e mais afetuoso, é compadecermo-nos de suas penas. S. Paulo, a quem podemos chamar de Apóstolo da Paixão, porque sempre pregava a Cristo crucificado, o que nos pede em agradecimento dela é que sintamos em nós o que Cristo sentiu em si. Isto significam aquelas palavras: "E haja entre vós o mesmo sentimento que houve também em Jesus Cristo" (Fl 2,5). — Assim o declara com maior expressão o texto siríaco, e assim o faz o Rosário mental, cuja memória não é só especulativa e seca, mas prática, compassiva e sentida. Sentimos em nós e em Cristo o que ele sentiu em si e por nós. E que se segue daqui? Segue-se que, compadecendo-nos das suas penas, as fazemos nossas. Assim o diz o mesmo apóstolo. No tempo da primeira perseguição da Igreja, uns cristãos estavam presos para o martírio, outros estavam livres; e diz S. Paulo, com autoridade do Espírito Santo, que os de fora eram companheiros dos mesmos trabalhos com os de dentro. E por quê? Porque os de dentro padeciam em si, e os de fora compadeciam-se deles: "E por outra fostes feitos companheiros dos que se achavam no mesmo estado, porque não só vós compadecestes" (Hb 10,33s). — Notável razão outra vez: "Porque não só vós compadecestes". — Compadecei-vos do que padecem os mártires, pois sois companheiros do seu martírio e tão mártires como eles.

Porque eles sendo atormentados, padecem as suas penas, e vós, compadecendo-vos deles, fazeis as suas penas vossas. Tal é, e nada menor, a energia literal daquela razão: "Neles vós padecestes porque fizestes vossos por compaixão os seus sofrimentos e paixões"[3] — comenta o A Lápide. — E se a paixão e a compaixão reciprocam de tal sorte as penas, que as que são próprias de quem padece quem se compadece as faz suas, daqui se segue que a paixão de Cristo na cruz e a nossa compaixão do Rosário, ou são dívida comum, ou paga comum. Se são paga, não devemos; se são dívida, não temos que pagar porque, encontrando uma dívida com a outra, ficam as contas ajustadas, e de qualquer modo as damos boas.

Há mais dúvida contra o Rosário? Ainda resta uma neste ponto que mais parece por ele. Os mistérios do Rosário não são só os dolorosos, senão também os gozosos e os gloriosos; logo quem só disse "tende paciência comigo", parece que disse pouco. Não disse pouco, mas quando o dissera, ainda ficava mais seguro ao Rosário o dar boas contas, porque das três partes do cabedal lhe sobejam duas. Não é menor satisfação das obrigações o "alegrar-se com os que se alegram" que o "chorar com os que choram". Se nos mistérios dolorosos nos doemos com Cristo de suas dores, nos gozosos nos gozamos de seus gostos, e nos gloriosos nos gloriamos de suas glórias, e tudo isto acresce à satisfação das dívidas. Mas o certo é que, quem disse somente "Tende paciência comigo", não disse pouco, antes compreendeu tudo. Não só padeceu Cristo nos mistérios dolorosos, mas também aos gozosos e gloriosos se estendeu a sua paciência, porque nem os gozosos nem os gloriosos, que é mais, foram em Cristo isentos de cruz. "Quem quiser vir após mim" — diz Cristo — "tome a sua cruz às costas, e siga-me" (Mt 16,24). — E quando pregou o Senhor este desengano, ou quando lançou por si mesmo este famoso pregão, e onde? Porventura em Jerusalém, no dia de sua paixão, quando ia com a cruz às costas? Não, senão dois anos antes, como consta da cronologia dos Evangelistas. Pois se Cristo ainda não tinha tomado a sua cruz às costas, como diz que a tomem todos os que o quiserem seguir? O texto de S. Lucas ainda aperta mais a dúvida, porque diz: "Tome a sua cruz às costas todos os dias" (Lc 9,23). — Pois, se Cristo não tomou a sua cruz às costas mais que um só dia, como diz aos que o quiserem seguir que a tomem a seu exemplo todos os dias: "Tome a sua cruz às costas todos os dias, e siga-me"? — A resposta parece dificultosa, mas é muito clara, porque Cristo em todos os dias de sua vida nenhum teve em que não trouxesse às costas a sua cruz. Assim o fadou desde o berço o profeta Isaías, que logo ali, quando o anunciou nascido, no-lo deu também menino, mas já com a cruz aos ombros: "Um pequenino se acha nascido para nós, e um filho nos foi dado a nós, e foi posto o principado sobre o seu ombro" (Is 9,6). — Não só desde Belém até o Calvário, mas de Belém até o céu, sempre Cristo, e sempre com cruz. Com cruz nos mistérios dolorosos, com cruz nos gozosos e com cruz até nos gloriosos, que por isso levou ao céu as chagas e de lá há de trazer a cruz.

A razão por que Cristo reservou as suas chagas, e as levou ao céu, foi para sempre estar alegando por nós, e com elas, presentando-as a seu Eterno Pai com justo e superabundante preço de nossos pecados. Isto dizem comumente os santos; e bastava que o ajustamento das nossas dívidas tenha tão bom procurador, e com o preço de contado, e em tão boa moeda, para que saiamos bem das contas. Mas S. João Evangelista, que como águia, sempre voa por cima de todos, ainda o disse com mais alto pensamento: — "Dou-vos estes documentos" — diz o Evangelista na sua primeira epístola — "para que não pequeis; mas, se algum pecar, advogado temos diante do Pai, Jesus Cristo justo" (1Jo 2,1). Notáveis palavras, e é lástima que se não tenha reparado nelas o que mais se deve notar. Anima S. João aos que pecarem com a confiança de que têm no céu a Cristo, que é Advogado justo. E que importa que o advogado seja justo, se o réu é pecador? Se um réu fosse acusado de ladrão, ou de homicida, ou de perjuro, seriam boas contraditas do advogado que o defendesse dizendo: Provará que o advogado do réu não furtou, proporá que o advogado do réu não matou, provará que o advogado do réu não jurou falso. Pois, se este modo inaudito de advogar seria uma coisa ilusória, e mais de riso que de defesa, como nos anima S. João com dizer que, se pecarmos, o nosso advogado é justo? Que importa que o meu advogado seja justo e inocente, se eu sou culpado?

Importa tanto quando o advogado é Cristo, quanto vai de ser culpado a ser justo. E por quê? Porque Cristo não nos livra pela nossa justiça, senão pela sua. Divinamente S. Paulo, como se o apóstolo comentara o Evangelista: "Aquele que não havia conhecido pecado, Deus o fez pecado por nós, para que fôssemos feitos justiça de Deus nele" (2Cor 5,21). Cristo, sendo justo, fez-se pecador com os nossos pecados, para que nós, sendo pecadores, ficássemos justos com a sua justiça. E como os réus para com Deus se fazem justos, não pela justiça própria, senão pela do seu advogado, Cristo: "Para que fôssemos feitos justiça de Deus nele" — por isso S. João anima aos que pecarem com a confiança de que o seu advogado é justo: "Se algum pecar, advogado temos diante do Pai, Jesus Cristo justo". — Esta é a justiça que ele alega no céu, oferecendo a seu Pai em paga das nossas dívidas o preço de suas chagas; e esta é a que nós alegamos em todo o Rosário, oferecendo, com as mesmas cinco chagas, não só os cinco mistérios dolorosos, mas também os cinco gozosos e os cinco gloriosos, em que nós temos tanta parte de justiça, como Cristo teve de paciência. E por isso tão confiados de dar boas contas como quem só pediu a mesma paciência para as suas: "Tendes paciência comigo, que eu te pagarei tudo".

§ V

Até aqui temos visto, na parte mental do Rosário, a primeira indústria com que o servo do rei, alcançado nas contas, as deu boas. Passemos agora à parte vocal, e nela acharemos a segunda, se na eficácia igualmente poderosa, na facilidade mais pronta. Foi tão grandioso o rei — como quem representava a Deus — que vendo o servo a seus pés, lhe perdoou graciosamente toda a dívida. E por que motivo, que não devia ser pequeno, sendo a indulgência tão grande? O mesmo rei o declarou: "Perdoei-te a tua dívida, só porque me rogaste" (Mt 18,32). — Não há motivo mais eficaz para Deus perdoar que, da nossa parte, o rogar. Isto é o que fazemos em ambas as orações do Rosário vocal. No Pai-nosso rogamos a Deus que nos perdoe as dívidas de nossos pecados: "Perdoai as nossas dívidas"; na Ave-maria rogamos à Mãe de Deus que "rogue por nós, pecadores" — E para que vejamos com os olhos esta grande eficácia do rogar, combinemos este mesmo passo em que estamos com outro do mesmo gênero de rei a rei, de servo a servo e de talento a talentos.

Fazendo uma jornada larga este mesmo rei, encomendou certa quantia de talentos a vários servos seus, e a um deles um só talento. O intento era para que os servos, em sua ausência, negociassem com este cabedal, que é a segunda razão de o rei ser tão poderoso e tão rico. Rei e reino sem comércio, ou com o comércio desfavorecido, nunca será opulento. Tornou da jornada o rei, e como ele por si mesmo tomava as contas da sua fazenda, chegando ao servo a quem encomendara um só talento, achou que o tinha muito bem guardado, mas que não tinha negociado com ele. E como o tratou? Não só o repreendeu áspera e afrontosamente, mas, privado do talento e do ofício, o lançou do seu serviço. Ponhamos agora um caso à vista do outro. Se no primeiro caso este mesmo rei perdoa tão facilmente a um servo que lhe tinha roubado dez mil talentos, a estoutro servo, que lhe não tinha roubado o talento, que era um só, antes o tinha muito bem guardado, por que o castiga tão asperamente só por lhe faltar com a ganância? A razão consta do texto. Porque o primeiro servo rogou, o segundo não rogou. O primeiro pediu perdão do seu roubo, o segundo não pediu perdão do seu descuido. E vai tanta diferença diante de Deus de quem roga a quem não roga, que a quem roga perdoa o roubo de dez mil talentos, e a quem não roga nem a ganância de um só talento perdoa. Julgai agora se aos que rezam o Rosário, e tantas vezes o rogam e lhe pedem perdão das suas dívidas cada dia, se lhas levará em conta.

O perdoar em Deus é ato da sua misericórdia, e dando-lhe Davi as graças de lhe ter perdoado seus pecados, diz assim: "Bendito sejais, Senhor, que não apartastes de mim a minha oração nem a vossa misericórdia" (Sl 65,20). — Só Davi, que o soube dizer, pudera ponderar dignamente este admirável epifonema com que acaba o salmo sessenta e cinco. De maneira que, quando pedimos perdão a Deus de nossos pecados, e ele no-los perdoa, primeiro lhe havemos de dar as graças da nossa oração que da sua misericórdia? Sim. Porque anda tão atada a misericórdia com que Deus nos perdoa à oração com que nós o rogamos que, quando nos concedeu a oração para o rogarmos, já nos segurou a misericórdia com que nos perdoa: "Não apartastes de mim a minha oração nem a vossa misericórdia". — Não se deixe passar sem reparo a propriedade da palavra "não apartastes": não apartou de mim a minha oração nem a sua misericórdia. E por que diz "não apartou"? Porque quando Deus aparta de nós a sua misericórdia, por que não nos quer perdoar primeiro, aparta de nós a nossa oração por que o não possamos rogar. Excelente e formidável prova no profeta Jeremias. Três vezes, em três capítulos diferentes, diz Deus ao profeta Jeremias estas mesmas palavras: "não queiras orar por este povo" — "não queiras orar por este povo" — "não queiras orar por este povo" (Jr 14,11; 7,16; 11,14). — E por que com tantas repetições e tantas cautelas? Porque Deus, como consta dos mesmos lugares, tinha decretado definitivamente de não perdoar ao povo e de o castigar sem remédio; e como tinha apartado dele a misericórdia, era necessário apartar também dele a oração. Se Jeremias chegasse a rogar, sabia Deus de si que não podia deixar de perdoar; pois tape-se-lhe a boca uma, duas e três vezes à oração, para que não possa rogar. Oh! que consolação tão grande para os devotos do Rosário, que tantas vezes repetem as suas orações cada dia! E que desconsolação, pelo contrário, tão tremenda para os que as não tomam na boca? Os que oram, quer-lhes Deus perdoar; os que não oram, parece que não quer.

Certo que não sei que conta lhe fazem, nem que conta esperam de dar a Deus os que, tendo tantas dívidas quantos são os pecados, se não valem dos tesouros da misericórdia divina, cuja chave é a oração. O servo, alcançado nas contas porque se viu sem cabedal para a paga: "Como não tivesse por onde pagar" (Mt 18,25) — recorrendo à misericórdia do rei, supriu a falta do que não tinha com o perdão da dívida que alcançou. Tão facilmente paga quem deve a Deus e tanto valor tem diante da suprema majestade o rogar. Quem não tem, roga. E o mesmo não ter nos deve dar maior confiança para orar a Deus, porque o rogar e não ter é orar duas vezes. Onde o nosso texto lê: "O Senhor ouviu o desejo dos pobres" (Sl 10,17) — diz o original hebreu com maior energia: "O vazio dos pobres" — que ouviu Deus o não ter dos pobres. — Se Deus ouve o não ter, parece que o não ter também tem voz? Para os ouvidos de Deus sim, porque tanto ouve Deus os silêncios do não ter como as vozes do orar. Quem ora roga uma vez; quem ora, e não tem, duas. "Porque me vieste rogar" (Mt 18,32) — foi uma oração do servo; "Como não tivesse com o que pagar" (Ibid. 25) — foi outra; e por que se ajuntaram ambas, por isso impetraram com tanta eficácia.

Daqui se entenderá aquele singular reparo com que Davi celebra a providência e piedade de Deus no sustento dos filhinhos dos corvos: "Que dá aos jumentos o seu alimento e aos filhotes dos corvos que o invocam" (Sl 146,9). Deus — diz o profeta — não só sustenta os animais da terra e as aves do ar, senão também os filhos dos corvos que o invocam. Nesta última exceção está o reparo. Se Deus sustenta igualmente a todos os animais, assim da terra como do ar, e no número das aves entram também os corvos, que mais têm não eles, senão os seus filhos, para que só destes se diga que invocam a Deus: "E os filhotes dos corvos que o invocam"? — Sabeis o que têm de mais? Têm o não ter. Os filhos dos animais da terra, em nascendo, têm aparelhado o pasto; os das aves têm o cuidado dos pais, que lho buscam e trazem ao ninho; só os dos corvos carecem de tudo isto. S. Gregório e Santo Tomás dizem que os corvos não acodem ao sustento dos filhos, porque ainda os não veem vestidos das penas negras como as suas. E não será a primeira vez no mundo em que mais se reconhecem os parentescos pelo vestido que pelo sangue. Aristóteles e Eliano dizem que é pela crueldade natural do corvo, ou pelo seu esquecimento, também natural, que não é menor crueldade. Mas sejam estas ou qualquer outra a verdadeira causa, o certo é que os filhinhos dos corvos naqueles dias nem têm sustento com que se alimentar, nem têm pais que lho procurem, nem têm outro remédio para a vida. E porque são singulares neste não ter, por isso também singularmente se diz deles que, sendo irracionais, invocam a Deus e lhe fazem oração, porque aquele mesmo não ter é orar: "E os filhotes dos corvos que o invocam".

E se isto fazem aqueles animalinhos sem uso de razão, nós, que igualmente conhecemos as nossas dívidas e o nosso não ter, por que não ajudaremos com ele a eficácia de nossas orações? E por que não teremos grande confiança que nos acudirá nesta falta aquela imensa bondade, que acode à dos corvos? Piores são que os corvos os que tiram os olhos aos homens pela paga do que lhes devem, e se sustentam e crescem com as usuras do alheio; e, contudo, Cristo, Senhor nosso, diz que tendo um destes usurários dois devedores, um que lhe devia cinquenta dinheiros, e outro quinhentos, a ambos perdoou toda a dívida. E por que motivo? Sem nenhum outro motivo nem intercessão, senão porque não tinham com que pagar: "Não tendo os tais com que pagar, remitiu-lhes ele a ambos a dívida" (Lc 7,42). — Pois, se a razão somente de não ter move tanto as entranhas do maior avarento, quanto mais as da misericórdia e liberalidade divina? Conheçamos pois diante de Deus a miséria do nosso cabedal, e que não temos com que pagar as dívidas de nossos pecados, e logo, prostrados diante do tribunal de sua infinita misericórdia, digamos uma e muitas vezes, como fazemos no Rosário: "Perdoai-nos as nossas dívidas" — e desta maneira, suprindo a paga com o perdão, não poderão deixar de ser muito ajustadas as contas que lhe dermos. É verdade que todas as nossas dívidas estão lançadas nos livros de Deus, como acima dissemos; mas como diz S. Bernardo, também Deus tem outro livro em que manda lançar as nossas orações, porque melhor que nós conhece o preço delas: "Irmãos" — diz S. Bernardo — "nenhum de vós faça pouca conta das suas orações, porque aquele mesmo Senhor a quem oramos faz tanta conta delas que, primeiro que saiam da nossa boca, as manda escrever no seu livro"[4]. E se quando Deus nos tomar contas, defronte do livro das dívidas aparecer o das nossas orações, sem dúvida ouviremos da boca do mesmo Deus o que ouviu o servo da boca do rei: "Eu perdoei-te a dívida toda porque me vieste rogar" (Mt 18,32).

§ VI

E se os rogos e orações do servo — tiremos nós agora a consequência — se os rogos e orações do servo tanto alcançam da liberalidade do Senhor, os rogos e orações da Mãe quanto alcançarão da piedade do Filho? Quando rezamos o Rosário, depois que uma vez rogamos a Deus que nos perdoe as nossas dívidas: "Perdoai as nossas dívidas" — logo na Ave-maria rogamos dez vezes à Mãe de Deus que rogue e interceda por nós: "Rogai por nós, pecadores" — fiando dez vezes mais da sua intercessão que da nossa oração. E note-se que a Deus pedimos nos perdoe as nossas dívidas, que são os nossos pecados, e à Mãe de Deus pedimos que rogue por nós, não como enfermos, ou como pobres, ou como necessitados de qualquer outro remédio, senão só como pecadores — "Por nós, pecadores" — porque só aqui está o perigo, e só este deve de ser o nosso cuidado e o nosso temor, que tudo o demais importa pouco.

Com quanta razão, pois, insistimos tanto e tão repetidamente no Rosário em implorar a intercessão da Virgem, Senhora nossa, se eu agora me pusesse a o provar ou persuadir geralmente, seria matéria infinita. Pelo que, reduzindo-a toda aos termos precisos em que estamos, digo que neles mais particularmente devemos pôr toda a nossa confiança na intercessão da mesma Virgem Maria. E por quê? Porque, sendo o nosso requerimento perdão de dívidas, se nós somos devedores a Deus, Deus também é devedor à nossa intercessora. O primeiro que saiu à luz com este altíssimo pensamento, depois seguido de todos, foi o antiquíssimo S. Metódio, o qual, falando com a mesma Senhora, lhe diz assim: "Para bem vos seja, Virgem poderosíssima, o ser vosso devedor aquele que dá tudo a todos, porque todos devemos a Deus, e a vós até o mesmo Deus deve"[5]. — E que deve Deus à Virgem Maria? Deve-lhe o ser humano, o qual Deus dantes não tinha, e só o teve — diz o mesmo santo — depois que vós, Senhora, lho emprestastes: "Pois vós emprestastes a Deus admirável encarnação que ele em um tempo não teve"⁶. — Emprestastes, diz, e não destes, com grande energia Metódio, porque o que se dá faz obrigado, o que se empresta, devedor. Nem se pode responder que este empréstimo o pagou logo Deus de contado à mesma Senhora, dizendo que, se ela deu a Deus o ser de homem, ele lhe deu o ser Mãe de Deus, porque o mesmo ser Mãe é dívida que sempre se deve e nunca se paga. Por isso disse Aristóteles que, entre todas as dívidas, só há uma que se não pode pagar, que é a que devem os filhos aos pais, porque deles receberam o ser. Sendo, pois, Deus devedor à sua Mãe, e nós devedores a Deus, que melhor intercessora podemos ter para o perdão das nossas dívidas que a única acredora de quem Deus é devedor? Pedir a quem me deve, mais é demandar que pedir.

Mas não param aqui os motivos da nossa confiança. Ainda se ajunta a eles outro nada menor no mesmo gênero, porque se Deus é devedor à sua Mãe, sua Mãe é-nos devedora a nós. E por que título? Por dois. O primeiro, o mesmo que nós alegamos quando dizemos: "Rogai por nós, pecadores" — porque, se nós não fôramos pecadores, não fora a Virgem Maria Mãe de Deus. O segundo, pela caridade maternal da mesma Senhora, com que ela se fez devedora de todos os homens, sem excluir a nenhum: "Maria se fez devedora a todos os sábios e ignorantes de um amor abundante"⁷, diz S. Bernardo. — De maneira — recolhamos agora tudo — de maneira que nós somos devedores a Deus, Deus é devedor a sua Mãe e sua Mãe é devedora a nós. Nós devedores a Deus: "Perdoai-nos as nossas dívidas"; Deus devedor à sua Mãe: "Deus também te deve"; sua Mãe devedora a nós: "Se fez devedora a todos". — E que se segue daqui? Que nem a Virgem pode deixar de pedir o nosso perdão, porque nos é devedora; nem Deus lhe pode negar o perdão, por que lhe é devedor; nem nós, alcançando o perdão, devemos outra paga a Deus, de quem éramos devedores. Os antigos fingiam três deusas, a que chamaram graças, as quais com as mãos dadas entre si em um triângulo, uma pedia, outra dava, outra pagava. E as três graças, que lá eram fabulosas, aqui são verdadeiras. A Mãe pede, o Filho dá, e nós pagamos. E se o perdão das dívidas é paga equivalente, sendo chamados à conta os devotos do Rosário com as dívidas pagas, vede se darão boas contas.

Mas ainda nesta soma não entram as outras dívidas que Deus deve a sua Mãe e nós lhe oferecemos no Rosário. Em todos os mistérios do Rosário nenhum há em que Deus não devesse a sua Mãe, ou sua Mãe não obrigasse a Deus com alguma grande dívida. Na Encarnação, não falando no ser que lhe deu, deveu Deus a sua Mãe a morada de nove meses dentro em suas entranhas. Na Visitação, a diligência do caminho, e a aspereza dele. No Nascimento, o leite dos peitos virginais, as faixas em que o envolveu, e as palhinhas do berço. Na Presentação ao Templo, a obediência, a oferta e a espada de Simeão. No desaparecimento em Jerusalém, o susto, as ânsias e aflições de três séculos em três dias. Na agonia e prisão do Horto, a consideração e a ausência. Nos açoites e na coroação, a presença e a vista. Nos passos da cruz às costas, o peso de a não levar, e a companhia. No Calvário, a cruz de ambos, na morte, o ficar com a vida, no descendimento, os braços, e no enterro, a sepultura. Na Ressurreição, a alegria. Na Ascensão, as saudades. Na vinda do Espírito Santo, os excessos do amor. E na mesma Assunção e Coroação, em que parece que pagou o Filho à Mãe todas as dívidas, também lhe ficou novamente devedor, porque ela só lhe fez maior teatro no céu que todos os bem-aventurados juntos, e porque, antes da glorificação da Mãe, nem o Filho, esteve inteiramente glorificado, como bem ponderou Guerrico Abade: "Nem me vejo suficientemente glorificado, até que sejas glorificada"[8]. — Some agora todas estas dívidas a mais rigorosa aritmética, multiplicando umas e diminuindo outras, e depois de contadas nos mistérios do Rosário as que Deus deve à sua Mãe, e descontadas pelo mesmo Rosário as que nós devemos a Deus, quão certo seja que no encontro de umas e outras contas as daremos boas, não quero que o conjecture o nosso discurso, mas que a mesma Senhora do Rosário no-lo ensine e demonstre.

§ VII

*H*ouve um mercador, grande usurário, chamado Jacó. Não dizem os anais dominicanos em que terra fosse, mas mercador e Jacó bem se deixa ver de que nação seria. Esta circunstância, porém, para com a Mãe daquele Filho, que também é Filho de Davi e Filho de Abraão, nenhuma diferença faz entre os homens. Cada um diante de Deus não é da língua que fala, senão da fé que professa: "Não há distinção de judeu e de grego" (Rm 10,12). — Era Jacó cristão na fé, mas mau cristão na vida, porque a trazia engolfada nas ondas e embaraçada nas redes daquele mar em que se pesca a fazenda alheia e não se lava a consciência própria. Tinha contudo uma boa parte, que era ser muito devoto do Rosário, o qual rezava todos os dias. E como cada década do Rosário consta de dez Ave-marias e um Pai-nosso, cada dia oferecia a Deus quinze onzenas o mesmo, que roubava aos homens com as suas usuras. O maior privilégio que Deus concede aos esmoleres, e aos que emprestam o seu dinheiro sem interesse, é que disporão as suas contas antes de as darem em juízo. Assim o promete expressamente o mesmo Deus por boca de Davi: "Ditoso o homem que se compadece e empresta; ele disporá os seus discursos com juízo" (Sl 111,5), onde o texto grego lê: "disporá as suas razões". — E é coisa maravilhosa que alcance um onzeneiro o que Deus promete ao esmoler, e que haja de gozar o que não empresta um real sem usuras o privilégio dos que emprestam de graça! Mas estes são os poderes do Rosário. Estava Jacó rezando o seu Rosário um dia, quando ouviu uma voz que lhe dizia, chamando-o por seu nome: "Jacó, dá conta a meu Filho". — A meu Filho, disse, para que entendesse Jacó que a voz que lhe falava era da Mãe do supremo Juiz, a Virgem, Senhora nossa. Ouvindo aquela voz como se fora um trovão do céu, ficou tremendo o devoto usurário, diz a história, mas como tinha mais entranhada a cobiça que a devoção, ainda que mudou e melhorou em parte a vida, não restituiu o que devia. Quando S. Paulo pregou ao presidente Feliz a fé do dia do Juízo, diz o texto sagrado que Feliz ficou tremendo: "Mas, como lhe falou em tom de disputa do juízo futuro, Félix, todo atemorizado" (At 24,25). — E quais foram os efeitos deste tremor? Disse a S. Paulo que outro dia falariam, e — acrescenta S. Lucas — "Esperando que Paulo lhe desse algum dinheiro" (Ibid. 26): que o intento do presidente não era para que S. Paulo lhe tornasse a falar na conta, senão para que o peitasse com algum dinheiro. Pois, homem, não Feliz, mas mal-aventurado, tremes da conta que hás de dar a Deus, e ainda te lembras de adquirir dinheiros injustos? Tão dificultosa é de arrancar a cobiça onde tem lançado raízes.

Adoeceu mortalmente Jacó, mas nem com se ver às portas da morte acabava de restituir. Senão quando, em um paracismo, se achou subitamente diante do tribunal divino, não morto, senão vivo. Este foi o segundo privilégio ou milagre do Rosário, em que se dispensou com Jacó nas leis universais de todo o gênero humano: "Foi estabelecido a todos os homens morrer uma só vez, e depois disso o juízo" (Hb 9,27). O estatuto universal de Deus é que todos os homens morram uma só vez, e depois da morte deem conta em juízo — e aqui se dispensou e trocou esta ordem com este homem, sendo tão mau homem, porque foi levado a juízo, não depois da morte, senão antes. E pararam aqui os milagres do Rosário? Não, porque ainda restava o terceiro e maior e mais importante de todos. Assistia ao pé do trono de Cristo S. Miguel, com as balanças na mão, porque as contas ali não se dão por cifras, senão por peso. E como de uma parte se pusessem os pecados, que eram muitos e gravíssimos, e da outra não houvesse boas obras, nem inteira penitência que suspendesse o peso deles, caiu a balança para a parte esquerda, e sem o juiz pronunciar a sentença, se deu o miserável Jacó por condenado. Miserável lhe chamei, não me lembrando já que era devoto do Rosário. Mas como os seus poderes nunca faltam nos maiores apertos, assim se viu neste último por mais que parecesse desesperado. Não teve tino Jacó para invocar naquele transe a Virgem Santíssima, mas lembrada a Senhora de quantas vezes lhe tinha ouvido: "Rogai por nós, pecadores, agora e na hora de nossa morte" — na mesma hora, posto que não invocada, lhe acudiu com o Rosário na mão e, pondo-o na parte direita da balança, como nele iam os merecimentos de seu Filho, e seus, pesou mais que todos os pecados da parte esquerda. Neste ponto acordou do paracismo Jacó, e como Deus, ainda quando perdoa as suas dívidas não perdoa as que se devem aos homens, nem basta rezar o Rosário sem restituir o alheio, este foi o último e maior milagre do mesmo Rosário, fazer que o usurário avarento restituísse o que devia. Satisfeitas, pois, as dívidas dos homens, e perdoadas as de Deus, morreu Jacó; e onde iria a sua alma? O primeiro Jacó viu a primeira escada, mas não subiu por ela. O segundo Jacó mereceu ver a segunda, que é a Virgem Maria e, subindo pelos quinze degraus do seu Rosário, entrou pelas portas do céu, de onzeneiro, justo, de condenado, absolto, de pecador, inocente, e de abominado entre os homens, glorificado entre os anjos. E neste grande caso se verificaram as duas partes do nosso discurso, ficando para a imitação por exemplo e para a memória por provérbio: que quem quiser dar boas contas a Deus reze pelas do Rosário.

Os provérbios, que são evangelhos humanos, fê-los a experiência, e conserva-os a prudência para doutrina e direção da vida, e não para descuido, como acontece aos néscios, senão para cautela. E este é o fim do que por tantos meios deixamos provado na matéria de maior importância. Entre, pois, cada um em si e pergunte à sua própria consciência: se Deus o chamasse no estado presente para a conta, qual lha daria? Dos verdadeiros devotos do Rosário, que são os que o rezam e meditam atentamente, bem creio eu que, exceto o caso de alguma desgraça, em que tão raro é o cair como fácil o levantar, todos os mais se acharão com as suas contas tão ajustadas que as darão muito boas. E a estes somente advirto que deem infinitas graças a Deus e a sua Santíssima Mãe por tão singular mercê, por que lhes não aconteça como ao servo do Evangelho que, por ingrato, veio a perder o mesmo perdão, e tornou de novo a contrair toda a dívida e a pagou sem remédio.

Aqueles, porém, que se não acharem em estado de dar boas contas, considerem que nas Ave-marias, que só rezam de boca, quando dizem: "agora e na hora de nossa morte" — o "hora da morte", e o "agora", tudo pode vir junto. Dizemos: agora e na hora da nossa morte, e se a hora da nossa morte for o agora? Se a hora da morte não for hora, senão este mesmo momento, como acontece aos que morrem subitamente, ou subitamente perdem os sentidos, sem tempo nem lugar de arrependimento, que contas podem estes dar, ou que se pode esperar deles? Logo, dirá alguém, não é verdadeiro o provérbio que os que rezam o Rosário darão boas contas a Deus? Sim é, se o rezar o Rosário for também verdadeiro. Porque ninguém há que verdadeiramente reze o Rosário que nele e nos seus mistérios não considere o muito que deve a Deus, e lhe não peça perdão de suas dívidas como pediu o servo do rei, que para a sua misericórdia isso basta.

Se o usurário que não rezava o Rosário como devia morrera do mesmo modo, também se havia de condenar. Mas o princípio e fundamento do milagre, e a primeira parte da misericórdia que a Virgem, Senhora nossa, usou com ele, foi lembrar-lhe em vida e em saúde a conta que havia de dar a seu Filho: "Jacó, dá conta ao meu filho". — O mesmo nos está bradando a cada um de nós a mesma Senhora todas as vezes que tomamos as contas na mão, nomeando-nos por nosso próprio nome: Homem, mulher, moço, velho, oficial, ministro, vassalo, rei, não te lembres de mim só por costume, quando passas pelos dedos essas contas, mas lembra-te da conta que hás de dar a meu Filho. Por meio desta lembrança e deste cuidado é que as contas do Rosário farão que as demos boas a Deus, não só alcançando perdão das dívidas passadas, mas abstendo-nos de contrair outras de novo, ofendendo, como o servo ingrato, a tão benigno e liberal Senhor.

Ninguém se viu em mais apertada ocasião e tentação de ofender a seu Senhor que José; e por que se conservou fiel e resistiu tão constantemente? Diz o texto sagrado que José se tinha recolhido ao seu aposento para tratar um negócio "só consigo" (Gn 39,11). E acrescentam as tradições hebreias que este negócio era rever e recensear as suas contas, como aquele a quem seu Senhor tinha entregue toda sua fazenda. Por isso respondeu coerentemente à Senhora, que não era possível que ele houvesse de ofender a quem tantas obrigações devia. Assim fala e assim obra quem tem as suas contas diante dos olhos. E se tanta força tem a consideração de benefícios humanos, qual será a dos divinos, e, entre os divinos, a dos maiores de todos, quais são os que meditamos no Rosário? Retiremo-nos como José, só por só conosco e com as nossas contas — que rezar na conversação, ou pelas ruas, ou entre outros divertimentos, é fazer pouca conta de um exercício tão sagrado e do mesmo Deus com quem falamos. — Consideremos o que lhe devemos em todos e em cada um dos mistérios que obrou por nós. Peçamos-lhe, com verdadeiro arrependimento, nos perdoe as nossas dívidas, e com firme resolução de não contrair outras. E deste modo podemos estar muito certos de sua misericórdia, que em qualquer hora que nos chamar, e nos pedir, e tomar contas, com o favor e proteção de sua Santíssima Mãe, lhas daremos boas.

SERMÃO

XIV

*Na Bahia, à Irmandade dos Pretos de um Engenho,
em dia de São João Evangelista.
Ano de 1633.*

∾

"Maria, da qual nasceu Jesus,
que se chama o Cristo."
(Mt 1,16)

---

*Vieira ainda não é sacerdote e propõe reunir a festa de São João com o Rosário
e a festa da Confraria: Jesus nasce de Maria, João recebe Maria como Mãe e a Confraria
celebra Maria. — Jesus nasceu de Maria duas vezes: uma sem dores em Belém
e a outra com dores em Jerusalém. João era o discípulo amado: era outro por realidade e
era o mesmo Jesus por amor. — Os confrades pretos também são filhos nascidos de Maria.
Quando? Entre as dores da cruz. Longamente e de maneira comovida, denuncia a
exploração que padeciam. Por que? O salmo 87 explica esse grande mistério:
aí estão Raab, Babilônia e os etíopes. "Eles estão escritos e matriculados nos livros de Deus
e nas Sagradas Escrituras, e não com menos título nem menos foro que de filhos da Mãe do
mesmo Deus", já dizia no Sermão VII. E todos os que têm fé são membros de Cristo.
— Dito isso, as obrigações dos pretos: agradecimento pela fé em Cristo,
a imitação de Cristo crucificado, a devoção aos mistérios dolorosos,
próprios da sua condição e sorte, penosa nesta vida, mas alta e gloriosa na outra.*

§ I

Não é coisa nova, posto que grande e singular, que o evangelista S. João receba em sua casa a Virgem Mãe de Deus e Mãe sua. Nem é coisa nova que as festas do mesmo São João as honre e autorize a Virgem Santíssima com a majestade e favores de sua presença. Nem é coisa nova finalmente que o que havia de ser panegírico do evangelista seja sermão do Rosário. Tudo isto que já foi em diferentes dias, temos junto e concordado hoje no concurso da presente solenidade. Não é coisa nova que o evangelista S. João receba em sua casa a que é Mãe de Deus e sua, porque naquele grande dia em que lhe coube por legado no testamento do Redentor do mundo, não com menor título que de Mãe a que era Mãe do mesmo Cristo: "Eis aí tua Mãe" (Jo 19,27) — logo então, e desde a mesma hora recebeu S. João a Senhora em sua casa, para nela assistir e servir, como fez por toda a vida. "E desta hora por diante a tomou o discípulo para sua casa". — E isto é o que torna a fazer hoje o mesmo evangelista, porque chamando-se em frase dos sagrados ritos casa própria de cada um dos santos aquele dia que a Igreja dedicou à sua celebridade, neste dia e nesta casa recebe hoje S. João a Senhora, dando-lhe nela o lugar devido, que é o primeiro e principal. Nem é coisa nova que as festas de S. João as honre e autorize a Virgem Santíssima com a majestade e favores de sua presença, porque nas bodas de Caná de Galileia o ser S. João o esposo foi a razão de se achar ali a Senhora: "E achava-se lá a Mãe de Jesus" (Jo 2,1). — E se foi favor da sua piedade e assistência a conversão de água em vinho, não foi menor graça ou milagre da Virgem das Virgens que S. João, por imitar sua virginal pureza, renunciasse então o matrimônio e o convertesse em celibato. Finalmente, não é coisa nova que o que havia de ser panegírico do evangelista seja sermão do Rosário, porque, como se refere nas histórias dominicanas, indo o patriarca S. Domingos para pregar de S. João em tal dia como hoje, ao tempo que recolhido a uma capela da mesma igreja se estava encomendando a Deus, lhe apareceu a Virgem Maria e lhe mandou que deixasse o sermão que tinha meditado de S. João e pregasse o seu Rosário. Fê-lo assim o grande patriarca dos pregadores, e o fruto do sermão que, pelo zelo e eficácia do pregador sempre costumava ser grande, pela graça e virtude de quem o mandou pregar foi naquela ocasião muito maior e mais patente com igual proveito e admiração dos ouvintes.

Mas, que fará cercado das mesmas obrigações, tantas e tão grandes, quem não só falto de semelhante espírito, mas novo ou noviço no exercício e na arte, é esta a primeira vez que, subido indignamente a tão sagrado lugar, há de falar dele em público[1]? Vós, soberana Rainha dos Anjos e dos homens, e Mãe da Sabedoria incriada — a quem humildemente dedico as primícias daquelas ignorâncias que ainda se não podem chamar estudos, como única protetora deles — pois o dia e assunto é, Senhora, de vossos maiores mistérios, vos dignais de me assistir com a luz ou sombra da graça, com que a virtude do Altíssimo, no primeiro de todos, vos fez fecunda. *Ave Maria.*

§ II

Temos hoje — por outro modo do que já o disse — três dias em uma festa: o dia e a festa de S. João, o dia e festa da Senhora do Rosário e o dia e a festa dos pretos, seus devotos. E quando fora necessário termos também três Evangelhos, um só Evangelho que nos propõe a Igreja, qual é? Posto que largo em nomes e gerações, é tão breve e resumido no que finalmente vem a dizer que todo se encerra na cláusula que tomei por tema: "Maria, da qual nasceu Jesus, que se chama o Cristo". — Se o sermão houvera de ser do nascimento de Cristo, que é a solenidade do oitavário corrente, não podia haver outro texto, nem mais próprio do tempo, nem mais acomodado ao mistério; mas havendo de pregar, não sobre este, senão sobre outros assuntos, e esses não livres senão forçados, e sendo os mesmos assuntos não menos que três, e todos três tão diversos, como os poderei eu fundar sobre a estreiteza de umas palavras que só nos dizem que Jesus nasceu de Maria: "Maria, da qual nasceu Jesus"? — Suposto, pois, que nem é lícito ao pregador — se quer ser pregador — apartar-se do tema, nem o tema nos oferece outra coisa mais que um Filho nascido de Maria, multiplicando este nascimento em três nascimentos, este nascido em três nascidos, e este Filho em três filhos, todos três nascidos de Maria Santíssima, esta mesma será a matéria do sermão, dividido também em três partes. Na primeira veremos com novo nascimento nascido de Maria a Jesus; na segunda com outro novo nascimento nascido de Maria a S. João; e na terceira também com novo nascimento nascidos de Maria aos pretos seus devotos. Deem-me eles principalmente a atenção que devem, e destes três nascimentos nascerão outros tantos motivos com que reconheçam a obrigação que têm de amar, venerar e servir a Virgem, Senhora nossa, como Mãe de Jesus, como Mãe de S. João e como Mãe sua.

§ III

*P*rimeiramente, digo que temos hoje nascido de Maria a Cristo, Senhor nosso, não como nasceu há três dias, mas com outro nascimento novo. E que novo nascimento é este? É o nascimento com que nasceu da mesma Mãe daqui a trinta e três anos, não em Belém, senão em Jerusalém. Isto é o que diz o nosso texto, e provo: "Maria, da qual nasceu Jesus, que se chama o Cristo". — Cristo quer dizer ungido, Jesus quer dizer salvador. E quando foi Cristo salvador e quando foi ungido? Foi ungido na Encarnação e foi salvador na cruz. Foi ungido na Encarnação quando, unindo Deus a si a humanidade de Cristo, a exaltou sobre todas as criaturas, como diz Davi: "Ungiu-te Deus, o teu Deus, com óleo de alegria sobre teus companheiros" (Sl 44,8). — E foi salvador na cruz, quando por meio da morte, e pelo preço de seu sangue, salvou o gênero humano, como diz S. Paulo: "Feito obediente até a morte, e morte de cruz, pelo que Deus também o exaltou, e lhe deu um nome que é sobre todo o nome, para que ao nome de Jesus se dobre todo o joelho" (Fl 2,8). — Logo, quando Cristo, Senhor nosso, nasceu em Belém, propriamente nasceu Cristo, mas não nasceu Jesus, nem salvador: nasceu Cristo, porque já estava ungido pela união hipostática, com que a Pessoa do Verbo se uniu à humanidade; e não nasceu Jesus nem salvador, porque ainda não tinha remido o mundo, nem o havia de remir e salvar, senão em Jerusalém, daí a trinta e três anos.

Fala o profeta Isaías do parto virginal de Maria Santíssima — como notaram S. Gregório Niceno e São João Damasceno — e diz assim: "Antes que tivesse dor de parto pariu; antes que chegasse o seu parto deu à luz um filho varão" (Is 66,7). — Na primeira cláusula diz que pariu a Senhora antes das dores do parto, que isso quer dizer: "Antes que tivesse dor de parto" — e na segunda diz que pariu antes do parto: "antes que chegasse o seu parto, deu à luz". — Não é necessário que nós dificultemos o passo, porque o mesmo profeta confessa que disse uma coisa inaudita e que nunca se viu semelhante: "Quem jamais ouviu tal? E quem viu coisa semelhante a esta?". — Que a bendita entre todas as mulheres saísse à luz com o fruto bendito de seu ventre sem padecer dores, privilégio era devido à pureza virginal com que o concebeu, e assim o confessa a nossa fé. Mas que parisse antes do parto: "Antes que chegasse o seu parto", — como se pode entender, senão supondo na mesma Senhora dois partos do mesmo Filho, e supondo também que o primeiro parto foi sem dores e o segundo com dores? Assim foi e assim o diz: quem? O nosso português Santo Antônio, que é bem preceda agora a todos os outros doutores da Igreja, pois falamos na sua: "Dois foram os partos da Santíssima Maria, um na carne, o outro no espírito. O parto da carne foi da virgem, e cheio de todo gozo, porque deu à luz sem dor a alegria dos anjos. O segundo parto foi doloroso, e cheio de toda amargura, na paixão de seu Filho cuja alma trespassou a espada"[2]. Sabeis por que faz menção Isaías de dois partos da Virgem Beatíssima, e no primeiro nega as dores e no segundo não? A razão é — diz o Mestre Seráfico — porque este foi o modo e a diferença com que a Senhora pariu ao seu bendito Filho, não, uma, senão duas vezes: a primeira vez sem dores, antes com júbilos, e quando entre cantares de anjos o pariu no presépio; a segunda vez com dores, e cheia de amarguras, quando, trespassada da espada de Simeão, o tornou a parir ao pé da cruz. — Uma vez nascido Cristo em Belém e outra vez nascido em Jerusalém; uma vez nascido no princípio da vida e outra vez nascido no fim dela; uma vez trinta e três anos antes e outra vez trinta e três anos depois, que por isso o profeta, falando deste segundo parto, disse advertidamente: "Antes que chegasse o seu parto" — porque um parto depois do outro havia de tardar em vir tantos anos.

E, posto que bastava por prova da minha proposta a autoridade de tão grande intérprete das Escrituras, como Santo Antônio, a quem por essa causa chamaram os oráculos de Roma Arca do Testamento, diga-nos o mesmo o evangelista S. João, com texto mais claro que o de Isaías. No capítulo doze do seu Apocalipse viu S. João aquela mulher tão prodigiosa como sabida, a quem vestia o sol, calçava a lua e coroavam as estrelas; e diz que, chegada a hora do parto, foram não só grandes, mas terríveis as dores com que pariu um filho varão, o qual havia de ser senhor do mundo e governador de todas as gentes: "Sofria tormentos por parir, e pariu um filho varão, que havia de reger todas as gentes" (Ap 12,2.5). — Esta mulher prodigiosa, em cujo ornato se empenharam e despenderam todas as luzes do céu, era a Virgem Santíssima; o Filho, senhor do mundo, e que havia de governar todas as gentes, era Cristo, governador do universo e Senhor dele. Mas se o parto da mesma Virgem foi isento de toda a dor e moléstia, que dores e que tormentos são estes com que agora S. João a viu parir, não outro, senão o mesmo filho? A palavra "sofria tormentos", que se refere à cruz, basta por comento de todo o texto. O Filho era o mesmo, e a Mãe a mesma, mas o parto da Mãe e o nascimento do Filho não era o mesmo, senão muito diverso. Era o segundo nascimento do Filho, em que, por modo superior a toda a natureza, havia de nascer morrendo. E porque este segundo nascimento foi entre dores, tormentos e afrontas, e com os braços pregados nos de uma cruz, por isso a mesma cruz do nascimento do Filho foi também a cruz do parto da Mãe: "Sofria tormentos por parir".

Nasceu o Filho crucificado na sua cruz, e pariu-o a Mãe crucificada na cruz do Filho; e se perguntarmos — que é o que só nos resta — por que o Filho no segundo nascimento nasceu assim, e a Mãe o pariu do mesmo modo? A razão, como dizia ao princípio, não foi outra senão porque Cristo no primeiro parto nasceu propriamente Cristo, e neste segundo nasceu propriamente Jesus. Esta foi a diferença com que o anjo anteontem anunciou aos pastores o nascimento do mesmo Cristo: "Alegrai-vos, porque hoje nasceu o Salvador, que é Cristo" (Lc 2,11). — Notai que não disse: "Que é o Salvador" — assim como disse: "Que é o Cristo" — porque o menino nascido já era Cristo, mas ainda não era salvador. Havia de ser salvador, e para ser salvador nascia; mas ainda o não era. Cristo sim: "Que é o Cristo" — porque já estava ungido na dignidade de Filho de Deus; mas na de Jesus e de salvador ainda não, porque essa não a havia de receber no presépio, senão na cruz: "Feito obediente até a morte de cruz, para que ao nome de Jesus se dobre todo o joelho" (Fl 2,8). — E aqui é que propriamente nasceu Jesus, e não de outra Mãe, senão da mesma Virgem Maria: "Maria, da qual nasceu Jesus".

§ IV

O segundo filho da mesma Virgem Maria, e nascido também no Calvário, e com novo e segundo nascimento foi São João. E que seria se disséssemos que também deste nascimento se verifica o nosso texto? O em que agora reparo nas palavras, "da qual nasceu Jesus, que se chama o Cristo" é que este "se chama" parece impróprio e este "Cristo" supérfluo. O nome próprio do Filho de Deus e Filho de Maria é Jesus; este nome lhe foi posto no dia da circuncisão, e assim o tinha revelado o anjo antes de ser concebido: "Foi-lhe posto o nome de Jesus, como lhe tinha chamado o anjo, antes que fosse concebido no ventre de sua Mãe" (Lc 2,21). — Logo, o "se chama", aplicado, não ao nome "Jesus", senão ao sobrenome "Cristo", parece impróprio; e o mesmo sobrenome "Cristo" também parece supérfluo, por que só seria necessário para distinguir um Jesus de outro Jesus. Porventura há outro Jesus, e nascido de Maria, que se não chame Cristo? Digo que sim. Há um Jesus filho de Maria que se chama Cristo, e há outro Jesus, também filho de Maria, que se chama João. E por isso o evangelista, para distinguir um Jesus de outro Jesus e um filho de Maria de outro filho de Maria, não supérflua, senão necessariamente acrescentou ao nome o sobrenome, e não só disse: Maria, da qual nasceu Jesus — senão: Maria, da qual nasceu Jesus que se chama Cristo.

Quando o mesmo Cristo estava na cruz, disse à sua Santíssima Mãe: "Eis aí teu filho" (Jo 19,26); estas palavras eram equívocas, e mais naturalmente se podiam entender do mesmo Cristo, que as dizia, do que de outro por quem as dissesse. E como tirou o Senhor esta equivocação? Tirou-a com os olhos e com a inclinação da cabeça, que só tinha livre, apontando para João. Bem. Mas por que não disse, este é outro filho que vos deixo em meu lugar, senão "este é o vosso filho"? — Não há dúvida, responde Orígenes, que, falando o Senhor por estes termos, quis significar declaradamente que ele e João não se distinguiam, e que João não era outro filho da Senhora, senão o mesmo Jesus que ela gerara e dela nascera. Notai as palavras, que não podem ser mais próprias, e a razão, que não pode ser mais subida: "Pois se nenhum outro é filho de Maria senão Jesus, e Jesus disse: Eis aí o teu filho, é como se dissesse: este é Jesus que gerastes"³. — Pois, se Jesus e João eram dois tão infinitamente diversos, Jesus o Senhor e João servo; Jesus o Mestre, e João o discípulo; Jesus o Criador, e João a criatura; Jesus o Filho de Deus, e João o filho de Zebedeu, como era ou como podia ser João, não outro filho, senão o mesmo filho, nem outro Jesus, senão o mesmo Jesus que a Senhora gerara: "este é Jesus que gerastes"? — S. Pedro Damião reconhece aqui um mistério semelhante ao do Sacramento; mas eu, sem recorrer a milagre, entendo que tudo isto se decifra e verifica com ser João o amado: "O discípulo que Jesus amava" (Jo 21,20). — Era o amado? Logo era outro e era o mesmo Jesus. Enquanto Jesus e João eram o mesmo por amor, eram um só Jesus; e enquanto João, por realidade era outro, eram dois Jesus.

Os filósofos antigos, definindo a verdadeira amizade, qual naquele tempo era ou qual devia ser, disseram: "O amigo é outro eu". — Logo, enquanto o amigo é "eu", — eu e ele somos um; e enquanto ele é "outro" — ele e eu somos dois, mas ambos os mesmos, e isto é o que obrou sem milagre, por transformação recíproca, o amor de Jesus em João. A mesma antiguidade nos dará o exemplo. Depois da famosa vitória de Alexandre Magno contra el-rei Dario, foi trazida a rainha-mãe diante do mesmo Alexandre, a cujo lado assistia seu grande privado Efestião. E como a rainha fizesse a reverência a Efestião, cuidando que ele era o Magno, por ser mais avultado de estatura e, avisada do seu erro, o quisesse desculpar, acudiu Alexandre, como refere Cúrcio⁴, com estas palavras: "Não errastes, senhora, porque este também é Alexandre". — Assim o disse o grande monarca, mais como discípulo de Aristóteles que como filho de Filipe. E se o amor — que eu aqui tenho por político e falso — ou fazia ou fingia que Alexandre e Efestião fossem dois Alexandres: "Porque este também é Alexandre", o amor verdadeiro sobrenatural, da parte de Cristo divino, e da parte de João mais que humano, por que não fariam que Jesus e João fossem dois Jesus? Não há dúvida de que naquele passo estavam dois Jesus no Calvário, um na cruz, outro ao pé dela.

Quando Eliseu disse a Elias: "Seja dobrado em mim o teu espírito" (4Rs 2,9) — não me posso persuadir que lhe pedisse dobrado espírito do que era o seu, porque seria demasiada presunção de discípulo para mestre; o que quis dizer foi que o espírito de Elias se dobrasse e multiplicasse em ambos, e que Elias o levasse, pois se ia, e o deixasse a Eliseu, pois ficava. E neste caso, se o espírito de Elias fosse com Elias e ficasse com Eliseu, Elias porventura seria um só Elias? De nenhum modo — diz S. João Crisóstomo. — Dobrou-se o espírito de Elias e multiplicou-se em Eliseu, como ele tinha pedido; mas então não houve um só Elias, senão dois Elias: "Ele era dois Elias, Elias em cima, e Elias embaixo"⁵.

— Arrebatou o carro de fogo a Elias, e no mesmo tempo e no mesmo lugar, diz Crisóstomo, se viram então dois Elias, um em cima, outro em baixo; um no ar, outro na terra; um no carro, outro ao pé dele. — O mesmo se viu no nosso caso. O carro triunfal, em que o Redentor do mundo triunfou da morte, do pecado e do inferno, foi a cruz; levantado nela o Senhor, partia-se o Mestre, e ficava o discípulo; mas como? Como Elias e Eliseu. E assim como Elias e Eliseu eram "dois Elias", — assim Jesus e João eram dois Jesus; e assim como lá um Elias se via em cima outro em baixo, assim cá também um Jesus estava em cima, outro Jesus em baixo, um no ar outro na terra; um na cruz, outro ao pé da cruz. E para que ninguém duvidasse que o milagre com que Jesus se tinha dobrado e multiplicado em João era por virtude e transformação do amor, o mesmo João advertidamente não se chamou aqui João, senão o amado: "Jesus, tendo visto a sua Mãe e ao discípulo que ele amava, o qual estava presente" (Jo 19,26). — Sendo, pois, João, por transformação do amor, outro Jesus, e Jesus e João dois Jesus, com razão acrescentou o evangelista ao nome de Jesus o sobrenome de Cristo: "Jesus que se chama Cristo", para distinguir um Jesus de outro Jesus.

Nem basta por distinção o declarar que era Filho de Maria, e de Maria nascera: "Maria, da qual nasceu" — porque no mesmo lugar do Calvário onde Cristo, enquanto Jesus, nasceu segunda vez de sua Santíssima Mãe — como dissemos — também S. João, com segundo nascimento, nasceu da mesma Senhora, sendo João desde aquele ponto filho de Maria: "Eis aí o teu filho" — e Maria, Mãe de João: "Eis a tua Mãe" — e por isso, no mesmo tempo e no mesmo lugar, Mãe de dois Jesus: um Jesus que se chama João, e outro Jesus que se chama Cristo: "Da qual nasceu Jesus, que se chama o Cristo".

§ V

O terceiro nascimento, de que também se verificam as mesmas palavras, é o dos pretos, devotos da mesma Senhora, os quais também são seus filhos e também nascidos entre as dores da cruz. O profeta-rei, falando da Virgem Maria debaixo da metáfora de Jerusalém — a que muitas vezes é comparada, porque ambas foram morada de Deus — diz assim: "Nasceu nela o homem e mais o homem; e quem a fundou foi esse mesmo Altíssimo" (Sl 86,5). — Estas segundas palavras declaram o sentido das primeiras, e de umas e outras se convence que o mesmo Deus que criou a Maria é o homem que nasceu de Maria. Enquanto homem nasceu dela: "Nasceu nela o homem" — e esse mesmo, enquanto Deus, a criou a ela: "E quem a fundou foi esse mesmo Altíssimo". — Assim o diz e prova com evidência Santo Agostinho. Mas o profeta ainda diz mais, porque não só diz que nasceu da Senhora esse homem que enquanto Deus a criou, senão que nasceu dela o homem e mais o homem: "Nasceu nela o homem e mais o homem". — Se um destes homens nascidos de Maria é Deus, o outro homem, também nascido de Maria, quem é? É todo o homem que tem a fé e conhecimento de Cristo, de qualquer qualidade, de qualquer nação e de qualquer cor que seja, ainda que a cor seja tão diferente da dos outros homens, como é a dos pretos. Assim o diz o mesmo texto, tão claramente que nomeia os mesmos pretos por sua própria nação e por seu próprio nome: "Lembrar-me-ei de Raab e de Babilônia, que me conhecem; eis aqui os estrangeiros, e Tiro, e o povo dos etíopes, estes estiveram ali" (Sl 86,4). — Nasceram da Mãe do Altíssimo, não só os da sua nação e naturais de Jerusalém, a que é comparada, senão também os estranhos e os "gentios". E que gentios são estes? "Raab": os cananeus, que eram brancos; Babilônia, os babilônios, que também eram brancos; "Tiro": os tírios, que eram mais brancos ainda; e sobre todos, e em maior número que todos: "o povo dos etíopes", que são os pretos. De maneira que vós, os pretos, que tão humilde figura fazeis no mundo e na estimação dos homens, por vosso próprio nome e por vossa própria nação estais escritos e matriculados nos livros de Deus e nas Sagradas Escrituras, e não com menos título nem com menos foro que de filhos da Mãe do mesmo Deus: "O povo dos etíopes, estes estiveram ali". E posto que o texto é tão claro e literal que não admite dúvida, ouçamos o comento de Santo Tomás, Arcebispo de Valença[6]:

"A virgem formosa não rejeita os etíopes, mas os abraça como pequenos e ama como filhos. Saibam, portanto, que essa mesma mãe porque é mãe do Altíssimo se preza de ser chamada mãe dos Etíopes". — O profeta pôs no último lugar os etíopes e os pretos, porque este é o lugar que lhes dá o mundo e a baixa estimação com que são tratados dos outros homens, filhos de Adão como eles. Porém, a Virgem Senhora, sendo Mãe do Altíssimo, não os despreza, nem se despreza de os ter por filhos; antes, porque é Mãe do Altíssimo, por isso mesmo se preza de ser também sua Mãe: "porque é mãe do Altíssimo se preza de ser chamada mãe dos Etíopes". — Saibam, pois, os pretos, e não duvidem que a mesma Mãe de Deus é Mãe sua: "Saibam, portanto, que essa mesma mãe" — e saibam que com ser uma Senhora tão soberana, é Mãe tão amorosa que, assim pequenos como são, os ama e tem por filhos: "Abraça-os como pequenos e ama como filhos". Até aqui Santo Tomás.

E se me perguntarem os curiosos quando alcançaram os pretos esta dignidade de filhos da Mãe de Deus, respondo que no monte Calvário e ao pé da cruz, no mesmo dia e no mesmo lugar em que o mesmo Cristo, enquanto Jesus e enquanto Salvador, nasceu com segundo nascimento da Virgem Maria: "Maria, da qual nasceu Jesus, que se chama Cristo". — Este parece o ponto mais dificultoso desta terceira proposta. Mas assim o diz com propriedade e circunstância admirável o mesmo texto de Davi. Porque os etíopes, que no corpo do salmo se chamam nomeadamente filhos da Senhora, no título do mesmo salmo se chamam filhos de Coré: *Filho de Core pro arcanis* [em segredo] (Sl 45). — Esta palavra *pro arcanis* nota e manda advertir que se encerra aqui um grande mistério. E que mistério tem chamarem-se estes filhos da Virgem Maria filhos também de Coré? Santo Agostinho, na exposição do mesmo salmo: "Grande sacramento é que se digam filhos de Coré, porque Coré se interpreta Calvário. Portanto, filhos de sua paixão, filhos remidos pelo seu sangue, filhos de sua cruz"[7]. Coré, na língua hebreia, quer dizer Calvário, e chamam-se filhos do Calvário, e filhos da paixão de Cristo, e filhos da sua cruz os mesmos que neste texto se chamam nomeadamente filhos da Virgem Maria, porque, quando no Calvário e ao pé da cruz nasceu da Virgem Maria, com segundo nascimento, seu benditíssimo Filho, enquanto Jesus e Salvador do mundo, então nasceram também, com segundo nascimento da mesma Senhora todos os outros filhos das outras nações que o profeta nomeia, e entre eles, com tão especial menção, os etíopes, que são os pretos: "O povo dos etíopes, estes estiveram ali". — De sorte que, assim como no Calvário e ao pé da cruz nasceu de Maria com segundo nascimento Cristo, e assim como no Calvário e ao pé da cruz nasceu de Maria com segundo nascimento S. João, assim ao pé da cruz nasceram também com segundo nascimento da mesma Virgem Maria os pretos, verificando-se de todos os três nascimentos, por diferente modo, o texto no nosso tema: "Maria, da qual nasceu Jesus, que se chama o Cristo".

Estou vendo que cuidam alguns que são isto encarecimentos e lisonjas daquelas com que os pregadores costumam louvar os devotos nos dias da sua festa. Mas é tanto pelo contrário, que tudo o que tenho dito é verdade certa e infalível, e não com menor certeza que de fé católica. Os etíopes de que fala o texto de Davi não são todos os pretos universalmente, porque muitos deles são gentios nas suas terras; mas fala somente daqueles de que eu também falo, que são os que por mercê de Deus e de sua Santíssima Mãe, por meio da fé e conhecimento de Cristo, e por virtude do batismo são cristãos. Assim o notou o mesmo profeta no mesmo texto: "Lembrar-me-ei de Raab e de Babilônia, que me conhecem; e o povo dos etíopes, estes estiveram ali" (Sl 86,4). — Naquele "que me conhecem" está a diferença de uns a outros. E por quê, ou como? Porque todos os que têm a fé e conhecimento de Cristo, e são cristãos, são membros de Cristo, e os que são membros de Cristo não podem deixar de ser filhos da mesma Mãe, de que nasceu Cristo: "Da qual nasceu Jesus, que se chama o Cristo".

Que sejam verdadeiramente membros de Cristo, é proposição expressa de S. Paulo, não menos que em três lugares. Deixo os dois, e só repito o do capítulo doze aos Coríntios: "Porque, assim como o corpo é um, e tem muitos membros, e todos os membros do corpo, ainda que sejam muitos, são contudo um só corpo, assim também Cristo. Porque num mesmo Espírito fomos batizados todos nós, para sermos um mesmo corpo" (2Cor 12,12s). — Assim como o corpo tem muitos membros, e, sendo os membros muitos, o corpo é um só, assim — diz S. Paulo — sendo Cristo um e os cristãos muitos, de Cristo e dos cristãos se compõe um só corpo, porque todos os cristãos, por virtude da fé e do batismo, são membros de Cristo. — E por que não cuidassem, os que são fiéis e senhores, que os pretos, por terem sido gentios e serem cativos, são de inferior condição, acrescenta o mesmo S. Paulo, que isto tanto se entende dos hebreus, que eram os fiéis, como dos gentios, e tanto dos cativos e dos escravos, como dos livres e dos senhores: "Porque num mesmo Espírito fomos batizados todos nós, para sermos um mesmo corpo, ou sejamos judeus, ou gentios, ou servos, ou livres". — E como todos os cristãos, posto que fossem gentios e sejam escravos, pela fé e batismo estão incorporados em Cristo e são membros de Cristo, por isso a Virgem Maria, Mãe de Cristo, é também Mãe sua, porque não seria Mãe de todo Cristo se não fosse Mãe de todos seus membros. Excelentemente Guilhelmo Abade: "Maria deu à luz a muitos para a salvação, no único Salvador de todos, Jesus. Sendo mãe da cabeça, é mãe de muitos membros. A Mãe de Cristo é mãe dos membros de Cristo, porque Cristo é sozinho cabeça e corpo"[8].

Não se poderá dizer com melhores palavras nem mais próprias, mas eu quero que no-lo diga com as suas, e nos feche todo este discurso da Escritura Sagrada. Quando Nicodemos de mestre da lei se fez discípulo de Cristo, disse-lhe o Senhor três coisas notáveis. A primeira, que para ele, Nicodemos, e qualquer outro se salvar, era necessário nascer de novo: "Não pode ver o reino de Deus senão aquele que renascer de novo" (Jo 3,3). — A segunda, que "ninguém sobe ao céu, senão quem desceu do céu". — A terceira, que para isto se conseguir havia de morrer em uma cruz o mesmo Cristo: "Importa que seja levantado o Filho do homem" (Ibid. 14). — Se o texto se fizera para o nosso caso, não pudera vir mais medido com todas suas circunstâncias. Quanto à primeira, replicou Nicodemus, dizendo: "Como é possível que um homem velho, como eu sou, haja de nascer de novo?" (Jo 3,4). Porventura há de tornar a entrar no ventre de sua mãe para nascer outra vez? — Pareceu-lhe ao doutor que esta instância era muito forte; mas o divino Mestre lhe ensinou que este segundo e novo nascimento era por virtude do batismo, sem o qual ninguém se pode salvar: "Quem não renascer da água, e do Espírito Santo, não pode entrar no reino de Deus" (Ibid. 5) . — E quanto à mãe, de que haviam de tornar a nascer os que assim fossem regenerados, acrescentou o mesmo Senhor que essa mãe era a mesma Virgem Maria, Mãe sua. Isto querem dizer as segundas palavras de Cristo, posto que o não pareça, nem até agora se tenha reparado nelas. Quando o Senhor disse que ninguém sobe ao céu senão quem desceu do céu, juntamente declarou que este que desceu do céu era o mesmo Cristo, Filho da Virgem: "Ninguém subiu ao céu, senão aquele que desceu do céu, a saber, o Filho do homem, que está no céu" (Ibid. 13). — Pois, porque Cristo desceu do céu, por isso todos os que sobem ao céu desceram também do céu? Sim. Porque ninguém pode subir ao céu senão incorporando-se com Cristo, como todos nos incorporamos com ele, e nos fazemos membros do mesmo Cristo por meio da fé e do batismo; donde se seguem duas coisas: a primeira, que assim como ele desceu do céu, assim nós, por sermos membros seus, também descemos nele e com ele: "Ninguém subiu ao céu, senão aquele que desceu ao céu". — A segunda, que assim como ele desceu do céu, fazendo-se Filho da Virgem Maria: "O filho do homem que está no céu" — assim nós também ficamos sendo filhos da mesma Virgem, por que somos membros verdadeiros do verdadeiro Filho que dela nasceu; e, finalmente, por que este segundo e novo nascimento não foi o de Belém, senão o de Jerusalém, nem o do presépio, senão o do Calvário, por isso conclui o Senhor que para este segundo nascimento se conseguir era necessário que ele morresse na cruz: "Importa que seja levantado o Filho do homem". — Vejam agora os pretos se por todos os títulos ou circunstâncias de etíopes, de batizados, de nascidos com segundo nascimento, de nascidos no Calvário, e nascidos não de outra Mãe, senão da mesma Mãe de Jesus, se verifica também deles, como membros de Cristo, o nascimento com que o mesmo Cristo segunda vez nasceu de Maria: "Maria, da qual nasceu Jesus, que se chama Cristo".

§ VI

Parece-me que tenho provado os três nascimentos que prometi. E posto que todos três sejam mui conformes às circunstâncias do tempo: o de Cristo, porque continuamos a oitava do seu nascimento, o de S. João, porque estamos no seu próprio dia; e o dos pretos, porque celebramos com eles a devoção da Virgem Santíssima, Mãe de Cristo, Mãe de S. João e Mãe sua, sobre estas três grandes propriedades temos ainda outras três muito mais próprias: e quais são? Que unidos estes três nascimentos em um mesmo intento, todos e cada um deles se ordenam a declarar e persuadir a devoção do Rosário, e do Rosário particularmente dos pretos, e dos pretos em particular que trabalham neste e nos outros engenhos. Não são estas as circunstâncias mais individuais do lugar, das pessoas e da festa e devoção que celebramos? Pois, todas elas nascem daqueles três nascimentos. O novo nascimento dos mesmos pretos, como filhos da Mãe de Deus, lhes mostra a obrigação que têm de servir, venerar e invocar a mesma Senhora com o seu Rosário. O novo nascimento de Cristo os persuade a que, sem embargo do contínuo e grande trabalho em que estão ocupados, nem por isso se esqueçam da soberana Mãe sua e de lhe rezar o Rosário, ao menos parte, quando não possam todo. E, finalmente, o novo nascimento de S. João lhes ensina quais são, entre os mistérios do Rosário, os que mais pertencem ao seu estado, e com que devem aliviar, santificar e oferecer à Senhora o seu mesmo trabalho. Este é o fim de quanto tenho dito e me resta por dizer; e este também o fruto de que mais se serve e agrada a Virgem do Rosário e com que haverá por bem festejado o seu dia. E porque agora falo mais particularmente com os pretos, agora lhes peço mais particular atenção.

Começando, pois, pelas obrigações que nascem do vosso novo e tão alto nascimento, a primeira e maior de todas é que deveis dar infinitas graças a Deus por vos ter dado conhecimento de si, e por vos ter tirado de vossas terras, onde vossos pais e vós vivíeis como gentios, e vos ter trazidos a esta, onde, instruídos na fé, vivais como cristãos e vos salveis. Fez Deus tanto caso de vós e disto mesmo que vos digo, que mil anos antes de vir ao mundo o mandou escrever nos seus livros, que são as Escrituras Sagradas. Virá tempo, diz Davi, em que os etíopes — que sois vós — deixada a gentilidade e idolatria, se hão de ajoelhar diante do verdadeiro Deus: "Diante dele se prostrarão os da Etiópia" (Sl 71,9) — e que farão assim ajoelhados? Não baterão as palmas como costumam, mas fazendo oração, levantarão as mãos ao mesmo Deus: "A Etiópia se adiantará para levantar as suas mãos a Deus" (Sl 67,32). — E quando se cumpriram estas duas profecias, uma do Salmo setenta e um e outra do Salmo sessenta e sete? Cumpriram-se principalmente depois que os portugueses conquistaram a Etiópia ocidental, e estão se cumprindo hoje, mais e melhor que em nenhuma outra parte do mundo nesta da América, aonde trazidos os mesmos etíopes em tão inumerável número, todos com os joelhos em terra e com as mãos levantadas ao céu, creem, confessam e adoram no Rosário da Senhora todos os mistérios da Encarnação, Morte e Ressureição do Criador e Redentor do mundo, como verdadeiro Filho de Deus e da Virgem Maria. Assim como Deus na lei da natureza escolheu a Abraão, e na da escrita a Moisés, e na da graça a Saulo, não pelos serviços que lhe tivessem feito, mas pelos que depois lhe haviam de fazer, assim a Mãe de Deus, antevendo esta vossa fé, esta vossa piedade e esta vossa devoção, vos escolheu de entre tantos outros de tantas e tão diferentes nações, e vos trouxe ao grêmio da Igreja, para que lá, como vossos pais, vos não perdêsseis, e cá, como filhos seus, vos salvásseis. Este é o maior e mais universal milagre de quantos faz cada dia, e tem feito por seus devotos a Senhora do Rosário.

Falando o texto sagrado dos filhos de Coré que, como já dissemos, são os filhos da Senhora nascidos no Calvário, diz que, perecendo seu pai, eles não pereceram, e que isto foi um grande milagre: "Sucedeu o grande milagre, que, perecendo Coré, não pereceram seus filhos" (Nm 26,10). — Não perecerem nem morrerem os filhos quando perecem e morrem os pais é coisa muito natural, antes é lei ordinária da mesma natureza, porque, se com os pais morreram juntamente os filhos, acabar-se-ia o mundo. Como diz logo o texto sagrado que não morrerem e perecerem os filhos de Coré, quando morreu e pereceu seu pai, não só foi milagre, senão um grande milagre: "Sucedeu o grande milagre"? — Ouvi o caso todo, e logo vereis em que consistiu o milagre e sua grandeza. Caminhando os filhos de Israel pelo deserto em demanda da Terra de Promissão, rebelaram-se contra Deus três cabeças de grandes famílias, Datã, Abiron e Coré; e querendo a divina justiça castigar exemplarmente a atrocidade deste delito, abriu-se subitamente a terra, tragou vivos aos três delinquentes, e em um momento todos três, com portento nunca visto, foram sepultados no inferno. Houve porém neste caso uma diferença ou exceção muito notável, e foi que com Datã e Abiron pereceram juntamente, e foram também tragados da terra e sepultados no inferno seus filhos; mas os de Coré não, e este é o que a Escritura chama grande milagre: "Sucedeu o grande milagre, que, perecendo Coré, não pereceram seus filhos". — Abrir-se a terra não foi milagre? Sim, foi. Serem tragados vivos os três delinquentes, não foi outro milagre? Também. Irem todos em corpo e alma ao inferno antes do dia do Juízo, não foi terceiro milagre? Sim, e muito mais estupendo. E, contudo, o milagre que a Escritura Sagrada pondera e chama grande milagre não foi nenhum destes, senão o perecer Coré e não perecerem seus filhos, porque o maior milagre e a mais extraordinária mercê que Deus pode fazer aos filhos de pais rebeldes ao mesmo Deus, é que quando os pais se condenam, e vão ao inferno, eles não pereçam e se salvem.

Oh! se a gente preta, tirada das brenhas da sua Etiópia e passada ao Brasil, conhecera bem quanto deve a Deus e a sua Santíssima Mãe por este que pode parecer desterro, cativeiro e desgraça, e não é senão milagre, e grande milagre! Dizei-me: vossos pais, que nasceram nas trevas da gentilidade, e nela vivem e acabam a vida sem lume da fé nem conhecimento de Deus, aonde vão depois da morte? Todos, como credes e confessais, vão ao inferno, e lá estão ardendo e arderão por toda a eternidade. E que, perecendo todos eles, e sendo sepultados no inferno como Coré, vós, que sois seus filhos, vos salveis e vades ao céu? Vede se é grande milagre da providência e misericórdia divina: "Sucedeu o grande milagre, que, perecendo Coré, não pereceram seus filhos". — Os filhos de Datã e Abiron pereceram com seus pais, porque seguiram com eles a mesma rebelião e cegueira; e outro tanto vos poderá suceder a vós. Pelo contrário, os filhos de Coré, perecendo ele, salvaram-se, porque reconheceram, veneraram e obedeceram a Deus; e esta é a singular felicidade do vosso estado, verdadeiramente milagroso.

Só resta mostrar-vos que este grande milagre, como dizia, é milagre do Rosário, e que esta eleição e diferença tão notável a deveis à Virgem Santíssima, vossa Mãe, e por ser Mãe vossa. Isac, filho de Abraão — de quem vossos antepassados tomaram por honra a divisa da circuncisão, que ainda conservam, e do qual muitos de vós descendeis por via de Ismael, meio irmão do mesmo Isac — este Isac, digo, tinha dois filhos, um chamado Jacó, que levou a bênção do céu, e outro chamado Esaú, que perdeu a mesma bênção. Tudo isto sucedeu em um mesmo dia, em que Esaú andava pelos matos armado de arco e frechas, como andam vossos pais por essas brenhas da Etiópia; e, pelo contrário, Jacó, estava em casa de seu pai e de sua mãe, como vós hoje estais na casa de Deus e da Virgem Maria. E por que levou a bênção Jacó, e a perdeu Esaú? Porque concorreram para a felicidade de Jacó duas coisas, ou duas causas, que a Esaú faltaram ambas. A primeira foi porque Rebeca — que era o nome da mãe — não amava a Esaú, senão a Jacó, e fez grandes diligências, e empregou toda a sua indústria em que ele levasse a bênção. A segunda, porque, estando duvidoso o pai se lhe daria a bênção ou não, sentiu que os vestidos de Jacó lhe cheiravam a rosas e flores, e tanto que sentiu este cheiro e esta fragrância logo lhe deitou a bênção. Assim o nota expressamente o texto: "Logo que ressentiu a fragrância de seus vestidos, abençoando-o disse: — Eis o cheiro de meu filho, bem como o cheiro de um campo cheio que o Senhor abençoou. Deus te dê do orvalho do céu etc." (Gn 27,27s). — Uma e outra circunstância, assim da parte da mãe como do pai, foram admiráveis, e por isso misteriosas. Da parte da mãe que, sendo Jacó e Esaú irmãos, amasse com tanta diferença a Jacó; e da parte do pai que um acidente que parecia tão leve, como o cheiro das flores, lhe tirasse toda a dúvida e fosse o último motivo de lhe dar a bênção. Mas assim havia de ser, para que o mistério se cumprisse com toda a propriedade nas figuras e ações que o representavam. Isac significava a Deus, Rebeca a Virgem Mãe, Jacó os seus filhos escolhidos, que sois vós, e Esaú os reprovados, que são os que, sendo do vosso mesmo sangue e da vossa mesma cor, não alcançaram a bênção que vós alcançastes. Para que entendais que toda esta graça do céu a deveis referir a duas causas: a primeira, ao amor e piedade da Virgem Santíssima, vossa Mãe: a segunda, à devoção do seu Rosário, que é o cheiro das rosas e flores, que tanto enlevam e agradam a Deus.

Dos sacrifícios antigos, quando Deus os aceitava, diz a Sagrada Escritura que lhe agradava muito o cheiro e suavidade deles: "Percebeu o olfato do Senhor um suave cheiro" (Gn 8,21). — E a razão era porque naqueles sacrifícios se representavam os mistérios da vida e da morte de seu benditíssimo Filho. E como na devoção do Rosário se contém a memória e consideração dos mesmos mistérios, este é o cheiro e fragrância que tanto nele agrada e tão aceito é a Deus. Em vós, antes de serdes cristãos, somente era futuro este cheiro das flores do Rosário, que hoje é presente, como também eram futuros naquele tempo os mistérios de Cristo; mas, assim como o merecimento destes mistérios antes de serem, somente porque haviam de ser davam eficácia àqueles sacrifícios, assim a vossa devoção do Rosário futura, e quando ainda não era, só porque Deus e sua Mãe a anteviram, com a aceitação e agrado que dela recebem, vos preferiram e antepuseram aos demais das vossas nações, e vos tiveram por dignos da bênção que hoje gozais, tanto maior e melhor que a de Jacó quanto vai da terra ao céu. Para que todos conheçais o motivo principal da vossa felicidade, e a obrigação em que ela vos tem posto de não faltar a Deus e a sua Santíssima Mãe com este quotidiano tributo da vossa devoção.

§ VII

Estou vendo, porém, que o vosso contínuo trabalho e exercício pode parecer ou servir de escusa ao descuido dos menos devotos. Direis que estais trabalhando de dia e de noite em um engenho, e que as tarefas multiplicadas umas sobre outras — que talvez entram e se penetram com os dias santos — vos não deixam tempo nem lugar para rezar o Rosário. Mas aqui entra o novo nascimento de Cristo, segunda vez nascido no Calvário, para com seu divino exemplo e imitação refutar a fraqueza desta vossa desculpa, e vos ensinar como no meio do maior trabalho vos não haveis de esquecer da devoção de sua Mãe, pois o é também vossa, oferecendo-lhe ao menos alguma parte, quando comodamente não possa ser toda. Davi — aquele santo rei, que também teve netos na Etiópia, filhos de seu filho Salomão e da rainha Sabá — entre os salmos que compôs, foram três particulares, aos quais deu por título "Para os lagareiros", que em frase do Brasil quer dizer: para os engenhos. Este nome "lagares", universalmente tomado, significa todos aqueles lugares e instrumentos em que se espreme e tira o sumo dos frutos, como em Europa o vinho e o azeite; e porque estes, em que no Brasil se faz o mesmo às canas doces, e se espreme, coze e endurece o sumo delas, têm maior e mais engenhosa fábrica se chamaram vulgarmente engenhos.

Se perguntarmos, pois, qual foi o fim e intento de Davi em compor e intitular aqueles salmos nomeadamente para estas oficinas, respondem os doutores hebreus, e com eles Paulo Burgense[9], que o intento que teve o santo rei, e fez se praticasse em todo o povo de Israel, foi que os trabalhadores das mesmas oficinas ajuntassem o trabalho com a oração, e em lugar de outros cantares, com que se costumavam aliviar, cantassem hinos e salmos; e pois recolhiam e aproveitavam os frutos da terra, não fossem eles estéreis, e louvassem ao Criador que os dá. Notável exemplo por certo, e de suma edificação, que entre os grandes negócios e governo da monarquia tivesse um rei estes cuidados! E que confusão, pelo contrário, será para os que se chamam senhores de engenho, se atentos somente aos interesses temporais, que se adquirem com este desumano trabalho, dos trabalhadores seus escravos e das almas daqueles miseráveis corpos tiverem tão pouco cuidado, que não tratem de que louvem e sirvam a Deus, mas nem ainda de que o conheçam?

Tornando aos salmos compostos para os engenhos — que depois veremos por que foram três — declara Davi no título do último quem sejam os operários destas trabalhosas oficinas, e diz que são os filhos de Coré: "Para os filhos lagareiros de Coré" (Sl 83,1). — Segundo a propriedade da história, já dissemos que os filhos de Coré são os pretos, filhos da Virgem Santíssima e devotos do seu Rosário. Segundo a significação do nome, porque Coré na língua hebraica significa Calvário, diz Hugo Cardeal[10] que são os imitadores da Cruz e Paixão de Cristo crucificado: "Para os filhos de Coré, isto é, para os imitadores do crucificado no lugar do calvário".

— Não se pudera nem melhor nem mais altamente descrever que coisa é ser escravo em um engenho do Brasil. Não há trabalho nem gênero de vida no mundo mais parecido à Cruz e Paixão de Cristo que o vosso em um destes engenhos. "Óh muitos afortunados se conhecessem os seus bens". Bem-aventurados vós, se soubéreis conhecer a fortuna do vosso estado, e, com a conformidade e imitação de tão alta e divina semelhança, aproveitar e santificar o trabalho!

Em um engenho sois "imitadores de Cristo crucificado" — porque padeceis em um modo muito semelhante o que o mesmo Senhor padeceu na sua cruz e em toda a sua paixão. A sua cruz foi composta de dois madeiros, e a vossa em um engenho é de três. Também ali não faltaram as canas, porque duas vezes entraram na Paixão: uma vez servindo para o cetro de escárnio, e outra vez para a esponja em que lhe deram o fel. A Paixão de Cristo parte foi de noite sem dormir, parte foi de dia sem descansar, e tais são as vossas noites e os vossos dias. Cristo despido, e vós despidos; Cristo sem comer, e vós famintos; Cristo em tudo maltratado, e vós maltratados em tudo. Os ferros, as prisões, os açoites, as chagas, os nomes afrontosos, de tudo isto se compõe a vossa imitação que, se for acompanhada de paciência, também terá merecimento de martírio. Só lhe faltava a cruz para a inteira e perfeita semelhança o nome de engenho; mas este mesmo lhe deu Cristo, não com outro, senão com o próprio vocábulo. "Lagar" se chama o vosso engenho, ou a vossa cruz, e a de Cristo, por boca do mesmo Cristo, se chamou também "Lagar": "Eu calquei o lagar sozinho" (Is 63,3). — Em todas as invenções e instrumentos de trabalho parece que não achou o Senhor outro que mais parecido fosse com o seu que o vosso. A propriedade e energia desta comparação é porque no instrumento da cruz, e na oficina de toda a Paixão, assim como nas outras em que se espreme o sumo dos frutos, assim foi espremido todo o sangue da humanidade sagrada: "Porque o seu sangue foi aí exprimido, como o sangue da uva no lagar" — diz Lirano[11] — "e isso na imposição da coroa de espinhos, na flagelação, na fixação dos pés e das mãos e na abertura do lado". — E se então se queixava o Senhor de padecer só: "Eu calquei o lagar sozinho" — e de não haver nenhum dos gentios que o acompanhasse em suas penas: "E das gentes não se acha homem algum comigo" (Ibid.) — vede vós quanto estimará agora que os que ontem foram gentios, conformando-se com a vontade de Deus na sua sorte, lhe façam por imitação tão boa companhia!

Mas, para que esta primeira parte da imitação dos trabalhos da cruz o seja também nos afetos — que é a segunda e principal — assim como no meio dos seus trabalhos e tormentos se não esqueceu o Senhor de sua piedosíssima Mãe, encomendando-a ao discípulo amado, assim vos não haveis vós de esquecer da mesma Senhora, encomendando-vos muito particularmente na sua memória e oferecendo-lhe a vossa. Depois de Cristo na cruz dar o reino do céu ao Bom Ladrão, então falou com sua Mãe, e parece que este, e não aquele, havia de ser o seu primeiro cuidado; mas seguiu o Senhor esta ordem, diz Santo Ambrósio, para mostrar, segundo as mesmas leis da natureza, que mais fazia em ter da própria Mãe esta lembrança que em dar a um estranho o reino: "Julgando em mais aquilo que dividia os ofícios da piedade, do que aquilo que dava como reino do céu"[12]. — Ao ladrão deu Cristo menos do que lhe pediu, e à Mãe deu muito mais do que tinha dado ao ladrão, porque o ladrão pediu-lhe a memória, e deu-lhe o reino, e à Mãe deu-lhe muito mais que o reino, porque lhe deu a memória. Esta memória haveis de oferecer à Senhora em meio dos vossos trabalhos à imitação de seu Filho, e não duvideis ou cuideis que lhe seja menos aceita a vossa, antes em certo modo mais. Por quê? Porque nas Ave-marias do vosso Rosário a fazeis com palavras de maior consolação do que as que lhe disse o mesmo Filho, conformando-se com o estado presente. O Filho chamou-lhe mulher, e vós chamar-lhe-eis a bendita entre todas as mulheres; o Filho não lhe deu nome de mãe, e vós a invocareis cento e cinquenta vezes com o nome de Santa Maria, Mãe de Deus. Oh! quão adoçada ficará a dureza, e quão enobrecida a vileza dos vossos trabalhos na harmonia destas vozes do céu; e quão preciosas serão diante de Deus as vossas penas e aflições, se juntamente lhas oferecerdes em união das que a Virgem Mãe sua padeceu ao pé da cruz.

E porque a continuação do vosso mesmo trabalho vos não pareça bastante escusa para faltardes com vossas orações a esta pensão de cada dia, adverti que se o vosso Rosário consta de três partes, estando Cristo vivo na cruz somente três horas, nessas três horas orou três vezes. Pois se Cristo ora três vezes em três horas, sendo tão insofríveis os trabalhos da sua cruz, vós, por grandes que sejam os vossos, por que não orareis três vezes em vinte e quatro horas? Dir-me-eis que as orações que fez Cristo na cruz foram muito breves. Mas nisso mesmo vos quis dar exemplo e vos deixou uma grande consolação. Para que quando, ou apertados do tempo, ou oprimidos do trabalho não puderdes rezar o Rosário inteiro, não falteis ao menos em rezar parte, consolando-vos com saber que nem por isso as vossas orações abreviadas serão menos aceitas a Deus e à sua Mãe, assim como o foram as de Cristo a seu Eterno Pai.

Agora acabareis de entender por que razão os salmos que Davi compôs para os que trabalham nos engenhos foram somente três.

Lede-os, ou leiam-nos por vós os que os entendem, e acharão que só três se intitulam: "Para os lagareiros". E por que três, nem mais nem menos? Porque em três partes, nem mais nem menos, dividiu Davi o seu Saltério, e a Senhora o seu Rosário. O que hoje chamamos Rosário, antes que as Ave-marias se convertessem milagrosamente em rosas, chamava-se o Saltério da Virgem, porque assim como o Saltério era composto de cento e cinquenta salmos, assim o Rosário se compõe de cento e cinquenta saudações angélicas. Que fez pois Davi, como rei pio e como profeta? Como rei pio, que atendia ao bem presente do seu reino, vendo que os trabalhadores dos lagares não podiam rezar o Saltério inteiro, e tão comprido como é, recopilou e abreviou o mesmo Saltério, e reduziu as três partes de que é composto aos três salmos que intitulou: "Para os lagareiros". E como profeta que via os tempos futuros e o Rosário que havia de compor a Mãe do que se havia de chamar Filho de Davi, à imitação do seu Saltério, introduziu no mesmo Saltério, já abreviado e reduzido a três salmos, os três mistérios gozosos, dolorosos e gloriosos em que está repartido o Rosário. Assim foi, e assim se vê claramente nos mesmos três salmos. Porque o primeiro — que é o salmo oito — tendo por expositor a São Paulo, contém os mistérios da Encarnação e infância do Salvador: "Tu fizeste sair da boca dos infantes e dos que mamam um louvor perfeito" (Sl 8,1).
— O segundo — que é o salmo oitenta — contém os mistérios da cruz e da Redenção, representados na do Egito: "Eu sou o Senhor teu Deus, que te tirei da terra do Egito" (Sl 80,11). — E o terceiro — que é o salmo oitenta e três — contém os mistérios da Glória e da Ascensão: "Bem-aventurado o varão que de ti espera socorro, que dispôs elevações no seu coração neste vale de lágrimas" (Sl 83,6).

Assim, pois, como os trabalhadores hebreus — que eram os fiéis daquele tempo — no exercício dos seus lagares meditavam e cantavam o Saltério de Davi recopilado naqueles três salmos, por que não podiam todo, ao mesmo modo vós, quando não possais rezar todo o Rosário da Senhora, ao menos com parte das três partes em que ele se divide haveis de aliviar e santificar o peso do vosso trabalho na memória e louvores dos seus mistérios. E este foi finalmente o exemplo e exemplar que vos deixou Cristo nas três breves orações da sua cruz. Porque, se bem advertirdes, em todas três, pela mesma ordem do Rosário, se contêm os mistérios gozosos, dolorosos e gloriosos. Os gloriosos, na terceira, em que encomendou sua alma nas mãos do Pai, partindo-se deste mundo para a glória: "Pai, nas tuas mãos encomendo o meu espírito" (Lc 23,46). — Os dolorosos na segunda, em que amorosamente queixoso publicou a altas vozes o excesso das suas dores: "Deus meu, Deus meu, por que me desamparaste?" (Mt 27,46). E os gozosos, rogando pelos mesmos que o estavam pregando na cruz, e alegando que não sabiam o que faziam: "Porque não sabem o que fazem" (Lc 23,34) — porque eles o crucificavam para o atormentarem, e ele se gozava muito de que o crucificassem, como declarou São Paulo: "Havendo-lhe sido proposto gozo, sofreu a cruz" (Hb 12,2).

§ VIII

Resta o último e excelente documento de São João, também nova e segunda vez nascido ao pé da cruz; e qual é este documento? Que entre todos os mistérios do Rosário haveis de ser mais particularmente devotos dos que são mais próprios do vosso estado, da vossa vida e da vossa fortuna, que são os mistérios dolorosos. A todos os mistérios dolorosos — e não assim aos outros — se achou presente São João. Assistiu ao do Horto com os dois discípulos; assistiu ao dos açoites com a Virgem Santíssima no Pretório de Pilatos: assistiu do mesmo modo e no mesmo lugar à coroação de espinhos; seguiu ao Senhor com a cruz às costas até ao Monte Calvário; e no mesmo Calvário se não apartou do seu lado até expirar e ser levado à sepultura. Estes foram os mistérios próprios do Discípulo amado, que, como a dor se mede pelo amor, a ele competiam mais os dolorosos. Estes foram os seus, e estes devem ser os vossos, e não só por devoção ou eleição, nem só por condição e semelhança da vossa cruz, mas por direito hereditário, desde o primeiro Etíope ou preto que conheceu a Cristo e se batizou. É caso muito digno de que o saibais.

Apareceu um anjo a São Felipe Diácono, e disse-lhe que se fosse pôr na estrada de Gaza. Posto na estrada, tornou-lhe a aparecer, e disse-lhe que se chegasse a uma carroça que por ali passava. Chegou, e viu que ia na carroça um homem preto — que era criado da rainha de Etiópia — e ouviu que ia lendo pelo profeta Isaías. O lugar em que estava era aquele famoso texto do capítulo cinquenta e três, em que o profeta descreve mais claramente que nenhum outro a Morte, Paixão e Paciência de Cristo: "Como ovelha foi levado ao matadouro, e como cordeiro mudo diante do que o tosquia, assim ele não abriu a sua boca etc." (At 8,32; Is 53,7). — Perguntou-lhe o diácono se entendia o que estava lendo, e como respondesse que não e lhe pedisse que lho declarasse, foi tal a declaração que, chegando depois ambos a um rio, o Etíope pediu ao santo que o batizasse. E este foi o primeiro gentio depois de Cornélio Romano, e o primeiro preto cristão que houve no mundo. Tudo nesta história, que é dos Atos dos Apóstolos referida por São Lucas, são mistérios. Mistério foi o primeiro aviso do anjo ao santo diácono, e mistério o segundo; mistério que um gentio fosse lendo pela Sagrada Escritura, e mistério que caminhando a fosse lendo; mistério que o profeta que lia fosse Isaías, e mistério sobre todos misterioso que o lugar fosse da Paixão e Paciência de Cristo, porque, para dar ocasião ao diácono de pregar a fé a um gentio, bastava que fosse qualquer outro. Pois, por que ordenou Deus que fosse sinaladamente aquele lugar, em que se descrevia a sua paixão e os tormentos com que havia de ser maltratado, e a paciência, sujeição e silêncio com que os havia de suportar? Sem dúvida porque neste primeiro Etíope tão antecipadamente convertido se representavam todos os homens da sua cor e da sua nação que depois se converteram. Assim o dizem São Jerônimo[13] e Santo Agostinho, e o provam com texto de Davi: "A Etiópia se adiantará para levantar as suas mãos a Deus" (Sl 67,32). E como a natureza gerou os pretos da mesma cor da sua fortuna: "Infeliz gente, nascida para a servidão" (Mafeu[14]), — quis Deus que nascessem à fé debaixo do signo da sua Paixão e que ela, assim como lhes havia de ser o exemplo para a paciência, lhes fosse também o alívio para o trabalho. Enfim, que de todos os mistérios da Vida, Morte e Ressurreição de Cristo, os que pertencem por condição aos pretos, e como por herança, são os dolorosos.

Destes devem ser mais devotos, e nestes se devem mais exercitar, acompanhando a Cristo neles, como fez São João na sua cruz. Mas assim como entre todos os mistérios do Rosário estes são os que mais propriamente pertencem aos pretos, assim entre todos os pretos os que mais particularmente os devem imitar e meditar são os que servem e trabalham nos engenhos, pela semelhança e rigor do mesmo trabalho. Encarecendo o mesmo Redentor o muito que padeceu em sua sagrada Paixão, que são os mistérios dolorosos, compara as suas dores às penas do inferno: "Dores de inferno me cercaram" (Sl 17,6). — E que coisa há na confusão deste mundo mais semelhante ao inferno que qualquer destes vossos engenhos, e tanto mais quanto de maior fábrica? Por isso foi tão bem recebida aquela breve e discreta definição de quem chamou a um engenho de açúcar doce inferno. E, verdadeiramente, quem vir na escuridade da noite aquelas fornalhas tremendas perpetuamente ardentes; as labaredas que estão saindo a borbotões de cada uma, pelas duas bocas ou ventas por onde respiram o incêndio; os etíopes ou cíclopes banhados em suor, tão negros como robustos, que soministram a grossa e dura matéria ao fogo, e os forcados com que o revolvem e atiçam; as caldeiras, ou lagos ferventes, com os cachões sempre batidos e rebatidos, já vomitando escumas, já exalando nuvens de vapores mais de calor que de fumo, e tornando-os a chover para outra vez os exalar; o ruído das rodas das cadeias, da gente toda da cor da mesma noite trabalhando vivamente e gemendo tudo ao mesmo tempo, sem momento de tréguas nem de descanso; quem vir, enfim, toda a máquina e aparato confuso e estrondoso daquela Babilônia, não poderá duvidar, ainda que tenha visto Etnas e Vesúvios, que é uma semelhança de inferno. Mas se entre todo esse ruído, as vozes que se ouvirem forem as do Rosário, orando e meditando os mistérios dolorosos, todo esse inferno se converterá em paraíso, o ruído em harmonia celestial, e os homens, posto que pretos, em anjos.

Grande texto de Davi. Estava vendo Davi essas mesmas fornalhas do inferno e essas mesmas caldeiras ferventes, e profetizando literalmente dos que viu atados a elas, escreveu aquelas dificultosas palavras: "Se dormirdes entre os redis, sereis como as penas da pomba, argentadas, e os remates do lombo dela em amarelidão de ouro" (Sl 67,14). Ou, como verte com maior propriedade Vatablo: "Se dormirdes entre as caldeiras e os vasos cheios de fuligem"[15]. — Diz, pois, o profeta: Se passardes as noites entre as caldeiras, e entre esses grandes vasos fuliginosos e tisnados com o fumo e labaredas das fornalhas, que haveis de fazer ou que vos há de suceder? Agora entra o dificultoso das palavras: "Penas e asas de pomba, prateadas por uma parte e douradas por outra". E que tem que ver a pomba com o triste escravo e negro etíope, que entre todas as aves só é parecido ao corvo? Que tem que ver a prata e o ouro com o cobre da caldeira e o ferro da corrente a que está atado? Que tem que ver a liberdade de uma ave com penas e asas para voar com a prisão do que se não pode bolir dali por meses e anos, e talvez por toda a vida? Aqui vereis quais são os poderes e transformações que obra o Rosário nos que oram e meditam os mistérios dolorosos.

A pomba na Sagrada Escritura, como consta de infinitos lugares, não só é símbolo da oração e meditação absolutamente, senão dos que oram e meditam em casos dolorosos; por isso el-rei Ezequias nas suas dores dizia: "Meditarei como a pomba" (Is 38,14). — E a razão desta propriedade e semelhança, é porque a pomba com os seus arrulhos não canta como as outras aves, mas geme. Quer dizer pois o profeta, e diz admiravelmente, falando convosco na mais miserável circunstância deste inferno da terra: "Se dormirdes entre as caldeiras e os vasos cheios de fuligem" — se não só de dia, mas de noite vos virdes atados a essas caldeiras com uma forte cadeia, que só vos deixe livres as mãos para o trabalho, e não os pés para dar um passo, nem por isso vos desconsoleis e desanimeis: orai e meditai os mistérios dolorosos, acompanhando a Cristo neles, como São João, e nessa triste servidão de miserável escravo tereis o que eu desejava sendo rei, quando dizia: "Oh! quem me dera asas como de pomba para voar e descansar?" (Sl 54,7). — E estas são as mesmas que eu vos prometo no meio desta miséria: "penas da pomba, argentadas, e os remates do lombo dela em amarelidão de ouro", porque é tal a virtude dos mistérios dolorosos da Paixão de Cristo para os que orando os meditam gemendo como pomba, que o ferro se lhes converte em prata, o cobre em ouro, a prisão em liberdade, o trabalho em descanso, o inferno em paraíso e os mesmos homens, posto que pretos, em anjos.

Dizei-me que coisa é um anjo? Os anjos não são outra coisa senão homens com asas; e esta figura não lha deram os pintores, senão o mesmo Deus, que assim os mostrou a Isaías e assim os mandou esculpir no templo. Pois essas são as asas prateadas e douradas com que desse vosso inferno vos viu Davi voar ao céu para cantar o Rosário no mesmo coro com os anjos. Nem vos meta em desconfiança a vossa cor nem as vossas fornalhas, porque na fornalha de Babilônia, onde o mestre da capela era Filho de Deus, no mesmo coro meteu as noites com os dias: "Noites e dias, bendizei o Senhor" (Dn 3,71). Antes vos digo — e notai muito isto para vossa consolação — que se no céu não entraram vossas vozes com as dos anjos, o Rosário que lá se canta não seria perfeito. Consta de muitas revelações e visões de santos que os anjos no céu também rezam ou cantam o Rosário, por sinal que ao nome de Maria fazem uma profunda inclinação, e ao nome de Jesus se ajoelham todos; e digo que, entrando vós no mesmo coro, será o Rosário dos anjos mais perfeito do que é sem vós, porque a perfeição do Rosário consiste em se conformar quem o reza com os mistérios que nele meditam, gozando-se com os gozosos, doendo-se com os dolorosos e gloriando-se com os gloriosos. E posto que os anjos nos gozosos se podem gozar, e nos gloriosos se podem gloriar, nos dolorosos não se podem doer, porque o seu estado é incapaz de dor. Isto, porém, que eles não podem fazer no céu, fazeis vós na terra, se no meio dos trabalhos que padeceis, vos doeis mais das penas de Cristo que das vossas. Assim que do Rosário dos anjos, e do vosso, ou repartidos em dois coros, ou unidos em um só, se inteira a perfeição ou se aperfeiçoa a harmonia dos mistérios do Rosário.

Os dolorosos — ouçam-me agora todos — os dolorosos são os que vos pertencem a vós, como os gozosos aos que, devendo-vos tratar como irmãos, se chamam vossos senhores. Eles mandam, e vós servis; eles dormem, e vós velais; eles descansam, e vós trabalhais; eles gozam o fruto de vossos trabalhos, e o que vós colheis deles é um trabalho sobre outro. Não há trabalhos mais doces que os das vossas oficinas; mas toda essa doçura para quem é? Sois como as abelhas, de quem disse o poeta: "Assim vós, abelhas, produzis o mel, porém não para vós"[16]. — O mesmo passa nas vossas colmeias. As abelhas fabricam o mel sim, mas não para si. E, posto que os que o logram é com tão diferente fortuna da vossa, se vós, porém, vos souberdes aproveitar dela, e conformá-la com o exemplo e paciência de Cristo, eu vos prometo primeiramente que esses mesmos trabalhos vos sejam muito doces, como foram ao mesmo Senhor: "Doce madeiro, doces cravos, que levastes os doces pesos" — e que depois —

que é o que só importa — assim como agora, imitando a São João, sois companheiros de Cristo nos mistérios dolorosos de sua cruz, assim o sereis nos gloriosos de sua Ressurreição e Ascensão. Não é promessa minha, senão de São Paulo, e texto expresso de fé: "Herdeiros verdadeiramente de Deus, e coerdeiros de Cristo, se é que todavia nós padecemos com ele, para que sejamos também com ele glorificados" (Rm 8,17). — Assim como Deus vos fez herdeiros de suas penas, assim o sereis também de suas glórias, com condição, porém, que não só padeçais o que padeceis, senão que padeçais com o mesmo Senhor, que isso quer dizer "padecemos com ele". Não basta só padecer, mas é necessário padecer com Cristo, como São João.

Oh! como quisera e fora justo que também vossos senhores consideraram bem aquela consequência: "se é que padecemos com ele, para que sejamos com ele glorificados". — Todos querem ir à glória e ser glorificados com Cristo, mas não querem padecer nem ter parte na cruz com Cristo. Não é isto o que nos ensinou a Senhora do Rosário na ordem e disposição do mesmo Rosário. Depois dos mistérios gozosos pôs os dolorosos, e depois dos dolorosos os gloriosos. Por quê? Porque os gostos desta vida têm por consequência as penas, e as penas, pelo contrário, as glórias. E se esta é a ordem que Deus guardou com seu Filho e com sua Mãe, vejam os demais o que fará com eles. Mais inveja devem ter vossos senhores às vossas penas do que vós aos seus gostos, a que servis com tanto trabalho. Imitai, pois, ao Filho e à Mãe de Deus, e acompanhai-os com São João nos seus mistérios dolorosos, como próprios da vossa condição e da vossa fortuna, baixa e penosa nesta vida, mas alta e gloriosa na outra. No céu cantareis os mistérios gozosos e gloriosos com os anjos, e lá vos gloriareis de ter suprido com grande merecimento o que eles não podem, no contínuo exercício dos dolorosos.

§ IX

*E*stes são, devotos do Rosário, os três motivos que nascem dos três nascimentos que vistes, os quais, se forem tão bem exercitados, como são bem nascidos, nem podeis desejar maior honra nos vossos desprezos, nem maior alívio nos vossos trabalhos, nem maior dita e ventura na vossa fortuna. A mesma Mãe do Filho de Deus e de São João é Mãe vossa. E, pois, estes três filhos já nascidos lhe nasceram segunda vez ao pé da cruz, não falteis na vossa, posto que tão pesada, nem à imitação de tão honrados irmãos, nem às obrigações de tão soberana Mãe. Para que assim como a Senhora se gloria de ser Mãe de São João, assim tenha também muito de que se gloriar em ser Mãe de todos os pretos, tão particularmente seus devotos. Desta maneira se multiplicou por vários modos o segundo nascimento de seu unigênito Filho, e desta maneira se verifica em eterno louvor de seu Santíssimo Nome, que o mesmo Jesus que se chama Cristo, não só uma, senão três vezes nasceu de Maria: "Maria, da qual nasceu Jesus, que se chama o Cristo".

SERMÃO

De Nossa Senhora do Rosário

Com o Santíssimo Sacramento exposto.
No sábado da Infra Octavam Corporis Christi, e na hora em que, todas as tardes, se reza o Rosário na Igreja do Colégio da Companhia de Jesus do Maranhão, e nos sábados se conta um exemplo da mesma devoção, ano de 1654.

∾

"O teu ventre é semelhante a um monte de trigo cercado de rosas."
(Ct 7,2)[1]

É tarde de sábado em S. Luís do Maranhão. Reza-se o Rosário e contam-se exemplos da mesma devoção. Nos próximos dias, Vieira pregará o sermão de Santo Antonio [aos peixes] e em seguida partirá para Portugal. Hoje, com 79 anos, trabalha na publicação da Rosa Mística, e situa este sermão, pregado há 33 anos, no meio da série e só ele é nomeado. Responde ao momento em que vive. O tema é definido: a conveniência ou a proporção que tem o Rosário com o Sacramento e as utilidades que derivam da união destas duas devoções. — Posto o tema, comenta a parábola das vacas gordas e das vacas magras. Para haver nutrição é necessário que haja digestão. O mesmo Cristo que no Sacramento se come, no Rosário se digere. O que se busca é a sabedoria. — E explica mais, com o poeta Virgílio: o operar divino não consente que as coisas estejam juntas indistintamente, mas as dispõe ordenadamente. — Na prática, como se faz esta digestão? Com a memória guardamos os mistérios, com o entendimento meditamos e os assimilamos e com a vontade unimo-nos a Cristo.
— Seja pois a conclusão de tudo que, unindo a meditação do Rosário com o Sacramento e a comunhão do Sacramento com o Rosário, digiram as nossas almas num o que comem no outro
(cf. Padre Antonio Vieira, Sermão de Nossa Senhora do Rosário,
São Paulo, Campo das Letras, 2007, p. 13ss).

§ I

Naquele misterioso livro, chamado vulgarmente dos Cantares, descreve Salomão, em alto e metafórico estilo, o corpo místico da Igreja Católica. E, discorrendo particularmente por todos os membros e partes de que se compõe, com louvor da formosura e declaração do ofício de cada um, chega finalmente àquela oficina universal onde se recebe o alimento e, convertido em sangue, se reparte por todo o corpo, e diz que o ventre da Igreja "É semelhante a um monte de trigo cercado ou valado de rosas". — Este é o próprio e natural sentido do texto que propus, no qual, posto que a palavra latina parece que soa e quer dizer lírios, entendida, porém, como se deve entender na sua original significação, é certo que significa rosas. Assim o prova larga e eruditamente, em tratado particular desta matéria, Túcio Lucense[2], e se confirma de outros dois lugares do mesmo livro. O primeiro, no capítulo quinto, onde a Esposa santa, descrevendo as feições do seu Esposo, e encarecendo sua gentileza, diz: "Os seus lábios são uns lírios" (Ct 5,13). — E claro está que lhe não havia de louvar o engraçado da boca por ter os beiços brancos como lírios, senão encarnados como rosas, em correspondência do que o mesmo Esposo tinha louvado nos seus: "Os teus lábios são como uma fita de escarlate" (Ct 4,3). — O segundo lugar ainda é mais expresso no capítulo segundo: "Bem como é a açucena entre os espinhos" (Ct 2,2). — E a flor que nasce entre espinhas, quem pode duvidar que é a rosa, e não o lírio? Assim o comenta no mesmo verso a lição e exposição caldaica, dizendo: "Fui comparada à rosa, que nasce entre espinhos". — Quanto mais que o nosso mesmo texto o significa bem claramente, porque havendo de servir estas flores de cercado ou valado ao trigo: "cercado de lírios", mal o podia defender a sebe dos lírios, que são flores inocentes e desarmadas. As rosas, pelo contrário, sim, as quais, como nasceram para rainhas das flores, desde logo lhes deu a natureza os espinhos, como por archeiros e guardas da majestade, por onde disse Boécio: "Os espinhos defendem a rosa"[3]. — E assim como esta as guarda e defende a elas, podia também cercar e defender o trigo.

Suposta esta propriedade, em que só podia haver alguma dúvida, ninguém duvida que o trigo no ventre da Igreja é o diviníssimo Sacramento do Altar, do qual ela sobrenaturalmente se alimenta como de pão de vida e por meio do qual comunica os espíritos vitais e os reparte a todos os membros de seu corpo, que são os fiéis católicos, dos quais tinha dito muito antes o profeta Oseias: "Viverão de trigo" (Os 14,8). — Nem também se pode duvidar que as rosas que cercam o trigo sejam as do Rosário, pois os mesmos Rosários que trazemos nas mãos fazem um círculo perfeito, e os mistérios de que o Rosário se compõe, outro círculo. Assim o notou o profeta Davi quando disse: "A sua saída é desde uma extremidade do céu, e corre até a outra extremidade dele" (Sl 18,7). — Começa o Rosário no céu, donde saiu o Filho de Deus pelo mistério da Encarnação, e, dando volta por toda a sua vida e morte, torna a acabar no mesmo céu pelo mistério de sua gloriosa Ascensão, fazendo circularmente um novo e maravilhoso zodíaco, de melhores constelações e mais formosas figuras das que visita e alumia o sol na volta que dá ao mundo. E porque a Virgem, Senhora nossa, foi a autora e inventora deste misterioso círculo — em cujos mistérios todos teve tanta parte — por isso diz e se gloria de ser ela a que com seus passos andou e aperfeiçoou o mesmo círculo: "Eu só fiz todo o giro do céu" (Ecl 24,8).

Sendo, pois, o trigo do nosso texto o Santíssimo Sacramento, e as rosas que o cercam o santíssimo Rosário, muita razão terá a devoção de todos os que com tanta piedade se ajuntam aqui nesta hora a o rezar ou cantar a coros; muita razão, digo, terá de querer ouvir e saber que conveniência ou proporção tem o Rosário com o Sacramento, e que utilidades poderão conseguir os que unirem entre si estas duas grandes devoções: a de frequentar o Sacramento e a de rezar o Rosário. Para eu o poder declarar com o proveito de nossas almas, que desejo e espero, no diviníssimo Sacramento temos a fonte da graça e na Senhora do Rosário a melhor intercessora. *Ave Maria.*

§ II

"*O* teu ventre é como um monte de trigo cercado de rosas" (Ct 7,2).

Maravilhosa foi a visão que teve em sonhos Faraó, rei do Egito, quando viu aquelas catorze vacas, sete das quais eram fortes, corpulentas e pingues, e as outras sete fracas, secas e macilentas. E o que muito acrescentava a razão da maravilha, e ainda do temor que concebeu o rei, foi que todas pastavam nos mesmos campos e ribeiras do Rio Nilo, e essas não secas, mas verdes: "Pastavam na mesma ribanceira do rio, em lugares cheios de erva" (Gn 41,3). — O Nilo da Igreja Católica é a graça divina. Esta graça, como o mesmo Nilo, se divide em sete canais, que são os sete sacramentos, por meio dos quais, como por sete bocas, se comunica a nossas almas. O Sacramento, porém, entre as demais que particularmente as sustenta, é o Santíssimo Sacramento do Altar, verdadeiro corpo e verdadeiro sangue de Cristo, que temos presente. E que grande admiração, fiéis, que grande admiração, que grande confusão e que grande temor nos deve causar olhar para as almas que se sustentam daquele pasto divino, e ver a notável diferença delas? Não falo das que chegassem à Comunhão em consciência de pecado, porque não quero supor tão horrendo e atroz sacrilégio; falo só das almas cristãs — que as outras não merecem este nome — e das que a seu parecer comungam cristãmente. Quantos leigos comungam muitas vezes, quantos sacerdotes celebramos todos os dias, e onde estão aqueles efeitos de Cristo se transformar em nós e nós em Cristo: "Permanece em mim, e eu nele" (Jo 6,57)? — Grande bem do mundo seria, e grande glória da Igreja, se de cada catorze almas que chegam ao Sacramento, fossem sete as que se aproveitassem do pasto e se luzisse nelas; mas todas, pela maior parte, cheias de imperfeições e misérias, todas fracas, todas secas, todas macilentas e ainda, e como diz o texto, tais que faz asco olhar para elas: "Desfiguradas e consumidas de magreza" (Gn 41,3).

Ora, eu buscando a causa desta diferença tão notável, e qual possa ser o defeito ou impedimento por que se não logram e luzem em nós os efeitos deste soberano manjar, acho que, sem consciência de pecado, a causa não pode ser outra, senão a falta de digestão. Comemos a Cristo no Sacramento, mas não o digerimos. Cristo, Senhor nosso, disse que o seu santíssimo corpo no Sacramento "é verdadeira comida" (Jo 6,56). — E por quê? Não só porque foi instituído para alimento de nossas almas, senão também porque no modo de as alimentar tem as mesmas propriedades do mantimento corporal. E o mantimento corporal, que se come e não se digere, por mais substancial e esquisito que seja, não faz nutrição nem se converte em substância. Lá diz o aforismo vulgar da medicina: "Não o que se come, mas o que digere":

que o que alimenta, nutre, aumenta e dá forças e vigor ao vivente não é o comer que ele toma na boca e recebe dentro em si, senão o que digere. — No mesmo corpo Santíssimo de Cristo, Senhor nosso, temos o exemplo.

Depois de ressuscitado o Senhor para prova de que era o mesmo, e que verdadeiramente estava vivo, comeu muitas vezes com seus discípulos. Comeu com eles no mesmo dia da Ressurreição, como diz S. Lucas (24,43). Comeu com eles na praia do mar de Tiberíades, como diz São João (Jo 21,9). Comeu com eles outras muitas vezes em Galileia, de que faz menção São Pedro (At 10,41). E, finalmente, comeu com eles no último dia em que se despediu e subiu ao céu, como se lê nos Atos dos Apóstolos: "E comendo com eles, lhes ordenou que não saíssem de Jerusalém" (At 1,4). — Daqui se infere, ou parece se pode inferir, que Cristo, Senhor nosso, tem hoje no céu mais carne e mais sangue do que tinha quando ressuscitou e, por consequência, que no Santíssimo Sacramento recebemos também mais carne e mais sangue daquele que o Senhor consagrou na Ceia. Assim o ensinou Durando[4], mas falsa e erroneamente, porque a humanidade sagrada de Cristo nenhuma coisa cresceu nem diminuiu da substância ou quantidade corporal que tinha antes de morrer e depois de ressuscitar, mas sempre conservou a mesma inteireza perfeitíssima da idade natural a que tinha chegado. Pois se Cristo depois de ressuscitado comeu, e comeu tantas vezes, e o comer primeiro se converte em sangue e depois em carne, como não cresceu nem se aumentou a carne e o sangue da sagrada humanidade, nem a substância corporal do mesmo Cristo recebeu nutrimento ou acrescentamento algum? A razão é, como ensina a verdadeira teologia com Santo Tomás[5], por que, ainda que Cristo comia depois de ressuscitado e glorioso, não digeria o que comia. Para haver nutrição é necessário que haja digestão; e para haver digestão e nutrição é necessário que o corpo seja alterável e passível. E como o corpo ressuscitado e glorioso de Cristo era impassível e inalterável, por isso, ainda que comia, não digeria o comer, nem se nutria com ele.

Esta é a razão filosófica e teológica por que Cristo naquele estado comia como se não comera; e o mesmo sucede a nossas almas. Assim como o corpo de Cristo ressuscitado comia os nossos manjares e não se nutria nem aumentava com eles porque os não digeria, assim nós comemos o corpo do mesmo Cristo, e não se logram em nossas almas os efeitos de tão soberana comida, porque a não digerimos. Não sem mistério se compara o divino Sacramento no nosso texto a trigo em monte, e não na eira, senão no ventre: "O teu ventre como um monte de trigo". — E qual é o mistério desta que parece impropriedade? O mistério é porque muitas vezes, depois de entrar aquele divino pão no interior de nossas almas, está tão longe de se digerir, como se ainda estivera em trigo. E por isso mesmo "está em monte", porque uma comunhão sobre outra comunhão feitas deste modo, fazem monte, mas não fazem nutrição. A nutrição é aquela que reparte por todas as veias e membros do corpo a substância e virtude do que se come. — E o mesmo faz aquele soberano manjar — diz São Pedro Damião — quando se recebe, não só no peito do corpo, senão no estômago da alma, e nele se digere: "Estes alimentos não só preenchem suavemente o estômago da alma, e se difundem por todos os poros das veias repartindo forças"[6]. Este soberano manjar é néctar do céu — diz o santo —, não só se recebe com grande suavidade no estômago da alma, mas dali se difunde por todas as veias, e reparte e comunica a todos os membros do nosso corpo a virtude e virtudes do corpo e membros de Cristo que, na substância e realidade do que comemos se encerra. — Nos olhos do que assim comunga aparece logo a modéstia dos olhos de Cristo; na língua, o silêncio e moderação das palavras de Cristo; no coração, os afetos do coração de Cristo; nos pés, a compostura e madureza dos passos de Cristo; nas mãos, a inocência, a mansidão e a caridade das ações de Cristo; e finalmente em todo o homem que comeu a Cristo. E qual é a razão, cristãos, por que muitos de nós, depois de comungarmos uma e muitas vezes, se não vêm os mesmos efeitos, senão outros, tão diversos e totalmente contrários? A razão é, como dizia, porque comemos no Sacramento a Cristo, mas não o digerimos: "Ingerimos mas não digerimos".

Suposta, pois, esta falta de digestão, com que a maior providência de Cristo em prover de tão sobrenatural mantimento a República de sua Igreja, por culpa e negligência nossa se tem feito inútil ou quase inútil, como o mesmo Senhor se queixava por boca de Davi, quando disse: "Que proveito há no meu sangue, se desço à corrupção?" (Sl 29,10). — E suposto que pela mesma falta se veem as nossas almas tão macilentas e desmedradas, e sem aquela nutrição e aumentos de espírito que lhe prometeu Isaías quando nos exortava a comer no divino Sacramento toda a substância do sumo bem: "Comei do bom alimento, e a vossa alma se deleitará com o suco nutritivo dele" (Is 55,2)— haverá quem dê algum remédio eficaz à nossa debilidade e fraqueza, com que suprir esta falta de digestão tão importante? E assim como da parte de Cristo temos sempre pronto o Maná de seu santíssimo corpo para o comer, tenhamos também da nossa parte a força e vigor necessário para o digerir?

Bendito seja, e para sempre bendita, a gloriosíssima Mãe de Deus, que assim como deu a seu Filho a carne e sangue de que compôs esta soberana iguaria, assim também, compadecida de nossa fraqueza, nos proveu de um remédio tão fácil como eficaz para a inteira e perfeita digestão dela. Esta é, devotos da Virgem Santíssima, a devoção a que tantas vezes vos tenho exortado neste dia seu; esta a que hoje mais particularmente vos venho inculcar em nome da mesma Senhora; e esta, finalmente, a proporção e conveniência admirável que têm entre si o Santíssimo Sacramento e o Santíssimo Rosário. Sabeis que faz a devoção do Rosário junta com a comunhão do Sacramento? Faz que se digira em uma tudo o que se come na outra, porque o mesmo Cristo que no Sacramento se come, no Rosário se digere. Isto é o que vos quero provar e persuadir hoje.

§ III

Digo, pois, primeiramente que o Sacramento é o Rosário indigesto, e o Rosário é o Sacramento digerido. O Sacramento é o Rosário indigesto, porque no Sacramento estão todos os mistérios da Redenção reduzidos a um só mistério; e o Rosário é o Sacramento digerido, porque no Rosário está o mesmo mistério da Redenção dividido e estendido em quinze mistérios. No Sacramento está o Rosário indigesto, porque o corpo de Cristo, que ali está realmente, está vivo, está morto e está ressuscitado, sem distinção; e no Rosário está o Sacramento digerido, porque enquanto Cristo vivo, está a sua vida distinta em cinco mistérios, que são os gozosos; enquanto morto, está a sua morte distinta em outros cinco mistérios, que são os dolorosos; e enquanto ressuscitado, está a sua ressurreição distinta em outros cinco, que são os gloriosos. E esta é a razão por que o mesmo Sacramento, quando se consagra e oferece a Deus no sacrossanto Sacrifício do Altar, umas vezes se chama mistério e outras mistérios. Mistério, por que indigesto e sem distinção, é um só mistério; mistérios, porque digesto e distintamente considerado, é e encerra em si muitos mistérios.

E por que não faça dúvida ou estranheza dizer que no Sacramento está Cristo indigesto, essa é a propriedade e energia maravilhosa com que o nosso mesmo texto chamou ao Sacramento acervo: "Como um monte de trigo". — Acervo propriissimamente quer dizer coisa indigesta. E porque esta propriedade consiste na significação natural da palavra, ouçamos a um dos melhores autores da mesma língua, o qual, com entusiasmo poético, não só parece que declarou o mistério do nosso texto, mas sobre o significado dele fez juntamente um panegírico a Maria Santíssima, enquanto autora e inventora do Rosário. Os versos são estes:

> "É próprio do ânimo divino não suportar as coisas indigestas, nem acumuladas num acervo de coisas/Mas dispor cada uma em seu próprio lugar, com notas ou nomes certos que as identifiquem"[7].

Quer dizer: não consentir que as coisas grandes estejam indigestas, nem escondidas ou amontoadas na confusão de um acervo, mas descobri-las e manifestá-las com diferença e distinção de nomes, e pôr cada uma delas em seu próprio lugar, tal obra como esta é de ânimo verdadeiramente divino. — Duas particularidades notáveis contém esta judiciosa sentença. A primeira, que as coisas postas em acervo estão indigestas: "Não suportar as coisas indigestas nem acumuladas num acervo de coisas". — E por isso eu digo que Cristo no Sacramento está indigesto, porque os mistérios da sua vida, morte e ressurreição, que ali se contêm, não estão repartidos e digestos, senão juntos indistintamente, e acumulados, como diz o texto, em um acervo: "Como um monte de trigo".

A segunda particularidade é que distinguir e repartir esse mesmo acervo, e digerir essas coisas indigestas, "e pôr cada uma em seu próprio lugar, com notas ou nomes certos que as demonstrem, é obra de ânimo divino". — E isto é o que fez a Virgem, Senhora nossa, na maravilhosa arquitetura do seu Rosário, dispondo e ordenando os mistérios da mesma vida, morte e ressurreição de seu Filho, e distinguindo a diferença deles com as notas e nomes diversos de gozosos, dolorosos e gloriosos, e pondo uns no primeiro, outros no segundo, outros no terceiro lugar, assim como sucederam e se foram continuando, e todos em número e correspondência igual, para maior harmonia de toda a fábrica.

Agora vede como digerir deste modo o indigesto é obra verdadeiramente de ânimo divino: "É próprio do ânimo divino". — A primeira obra da divindade, ou a primeira obra divina em que Deus mostrou sua sabedoria e onipotência foi a criação do universo[8]. E como criou Deus este mundo? Primeiro o criou todo, mas indigesto, e depois o digeriu e foi distinguindo por partes, até que ficou consumado e perfeito. Primeiro o criou todo, e indigesto, porque primeiro criou de nada aquela matéria universal de que depois foram eduzidas e geradas entre o céu e a terra todas as criaturas corpóreas, a qual matéria, bem que de algum modo já informada, porque ainda estava confusa e indistinta, mais por fama que por fé, chamaram os antigos rude e indigesta: "massa indigesta, rude"[9]. — E depois digeriu Deus este mesmo todo, porque, dividido em várias partes, e ordenada e ornada cada uma delas com o lugar e perfeição que naturalmente lhe convinha, então ficou o mesmo universo, não só tão formoso e admirável como o vemos, mas tão útil e necessário à conservação do gênero humano, como experimentamos e gozamos. A mesma luz criada desde seu princípio em um globo informe e indigesto, também a digeriu Deus depois, repartida em sol, lua e estrelas; e a mesma vida que com nome de espírito se movia escuramente sobre os abismos, também a digeriu em três vidas: vegetativa nas plantas, sensitiva nos animais, racional no homem. E posto que nesta vida e nesta luz, primeiro indigesta e depois digerida, em três partes se nos oferecia uma boa e duplicada semelhança para o que dizíamos de Cristo no Sacramento, que é o pão de vida e a luz dos homens: "Nele estava a vida, e a vida era a luz dos homens" (Jo 1,4) — para mostrar a divindade desta obra, ou o divino do ânimo de Maria — "É próprio do ânimo divino" — ainda havemos de subir mais alto.

São Zeno Veronense falando de Deus, não fora de si, como criador, mas dentro de si mesmo, como incriado, disse uma proposição singular e muito notável, cuja inteligência tem fatigado variamente os doutores modernos e, posto que estes lhe tenham dado muitos sentidos, ainda se deseja o próprio e verdadeiro. A proposição é esta: "Este é o nosso Deus, o qual se digeriu em Deus"[10]. — Se Deus se digeriu a si mesmo, e digeriu em Deus, logo havemos de supor e considerar a Deus já indigesto, já digesto: indigesto antes de se digerir e digesto depois que se digeriu. Mas que digestão e indigestão é ou pode ser esta, que caiba e se ache em Deus, e em Deus não fora da sua divindade, senão dentro, nem em tempo, senão "desde toda a eternidade"? Eu acho que o santo Pai na proposição falou como tão teólogo, na frase como tão eloquente, e na metáfora como quem nos quis declarar com ela o que expressamente ensina a fé e o entendimento não alcança, senão escuramente. Não cremos todos que Deus é trino e uno? Sim. Pois enquanto uno está Deus indigesto e enquanto trino, digesto. Enquanto uno está indigesto, porque com ser Deus uma essência imensa e infinita, é um ato puríssimo e simplicíssimo, sem divisão ou distinção alguma; e enquanto trino está digesto, porque esse mesmo ato puríssimo e simplicíssimo, sem perder nada da sua unidade, se distingue realmente em três pessoas, tão opostas entre si que nem a primeira é a segunda, nem a segunda é a terceira, nem a terceira é a primeira ou a segunda. E quando fez Deus de si e em si mesmo esta digestão, ou como a fez? Quando "desde toda a eternidade", e sem princípio nem antecedência, o Pai gerou o Filho, e o Pai e o Filho produziram o Espírito Santo; e, multiplicado Deus por este modo inefável em três pessoas distintas, o mesmo Deus, que estava indigesto e indistinto na unidade divina, ficou digesto e distinto na multiplicação da Trindade.

Nesta forma se verifica metaforicamente, mas com excelente propriedade, que Deus se digeriu em Deus: "Este é o nosso Deus, o qual se digeriu em Deus porque se digeriu em Deus Pai, se digeriu em Deus Filho, se digeriu em Deus Espírito Santo". — E se Deus se digeriu a si mesmo, distinguindo a sua divindade e multiplicando a sua unidade em três pessoas, porque não faria a Mãe de Deus outra obra semelhante em Cristo sacramentado, digerindo os mistérios de sua humanidade, na ordem e divisão de outras três partes distintas? Santo Ambrósio, comentando o nosso texto, diz que o trigo e as rosas ambos foram partos da Virgem Santíssima: "No seio da Virgem germinava ao mesmo tempo o acervo do trigo e a graça da rosa, porque gerava não só o grão do trigo mas também a rosa"[11]. — Ao trigo deu a Senhora, como Mãe, a matéria, e às rosas, também como Mãe, a forma. Ao trigo deu a matéria, porque deu a Cristo a carne e sangue de que instituiu o Sacramento; e às rosas deu a forma, porque dos mistérios da vida, morte e ressurreição do mesmo Cristo formou e distinguiu o Rosário. Isso quer dizer "cercados de rosas" — porque os valos não só se fizeram para cercar, senão também para dividir e distinguir. Formou a Senhora um valo de rosas entre os mistérios gozosos e dolorosos; formou outro valo entre os dolorosos e gloriosos, e distintos e divididos assim, ficaram de tal modo digestos, que nós também os pudéssemos digerir nesta unidade e trindade humana, assim como se experimentou na divina.

Deus não só se digeriu "desde toda a eternidade", senão também em tempo, segundo a menor ou maior distinção e clareza, com que se deu a conhecer aos homens. Na lei velha só revelou Deus expressamente ao povo de Israel a sua unidade, segundo aquele texto do Deuteronômio: "Ouve, ó Israel, o Senhor nosso Deus é o único Senhor" (Dt 6,4). — E digo ao povo; porque Abrão, Moisés, Davi e os outros patriarcas e profetas também tiveram conhecimento e fé explícita do mistério da Trindade, porque conheceram a Encarnação do Filho de Deus por obra do Espírito Santo, a qual se não podia conhecer sem se conhecerem também as três divinas pessoas. Porém, na lei da graça e ao povo cristão, de tal maneira lhe revelou Deus o mesmo mistério da Trindade, e com tal clareza e distinção, que esse é o primeiro princípio de nossa fé, tão comum e vulgar a todos, que desde o batismo, em que começamos a ser cristãos, o confessamos: "Batizando-as em nome do Pai, e do Filho, e do Espírito Santo" (Mt 28,19). — Suposta esta diferença, caso é digno de grande admiração e reparo que o povo de Israel, enquanto durou aquela lei, nunca jamais se aquietasse, nem estivesse firme na fé da unidade de Deus, idolatrando sempre, e crendo em muitos deuses, e que o povo cristão, pelo contrário, sem retroceder nem vacilar, esteja firmíssimo na fé da unidade e Trindade do mesmo Deus, crendo juntamente que em Deus há três pessoas, cada uma delas Deus, e que esse Deus é um só, e não três deuses. Conhecer que Deus é um só é coisa tão clara, que até os filósofos gentios o alcançaram e demonstraram. Pelo contrário, crer que o mesmo Deus, sendo um em essência, seja juntamente trino em pessoas, é coisa tão superior a todo o entendimento criado que, ainda que haja razões para persuadir que não repugna, nenhuma há nem pode haver que convença, nem demonstre, que assim é nem como é. Pois, se o povo cristão crê tão pronta e constantemente — o que é tão sobrenatural e dificultoso, como o povo hebreu não cria nem se quietava com o que era tão natural e tão fácil? A razão interior desta diferença, sendo uns e outros homens racionais, e uns e outros com lume de fé, ninguém haverá que a dê cabalmente, porque é reservada só a Deus; mas o que a nós nos ensina e demonstra a evidência experimental é que, enquanto Deus se deu indigesto, não o puderam digerir os homens; porém, depois que se deu digesto, logo o digeriram. Já vimos que Deus enquanto uno era indigesto, e enquanto trino digesto. E enquanto Deus se deu assim indigesto àquele povo, era tão dificultoso de digerir que mais facilmente digeriam paus e pedras, quais eram os deuses por que deixavam ao verdadeiro Deus. Porém, depois que se deu digesto, nas três pessoas da Santíssima Trindade, de tal maneira o abraçam e digerem e convertem na própria substância as almas cristãs, que antes perderão mil vezes a vida que duvidar da verdade deste altíssimo mistério, quanto mais negá-lo.

Na fé do divino sacramento, por mercê de Deus, nenhum de nós duvida; mas quanto aos efeitos da nutrição espiritual, para que foi instituído, a mesma diferença que se experimentou em Deus se experimenta igualmente em Cristo, ou indigesto ou digerido. Ouvi uma sentença de São Jerônimo, milagrosa a este intento. Naquele famoso milagre dos cinco pães fez Cristo, Senhor nosso, um como ensaio do que depois havia de fazer na consagração de seu corpo: do primeiro diz São Mateus: "Abençoou e partiu os pães, e os deu aos discípulos" (Mt 14,19). — E do segundo, o mesmo São Mateus: "Tomou o pão, e o benzeu, e partiu-o, e deu-o a seus discípulos" (Mt 26,25). — Que o Senhor no primeiro caso partisse o pão, assim era necessário, porque partido se havia de multiplicar e repartir à multidão de tanta gente; mas Cristo no Sacramento não se parte: "Não é recebido partido ou dividido, mas inteiro"; pois por que partiu aqui o Senhor o que já não era pão, assim como lá partiu o pão? Porque, ainda que Cristo no Sacramento se não parte, para nós o havermos de digerir e ele nos haver de alimentar, convém e é necessário que, do modo que pode ser, o dividamos em parte e, sendo um só mistério, o repartamos em muitos mistérios. Esquisitamente São Jerônimo: "Parte-se em partes, e afirmam-se os mistérios no meio dele, para que o quê inteiro não alimentava, alimente dividido em partes"[12]. — Quando Cristo partiu o pão consagrado não se partiu a si mesmo, porque se não parte nem pode partir no Sacramento; mas o que partiu e dividiu em várias partes foram os mistérios que naquele mistério estão ocultos e encerrados, querendo que saíssem à luz e nos fossem manifestos:

"Parte-se em partes, e afirmam-se os mistérios no meio dele". — E isto a que fim ou para que? Aqui está o milagroso do pensamento: "Para que o que inteiro não alimentava, alimente dividido em partes". Para que o mesmo Cristo, que inteiro e indigesto não alimentava, partido e digesto nos mesmos mistérios alimente e faça a nutrição para que foi instituído. — Não dissera mais nem melhor o doutor máximo, se já em seu tempo houvera o Rosário e falara dele. E isto foi o que finalmente fez a Virgem Santíssima, manifestando o que estava oculto, dividindo o que estava inteiro e digerindo o que estava indigesto em Cristo Sacramentado, e distinguindo com as rosas do seu Rosário o trigo que estava em monte no Sacramento: "Como um monte de trigo cercado de rosas".

§ IV

Temos visto em comum como o Sacramento é o Rosário indigesto, e o Rosário o Sacramento digerido, e que assim como por meio do Sacramento comemos a Cristo, por meio do Rosário o digerimos. Resta agora ver como se faz esta soberana digestão e como nós havemos de ajuntar o Rosário ao Sacramento, para que por meio dela recebam nossas almas a nutrição e aumento espiritual, para que o mesmo Sacramento e o mesmo Rosário foram instituídos. Coisa notável, e não assaz ponderada, é que entendendo-se o nosso texto de Cristo sacramentado — como além do já alegado S. Ambrósio, S. Ildefonso, Ricardo, Honório, Guilhelmo, Alano e outros, sentem hoje comumente todos os expositores modernos — coisa muito notável é, digo, que o mesmo Sacramento neste lugar se compare a trigo e não a pão: "Como um acervo de trigo". — Cristo, Senhor nosso, consagrou seu corpo debaixo de espécies de pão, e por isso lhe chama pão em muitos lugares do Evangelho; pois, por que razão no nosso texto, em que se nos representa cercado de rosas, se não compara também a pão, senão a trigo? Porque, assim como o trigo, antes de chegar a ser pão, depende de muitas diligências que se hão de obrar e fazer nele, porque se há de moer, amassar, e cozer, assim, para que as nossas almas recebam do divino Sacramento aquela perfeita nutrição e aumento de virtudes, que o mesmo Senhor deseja, e de que elas estão tão faltas, como vimos, e por isso fracas e macilentas, não basta só que Cristo tenha feito para nós este soberano alimento, mas é necessário também que nós o façamos. Não vos admire a proposição, porque é certa, e dela ficareis entendendo um lugar dificultoso do Evangelho, que pode ser não tenhais entendido nem ouvido.

No capítulo sexto de São João, tratando Cristo, Senhor nosso, largamente do novo e nunca imaginado manjar que havia de compor de seu corpo e sangue, para sustento de nossas almas, exortando-nos ao caso que dele havíamos de fazer, diz assim: "Trabalhai, não pela comida que perece, mas pela que dura até a vida eterna, a qual o Filho do homem vos dará" (Jo 6,27). Todos andais ocupados em buscar e fazer de comer para esta vida que se acaba; o que vos aconselho é que façais o comer que eu vos hei de dar, o qual permanece por toda a vida eterna. Este comer, que permanece por toda a vida eterna, que Cristo ainda não tinha dado, mas havia de dar, é o Santíssimo Sacramento de que falava, e assim o entendem todos os padres. Pois, se este comer era o Santíssimo Sacramento, e Cristo é o que o fez, como diz que o façamos nós? "Trabalhai, pela comida que o Filho do homem vos dará"? — A razão já está dada, e é a que eu dizia. Porque, ainda que Cristo é o que fez este novo gênero de comer, que é sustento da vida eterna e da sua parte já está feito, para as nossas almas se nutrirem e aumentarem com ele quanto hão mister, é necessário da nossa parte que também nós o façamos. Da parte de Cristo já está feito o que a teologia chama *ex opere operato*; mas da nossa parte é necessário que nós também façamos, o que é e se chama *ex opere operantis*[13]: "Trabalhai, não pela comida que perece, mas pela que dura até a vida eterna, a qual o Filho do homem vos dará". — Assim como o comer corporal, por mais feito e bem preparado que esteja, não basta que o homem o coma se as potências interiores do mesmo homem, que são os instrumentos da nutrição, não obrarem, da mesma maneira, para as nossas almas se nutrirem e cobrarem forças, não basta que comunguem a Cristo no Sacramento, se os mesmos mistérios que o Senhor tem obrado, elas os não tornarem a obrar com todas suas potências. E isto é o que se faz no Rosário.

Aristóteles e Galeno, descrevendo a fábrica da nutrição, para a qual formou a natureza várias oficinas e instrumentos, reduzem toda a operação deles a três potências principais, uma que recebendo retém, outra que alterando assemelha, outra que unindo converte. E tudo isto obra o Rosário por meio das três potências de nossa alma nos mistérios da vida, morte e paixão de Cristo de que ele se compõe, e não só em todos, senão em cada um. Com a potência da memória recebe e retém o mistério por meio da apreensão; com a potência do entendimento altera-o e assemelha-o a si — ou a si a ele — por meio da meditação; e com a potência da vontade converteu e uniu em si mesma por meio da imitação. Parecer-vos-á porventura novo modo este de rezar o Rosário, e não é novo nem modo, senão a verdadeira substância dele e o fim para que a Virgem, Senhora nossa, o ordenou e instituiu. Não instituiu a Senhora o Rosário para o rezarmos só com a boca e com tanta pressa como se passam as contas, mas para ter na memória os mistérios, para os meditar e cuidar neles com grande consideração, e para os tomar por exemplo e os aplicarmos a nossas vidas.

Quanto à memória, esta foi a primeira que Cristo, Senhor nosso, nos encomendou quando instituiu o Santíssimo Sacramento: "Todas as vezes que fizerdes essas coisas, fareis em minha memória". — Não referem estas palavras os evangelistas, mas recebeu-as a Igreja, que as põe no cânon da Missa, por tradição dos apóstolos que se acharam presentes; e São Paulo, que não esteve presente, as escreveu depois, por revelação do mesmo Cristo: "Fazei isto em memória de mim" (1Cor 11,24). — E por que fez menção o Senhor somente da memória? Porventura porque excluiu as outras duas potências? Não, mas porque a memória é aquela em que se faz a primeira decocção deste soberano manjar. Já São Pedro Damião nos disse que ele se recebe com grande suavidade no estômago da nossa alma: "Esses alimentos da nossa alma suprem suavemente o estômago"[14]. — E qual é o estômago da alma? Santo Agostinho, excelente filósofo da memória no-lo ensinou, e já antes dele o tinha definido Platão: "O estômago da alma é a memória" — porque assim como no estômago do corpo se recebe e retém o comer corporal, e ali se faz a primeira decocção, assim esta potência é a primeira que há de receber e recolher dentro em si o divino Sacramento, lembrando-se, não de passagem, senão muito devagar — como se faz no corpo — e representando à alma quem é o que está presente naquele mistério, e os mistérios altíssimos que nele se encerram. E porque os acidentes sacramentais nos encobrem e ausentam dos olhos a presença de Cristo, a memória, cuja propriedade é fazer presentes as coisas ausentes, no-lo há de fazer presente.

Por que cuidais que disse Cristo, Senhor nosso, que ele está em quem o come e quem o come está nele: "O que come a minha carne e bebe o meu sangue permanece em mim, e eu nele" (Jo 6,57)? São Bernardino, com singular pensamento, diz que não só significou o Senhor nestas palavras o efeito da graça que nos comunica no Sacramento, senão o da memória que nos pedia nele, porque o efeito da memória é levar-nos aos ausentes, para que estejamos com eles, e trazê-los a eles a nós, para que estejam conosco. Lembrai-vos do amigo ausente, que está em Portugal, e no mesmo ponto vós estais lá com ele e ele está cá convosco, porque lá vos levou a memória e cá o tendes no pensamento. O mesmo faz a memória no divino Sacramento e em todos seus mistérios. — "Devemos comer espiritualmente o Cristo" — diz o santo — "isto é, ruminando devotamente a encarnação, as suas palavras e a sua paixão salvadora, como ele mesmo nos ensinou, dizendo: quem come a minha carne permanece em mim e eu nele"[15]. — De sorte que, estando nós em Cristo e Cristo em nós por memória, em todos os mistérios de sua Encarnação, Vida, Morte e Ressurreição, estamos presentes com ele.

Se vos lembrais do mistério da Encarnação estais com Cristo em Nazaré; se do mistério da Visitação, estais com Cristo nas montanhas de Judeia; se do mistério do Nascimento, estais com Cristo no presépio de Belém; se do mistério da Apresentação, estais com Cristo no Templo de Jerusalém; se do mistério do mesmo Senhor Menino perdido e achado, estais com Cristo outra vez no mesmo Templo. Passando dos mistérios gozosos aos dolorosos, se vos lembrais de

Cristo orando e suando sangue, estais com ele no Horto de Getsêmani; se de Cristo atado a uma coluna e afrontado com açoites, estais com ele no Pretório de Pilatos; se de Cristo vestido por escárnio de púrpura e coroado de espinhos, estais com ele em outra parte do mesmo Pretório; se de Cristo com a cruz às costas, estais com ele nas ruas de Jerusalém; se de Cristo crucificado e morto, estais com ele no Calvário. Finalmente, chegando aos mistérios gloriosos, se vos lembrais de sua gloriosa Ressurreição, estais com Cristo à porta do sepulcro, no caminho de Emaús e no cenáculo dos apóstolos; se de sua admirável Ascensão, estais com Cristo no Monte Olivete, e sobre as nuvens; se da vinda do Espírito Santo, com enchente de dons e graças, estais com Cristo à destra do Pai; se da Assunção de sua Santíssima Mãe, estais com Cristo acompanhando seu triunfo na entrada do céu; e se de sua Coroação e Exaltação, que é o último mistério, estais com Cristo coroando-a por Rainha dos Anjos na glória, e por Senhora e advogada nossa neste desterro.

Isto é o que obra a memória só com a simples apreensão dos mistérios. E o entendimento, que faz? Olha para eles com grande consideração meditando-os, e por meio desta vista considerada e atenta se assemelha ao que vê, que é o efeito da segunda decocção. Assim o diz e ensina S. Dionísio Areopagita: "Se desejamos a sua comunhão, contemplemos a sua vida que viveu na carne, e voltaremos pela semelhança de santidade à condição da virtude divina"[16]. — Notai a palavra "contemplar" e a palavra "pela semelhança", porque da vista com que o entendimento na comunhão medita os mistérios de Cristo nasce a semelhança com que, alterando-se a alma, isto é, mudando-se em outra, os retrata em si e se assemelha a eles.

No céu, diz São João que havemos de ser semelhantes a Deus, porque o havemos de ver assim como é: "Seremos semelhantes, porque o veremos como é" (Jo 3,2). — De sorte que Deus visto no céu é como um espelho às avessas, porque não é ele o que se há de fazer semelhante a nós, senão nós os que havemos de ser semelhantes a ele. E isto que então há de ser, por meio da visão beatífica e vista clara de Deus, isso mesmo é o que agora fazemos por meio da meditação e vista escura do Sacramento. Oh! se víramos e consideráramos atentamente o que debaixo daquele divino Pão se encerra, quão aumentadas e bem nutridas haviam de andar as nossas almas, que hoje se veem tão desmedradas e desfalecidas!

Comemos com os olhos do entendimento e da consideração fechados, e por isso se não luz nem logra o que comemos. Ouvi a Salomão: "Abri os olhos, e comei de tal modo o pão que fiqueis abastados e satisfeitos" (Pr 20,13). — E que pão é este que não farta, nem satisfaz, nem se logra se se não come com os olhos abertos? Daqui infere São Jerônimo que este pão é o do Santíssimo Sacramento, e não o pão comum de que nos sustentamos: "Nem se deve crer que se prescreve aos que se alimentam que para comer este pão com o qual se nutrem os corpos se devam abrir os olhos"[17]. — Mas por esta mesma razão parece que nos havia de mandar Deus que fechássemos os olhos, e não que os abríssemos, porque o Sacramento do Altar é por antonomásia o mistério da fé, e a fé há de ser cega e crer a olhos fechados. Assim é. Mas por isso mesmo nos manda Deus que abramos os olhos, porque se não há de contentar o nosso entendimento só com crer o que não vê naquele mistério com os olhos fechados, mas com ver e considerar muito atentamente os mistérios que nele se encerram, com os olhos abertos: "É pois necessário" — diz Eutímio — "não contemplar simplesmente por isso, mas imaginar alguma outra coisa e olhar com os olhos interiores aquelas coisas como mistérios"[18].

Assim vê com os olhos interiores a alma, e assim contempla e considera os profundíssimos mistérios da Vida, Morte e Ressurreição de Cristo que naquele compêndio de maravilhas, não tanto da onipotência quanto da bondade divina estão pelo Sacramento ocultos e pelo Rosário manifestos. E que alma haverá tão esquecida de seu aproveitamento espiritual que, vendo naquele divino espelho umas imagens tão diferentes da sua, não estranhe e aborreça a sua fealdade e se procure assemelhar a elas: "Contemplar a vida que viveu na carne, e voltar pela semelhança ao hábito da virtude divina"? Que alma haverá tão enferma ou queixosa da fragilidade da carne que, à vista do mistério da Encarnação não conheça que, se quiser, a pode fazer divina? Que alma tão envelhecida no pecado que, vendo a Cristo ir santificar ao Batista, e livrá-lo antes de nascer de um pecado que não leva ao inferno, se não queira emendar dos seus para o resto da vida, que não sabe quanto há de durar? Que alma tão cobiçosa dos bens deste mundo que, à vista do Criador dele na pobreza de um presépio, se não contente com a sua fortuna, ainda que lhe pareça escassa? Que alma tão indevota e pouco inclinada à Igreja e culto divino, que vendo a Cristo menino de quarenta dias presentado e oferecido a Deus no Templo, se não venha presentar e oferecer diante de seus altares muito frequentemente? Que alma tão negligente em ouvir a palavra de Deus que, vendo a Sabedoria eterna, não só ouvindo aos doutores, mas perguntando-lhes como se não soubera, se não queira achar no lugar da doutrina onde o mesmo Senhor foi achado? Que direi dos mistérios dolorosos? Que alma haverá tão pegada à própria vontade que, vendo ao Filho Unigênito do Pai dizer-lhe uma e três vezes entre suores de sangue: Não se faça a minha vontade, senão a vossa — não sacrifique ao mesmo Pai e ao mesmo Filho a sua? Que alma tão escrupulosa nas matérias de honra que, vendo ao supremo Monarca do Universo atado a uma coluna e publicamente açoitado, não tenha pejo de tomar na boca o nome de afronta? Que alma tão vã e altiva de pensamentos que, vendo aquela sacrossanta e tremenda cabeça que governa com um aceno o céu e a terra trespassada de espinhos, se atreva ainda a ser presumida? Que alma tão imortificada e inimiga de padecer que, vendo a seu Redentor com uma cruz às costas para o salvar, e ajoelhado com o peso dela, recuse fazer alguma penitência por sua salvação? Que alma tão livre em suas ações ou tão dissoluta em suas liberdades que, vendo ao todo-poderoso com os pés e mãos pregados em um madeiro por seu amor, se não deixe prender do mesmo amor e se ate ao cravo de seus pés para nunca mais se soltar? E se tais efeitos produz a consideração dos mistérios dolorosos, que naturalmente causam horror, que fará a formosura e agrado dos gloriosos? Que alma haverá tão enganada dos feitiços desta vida mortal, cheia de tantas misérias, que à vista de um Cristo ressuscitado e glorioso não aspire à imortal? Que alma tão pesada e abraçada com a terra que, à vista do mesmo Senhor subindo ao céu, não queira também voar e subir com ele? Que alma tão fria no espírito e tão esquecida de que é alma que, à vista do fogo do Espírito Santo em chamas vivas, se não acenda em desejo de seus divinos dons e de crescer em sua graça? Que alma, enfim, tão pusilânime e pouco generosa que, à vista do triunfo da

Mãe de Deus no dia de sua gloriosíssima Assunção, e da suprema coroa que recebeu à mão direita de seu Filho em prêmio dos trabalhos com que o serviu e acompanhou nesta vida, se não aliste na família da mesma Senhora, ao menos com o foro de escravo, debaixo de uma obrigação tão leve como a de rezar o seu Rosário para ser participante das mesmas glórias.

Desta maneira se assemelha a alma ao manjar que come com a meditação atenta de seus mistérios, e estando já semelhante pela operação do entendimento, entra a terceira e última, que é a da vontade, na qual se aperfeiçoa e consuma a nutrição, unindo-se o que comunga e medita ao mesmo Cristo comido e meditado e incorporando-se nele. Diga-nos isto compendiosamente São Bernardino de Sena, porque do que fica declarado na primeira e segunda decocção se entende sem nova repetição esta última: "Com a meditação do entendimento cresce o amor de Cristo, ao qual se une pela caridade e a ele cada vez mais se assemelha e se incorpora".

— Não podia concluir o santo, nem com mais propriedade, nem com maior clareza o que digo. Com a meditação do entendimento cresce — diz ele — o amor na vontade — conforme o texto de Davi: "O meu coração se encandeceu dentro de mim, e na minha meditação se incenderá o fogo" (Sl 38,4)— e com este calor sobrenatural, que é o instrumento imediato de todas as três digestões, se une o que comunga por caridade a Cristo, e quanto mais se assemelha pelo entendimento a ele tanto mais se incorpora pela vontade com ele: "E a ele cada vez mais se assemelha e se incorpora".

E se me disserdes que comungais e não experimentais estes efeitos, essa é a última confirmação de tudo o que tenho dito e da razão que tive para pregar, mais que nenhuma outra, esta matéria. E por que não creiais a experiência das vossas tibiezas, ouvi a de São Bernardo não rara, e só de alguma vez ou muitas vezes, senão de todos os dias: "Todas as vezes que chego ao Santíssimo Sacramento" — diz o devotíssimo Bernardo — "ali me mudo, ali me assemelho, ali me transformo"[19]. E por que modo se mudava, por que modo se assemelhava, por que modo se transformava aquela alma pura? Por digestão, por concocção e por união, que são as três operações com que se aperfeiçoa a nutrição da alma, como a do corpo. E para que ninguém duvide que tudo se consegue pela virtude do Rosário e meditação dele, tudo isto disse São Bernardo comentando aquele lugar dos Cantares em que se diz que o Senhor sacramentado se apascenta entre rosas: "Que se apascenta entre as rosas" (Ct 6,2), que é o mesmo sentido do nosso texto: "Como um monte de trigo cercado de rosas" (Ct 7,2).

§ V

Tenho-vos mostrado, devotos do santíssimo Rosário, a harmonia que ele tem com o Santíssimo Sacramento, diante de cujo Sacramento e da imagem da Senhora o cantais aqui, ou rezais a coros todos os dias nesta hora. O que, por conclusão, vos peço em nome do mesmo Cristo sacramentado e da mesma Virgem do Rosário é que, para conseguir os efeitos daquele divino Manjar, vos não contenteis só com as vozes do que rezais, senão com uma meditação mui atenta de seus soberanos mistérios. As reses que Deus escolheu para os antigos sacrifícios em que se representava o de seu corpo e sangue, eram somente aquelas que, depois de comer, tornam a ruminar ou remoer aquilo mesmo que comeram. E que nos quis Deus significar nesta escolha e separação de animais, excluindo todos os outros? São Cipriano: "Celebrando os sacramentos da ceia do Senhor, somos levados, como os animais ruminantes, a remoer aquelas coisas que tomamos"[20]. Quis-nos Deus ensinar e admoestar com esta cerimônia — diz São Cipriano, e o mesmo diz São Gregório — que todos aqueles que participam da ceia do Senhor, que é o Santíssimo Sacramento, hão de ser como os animais escolhidos para o sacrifício, e que assim como estes, depois de comer, tornam a remoer muito devagar o que comeram, assim nós, depois de comungar, havemos de meditar e considerar com muita atenção de quem é aquele corpo e sangue, e quais são os mistérios de nossa redenção que com ele e por ele foram obrados. Assim o tinha profetizado, já no tempo dos mesmos sacrifícios, o profeta Oseias: "Hão-se de pôr a ruminar sobre o pão e sobre o vinho" (Os 7,14): sobre o pão, que é o corpo de Cristo consagrado debaixo de espécies de pão e sobre o vinho, que é o sangue do mesmo Cristo consagrado debaixo de espécies de vinho; e não só diz que o hão de comer, senão que, sobre comido, o hão de ruminar: "Hão-se de pôr a ruminar sobre o pão e sobre o vinho".

Dirá, porém, algum crítico que parece não falou o profeta com propriedade, porque Cristo, Senhor nosso, falando deste pão e deste vinho sacramentado, disse: "Quem come a minha carne e bebe o meu sangue" — o que se rumina é o que se come, e não o que se bebe. Mas nesta mesma que parece impropriedade, declarou o profeta admiravelmente qual era o pão de que falava, que é o corpo de Cristo, e qual o vinho, que é o seu preciosíssimo sangue, derramado por nosso amor e por nosso remédio, e por isso digníssimo de ser ruminado e considerado com profundíssima atenção. Olhai quão expressamente o disse a alma santa, ajuntando o mesmo ruminar com o mesmo vinho: "A tua garganta é como o melhor vinho, digno de ser bebido pelo meu amado, e ruminado entre os seus lábios e os seus dentes" (Ct 7,9). — Para que se veja que o vinho de que falava o profeta é o vinho que se bebe e se rumina: "Para beber e para ruminar". — E, declarando Alberto Magno que vinho é este que se há de ruminar, e qual é o modo com que se há de ruminar, diz assim: "Porque longamente deve ser ruminado pela repetição do coração e da alma, o sacramento retomado e considerado muitas vezes pela mente"[21]. De sorte que o vinho que se há de ruminar é o sangue de Cristo, e o modo com que se há de ruminar é meditando e considerando, não de passagem e de corrida, senão muito devagar e com grande atenção, os mistérios do mesmo sangue, preço de nossa redenção, que são todos os do Rosário; porque na Encarnação tomou o Filho de Deus a nossa carne e sangue, na Paixão padeceu na carne e derramou o sangue, e na Ressurreição tornou a unir o sangue à carne, que é tudo o que contém no Sacramento o corpo e sangue de Cristo, e tudo o que nós do Rosário digesta e distintamente consideramos.

E se me perguntardes quando se há de fazer esta meditação, e qual é o tempo em que se hão de ruminar estes mistérios — que é ponto muito essencial nesta matéria — não faltará porventura quem cuide que o tempo é somente quando acabamos de receber a Cristo no Sacramento; e assim parece que o quis dizer São Cipriano: "Como animais ruminantes a remoer aquilo que tomamos". — Mas eu digo que há de ser depois de comungar, e antes de comungar, e sempre, e todos os dias. Não deixamos dito e provado que o mesmo Cristo que se come no Sacramento se digere no Rosário? Pois, assim como o Rosário se reza todos os dias, assim o Sacramento se digere todos os dias e se há de ruminar todos os dias. O primeiro que comungou o Sacramento foi o mesmo Cristo quando o instituiu na ceia. Que ruminasse o Senhor seu próprio corpo sacramentado não há dúvida, porque aquela comunhão foi a mais perfeita, e o exemplar das nossas; mas parece que o ruminou pouco tempo, porque depois de comungar teve poucas horas de vida. Assim o imaginava também eu, quando São Paulino, contemporâneo do mesmo São Cipriano, me ensinou o que ultimamente vos disse, com estas admiráveis palavras: "O nosso Salvador ao mesmo tempo ruminou este alimento ensinando-nos e dando o distribuiu"[22]. Cristo, Salvador nosso — diz o santo — deu-nos o Sacramento na hora em que o instituiu, mas ruminou o mesmo Sacramento em todo o tempo que nos ensinou.

O tempo em que Cristo nos ensinou foram os últimos três anos de sua vida; a hora em que instituiu o Sacramento foi pouco antes da sua morte; e aquele mesmo Sacramento que instituiu e comungou uma só vez, e em uma só hora, esse andou ruminando três anos inteiros, em que nos ensinou os mistérios que nele estão encerrados: "Ensinando-nos e dando-nos ruminou e distribuiu".— Quantas vezes ensinou Cristo o mistério de sua Encarnação, quantas o de sua Paixão, quantas o de sua Ressurreição — que são os mesmos do Rosário — e tudo isto antes do Sacramento? Depois de instituir o Sacramento e se comungar a si mesmo nele, tudo o que ensinou aos discípulos foi uma repetição dos mesmos mistérios, os quais também reduziu àquele breve círculo, em que no princípio mostramos recopilados os do Rosário: "Eu saí do Pai, e vim ao mundo; outra vez deixo o mundo, e torno para o Pai" (Jo 16,28). — De maneira que antes do Sacramento e depois do Sacramento sempre o Senhor o ruminou, para nos ensinar a que também o façamos assim, não só depois de comungar, senão antes e sempre. Os que comungam de oito em oito dias hão de ruminar aqueles mistérios todos os dias da semana, e os que comungam de mês em mês, todos os dias do mês, e isto sem mudar ou acrescentar outro exercício, senão meditando e ruminando atentamente o mesmo Rosário que rezam. Dos que só comungam de ano em ano não falo, porque estes nem são devotos do Rosário nem do Sacramento, e se pode duvidar se são cristãos.

Finalmente, para que conste a todos quanta diferença vai dos que meditam estes sagrados mistérios aos que os não meditam, e dos que ruminam ou não ruminam o que comungam e comem no diviníssimo Sacramento, vejam uns e outros o diferente foro em que o mesmo Senhor os recebe quando o recebem. Muito é de reparar que, quando Cristo, Redentor nosso, entrou neste mundo, não só entrou como humanado, senão como sacramentado, em fé de que ele era o pão vivo que desceu do céu para nos dar vida: "Eu sou o pão vivo que desci do céu. Se qualquer comer deste pão viverá eternamente" (Jo 6,51s). — Por isso não nasceu o Senhor em outra cidade, senão na de Belém, nem outro lugar de Belém, senão em um presépio. Em Belém, porque Belém quer dizer "casa de pão"; e em um presépio ou manjedoura, como trigo que nasce entre as palhas. Assim que com verdadeira propriedade podemos dizer que a lapa de Belém foi a primeira capela do Santíssimo Sacramento, e a manjedoura ou presépio o primeiro Sacrário. A um e outro lado deste pobre e riquíssimo sacrário parece que haviam de assistir dois querubins, como aos lados da Arca do Testamento; mas já o profeta Habacuc tinha dito que não haviam de ser senão dois animais: "Serás dado a conhecer no meio de dois animais" (Hb 3,2 LXX). — E se perguntarmos a Isaías que animais haviam de ser ou foram estes, responde que um boi e um jumento: "Conheceu o boi o seu possuidor, e o jumento o presépio de seu dono" (Is 1,3). — Pois, se Cristo vinha em forma ou representação de sacramentado, por que quis que os animais que o assistissem não fossem da mesma, senão de diferente espécie, e um deles nomeadamente boi e outro jumento? Para que nesta mesma diferença se conhecesse o diferente foro que tem na casa do Pão do céu os que de um modo e de outro se chegam a ele. O boi é animal que rumina, o jumento é animal que não rumina; e da mesma maneira entre os que chegam à mesa do divino Sacramento há uns que ruminam e meditam aqueles sagrados mistérios, e outros que os não ruminam nem meditam. Mas, assim como o boi, que rumina, é animal estimado de Deus e escolhido para o sacrifício, e o jumento, que não rumina, reprovado e excluído, assim o estima o mesmo Senhor e se agrada muito dos que meditam e ruminam seus mistérios e, pelo contrário, dos que os não ruminam nem meditam, posto que os não exclua, não se agrada, porque mais comungam como jumentos que como homens. Veja agora cada um se quer ficar neste foro.

Da Virgem, Senhora nossa, no presépio, diz o evangelista que dentro da sua alma meditava e conferia o mesmo mistério, ponderando todas as circunstâncias dele: "Entretanto Maria conservava todas estas coisas, conferindo lá no fundo do seu coração umas com as outras" (Lc 2,19). — E porque o mesmo fazia em todos os outros e quer que nós também o façamos, como Mestra divina deste soberano exercício da meditação e oração as ajuntou ambas no seu Rosário, para que assim como conta por conta imos rezando as orações que lhe oferecemos em cada um dos passos da Vida, Morte e Ressurreição do seu benditíssimo Filho, assim, e com muito maior vagar e atenção meditemos parte por parte os mistérios deles, e os vamos trasladando e imprimindo no mais interior de nossas almas. Oh! ditosas e bem-aventuradas aquelas que por este modo verdadeiramente celestial digerirem o pão do céu que recebem no Diviníssimo Sacramento, porque assim o converterão ou se converterão na sua própria substância, e lograrão a perfeita e sobrenatural nutrição, que nas tíbias, indevotas e miseráveis se não luz, pelo comerem indigesto.

O principal mistério dos que se encerram no Santíssimo Sacramento é o de sua Morte, e Paixão, porque, se não morrera, não importara o ter nascido, e também, se não morrera, não ressuscitara nem nos levara consigo ao céu. Por esta razão nos encarrega tanto São Paulo que, quando comungarmos, meditemos a morte do Senhor: "Porque todas as vezes que comerdes este pão e beberdes este cálix anunciareis a morte do Senhor" (1Cor 11,26). — E esta sacratíssima morte de infinito preço, se com a meditação e consideração dela a não digerirmos, aproveitar-nos-á alguma coisa para emenda da vida? Tão pouco como a nossa mesma morte, se a tomamos a vulto e indigesta, sem considerar o que é e o que havemos de ser. Ouvi a São Zeno falando de Adão: "Provou mal o doce fruto da árvore sagrada, encontrou lágrimas, e adquiriu para si dores e gemidos, espinhos e tribulações, e por fim perturbado pelo cansaço deixou para os pósteres a herança da morte indigesta"[23]. Comeu Adão da árvore vedada, e digeriu o pomo em lágrimas, em gemidos, em dores, em espinhos e nos suores a que foi condenado para comer o triste pão de que se sustentasse; e o pior de tudo foi que a nós, seus descendentes, nos deixou por herança a morte indigesta: "Deixou para os pósteres a herança da morte indigesta". — E que quer dizer que Adão, não só nos deixou por herança a morte, senão a morte indigesta? Quer dizer o que ele fez e o que nós fazemos. Quando Deus notificou a Adão a sentença de morte no caso em que comesse, o que ele devia fazer era considerar muito de propósito, e digerir primeiro consigo que coisa era aquela a que Deus chamava morte, sendo certo que, se bem o considerara, nunca se atreveria a comer; mas ele, tragando indigestamente a morte, comeu o pomo cru sobre o indigesto, e porque esta morte assim indigesta foi a que ele nos deixou por herança, por isso pecamos tão sem temor, como ele pecou. O mais eficaz remédio para não pecar é a consideração da morte, por onde havemos de entrar ou ao céu ou ao inferno para sempre: "Lembra-te dos teus novíssimos, e nunca jamais pecarás" (Ecl 7,40). — E, contudo, vendo nós cada dia morrer a tantos, não deixamos de pecar. Por quê? Porque essa mesma morte vista não a consideramos nem a digerimos. Pois assim como a nossa morte nos não emenda, por falta de digestão e consideração, assim também a Morte e Paixão do mesmo Cristo, a quem comemos no Sacramento, nos aproveita pouco, porque de tal modo o comem muitos como se não estivera ali.

Seja, pois, a conclusão de tudo que, unindo a meditação do Rosário com o Santíssimo Sacramento, e a comunhão do Santíssimo Sacramento com o Rosário, digiram as nossas almas em um o que comem no outro, de tal sorte que aquele divino pão cresça em nós à grandeza de um monte: "Como um monte de trigo". — E das rosas com que a Virgem do Rosário o cerca nesta vida: "Cercado de rosas" — nos teça na outra, como faz a seus devotos, uma coroa de glória, etc.

NOTAS

SERMÃO I [p. 9-28]
* Cronologicamente, entre a Quarta Parte (volume IV) dos *Sermões* (1685), que termina com o Sermão da Epifania, e a Quinta Parte (volume VII – 1689), incluem-se os trinta Sermões do Rosário, que aqui se iniciam, publicados em 1686 e 1688, sob o título geral de *Maria Rosa Mística*.
1. São João Crisóstomo (347-407), em *De orando Deum*, Livro I [referência do autor]. Cf. MG 51 em *Oratio Dominica Ejusque Explanatio*, col. 44; e cf. *Catenam Auream, In Lucam*, caput 18, n. 1.
2. São Gregório Niceno (335-394), MG 44 em *De Oratione Dominica* [referência do autor].
3. Santo Atanásio (295-373), MG 27 em *Expositiones in Psalmos 3,5*, col. 0059-0547 [referência do autor].
4. Santo Agostinho (354-430), ML 33 em *De Praesentia Dei Liber seu Epistolae 187*, cap. V, 16, col. 0838. Esta carta endereçada a Dardano, no verão do ano 417, foi chamada por Agostinho de Livro sobre a Presença de Deus. Cf. *Obras Completas de San Augustin*, XI A, Cartas 124-187, Madrid, BAC, 1987. pp. 802ss.
5. São Beda, o Venerável (672/3-735), ML 92 em *In Lucae Evangelium Expositio*, Lc 18,13 [referência do autor].
6. São Pedro Crisólogo (406-450), ML 52 em *In Orationem Dominicam*, Sermo 72 [referência do autor].
7. Santo Agostinho (354-430), ML 39 em *Sermo Supposito Classis I, De Vetero et Novo Testamento*, Sermo LXXXIV, 1, col. 1908. Cf. Thomas Aquinatis, *Catena Áurea, In Lucam* 11,1-4, 10101, De Verbo vel Sermone Domini.
8. Teofilato (†1118), MG 123 em *Enarratio in Evangelium Matthaei*, col. 0145 ad 0478.
9. São Gregório Niceno (335-394), MG 44 em *De Oratione Dominica* [referência do autor].
10. São Gregório Niceno (335-394), MG 44 em *De Oratione Dominica* [referência do autor].
11. São Pedro Crisólogo (406-450), ML 52 em *In Orationem Dominicam*, Sermo 67, col. 392C.
12. Cardeal Hugo, em *In Expositione Hujus Petitionis* [referência do autor].
13. Cassiano (360-435), ML 49 em *Collationum XXIV Collectio In Tres Partes Divisa*; Collatio XXIV, C.25, col. 1319B-1320C.
14. Cardeal Caetano, Thomas de Vio (1469-1534) [referência do autor].
15. Cardeal Hugo, em *In Expositione Hujus Petitionis* [referência do autor].
16. Filo [Filon] de Alexandria (25 a.C.-50 d.C.), em *De Opificio Mundi* [referência do autor].
17. São Próspero de Aquitânea (390-455/463), ML 51 em *Liber De Promissionibus Et Praedictionibus Dei A Nonnullis [Incertus]*, Pars II, cap. II, col. 769B-770D.
18. Theophilus Raynaud (1584-1663), jesuíta francês, em *De Eucaristia*, sectio I, caput 6 [referência do autor].
19. Vilhalpando (†1608), jesuíta espanhol, especializou-se em Exegese e Antigo Testamento.
20. Luigi Lipomano (1500-1559), bispo de Bérgamo e núncio em Portugal e na Polônia. Escreveu *Catenae in Genesin* e *In Exodum*; sua obra principal, em oito volumes, foi *Sanctorum Priscorum Patrum Vitae*.

SERMÃO II [p. 29-56]

1. Santo Agostinho (354-430), ML 33 em *Epistolae [ad Demetriadem, in epistolam 188 ad Julianam, matrem Demetriades]*, p. 410-413. Cf. *Obras Completas de San Augustin*, XIb, Cartas (3º), Carta 188, Madrid, BAC, 1991. p. 5.
2. Santo Agostinho (354-430), ML 37 em *Enarrationes in Psalmos* [080-144], In Psalmum 118-4, col. 1033-1967.
3. São Pedro Crisólogo (406-450) ML 52 em *Sermo II de Duobos Filiis, Prodigo et Frugi – de Redito Filii ad Patrem*, col. 187B-190C.
4. Cardeal Hugo (†1141), ML 175 em *In Expositione Hujus Petitionis* [referência do autor].
5. São João Crisóstomo (347-407), citado por Abulense e Cardeal Hugo [referência do autor].
6. São Pascásio Radberto (790-860), ML 120 em *De Expositione In Evangelium Matthaei*, Liber Quartus, col. 281A.
7. São João Crisóstomo (347-407), MG 47 em *De Orando Deum, Liber I*. Cf. *De Expositione Orationes Dominicae* [referência do autor].
8. São Bernardo de Claraval (1091-1153), ML 183 em *Sermones De Tempore*. In Quadragesima, Sermo VI. I, col. 181-182C.
9. São João Crisóstomo (347-407), MG 57 em *Commentarius seu Homiliae in Sanctum Matthaeum Evangelistam*, Homilia XX [referência do autor].
10. O Abulense (Alfonso de Madrigal – "El Tostado") (1410-1455), em *Comentário a Mateus 6,11* [referência do autor]. Suas obras foram publicadas em 15 volumes, em Veneza, entre 1507 e 1530.
11. Santo Agostinho (354-430), ML 33 em *Epistolae*, Epistola CXXX, Ad Probam, cap. XII, 23. Cf. *Obras Completas de San Augustin*, XIa, Cartas (2º), Carta 130, Madrid, BAC, 1987. p. 73.
12. Plínio, o Velho (23-79), em *Historia naturalis*, Liber I, cap. 7 [referência do autor].
13. Santo Ambrósio (339-397), ML 16 em *De Officiis Ministrorum*, Liber Secundus, cap. 16, col. 124B.
14. Sêneca (4 a.C.-65 d.C.), em *Epistolae Morales ad Lucilium*, Liber XIV/XV, LXXXIX, 22.
15. São Gregório Niceno (335-394), MG 44 em *De Oratione Dominica* [referência do autor].
16. Ovídio (43 a.C.-18 d.C.), em *Metamorfoses*, livro II [referência do autor].
17. Virgílio (70-19 a.C.), em *De Rosis Nascentibus*, v. 43. O autor atribui a poesia a Virgílio, mas em *Appendix Vergiliana* é atribuída a um poeta desconhecido. Outros a atribuem a Ausonius, Decimus Magnus (310-395) em *Idyllia* XIV, 39 e 43.
18. Marcial, Marcus Valerius (38-102), em *Epigrammata*, I, 16,12.
19. Oleastro [Jerônimo de Azambuja] (séc. XVI), teólogo dominicano português. Em *Comentário ao Pentateuco de Jerônimo*, cap. 19 do Gênesis [referência do autor].
20. São Bernardo de Claraval (1091-1153), ML 182 em *De Gradibus Humilitatis et Superbiae Tractatus*, cap. XXII, col. 970A.
21. Sócrates (470 a.C.-399 a.C.). Cf. *Valeri Maximi Factorum et Dictorum Memorabilia*, Liber 7, 2, ext. 1.
22. São Bernardo de Claraval (1091-1153), ML 183 em *Sermo de Sanctis, de Diversis*, Sermo XXXV 4, de Tribus Ordinibus Ecclesiae, col. 636B. Cf. *Cartas de Santo Inácio de Loyola* II [sobre a obediência]. São Paulo, Loyola, 1990. p. 109.
23. Hugo de São Vítor (†1141), em *In Annotatione ejusdem Psalmi*, 36,7 (Editio Vulgata) [referência do autor].
24. São Basílio de Selêucia (†468), MG 85 em *Oratio* XLII, col. 462-473.
25. [Ovídio], Marcial, Marcus Valerius (38-102), em *Epigrammata*, Liber VIII, 24,6. [O autor cita os versos como se fossem de Ovídio. Cf. Thomas Hobbes, *De Cive*, cap. XV, 15.]
26. Marcus Minucius Felix (séc. II-séc. III), em *Octavius*, cap. XXIII.

SERMÃO III [p. 57-79]

1. Orígenes (185-253), MG 12 em *Numeros*, Homilia X, col. 583-804.
2. São Bernardo de Claraval (1091-1153), ML 183 em *Sermones De Tempore*. In Festo Pentecostes, Sermo II, 3, col. 327C.
3. São Bruno de Asti ou de Segni (1045-1123), ML 165 em *Sententiae*, Liber V, De Laudibus B. V. Mariae, cap. IV, col. 1029D.
4. Santo Tomás de Aquino (1225-1274), *Suma Teológica*, Parte I, Questão 34, art. 1 ad. 2. São Paulo, Loyola, 2001, vol. 1, p. 581.
5. Santo Agostinho (354-430), ML 35 em *In Evangelium Joannis Tractatus CXXIV*, Tractatus XXIV, 2, col. 1594.
6. Cardeal Caetano, Tomás de Vio (1468-1533), Cardeal, Cf. *In Quinque Libros Moisis Juxta Sensum Litteralem Commentarii*.
7. O texto latino citado por Vieira é: "Utinam appenderentur peccata mea, quibus iram merui, et calamitas, quam patior in statera! Quase arena maris haec gravior appareret". [Ó se os meus pecados pelos quais mereci a ira e a amargura que sofro fossem pesados numa balança. Porque, na verdade, ela estaria mais pesada do que a areia dos mares]. A citação correta é: Jó 6,2.
8. Juan Pineda (1558-1637), jesuíta e professor em Córdoba, Sevilha e Madri, em *Commentariorum in Job Libri Tredecim*.
9. Sanctes Pagnino (1470-1536), filólogo e hebraísta italiano. Cf. *Lexicon Hebraicum, Isagoge ac Sacras Litteras*. Dividiu a Bíblia em versículos numerados.
10. São Bernardo de Claraval (1091-1153), ML 183 em *Sermones in Cantica Canticorum*, Sermo XLI, 2-4, col. 985B-986D.
11. Quinta Editio: São Jerônimo, na carta 18B ao papa Damaso, menciona quatro traduções: a dos Setenta [Septuaginta], a de Áquila, a de Símaco e a de Teodocião. A *Quinta* é anônima, referida por Orígenes, Eusébio (*Historia Ecclesiastica* 6.16.2) e Epifânio (*De Mensura et Pondere* 4).
12. [Justo Orgelitano] São Justo de Urgell – Justus Urgellensis (séc. VI), ML 67 em *Explicatio Mystica in Cantica Canticorum Salomonis*, cap. V, n. 104, col. 992.
13. Filo Carpácio, séc. V, bispo, em *In Canticum Cantorum Interpretatio* [referência do autor].
14. Hugo de São Vítor (†1141), *In Annotatione Ejusdem Psalmi*, 38,4 (Editio Vulgata) [referência do autor].
15. Entra para a Santa Igreja: *Do Ritual do Batismo* [referência do autor].
16. Tertuliano (160-230), ML 1 em *De Pallio Liber*, cap. V, col. 1047B.
17. São Bernardo de Claraval (1091-1153), ML 183 em *De Consideratione Libri Quinque ad Eugenium Tertium*, Liber Primus, cap. II, 3, 0731B.

SERMÃO IV [p. 81-94]

1. Salviano (400-480), em *Liber 2 ad Ecclesiastes* [referência do autor]. A patrologia ML 53 dá a obra *Libri Ecclesiastis ad Claudianum Episcopum Viennensem* entre as desaparecidas.
2. Santa Gertrudes (626-659), em *Revelações*, livro 4, cap. 49, e livro 1, cap. 4 [referência do autor].
3. São Bernardo de Claraval (1091-1153), ML 183 em *Sermones De Tempore*. In Vigilia Nativitatis Domini, Sermo III, 8, col. 98D
4. Tertuliano (160-230), ML 1 em *De Oratione*, Liber 1, cap. I, col. 1152A.
5. Prefácio de Missa.
6. Baeça, Celada e Silveira [referências do autor].
7. Tertuliano (160-230), ML 2 em *De Anima*, cap. II, col. 651A.
8. Santo Agostinho (354-430), ML 36 em *Enarratio in Psalmum* 59, n. 7. Cf. São Próspero de Aquitânia (390-463), ML 51 em *Sententiarum Ex Operibus Augustini Delibataram Liber Unus*, CCXII, col. 457B.

9. São João Damasceno (675-749), MG 94 em *Expositio Accurata Fidei Orthodoxae*, cap. 28 [referência do autor].
10. Atenodoro (séc. I), referido por Sêneca (4 a.C.-65 d.C.) em *Epistolae morales*, Liber I, ad Lucilium, 1.10.
11. Clemente de Alexandria (†215), MG 9, *Stromata*, Liber IV, col. 009 [referência do autor].
12. Afonso Salmerón (1515-1585) em *Commentarii in Libros Sacrae Scripturae*, Tomo 7, Tractatus 45. Teólogo e exegeta; companheiro de Santo Inácio de Loyola na fundação da Companhia de Jesus.
13. Sêneca (4 a.C.-65 d.C.), em *De Beneficiis*, Liber II, XVII.
14. Santo Agostinho (354-430), ML 33 em *Epistolae*, Epístola CXXX ad Probam, cap. XIV, 25, col. 504.
15. Cf. nota 8 acima.

SERMÃO V [p. 95-114]

1. Santo Agostinho (354-430), ML 39 em *Sermones Suppositi*, Classis II, De Tempore, Sermo CXX, In Natali Domini IV, 4, col. 1085-1986.
2. São João Crisóstomo (347-407); Santo Agostinho (354-430), ML 39 em *Sermones Suppositi*, Classis I, De Vetero et Novo Testamento, Sermo LV, 1, col. 1849-1850. Expressão nascida na língua de Crisóstomo e confirmada por Agostinho [referência do autor].
3. Santo Tomás de Aquino (1225-1274), citado por Cornélio a Lapide (1567-1637) [referência do autor].
4. Andricômio, Christian Kruik van Adrichen (1523-1585), ou Christianus Adrichomus, em *Theatrum Terrae Sanctae et Biblicarum Historiarum*. [Engadi, local onde Davi se escondeu de Saul – 1Sm 24,1.2.]
5. Santo Agostinho (354-430), ML 44 em *De Natura et Gratia ad Tomasium et Jacobum Contra Pelagium*, Liber Unus, cap. XLIII, 50.
6. Concílio de Trento (1545 a 1563, com intermitências), 19º Concílio Ecumênico da Igreja Católica, na seção VI, cap. 13.
7. Texto da Vulgata. A nova Vulgata traz: "Em Salém está o seu tabernáculo". Salmo 75(76), 2 e 3.
8. São Jerônimo (347-420), ML 26 em *Libri quatuor Comentariorum in Evangelium Matthaei* [referência do autor].
9. São Gregório Magno (540-604), Cf. ML 25 *Commentariorum in Jonam Prophetam Liber Unus*, cap. II, vers. 3 [referência do autor].
10. Todos esses exemplos estão em Frei Alonso Fernandes em *Historia de los milagros y devoción de Rosário de Nuestra Señora, desde su origen, hasta el año de 1620* [referência do autor].
11. Rabbi Onkelos [sobrinho do imperador Tito (39-81), converteu-se para o judaísmo. Traduziu a Torah para o aramaico]. Citado por Petrus Galatinus, Frei Pietro Colonna Galatino (1460-1530), teólogo orientalista. Autor de *De Arcanis Catholicae Veritatis*.
12. Virgílio (70-19 a.C.), em *Eneida*, canto VI, verso 836.
13. São Gregório Magno (540-604), ML 77 em *Regulae Pastoralis Liber*, III Pars, cap. XXXIV, col. 119B-119C.
14. João Cassiano (360-435), ML 49 em *Collationes*, col. IV Abbatis Danielis, cap. XIX, col. 607B-607C.
15. São Metódio de Olimpus (†311), bispo e mártir, MG 18 em *Excerpta ac Orationes Aliquos*, col. 229-408.

SERMÃO VI [p. 115-137]

1. Santo Tomás de Aquino (1225-1274) em *Lauda Sion*, hino da missa de Corpus Christi, parte do Ofício da festa instituída pelo Papa Urbano IV.

2. São João Crisóstomo (347-407), MG 57 em *Commentarius in Sanctum Mathaeum Evangelistam*, Homilia 25.
3. Drogo Hostiensis (séc. XI/XII), bispo e cardeal, em *De Sacramento Dominicae Passionis Sermo* [referência do autor].
4. Beato Alano Della Rupe, ou Frei Alano da Rocha (1428-1475), professor de Teologia e pregador, em *Psalterium sive Rosarium Christi et Mariae*, ou *Psalterium Mariae Virginis*.
5. Cardeal Caetano, Thomas de Vio (1468-1533), sobre este lugar, citado por Cornélio a Lapide (1567-1637) [referência do autor].
6. São Pedro Damião (1007-1072), doutor da Igreja. ML 144. Cf. *De Variis Miraculosis Narrationibus* [referência do autor].
7. São Germano de Constantinopla (640-733), ML 98, col. 5-454 [referência do autor].
8. São Pedro Crisólogo (406-450), ML 52 em *Sermones*, Sermo LXIV 64, col. 380B.
9. São Salviano (400-480), bispo de Marselha, ML 53 em *De Gubernatione Dei Octo Libri*, Liber IV, XIX, col. 92A-92B.
10. São Bernardo de Claraval (1091-1153), em *S. Bernardi Claravallensis Opera Omnia* [Sermones XV Beati Ogeni], *De Sermone Domini in Ultima Coena*, Sermo X 12, col. 927A.
11. Cornélio a Lapide (1567-1637) [referência do autor].
12. Santo Ambrósio (339-397), ML 15 em *Expositio in Psalmum David CXVIII*, Sermo X, 18, col. 1338B.
13. Santo Agostinho (354-430), ML 38 em *Sermones ad Populum*, Classis I, De Scripturis, Sermo CXXVII, cap. VII, 10, col. 711-712.
14. Tertuliano (160-230), ML 2 em *De Ressurrectione Carnis*, cap. XIV, col. 812B.
15. São Boaventura (1221-1274), em *Sermão II do Domingo da Paixão* [referência do autor].

SERMÃO VII [p. 139-156]
1. São Jerônimo (347-420), ML 26 em *Commentariorum In Evangelium Matthaei Libri Quattuor*, Liber I, vers. 3, col. 21C.
2. São Gregório Magno (540-604), ML 76 em *Homiliarum In Evangelia Libri Duo*, Homilia XXXIII, Lectio S. Evangelii Secundum Lucam VII, 36-50, 1, col. 1239C.
3. Santo Agostinho (354-430), ML 39. Cf. *De Civitate Dei*, Liber XXII, cap. XXII 1, col. 784-785.
4. São Gregório Magno (540-604), ML 76. Cf. *Moralium Libri Sive Expositio in Librum Job*, Liber XXXI, cap. XLV, col. 621B.
5. São Jerônimo (347-420). Cf. César Barônio, († 1607). Sua obra mais citada é *Anais Eclesiásticos*, em 12 volumes, que descrevem a história da Igreja desde os inícios até 1198 [referência do autor].
6. Virgílio (70 a.C.-19 a.C.), em *Eneida*, canto IV, verso 281; canto V, verso 571 [Rainha Dido].
7. Santo Ambrósio (339-397), ML 16 em *De Fide Ad Gratianum Augustum Libri Quinque*, Liber V, cap. X, 119, col. 674D.
8. São Bernardo de Claraval (1091-1153), ML 183 em *Sermones De Tempore*. In Vigilia Nativitatis Domini, Sermo III, 8, col. 98D.
9. Cornélio a Lápide (1567-1637) e cf. *Commentaria in Libros Sacrae Scripturae*, in Libros Eclesiastes [referência do autor].
10. Santo Agostinho (354-430), *Sermão 100 De Tempore* [referência do autor]. A referência do autor é *Sermão 100 De Tempore*. Cornélio a Lápide em *Commentaria in Scripturam Sacram* (Paris, Ludovicus Vives, 1868) II.259 confirma a autoria de Santo Agostinho.
11. Ruperto de Deutz, ou Rupertus Tuitiensis Abbas (c. 1076-1129), ML 168 em *In Cantica Canticorum: De Incarnatione Domini Commentariorum*, Liber III, cap. IV, col. 887B.
12. Teodoreto de Cirro (séc. IV-séc. V), MG 81 em *Explanatio in Cantica*, col. 27-214.
13. Alfonso de Cartagena (1348-1456), bispo e historiador. Em *Sobre o Rosário da Virgem* [referência do autor].

14. Catarina: cf. Fernández, Alonso. *Historia de los Milagros y Devoción del Rosário de Nuestra Señora, desde su origen, hasta el año de 1620*. Madrid, Viuda de Alonso Martin, 1620.
15. São Remígio [Remy] (437-533), bispo de Reims, ML 65 em *Explanationes Epistolarum Pauli Apostoli*, IV, col. 964B [hoje atribuídas a Remígio de Auxerre] (Antissiodorensis).

SERMÃO VIII [p. 157-171]
1. Segundo a versão clássica do Pe. Antonio Pereira de Figueiredo.
2. Santo Isidoro Pelusiota (355-440), MG 78 em *Epistolarum Libri Quinque*, Epistola 170, col. 178-1.678 [referência do autor].
3. Cornélio a Lapide (1567-1637), *Commentaria in Libros Sacrae Scripturae*, in Libros Numerorum 28,2 [referência do autor].
4. Santo Agostinho (354-430), ML 36 em *Enarrationes in Psalmos*, In Psalmum XLIV Enarratio, 3, col. 496.
5. São Jerônimo (347-420), ML 26 em *Libri três Commentariorum in Epistolam Ephesios*, Liber III, cap. 5, vers. 16, col. 649.

SERMÃO IX [p. 173-190]
1. São Pedro Crisólogo (406-450), ML 52 em *Sermones*, Sermo 50 [referência do autor].
2. Virgílio (70 a.C.-19 a.C.), em *Eneida*, Liber V, 9. Ovídio (43 a.C.-18 d.C.), em *Tristia*, Liber I, 2. Camões, Luís Vaz de (1524-1580), em *Lusíadas*, canto V, verso 3, e canto IV.
3. São Boaventura (1221-1274), em *In Speculo Beatae Virginis*, Sermo XI [referência do autor].
4. São Pedro Damião (1007-1072), ML 144 em *Sermones Ordine Mensium Servato*, Sermo XLIV, VIII septembris, Sermo De Nativitate Virginis, col. 737B.
5. Virgílio (70 a.C.-19 a.C.), em *Eneida*, Livro V, verso 89.
6. Plínio, o Velho (23-79). Sua obra mais citada é *Historia Naturalis*. Aqui: Liber I. II, caput LIX [referência do autor].
7. Frei Miguel de la Fuente (1573-1625), carmelita. Aqui: *Compendio de História*, 1.4, cap. 27 [referência do autor].
8. Frei Alonso Fernández (séc. XVI-séc. XVII), pregador dominicano do Convento de Plasencia. Aqui: *Livro V do Rosário*, cap. 32 [referência do autor].
9. Cf. nota 8. Aqui: *Historia de los Milagros y Devoción del Rosário de Nuestra Señora, desde su origen, hasta el año de 1620*. Livro VI, cap. 22. Esta obra apresenta 285 milagres em 271 capítulos de várias fontes catalogadas por ano.
10. Ovídio (43 a.C.-18 d.C.), em *Tristia*, Liber I, 2, 50.
11. Santo Agostinho (354-430), ML 40 em *Sermones ad Fratres in Eremo Commorantes*, Sermo XVI, col. 1262-1263.
12. Virgílio (70 a.C.-19 a.C.), em *Eneida*, Liber II, 780: "Longum (vastum) maris aequor arandum". Ovídio (43 a.C.-18 d.C.), em *Tristia*, Liber I, 15, 75: "Vastum mutandis mercibus aequor aro" [Tens de arar a imensa superfície do mar, para barganhar mercadorias].
13. São Jerônimo (347-420), ML 22 em *Epistolae Secundum Ordinem Temporum Distributae*, Epistola XIV ad Heliodorum Monachum, 6, col. 351.

SERMÃO X [p. 191-206]
1. São Gregório Magno (540-604), ML 76 em *Super Cantica Canticorum Expositio*, cap. VIII, 6, col. 541C.

2. Alain de Lille, Alanus de Insulis (1128-1202), ML 210 em *Elucidatio in Cantica,* cap. VIII, 46, col. 106A.
3. Cornélio a Lápide (1567-1637), em *Commentaria in Libros Sacrae Scripturae.* Aqui: *In Libros Canticorum* 8,6 [referência do autor].
4. No Prefácio da Missa segundo o Ordo Ambrosianus [palavras finais do Prefácio que precedem o canto do *Sanctus*...]
5. Santo Agostinho (354-430), ML 37 em *Enarratio in Psalmos (80-144),* Enarratio in Psalmum CXIX, Sermo ad Plebem, 8, vers. 7, col. 1604-1605.
6. Cf. nota 5.
7. São Gregório Nazianzeno (329-389), MG 37.38 em *Carmina.*

SERMÃO XI [p. 207-229]
NB: Todas as notas são referências do autor.
1. Francisco Suarez (1548-1619). Sua obra mais citada é *Disputationes Metaphysicae.* Aqui: In Parte III, tomi 2, Disputatio XIX, sectio I.
2. Cornélio a Lápide (1567-1637). Sua obra mais citada é *Commentaria in Libros Sacrae Scripturae.* Aqui: *In Librum Genesis,* caput III, v. XV.
3. Santo Ireneu (140-202), MG 7. Sua obra mais citada é *Adversus Haereses.* Aqui: Liber I, caput IX, et Liber II, caput LVII.
4. Cornélio a Lápide (1567-1637). Sua obra mais citada é *Commentaria in Libros Sacrae Scripturae.* Aqui: *In Epistolam ad Timotheum,* caput IV, v. 1. Faz referência a Lutero (1483-1546).
5. João Cassiano (360-435), ML 49. Sua obra mais citada é *Collationes XXIV,* Collatio in três Partes Divisa. Aqui: Collatio VII, caput XXXII, col. 717.
6. Santo Agostinho (354-430), ML 34. Aqui: *In Librum II de Genesi ad literam,* caput I et XXIV. Cf. *In Librum De Civitate Dei,* caput VII, passim.
7. Gregório IX (1227-1241). Aqui: *In Bulla Canonizationis S. Dominici Claravallensis.*
8. Alano da Rocha [de Rupe] (1426-1475). Sua obra mais citada é *Psalterium sive Rosarium Christi, et Mariae.*
9. Martinho Lutero (1483-1546). Aqui: *In Commentario Epistolae ad Galatas.*
10. São Roberto Belarmino (1542-1621). Sua obra mais citada é *Controvérsias.* Aqui: *In Scripto de Verbo Dei,* caput I.
11. Francisco Suarez (1548-1619). Sua obra mais citada é *Disputationes Metaphysicae.* Aqui: In Parte III, tomi I, Disputatio VII, sectio II et III.
12. Santo Agostinho (354-430), ML 44 em *Adversus Julianum.*
13. São Roberto Belarmino (1542-1621). Sua obra mais citada é *Controvérsias.* Aqui: In Tomo II, Liber I, caput VI.
14. Epifânio (†430), bispo de Salamina [Chipre], ML 41. Sua obra mais citada é *Panarium Sive Arcula.* Nela descreve e refuta 80 heresias conhecidas por ele desde o início do cristianismo. Aqui: contra a heresia 30.
15. Epifânio (†430), bispo de Salamina [Chipre]; São Jerônimo (347-420); São Roberto Belarmino (1542-1621) [referência do autor].
16. César Barônio (1538-1607). Sua obra mais citada é *Annales Ecclesistici,* em 12 volumes, que descrevem a história da Igreja desde os inícios até 1198. Continuou a sua obra, até 1519, Henrico Spondano (1568-1643) em *Annalium Baronii Epitomes,* Pars Altera.
17. Epifânio (†430), bispo de Salamina [Chipre], ML 41. Sua obra mais citada é *Panarium Sive Arcula.* Aqui: sobre as heresias citadas.
18. Tertuliano (160-230). Aqui referido por Juan Maldonado (1533-1583) em *Opera Varia Theologica.* Aqui: no Comentário ao Evangelho de Mateus, I.
19. Santo Ambrósio (339-397), ML 15 em *In Psalmum* 118, Sermo. II; Santo Agostinho (354-430), ML 44. Aqui: *Sermo CVI De Tempore* [referência do autor].

20. Epifânio (†430), bispo de Salamina [Chipre], ML 41. Sua obra mais citada é *Panarium Sive Arcula*. Aqui: contra a heresia 22.
21. Francisco Suarez (1548-1619). Sua obra mais citada é *Disputationes Metaphysicae*. Aqui: In Parte I, tomi I, Disputatio XXXII, sectio I et III.
22. São Roberto Belarmino (1542-1621). Sua obra mais citada é *Controvérsias*. Aqui: In Libro IV, caput VIII.
23. São Roberto Belarmino (1542-1621). Sua obra mais citada é *Controvérsias*. Aqui: *In Praefatione ad Libros de Christo*.
24. César Barônio (1538-1607). Sua obra mais citada é *Annales Ecclesistici*, em 12 volumes, que descrevem a história da Igreja desde os inícios até 1198. Aqui: no ano 71 de Cristo.
25. Epifânio (†430), bispo de Salamina [Chipre], ML 41. Sua obra mais citada é *Panarium Sive Arcula*. Aqui: contra a heresia 24.
26. Epifânio (†430), bispo de Salamina [Chipre], ML 41. Sua obra mais citada é *Panarium Sive Arcula*. Aqui: contra a heresia 28. Cf. Santo Ireneu (140-202), MG 7. Sua obra mais citada é *Adversus Haereses*. Aqui: Liber I, caput XXIV. Cf. Santo Agostinho (354-430), ML 44. Aqui: *Liber VIII de Haeresibus*.
27. Santo Agostinho (354-430), ML 40. Aqui: *De Agone Christiano*, caput XXV [referência do autor].
28. São Gregório de Nazianzo [Nazianzeno] (329-389), MG 36 em *Oratio LI* [referência do autor]. Cf. Tertuliano (160-230). Aqui: ML 2, *De Carne Christi*, caput XXIV [referência do autor]. Cf . Teodoreto Nestoriano (séc. IV-séc. V), MG 83. Aqui: *Haereticarum Fabularium Compendium*, Liber I.
29. São Roberto Belarmino (1542-1621). Sua obra mais citada é *Controvérsias*. Aqui: In Libro III de Incarnatione, caput XII.
30. Epifânio (†430), bispo de Salamina [Chipre], ML 41. Sua obra mais citada é *Panarium Sive Arcula*. Aqui: contra a heresia 24.
31. César Barônio (1538-1607). Sua obra mais citada é *Annales Ecclesistici*, em 12 volumes, que descrevem a história da Igreja desde os inícios até 1198. Aqui: no ano 360 de Cristo.
32. Epifânio (†430), bispo de Salamina [Chipre], ML 41. Sua obra mais citada é *Panarium Sive Arcula*. Aqui: contra a heresia 67.
33. Henrico [José] Spondano (1568-1643), em *Annalium Baronii Epitomes*, Pars Altera. Aqui: no ano 287 de Cristo.
34. César Barônio (1538-1607). Sua obra mais citada é *Annales Ecclesistici*, em 12 volumes, que descrevem a história da Igreja desde os inícios até 1198. Aqui: sob os mesmos nomes [referência do autor].
35. Epifânio (†430), bispo de Salamina [Chipre], ML 41. Sua obra mais citada é *Panarium Sive Arcula*. Aqui: contra as heresias 19 e 53.
36. Eusébio de Cesareia (263-337). Sua obra mais citada é *História Eclesiástica*. Aqui: Livro VI, [referência do autor].
37. São Roberto Belarmino (1542-1621). Sua obra mais citada é *Controvérsias*. Aqui: *In Citata Praefatione* [referência do autor].
38. Martinho Lutero (1483-1546). Aqui: *In Sermonem de Visitatione Beatae Virginis*.
39. São Pedro Canísio (1521-1597). Sua obra mais citada são os *Catecismos*. Aqui: *In Praefatione ad Librum II*.
40. Martinho Lutero (1483-1546). Aqui: *In Postila Circa Evangelium Dominicae Tertiae Post Epiphaniam*.
41. São Roberto Belarmino (1542-1621). Sua obra mais citada é *Controvérsias*. Aqui: *In Libris de Gratia et Libero Arbitrio et in Libris de Justificatione et Bonis Operibus*.
42. Martinho Lutero (1483-1546). Aqui: *In Praelectione in Genesim*. João Calvino (1509-1564), em *Institutiones*, Liber 3, cap. 20.24.25.

43. Juan Maldonado (1533-1583). Sua obra mais citada é *Comentário aos Evangelhos*. Aqui: *In Lucam*, caput XI.
44. Citados por Juan Maldonado (1533-1583) [referência do autor].
45. Santo Agostinho (354-430), ML 42. Aqui: *Liber I de Haeresibus*, caput IV. Santo Hilário (315-367), ML 10. Aqui: *Liber de Synodis seu de Fide Orientalium*. Teodoreto Nestoriano (séc. IV-séc. V), MG 83. Aqui: *Haereticarum Fabularium Compendium*, Liber IV.
46. Epifânio (†430), bispo de Salamina [Chipre], ML 41. Sua obra mais citada é *Panarium Sive Arcula*. Aqui: contra as heresias 5 a 8. Tertuliano (160-230), ML 1 e 2 em *Apologeticus Adversos Gentes Pro Christianis* e *De Praescriptionibus Adversus Haereticos*.
47. Cirilo de Alexandria (380-444); Epifânio (†430), bispo de Salamina [Chipre]; Santo Agostinho (354-430); Santo Atanásio (295-373); Teodoreto (séc. IV-séc. V), citados por César Barônio (†1607). Sua obra mais citada é *Anais Eclesiásticos*, em 12 volumes, que descrevem a história da Igreja desde os inícios até 1198. Aqui: no ano 277 de Cristo.
48. Epifânio (†430), bispo de Salamina [Chipre], ML 41. Sua obra mais citada é *Panarium Sive Arcula*. Aqui: contra a heresia 24.
49. São Roberto Belarmino (1542-1621). Sua obra mais citada é *Controvérsias*. Aqui: *In Libro de Amissione Gratiae et de Statu Peccati*, caput VI.
50. Epifânio (†430), bispo de Salamina [Chipre], ML 41. Sua obra mais citada é *Panarium Sive Arcula*. César Barônio (†1607). Sua obra mais citada é *Anais Eclesiásticos*, em 12 volumes, que descrevem a história da Igreja desde os inícios até 1198.
51. São Bernardo de Claraval (1091-1153), ML 182 em *De Gratia et Libero Arbitrio Tractatus*, cap. 1, n. 2, citado por São Roberto Belarmino (1542-1621). Sua obra mais citada é *Controvérsias*. Aqui: *In Praefatione de Libero Arbitrio*.
52. Henrico Spondano (1568-1643) em *Annalium Baronii Epitomes*, Pars Altera. Aqui: Anais n. VI, afirma que Zenon (†371), Platão (427 a.C.-348 a.C.), Pitágoras (séc. VI a.C.), Epicuro (342 a.C.-271 a.C.) etc. caíram neste erro, inclusive os fariseus, por influência dos egípcios [referência do autor].
53. São Roberto Belarmino (1542-1621). Sua obra mais citada é *Controvérsias*. Aqui: *In Libris de Vestit. et Bonis Operibus*. São Pedro Canísio (1521-1597). Sua obra mais citada são os *Catecismos*. Aqui: mantém a mesma posição de Belarmino.
54. São Roberto Belarmino (1542-1621). Sua obra mais citada é *Controvérsias*. Aqui: *In Libro de Gratia et Libero Arbítrio*, caput IV et deinceps.
55. São Pedro Canísio (1521-1597). Sua obra mais citada são os *Catecismos*. Aqui: In Libro III, caput VIII, IX, X etc.
56. São Roberto Belarmino (1542-1621), Sua obra mais citada é *Controvérsias*. Cf. César Barônio (1538-1607). Sua obra mais citada é *Anais Eclesiásticos*, em 12 volumes, que descrevem a história da Igreja desde os inícios até 1198 [referências do autor].
57. São Pedro Canísio (1521-1597). Sua obra mais citada são os *Catecismos*. Aqui: In Libro III, caput VIII.
58. Epifânio (†430), bispo de Salamina [Chipre], ML 41. Sua obra mais citada é *Panarium Sive Arcula*. Aqui contra as heresias 78 e 79. Santo Tomás de Aquino (1225-1274), em *Disputatione* 3, distinctio 4, quaestio 2, articulus I. Afirma que foram hereges os que atribuíram certa natureza celeste à Virgem Maria.
59. Francisco Suarez (1548-1619). Sua obra mais citada é *Disputationes Metaphysicae*. Aqui: In Parte III, tomus I, Disputatio VIII, sectio I. Refere-se à defesa de São Cirilo de Alexandria (380-444) sobre o primeiro Anátema.
60. São Pedro Canísio (1521-1597). Sua obra mais citada são os *Catecismos*. Aqui: cf. acima.
61. São Pedro Canísio (1521-1597). Sua obra mais citada são os *Catecismos*. Aqui: In Libro III, caput X.
62. César Barônio (1538-1607). Sua obra mais citada é *Anais Eclesiásticos*, em 12 volumes, que descrevem a história da Igreja desde os inícios até 1198. Aqui: referência a Cedren, no ano 775.

63. Cf. nota 52. Aqui: ano 775, n. IX.
64. São Roberto Belarmino (1542-1621). Sua obra mais citada é *Controvérsias*. Aqui: *In Libro de Purgatório, ex Libro de Beatitudine et de Vocatione Sanctorum*, caput XV.
65. Gabriel Vazquez (1551-1604). Sua obra mais citada é *Commentarii ac Disputationes in Summam Theologiae S. Thomae Aquinatis*. Aqui: *In De Adoratione*, Liber VII, caput I. São Roberto Belarmino (1542-1621). Sua obra mais citada é *Controvérsias*. Aqui: In Libro II *De Imaginibus Sanctorum*, caput XXVI.
66. São Roberto Belarmino (1542-1621). Sua obra mais citada é *Controvérsias*. Aqui: In Libro I de *Sacramento Eucharistiae*, caput. I.
67. Juan Maldonado (1533-1583). Sua obra mais citada é *Comentário aos Evangelhos*. Aqui: *In Joannem*, caput I.

SERMÃO XII [p. 231-254]

1. Santo Agostinho (354-430), cf. Deselbe, *Epístola 189,6*. CSEL [Corpus Scriptorum Ecclesiasticorum Latinorum] 57, p. 135, 7. Cf. *Contra Celsum* XXII, caput LXXV, col. 448.
2. Ovídio (43 a.C.-17 a.C.) em *Fasti* I, 711-722.
3. Crueldades dos hereges, executadas por si e pelos bárbaros na guerra de Pernambuco.
4. Frei Alonso Fernández (séc. XVI-XVII), pregador dominicano do Convento de Plasencia. Aqui: *Historia de los Milagros y Devoción del Rosário de Nuestra Señora, desde su origen, hasta el año de 1620*. Livro VI, cap. 22. Esta obra apresenta 285 milagres em 271 capítulos de várias fontes catalogadas por ano.
5. São Pio V (1559-1565). Em seu pontificado se deu a Batalha Naval de Lepanto (em 1571), que significou o fim da expansão islâmica no Mediterrâneo.
6. A primeira ficou derrotada: Antonio de Oquendo y Zandategui (1577-1640) foi marinheiro e militar espanhol, almirante da Armada do Mar Oceano e participou de mais de 100 combates navais.
7. A segunda teve o exército desbaratado: Dom Luiz Rojas y Borja (D. Luiz di Roxa y Borgia) (†1636) — Duque de Granja —, nobre espanhol, comandou a frota hispano-lusitana enviada a Alagoas em 1635, quando substituiu Matias de Albuquerque (1580-1647) na cheia das forças de resistência aos holandeses. Foi morto no combate naval da Mata Redonda, em janeiro de 1636.
8. Dom Fernando Mascarenhas (1610-1651), 1º Conde da Torre, foi militar e administrador colonial português, governador-geral do Brasil entre 20 de janeiro de 1639 e 20 de novembro de 1639.
9. Santo Agostinho (354-430), ML 38 *Sermones ad Populum* – De Tempore, Sermo CCLVIII, 1, col. 1195, passim. Em Cornélio a Lápide (1567-1637), *Commentarium in Librum I Regum*, caput XVII, vers. 48.
10. Virgílio (70 a.C.-19 a.C.), em *Eneida*, Livro IX, vers. 586.
11. Plínio, o Velho (23-79). Sua obra mais citada é *Historia Naturalis*. Aqui: In Libro XII, caput IV.
12. Cornélio a Lápide (1567-1637). Sua obra mais citada é *Commentarii in Libros S. Scripturae*. Aqui: cita Michael Amatus [João Rodrigues de Castelo Branco] (1511-1568?), médico português, e Ruelius, Johannes Ludovicus (†1658), autor de *Concilia Ilustrata*.

SERMÃO XIII [p. 255-270]

1. Afonso Salmerón (1515-1585), em *Comentarii in Evangelicam Historiam et in Acta Apostolorum*, Tomus 7, Tractatus 3 [referência do autor].
2. Orígenes (183-253), MG 12 em *Homilia 13 in Genesim* [referência do autor].
3. Cornélio a Lápide (1567-1637), em *Commentaria in Scripturam Sacram*. Aqui: In Epistolam Beati Pauli ad Hebraeos [referência do autor].

4. São Bernardo de Claraval (1091-1153), ML 183 em *Sermones De Tempore*, Sermo 5. In Quadragesima [referência do autor].
5. São Metódio de Olimpo (†311), MG 18 em *Sermão sobre a Purificação da Virgem* [referência do autor].
6. O mesmo São Metódio de Olimpo (†311), MG 18 *em Orat. ad Hipap. Dom.*
7. São Bernardo de Claraval (1091-1153), ML 183 em *Sermo in Dominica Infra Octavam Assumptionis BV Mariae.*
8. Beato Guerrico d'Igny (1080-1157), abade cisterciense, ML 185 em *Sermones Per Annum.* In Assumptione B. Mariae, Sermo II De Mutuo Amore Jesu et Mariae, col. 193.

SERMÃO XIV [p. 271-290]

1. Foi o primeiro sermão que o autor pregou em público antes de ser sacerdote.
2. Santo Antônio de Pádua (1195-1231) [referência do autor]. Cf. *Sermones Dominicales et Festivi*, Sermones in Laudem Beatae Mariae Virginis.
3. Orígenes (185-253), MG 14 em *Commentaria in Evangelium Joannis*, Tomus I, Praefatio, col. 22-049.
4. Cúrcio Rufo, Quinto (séc. I d.C.), em *Historiae Alexandri Magni.*
5. São João Crisóstomo (347-407), MG 56 em *In Eliam Prophetam Sermo*, col. 583-586.
6. Santo Tomás de Vilanova (1488-1555), religioso augustiniano, arcebispo de Valência.
7. Santo Agostinho (354-430), ML 32 em *In Expositione Psalmi LXXXIV*, passim.
8. Guilherme de Saint-Thierry (1085-1148), abade cisterciense, autor de *Cartas aos Irmãos do Mont-Dieu* [referência do autor].
9. Paulo Burgense [Pablo Garcia de Santa Maria] (1352-1435), judeu convertido, em *Scrutinium Scripturarum.*
10. Hugo de São Caro [Saint-Cher] (†1263), cardeal dominicano, em *Opera Omnia.* In Universum Vetus et Novum Testamentum.
11. Lirano [Nicolau de Lira] (1270-1349) *em Postillae perpetuae in Universam Sacram Scripturam.*
12. Santo Ambrósio (339-397), ML 16 em *Epistolae Primae Classis,* Epistola LXIII 107, col. 1218B.
13. São Jerônimo (347-420), ML 25; Santo Agostinho (354-430), em *Comentário ao Salmo* 67,32 [referência do autor].
14. João Pedro Mafeu (séc. XVI), escritor apoiado pelo cardeal D. Henrique [referência do autor].
15. François Vatablus (†1547) foi professor de língua hebraica no Collège de France. Não publicou pessoalmente nenhuma obra, mas são conhecidas as suas *Adnotationes vel Scholia in Vetere Testamento.*
16. Virgílio (70 a.C.-19 a.C.). O primeiro dos versos atribuídos a Virgílio para reivindicar a autoria de alguns de seus versos apropriados por Bastilli, elogiado por Augusto. Os versos são:

    "Hos ego versiculos feci,   [Estes versículos fiz,
    tulit alter honores: outro roubou as honras:
    Sic vos non vobis nidificatis aves;   assim vós, não para vós, fazeis o ninho, ó aves;
    Sic vos non vobis vellera fertis oves;   assim vós, não para vós, carregais lã, ó ovelhas;
    Sic vos non vobis mellificatis apes;   assim vós, não para vós, produzis mel, ó abelhas;
    Sic vos non vobis aratra fertis boves".   assim vós, não para vós, puxais o arado, ó bois]

SERMÃO DE NOSSA SENHORA DO ROSÁRIO [p. 291-308]

1. Assim traduz Vieira, substituindo as "açucenas" por "rosas".
2. Tuccio Lucense [referência do autor].
3. Boécio (480-524), filósofo, estadista e teólogo romano. Sua obra mais conhecida é *De Consolatione Philosophiae* [referência do autor].

4. Durand de Sain-Pourçain [Guillaume] (1275-1332), cf. *Commentarii in Libros Sententiarum Petri Lombardi* [censurado por Francisco Suarez].
5. Francisco Suarez (1548-1619) em *Disputationes Metaphysicae*, Disputatio 47, sectio 5.
6. São Pedro Damião (1007-1072), ML 145 em *Opuscula Varia*, Opusculum XII, cap. XXXIII, col. 290C-290D.
7. Virgílio (70 a.C.-19 a.C.), em *Carmen Aethna*, vers. 249-251 [atribuído a Virgílio].
8. Santo Agostinho (354-430), ML 34 em *De Genesi ad Litteram Libri Duodecim*, col. 246-486, passim.
9. Ovídio (43 a.C.-17 a.C.), *Metamorphoses*, Liber I, vers. 7.
10. São Zeno de Verona (†375), ML 11 em *Tractatuum Liber II*, Tractatus II De Genesi, col. 391B-392A. Cf. Adnotationes in B. Zenonis, *Sermones* [Sparaverius F.], col. 554A-554B.
11. Santo Ambrósio (339-397), ML 16 em *De Institutione Virginis et S. Mariae Virginitate Perpetua*, Liber Primus, cap. XIV, col. 327A-327B.
12. São Jerônimo (347-420), ML 26 em *Commentariorum in Evangelium Mathaei Libri Quatuor*, Liber II, cap. XIV, vers. 19, col. 101A-101B.
13. As expressões "*ex opere operato*" [pela virtude própria que vem de Cristo] "*ex opere operantis*" [pela obra do sujeito operador, isto é, por suas disposições subjetivas de fé] são empregadas na teologia para explicar a causalidade dos sacramentos. Cf. Jean-Yves Lacoste, *Dicionário Crítico de Teologia*, São Paulo, Paulinas/Edições Loyola, 2004, p. 1577.
14. São Pedro Damião, cf. nota 6 acima.
15. São Bernardino de Sena (1380-1444) pregou inúmeros sermões em sua cidade natal. Sua palavra se conserva em oito volumes. Aqui: *Sermão 55 do Tomo 2* [referência do autor].
16. Dionísio Areopagita (séc. V-séc. VI). Seus textos estão reunidos em *Corpus Areopagiticum* [referência do autor].
17. São Jerônimo ((347-420), ML 24 em *Commentariorum in Isaiam Prophetam Libri Duodeviginti*, Liber XV, cap. LV, vers. 10/11, col. 536A.
18. Eutímio, comentando o texto dos Provérbios 20,13 [referência do autor].
19. São Bernardo de Claraval (1091-1153), ML 183 em *Sermones in Cantica Canticorum*, Sermo LXXI, 5, col. 1123B-1123C.
20. São Cipriano (200-258), em *Commentariorum in Leviticum* II. Cipriano é considerado o segundo teólogo africano, depois de Tertuliano [referência do autor].
21. Santo Alberto Magno (1193-1280), bispo e doutor da Igreja, professor de Santo Tomás de Aquino, em *Comentário sobre o Livro dos Cânticos* [referência do autor].
22. São Paulino, bispo de Nola. Uma vida de Santo Ambrósio é atribuída a ele. Dentre suas obras destacam-se poemas e cartas [referência do autor].
23. São Zeno de Verona (†375), ML 11 em *Tractatuum Liber I*, Tractatus VI De Patientia III, col. 314B.

PRIVILÉGIO REAL

*Em Lisboa,
Na Oficina de Miguel Deslandes,
Na rua da Figueira*

À custa de Antônio Leite Pereira,
mercador de livros,
MDCLXXXVI.

∾

Com todas as licenças e privilégio real.

CENSURAS

Censura do M. R. P. M. Dom Rafael Bluteau, Clérigo Regular Teatino, Qualificador do Santo Ofício.

Ilustríssimo Senhor.

Por ordem de Vossa Ilustríssima li este primeiro tomo das excelências do Rosário, intitulado *Maria Rosa Mística*, composto pelo Pai Antônio Vieira, da Companhia de Jesus, pregador de Sua Majestade, e não achando nele coisa alguma contra a nossa santa fé ou bons costumes, a censura que lhe dou é que todos — na minha opinião — se poderão queixar deste livro: os leitores, porque terão tanto que admirar que lhes faltará tempo para ler, e os escritores, porque terão tanto que observar que não lhes ficará lugar para escrever. No frontispício deste livro, diz o autor que o compôs em cumprimento de um voto feito em grandes perigos da vida. Pouco receava os naufrágios do corpo quem com eles preparava triunfos ao seu engenho; nem há para que nos lastimemos de tormentas que nos trouxeram, com estas excelências do Rosário, uma maré de rosas. Desmente, pois, esta obra as obras da natureza, porque, sendo cada folha deste livro uma rosa, não há em todas estas rosas um espinho. Bem pudera o autor ter escrúpulo de dar aos entendimentos tanto gosto, mas quero supor que não ignora que a piedade com que se ensina canoniza a elegância com que se escreve. Porém, tão fora estou de o poder desculpar, que é forçoso que o torne a arguir de dois crimes: da inveja que do seu talento toda a Europa tem a Portugal e da desesperação em que mete os oradores de poder imitar o seu estilo. E ainda assim entendo que é justo que, sem descanso e sem limite, corra o parto de um engenho que tanto voa.

Este é o meu sentir. Vossa Senhoria Ilustríssima ordenará o que lhe parecer mais conveniente.

Lisboa, no Convento de Nossa Senhora da Divina Providência, 4 de dezembro de 1685.

Dom Rafael Bluteau

Censura do M. R. P. M. Frei Tomé da Conceição, da Sagrada Ordem do Carmo, Qualificador do Santo Ofício.

Ilustríssimo Senhor.

Li por mandado de Vossa Ilustríssima esta Primeira Parte de Sermões do Rosário, compostos pelo Pai Antônio Vieira, da Sagrada Religião da Companhia de Jesus, e meritíssimo pregador de Sua Majestade; não li neles coisa alguma que encontre nossa Santa Fé ou bons costumes: em cada um dos sermões se vê com admiração a fineza do engenho deste singular pregador, e em todos juntos a fecundidade de seu discurso, pois, sendo o assunto um só, nele e dele desentranhou matéria para quinze sermões diversos, sem em algum deles repetir o que diz em cada um; enfim, é empenho a que este grande talento — como diz no princípio do livro — se obrigou por um voto, e por isso sai nele com o melhor. Parece-me digníssimo da licença que se pede para se dar à estampa, para glória da santa e maior devoção do Rosário.

Lisboa, no Convento do Carmo, 5 de janeiro de 1686.

Frei Tomé da Conceição

Censura do M. R. P. Doutor Bartolomeu do Quental, Prepósito da Congregação do Oratório.

Senhor.

Vossa Majestade me mandou que visse a Primeira Parte dos Sermões do Rosário, que compôs o Pai Antônio Vieira, da Sagrada Companhia de Jesus, pregador de Vossa Majestade, pondo neles o meu parecer; e logo no primeiro sermão topei com umas vozes tão altas e levantadas que o primeiro que me pareceu foi que não podia chegar a perceber, e muito menos averiguar, a altura dos pontos a que chegavam estas vozes: a mulher das turbas levantou a voz: *Extollens vocem quaedam mulier de turba* — e este evangélico pregador, de quem podemos dizer o que o grande Batista de si, que era voz: *Ego vox*, assim levantou a sua que, parece, chegou a ponto mais alto do que a mulher das turbas; o certo é que ambas estas vozes chegaram a ponto tão alto, que não será fácil achar pregador que chegue com a sua voz ao ponto destas vozes, nem mulheres das turbas que saibam rezar por este Rosário com tais extremos. Enfim, Marcela era Santa*, e nos louvores de Maria Santíssima e seu benditíssimo Filho chegam a muito altos pontos as vozes das santas, ainda que sejam das turbas; mas, obrigado do preceito de Vossa Majestade, digo que esta obra é digníssima de se imprimir porque, não soando em algum ponto contra o Reino, seria grande mágoa ficarem em silêncio vozes tão altas e sonoras que com a sua harmonia recreiam os ouvidos e com os seus clamores despertam o nosso descuido para a nossa reforma, persuadindo-nos para ela com razões e com exemplos, um meio tão eficaz como a devoção do Rosário da Senhora, e ensinando-nos a o rezar bem, unindo a oração vocal com a mental, as vozes exteriores com a consideração interior dos seus mistérios, porque a oração mental é a alma da vocal, e assim como o corpo sem alma é cadáver, e não homem, a oração vocal sem a mental é só cadáver de oração, mas não oração viva e eficaz. Vossa Majestade mandará o que for servido.

Lisboa, Congregação do Oratório, 12 de fevereiro de 1686.

Bartolomeu de Quental

LICENÇAS

DA RELIGIÃO

Eu, Antônio de Oliveira, da Companhia de Jesus, Provincial da Província do Brasil, por especial comissão que tenho de nosso M. R. P. Carlos de Noyelle, Prepósito Geral, dou licença para que se possa imprimir este livro da Primeira Parte dos Sermões do Rosário, do Pai Antônio Vieira, da mesma Companhia, pregador de Sua Majestade, o qual foi revisto, examinado e aprovado por religiosos doutos dela, por nós deputados para isso. E em testemunho da verdade dei esta assinada com meu sinal, e selada com o selo de meu ofício. Dada na Bahia aos 25 de novembro de 1684.

ANTÔNIO DE OLIVEIRA

DO SANTO OFÍCIO

Vistas as informações, podem-se imprimir os Sermões de que nesta petição se faz menção, e depois de impressos tornarão para se conferir e dar licença que corram, e sem ela não correrão.
Lisboa, 8 de janeiro de 1686.

JERÔNIMO SOARES
JOÃO DA COSTA PIMENTA

DO ORDINÁRIO

Podem-se imprimir os Sermões de que a petição faz menção, e depois tornarão para se conferirem e se dar licença para correr, e sem ela não correrão.
Lisboa, 13 de janeiro de 1686.

SERRÃO

DO PAÇO

Que se possa imprimir, vistas as licenças do Santo Ofício e Ordinário. E depois de impresso tornará a esta mesa para se conferir e taxar, e sem isso não correrá.
Lisboa, 15 de fevereiro de 1686.

MARQUES P. LAMPREA
MARCHÃO

Visto constar do despacho atrás da primeira folha do P. M. Qualificador, Fr. Tomé da Conceição, estar conforme com seu original, pode correr.
Lisboa, 9 de novembro de 1686.

JOÃO DA COSTA PIMENTA
FR. VICENTE DE SANTO TOMÁS

Pode correr. Lisboa, 10 de novembro de 1686.

SERRÃO

Taxam este livro em doze tostões. Lisboa, 12 de novembro de 1686.
ROXAS. LAMPREA. MARCHÃO. AZEVEDO. RIBEIRO

Este livro foi composto nas famílias tipográficas
Liberty e *Minion*
e impresso em papel *Bíblia* 40g/m²

Edições Loyola

editoração impressão acabamento
rua 1822 nº 341
04216-000 são paulo sp
T 55 11 3385 8500
F 55 11 2063 4275
www.loyola.com.br